PSYCHOLOGY
FOR HUMAN RELATIONSHIP

수정판

인간관계를 위한

심리학

최승희 | 김수욱

박영사

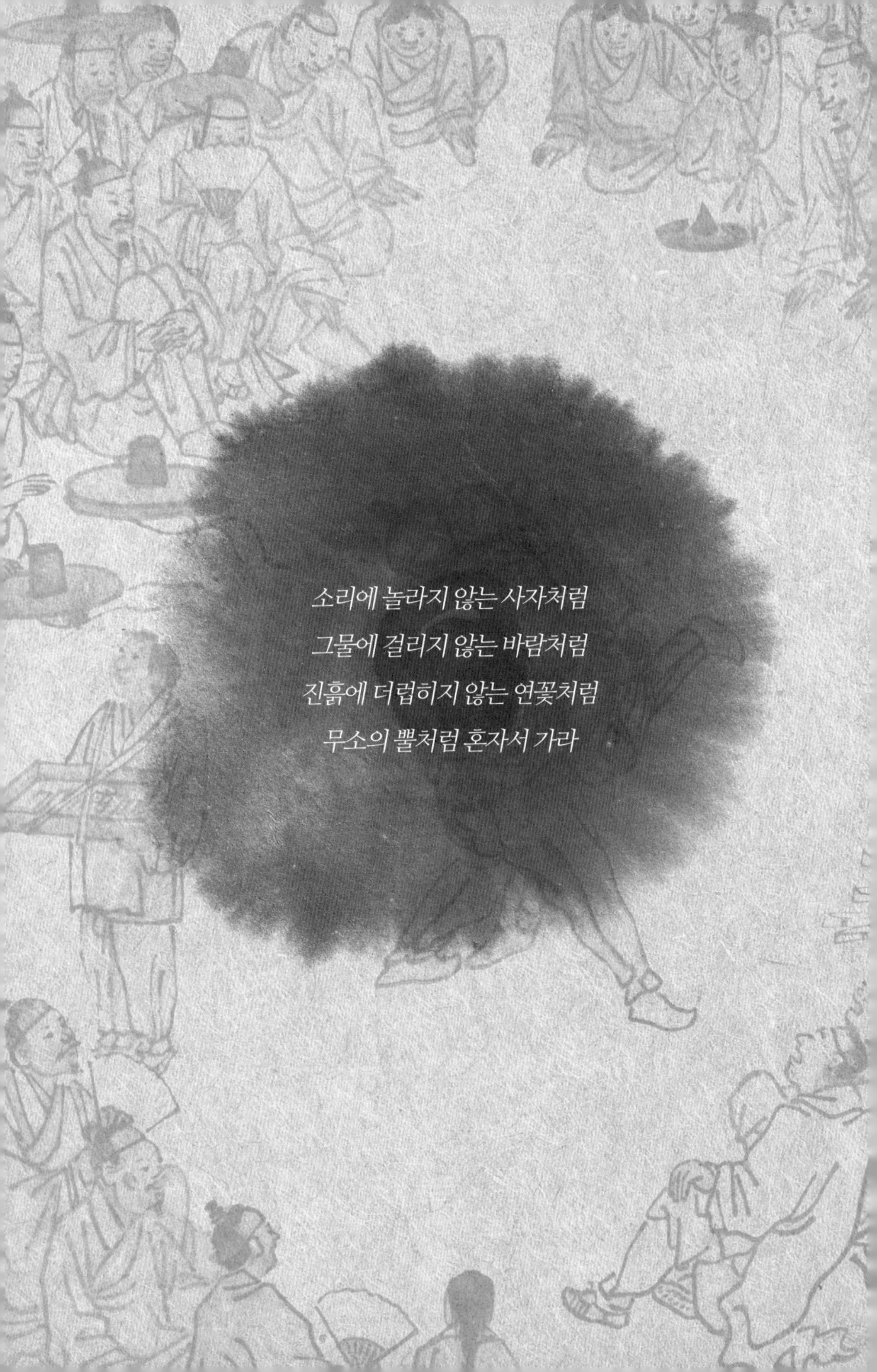

소리에 놀라지 않는 사자처럼
그물에 걸리지 않는 바람처럼
진흙에 더럽히지 않는 연꽃처럼
무소의 뿔처럼 혼자서 가라

머 리 말

저자는 지난 30여 년간 대학과 지역사회에서 심리학, 상담학, 교육학, 부모교육 등을 강의하였다. 대학생과 다양한 분야의 직업인들과 강의실에서 학문적인 내용과 경험을 가르치고, 배우고, 공유하는 가운데 이론적인 심리학의 지식보다는 인간관계를 향상시킬 심리학적 지식이 실제생활에 더욱 유용함을 절실히 깨닫게 되었다. 그래서 인간관계 개선에 도움이 되는 심리학적 지식들을 간추려 이 책을 쓰게 되었다.

우리의 인생은 태어나서 죽을 때까지 타인과의 대화, 관계맺음 등을 통해 인간관계가 지속된다. 그 가운데 타인과 좋은 만남을 통해 성장하기도 하고 타인과 부딪히면서 갈등도 생긴다. 그러나 어떻게 하면 바람직한 인간관계를 형성, 유지하고 갈등을 어떻게 처리하는 것이 좋은지에 대해 깊이 생각할 기회는 적은 편이다.

요즈음 사회가 생산성과 업적을 중시함에 따라 친구, 가족, 직장동료와 따뜻하고 진실된 경험을 나눌 시간이 별로 없다. 그러기에 많은 사람들이 한편으로는 인간관계를 무의미하고 공허하게 느끼며 다른 한편으로는 따뜻한 인간관계를 그리워하며 꿈꾼다.

이 책에서는 의미있는 인간관계를 맺는 방법, 공감, 대화기법, MBTI, MMPI 심리검사, 심리치료기법, 민담 등 바람직한 인간관계 형성과 유지에 도움이 되는 내용을 중점적으로 제시하고자 하였다.

그러나 이 책을 끝마치고 나니 소기의 목표를 이루었다기보다는 오히려 더욱 산만한 내용만 열거되지 않았는지 우려하게 되었다. 정말로 '인간관계를 위한 심리학'교재가 되기 위해서는 보다 다양하고 실제적인 사례들을 수집하고 분석해야 한다는 사실을 확인하고 학문연구에는 끝이 없다는 평범한 진리를 되새기게 되었다.

그 동안 제자에게 심리학을 수강한 경희대학교 학생들, 인간관계론을 수강한 홍익대학교 학생들, 교육심리학과 사회심리학을 수

강한 서울대학교 학생들, 교육과 인간을 수강한 건국대학교 학생들, 상담심리와 관련된 심층적인 강의를 수강한 건국대학교 대학원생들, 경희대학교 대학원생들, 원광대학교 대학원생들, 명지대학교 대학원생들 모두에게 감사를 드린다. 이들의 학문적 열정과 관심, 그리고 강의에 대한 성실한 평가가 이 책의 밑바탕이 되었다.

끝으로 전공서적은 독자가 제한되어 있어 출판에 어려움이 많으나 기꺼이 맡아주신 박영사의 안종만 회장님과 임직원 여러분께 깊은 감사를 드린다.

2013. 2.

수원에서 저자 드림

차　례

제 5 장
인간관계

제 6 장
의사소통

제 7 장
효과적인 의사소통

제 8 장
스트레스와 적응

제 9 장
이상행동

제10장
이상행동의 치료

제11장
발　　달

제12장
학　　습

제13장
사회행동

제14장
정서와 동기

第15장
심리검사와 지능

第16장
성 격

제 1 장

심리학의 의미

심리학은 인간의 마음에 대한 학문이다 생리학, 물리학처럼 마음의 이치에 관하여 연구하는 학문이다. 다시 말하면 심리학은 인간에 관한 지식을 수집 및 정리하여 과학적으로 체계화한 학문이다.

일상생활에서 심리적인 문제가 별도로 있는 것은 아니다. 심리학에서는 어떤 현상이나 문제를 심리적으로 보는 안목을 키우는 것이다. 예를 들면 돈이 없어서 무기력해진 사람의 문제를 사회·경제적인 문제로만 보는 것이 아니라 심리적인 문제로 보는 것이다.

인간의 마음은 눈으로는 안 보이지만 행동으로 나타나므로 알 수 있다. 행동을 크게 지적·정의적·신체적 영역으로 나눈다. 이 중 심리학에서는 정의적 영역, 신체적 영역을 중요시 여긴다. 정의적 영역은 감정, 정서, 느낌, 기분을 말하며 정서, 감정이 있어야 행동이 생긴다. 정신병자는 대부분 감정통제를 잘못한다.

육체는 마음을 담는 그릇으로서 건강한 신체에 건강한 정신이 있는 것이다. 보이는 몸을 안 가꾸는 자는 보이지 않는 마음은 더욱 안 가꾼다. 데이트를 하는 과정에 남자친구가 여자친구 어깨에 손을 얹어 보자. 새롭게 애틋한 감정이 생긴다. 아이들 치료에도 신체 접촉을 중요시 여긴다.

인간의 행동은 진·선·미로 나눈다. 진은 매사에 진지한 것으로서 상황에 맞지 않게 진지하면 그것은 이상행동이다. 노래방에서 다들 신나게 노는데 갑자기 일어나서 "우리가 지금 이럴 때이냐"고 진지하게 이야기 한다거나, M.T 가서 밤 10시에 007가방에서 잠옷을 꺼내 세수하고 입고 잔다거나, 시어머님 환갑잔치에서 음대 나온 며느리가 소프라노로 노래를 부르거나 팝송을 부르는 것은 상황에 맞지 않은 이상행동들이다.

따라서 심리학을 공부한다는 것은 우리 생활의 거의 모든 영역을 공부하는 것이다. 심리학을 배우면 자기자신과 타인의 행동을 쉽게 이해하고 통제하게 되며, 또한 행동을 예언할 수도 있게 된다.

진정으로 성공한 사람이 되고 다른 사람과 원만하게 잘 지내기 위해선 자신에 대해 깊이 이해하고 자신의 문제를 극복해야 한다. 이 책에서는 인간행동의 다양한 영역들에 관한 기본이론과 연구방법을 다루기에 열심히 공부하면 소기의 성과를 거둘 수 있을 것이다.

1. 심리학의 정의

심리학의 정의는 학자마다 조금씩 다르고 시대의 변천에 따라서도 그 내용의 차이를 보여 왔다. 19세기 말 종교와 철학의 영역에서 분리되어 나올 당시에는 심리학은 "정신활동의 연구분야"로 정의되었다. 20세기 초 행동주의가 발전함에 따라 "객관적이고, 관찰가능하고, 수량화가 가능한 행동연구분야"로 심리학은 재정의되었다. 행동주의 심리학의 전개로 자연과학과 물리과학 등의 실증적인 방법론과 동물대상의 실험법 등이 심리학의 연구에 적용되었다. 그 이후 정신활동을 강조하는 인지심리학과 개인의 지각된 경험을 강조하는 현상주의 심리학이 발달하여 인간의 정신활동의 조직성을 강조하게 되었다. 현재는 "인간의 행동과 정신과정을 연구하는 과학적인 학문"으로 널리 정의되고 있다. 이 정의에서 중요한 점은 i) 직접 외적으로 관찰가능한 행동을 연구한다는 점, ii) 직접 관찰은 할 수 없으나 신경생리학적 자료를 통해 추론할 수 있거나 언어적으로 표현되는 사고, 정서적 반응 등과 같은 정신과정을 연구한다

〈그림 1-1〉

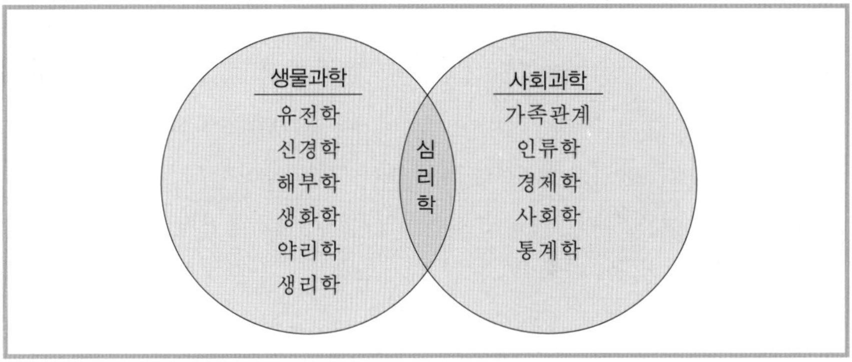

는 점, iii) 과학적 방법을 통해 체계적으로 지식을 얻는다는 점이다.

심리학은 인간의 행동을 연구대상으로 하는 다양한 얼굴을 가진 학문이며 학문적 영역으로는 사회과학에 속한다기보다는 생물과학과 사회과학의 통합학문에 속한다. 생물과학분야에서는 유전학, 신경학, 해부학, 생화학, 약리학, 생리학 등이, 사회과학분야에서는 가족관계, 인류학, 경제학, 사회학, 통계학 등이 심리학의 기초학문을 이루거나 많은 연계를 가지고 있다.

2. 심리학의 연구방법

모든 학문의 연구방법은 연구대상에 따라 서로 다를 수 있다. 심리학은 인간의 행동을 대상으로 여러 가지 과학적 방법을 사용한다. 심리학 이외에 문학, 예술 등에서도 인간행동에 대하여 설명하고 해석하고 있다. 그러나 심리학자들은 통제된 실험, 관찰에 의존하여 인간행동을 기술, 설명, 예측, 통제 및 해석을 하는 반면 작가나 소설가, 철학자, 신학자들은 인간행동에 대해 상식과 직관에 의존하여 나름대로의 해석을 하고 있다. 심리학을 과학이라 특징지우는 간단한 이유는 과학적 방법을 사용하기 때문이다.

과학적 연구방법은 관찰된 행동과 현상에 대해 체계적이고 통제된 검증을 실시하여 지식을 체계화하고 이론을 설정하는 것이다.

과학의 목표는 똑같은 절차를 사용하여 얻은 지식을 체계화하고 일반화하는 것이다. 과학에서는 추상적인 설명들을 배제하고 단지 모든 사람들이 관찰할 수 있고 검증할 수 있는 내용만을 다룬다. 따라서 인간에 관한 신비한 영역, 단순한 추측, 막연한 상식적인 해석은 과학적 방법으로 검증되지 않는 한 심리학의 지식이 될 수 없다.

심리학의 연구방법은 여러 가지가 있다. 현재 주로 사용되는 연구방법은 다음과 같다.

I. 실 험 법

실험법(experiment)은 물리학, 생물학 등 자연과학에 흔히 사용되는 연구방법으로 19세기에 들어와서 방법론이 크게 발전하였다. 20세기에 들어와서는 심리학의 연구에서도 가장 중요하게 사용되는 연구방법이다.

실험법이란 연구자가 적극적·의도적으로 하나 이상의 독립변수를 조작하고 그 결과가 종속변수에 어떤 영향을 미치는가를 알아내어 변수간의 인과관계를 밝혀내는 과학적 접근방법이다.

한편 실험법에서는 인간을 대상으로 함부로 실험할 수 없기에 동물을 대상으로 인간행동에 관한 근본원리를 발견하고자 한다. 동물을 대상으로 실험을 하는 이유는 동물의 행동은 인간보다 단순하고, 유전적 및 환경적 변인들을 통제하기 쉽고, 동물의 생존기간은 비교적 짧기 때문에 여러 세대에 걸친 행동의 유전성을 발견할 수 있기 때문이다. 예를 들면 분노, 공격, 애정과 같은 감정이나 행동은 뇌의 어떤 부위와 관련되어 있는가를 알기 위하여 인간의 두뇌를 자극하는 것은 윤리적인 문제가 따른다. 원숭이, 고양이 등과 같은 동물의 뇌의 특정부위에 작은 전극을 삽입해 놓고 약한 전류를 통하면 이 동물들은 난폭하게 새끼동물을 취급했으나 전류가 단절되면 다정히 보살펴 주었다. 이와 같은 실험을 통하여 뇌의 구성과 기능을 알아낼 수 있으며 이를 인간의 이상심리에 적용시킬 수 있는 것이다. 원숭이에게 언어사용방법을 가르치는 것은 정신박약아에게 의사소통 수단을 가르치는 데 이용될 수 있다.

비록 과학적 방법이 인간행동의 많은 부분에 대해 일반화된 원리 및 원칙들을 제공하여 주지만 인간행동의 미묘하고 신비한 모든 영역에 대해 과학적 접근이 가능한지는 의문으로 남아 있다.

Ⅱ. 관 찰 법

실험법이 가장 믿을 만한 연구방법의 하나이긴 하지만 항상 가능한 것은 아니며, 비효율적일 수도 있다. 심리학의 일부 연구에서는 자연적인 상황에서 동물과 인간의 행동을 관찰하는 것이 보다 바람직할 수 있다. 사실 심리학은 동물과 인간행동의 관찰에서 출발하였다.

관찰법이란 연구대상 행동이 일어나고 있는 상황을 공간적으로는 직접, 시간적으로는 즉시 포착하여 언어적 표현이나 비언어적 자료로 기록하고 분석하는 것이다. 관찰법은 관찰대상의 환경적 상황에 개입하지 않고 자연스러운 모습 그대로 포착하며, 장기간의 종단적 분석도 가능하다는 장점이 있다. 그러나 관찰법에 의한 자료들은 계량화시키기 어렵고 신뢰도와 타당도를 확보하기가 때때로 어렵다. 또한 관찰하고자 하는 현장에 접근이 불가능한 경우가 많다. 인간을 대상으로 관찰할 때 관찰자와 피관찰자의 익명성이 결여되면 피관찰자들이 민감한 쟁점에 대해서 솔직한 행동을 보이기가 어렵다.

Ⅲ. 조사 및 검사법

인간의 내면에 있는 의식상태나 심리과정은 실험법이나 관찰법으로는 연구하기가 어렵다. 심리학에서는 인간의 정신과정을 이해하기 위한 도구를 개발하여 왔다. 이들 도구는 질문지와 검사도구로 나누어질 수 있다.

심리검사는 응답자들의 일상생활에 큰 번거로움을 주지 않고 정교한 실험장비가 없이도 많은 양의 자료를 수집할 수 있는 접근 방법이다.

검사란 기본적으로 인간집단에게 일정한 상황을 기술하는 정보를 제시하고, 그 정보에 대한 반응을 분석함으로써 개인 및 집단간의 차이를 알아보는 것이다. 그러나 검사도구의 제작과 사용이 간단한 문제는 아니다. 검사도구의 제작은 문항준비, 척도화, 규준의 수립 등 많은 단계를 거쳐야 한다. 또한 검사도구는 신뢰도, 타당도, 객관도에서 가능한 한 완벽을 기하여야 하며 그렇지 않으면 검사도구를 해석하고 사용하는 데 많은 제약이 뒤따른다.

Ⅳ. 임상법 및 사례연구법

임상법은 이론적 연구방법이라기보다는 적응문제나 행동장애가 있는 개인을 진단하고 치료하는 데 쓰이는 관찰방법이다. 이 방법에서는 개인의 개별성을 인정하고 개인을 그 자체로써 전체적으로 이해하려 한다. 임상법에 의한 진단과 치료는 임상심리학자나 상담심리학자와 내담자의 면접을 통하여 이루어진다.

사례사(case history)는 개인을 연구하는 데 쓰이는 중요한 자료원으로 일종의 과학적 전기이다. 사례연구법이란 사례사를 과학적으로 분석함으로써 개인이나 집단의 행동을 이해하려는 접근방법이다. 대부분의 사례사는 개인의 기억을 토대로 사건 및 과거에 대한 기록을 분석하고, 재구성함으로써 얻어진다.

3. 심리학의 분야

짧은 역사에도 불구하고 심리학은 그 관심분야를 크게 확장하여 왔으며 생명과학, 행동과학 및 사회과학과도 밀접한 연관을 갖고 있다. 심리학의 분야는 대체로 연구를 위한 연구에 힘쓰는 이론심리학과 이론심리학에서 발견한 이론을 실제생활에 이용하는 응용심리학으로 나눌 수 있다. 이론심리학 분야에는 생리심리학, 인지심리학, 학습심리학, 성격심리학, 발달심리학, 사회심리학 등이 있다. 응용심리학 분야에는 임상심리학, 상담심리학, 교육심리학, 산업심리학, 환경심리학 등이 포함된다.

제 2 장

MBTI

MBTI는 Myers-Briggs Type Indicator의 머리글자를 따서 만든 약어이다. MBTI는 Carl G. Jung의 성격유형이론을 토대로 하여 1900년부터 1975년에 걸쳐 Catherine Briggs와 그녀의 딸 Isabel Briggs Myers 그리고 그녀의 손자 Peter Myers가 연구개발한 성격검사로서, 자기보고(self report)를 통해서 개인이 선천적으로 갖고 태어난 심리적 경향성을 파악해 보는 검사이다. C. Briggs는 자서전 연구를 통하여 인간의 개인차를 연구하던 중 1920년에 Jung의 심리유형이론에 접한 뒤 20여년 동안 주변 사람들을 체계적으로 관찰해 본 결과 융의 심리유형이론이 임상적으로 타당하다는 생각을 하였다. 이를 그녀의 딸 I. Myers가 지속적으로 연구한 끝에 각 개인의 성격유형을 보다 쉽게 파악해 낼 수 있는 자기보고식 질문지 형태의 도구를 제작하게 되었다.

95문항으로 구성된 MBTI는 인간의 4가지 선호경향을 나타내는 성격유형지표(Type Indicator)를 통해 각 개인이 선택적으로 더 자주, 더 일관되게 사용하는 선호성을 파악할 수 있도록 한다. 이 네 가지 성격유형지표를 간단히 설명하면 다음과 같다.

(1) 외향성-내향성(EI: Extraversion-Introversion)

개인이 에너지를 어디서 획득하고, 관심이 어느 쪽에 있는가에 따라 외향성(E)과 내향성(I)으로 나뉜다. 외향성인 사람의 심리에너지는 주로 외부세계를 지향하고 외부세계에서 일어나는 것에 의해서 에너지를 얻게 된다. 이들은 세상을 이해하기 위해서는 외부와의 접촉을 필요로 하고 먼저 행동으로 체험하려는 경향이 있다. 따라서 이들은 활달해 보이고 활동적으로 보인다. 반면에 내향성인 사람의 에너지는 주로 자기 내부세계를 지향하며 내면세계에서 일어나는 것에 의해 에너지를 얻게 된다. 이들은 주로 생각을 하는 업무를 할 때 더 많은 흥미와 편안함을 느낀다. 이들은 조용하고 신중해 보이며, 생각을 통해서 세상을 이해하려고 한다.

(2) 감각-직관(SN: Sensing-Intuition)

정보를 수집하고 인식하는 방법에 따라 감각형(S)과 직관형(N)으로 구분한다. 감각형의 사람들은 내적·외적 세계에 대한 정보를 오관(五管)에 의존하여 받아들이는 경향이 있다. 이들은 상황의 실체를 잘 이해하고 실제적인 경험을 중시하므로 현실적이고 실용적인 특징을 지닌다. 대체로 현재를 있는 그대로 즐기고 순서에 입각해서 차근차근 업무를 수행해 나가는 근면성실한 형이지만 구체적인 사실을 보기 위해 전체를 보지 못하는 경우도 있다. 반면에 직관형의 사람들은 사건과 사상(事象)의 전체와 의미를 파악하고 새로운 가능성을 추구한다. 이들은 상상력과 영감·육감에 더 큰 비중을 두기 때문에 현재에 머무르기보다 미래의 성취와 변화 그리고 일의 다양성을 즐긴다. 그러므로 전체를 보기 위해 구체성을 놓치는 경우가 많으며, 새로운 일이나 복잡한 일에 겁없이 뛰어드는 경향이 있다.

(3) 사고-감정(TF: Thinking-Feeling)

판단을 내리고 의사결정을 하는 과정에서 논리적 결과에 의거하여 결정을 내리는지 개인적 가치에 근거하여 결정하는지에 따라 사고형(T)과 감정형(F)으로 나뉜다. 사고형의 사람들은 논리적인 결과를 예측하고 객관적인 판단기준에 근거하여 정보를 분석한 후 의사결정에 다다른다. 이런 사람들은 일관성과 타당성을 중시하며 원리원칙에 입각하여 결정을 내린다. 그러므로 무엇이 올바른가에 관심이 많으며 객관적인 기준을 중시하는 편이다. 감정형의 사람들은 논리적 기준보다는 자신이 주관적으로 어디에 가치를 느끼는가에 따라서 판단과 의사결정을 할 때가 많다. 그 결정이 자신과 남의 감정에 어떤 영향을 주는가를 중요시한다. 이들은 조화로운 인간관계를 좋아하고 동정심이 많으며 남을 인정할 줄 안다.

(4) 판단-인식(JP: Judging-Perception)

외부세계에 대한 태도에 있어서 판단과정을 선호하는지 인식과정을 선호하는지에 따라 판단형(J)과 인식형(P)으로 구분된다. 이 지표는 외부세계를 받아들이거나 외부세계에 자기를 보여 주는 과정에서 주로 나타나는 기능에 관한 것이다. 판단형의 사람들은 생활을 조절하고 통제하기를 원하며 계획을 세우고 질서 있게 살아가는 경향이 있다. 이들은 일을 결정하고 일에 종결을 짓고 구조화하고 조직하는 것을 선호한다. 따라서 계획에 따라서 일을 추진하며 정한 기간 내에 일을 마무리 짓는 편이다. 인식형의 사람들은 미리 짜여진 계획보다는 상황에 맞추어 적응하며 자율적으로 살아가기를 원한다. 삶을 통제하기보다는 이해하려는 편이다. 애매한 상황에도 잘 적응하고, 정해진 시간에 일을 마무리짓지 못하는 경우가 많은데 그렇더라도 그때그때 자발성을 가지고 상황에 대처해 가는 편이다.

MBTI를 실시하면 각 지표에 점수가 나타나게 된다. 이 점수를 다른 성격진단검사의 점수와 혼돈해서는 안 된다. MBTI의 점수는 개인이 그 방향을 더 자주 빈번하게 사용하고 있으며 그 방향으로 선호(選好)가 드러난다는 의미이다. 이 4가지 선호지표가 역동적으로 결합하게 되면 16가지의 조합이 가능하게 되는데(〈그림 2-1〉), 각 개인은 이 중 한 가지의 성격유형으로 구분된다.

〈그림 2-1〉 MBTI의 16가지 성격유형

ISTJ 내향성 감각형	ISFJ 내향성 감각형	INFJ 내향성 직관형	INTJ 내향성 직관형
ISTP 내향성 사고형	ISFP 내향성 감정형	INFP 내향성 감정형	INTP 내향성 사고형
ESTP 외향성 감각형	ESFP 외향성 감각형	ENFP 외향성 직관형	ENTP 외향성 직관형
ESTJ 외향성 사고형	ESFJ 외향성 감정형	ENFJ 외향성 감정형	ENTJ 외향성 사고형

(김정택 · 심혜숙, 2001)

위의 MBTI를 요약하면 다음과 같다.

〈그림 2-2〉 MBTI의 네 가지 선호경향

태 도	외향성(E) 폭넓은 활동력	에너지의 방향, 주의 초점 ←→	내향성(I) 깊이와 집중력
비합리적 기 능	감 각(S) 실용성과 현실감각	정보수집 ←→	직 관(N) 비전과 통찰력
합 리 적 기 능	사 고(T) 논리와 분석력	판단과 결정 ←→	감 정(F) 인화력
판 단	판 단(J) 조직과 추진력	이행양식/생활양식 ←→	인 식(P) 수용과 적응력

(김정택 · 심혜숙, 2001)

〈그림 2-3〉 외향성 : 내향성

외 향 성 Extraversion	내 향 성 Introverstion
활 동 적	반 영 적
외 부 로	내 부 로
사 교 적	말 수가 적은
사람과 더불어	개인적 공간
다 수	소 수
표 현 적	조 용 한
넓 이	깊 이

(김정택 · 심혜숙, 2001)

〈그림 2-4〉 감각 : 직관

감 각 Sensing	직 관 Intuition
세 부 적	패 턴
현 재	미 래
심 리 적	상 상 적
사 실 적	개 혁 적
차 례 로	임의대로
안내에 따라	예감에 따라
일 관 성	다 양 성
즐 김	바 램
노 력	영 감
유 지	변 화

(김정택 · 심혜숙, 2001)

〈그림 2-5〉 사고 : 감정

사 고 Thinking	감 정 Feeling
머 리	가 슴
객 관	주 관
정 의	조 화
초 연	관 심
비개인적(상황과 분리)	개인적(상황과 동일시)
비 판	감 사
분 석	공 감
정확, 철저	설 득
원리원칙	가 치 들

(김정택 · 심혜숙, 2001)

〈그림 2-6〉 판단 및 인식

판 단 Judgement	인 식 Perception
조 직	유 연 성
체 계	흐름/유동
결 정 적	체 험
임 의 적	호 기 심
임 의 적	자 발 성
마 무 리	개 방 성
계 획	기 다 림
마 감	발 견
생 산 적	수 용 적

(김정택 · 심혜숙, 2001)

◇러닝머신 결혼식 케이블TV 홈쇼핑채널에서 상품 소개를 맡고 있는 박진호씨가 15일 오후 서울 방배동 CJ홈쇼핑 야외무대에서 신부·하객과 함께 100대의 러닝머신 위를 달리는 이색 결혼식을 올리고 있다. /[illegible]

인수봉에서 웨딩마치

ZOOM UP

2시간 암벽타고 '예식장' 입장

북한산 인수봉(해발 8백10m) 꼭대기에서 23일 산악결혼식이 열렸다.

배낭에 웨딩드레스와 예복을 챙겨넣고 2시간동안 밧줄에 매달려 암벽을 탄 끝에 「예식장」에 도착한 신부는 경찰청 산악회원 [illegible]씨(최금정·29), 신랑은 회사원 [illegible]씨(양명석·32). 붉은 양탄자는 암벽으로, 꽃과 흰 장갑은 자일로 대신했다. 이들은 먼저 올라 기다리던 동료 산악인 30명의 환호 속에 텐트에 들어가 예복을 갈아입었다. 이어 두 줄로 늘어서 자일로 터널을 만든 동료들 사이를 행진하는 독특한 결혼의식도 치렀다. 하지만 이들은 산 꼭대기까지 오를 수 없는 부모와 친지를 위해 오는 일요일 「보통예식장」에서 평범한 결혼식을 한 차례 더 올린다.

더 충만한 내가 되기 위하여 …(TO BE FULLY ME …)

나는 기억해야 겠습니다. 더 충만한 내가 되기 위하여 …
내가 나이며
그리고 이 세상에 나 같은 사람은 나 하나밖에 없다는 것을,
나 자신에게 허락합니다. 더 충만한 내가 되기 위하여 …
사랑하는 마음으로 나를 발견하고
나를 사용할 것을
나 자신을 보면
이를 충분히 해 낼 수 있는 멋진 도구임을 알 수 있습니다.
나는 나 자신을 사랑하고
나 자신에게 감사를 느끼며
나 자신을 소중히 여깁니다.

—Virginia Satir

가난한 사람의 재산

가난한 집 자식은 어떤 재산을 물려받는가?
강건한 몸과 씩씩한 마음
튼튼한 골격과 불굴의 정신
유익한 일과 참다운 노력에
자유로 구사하는 믿음직한 두 팔
이런 재산이야말로
제왕이라 할지라도 부러워하리라.

가난한 집 자식은 어떤 재산을 물려받는가?
적은 물건을 고마워하는 마음
노력의 결과로 주어진 지위
힘드는 일에 용솟음치는 흥미
콧노래하며 일하는 재미
이런 재산이야말로
제왕이라 할지라도 부러워하리라

가난한 집 자식은 어떤 재산을 물려받는가?
가난한 가운데서 체득한 인내심
가슴 속 슬픔을 참아내는 용기
남을 도우려는 갸륵한 마음
친구를 사랑하는 보다 깊은 우정
이런 재산이야말로
제왕이라 할지라도 부러워하리라

아— 가난한 집 자식이여
자기 자신을 천히 여기지 말라
헛되이 돈과 명성만을 가진 자는 그대보다 훨씬 불행함을 알라
고생함으로써 영혼은 더욱 빛나고 휴식은 달콤하고 유쾌하리라
이런 재산이야말로
가난해도 물려받을 가치가 있으리라

호랑이와 곶감

산중에 사는 늙은 호랑이가 오랫동안 먹지 못하여 시장기를 면하려고 밤에 마을로 내려갔다.

그 마을에는 개를 기르는 집도 없었다. 그래서 어린 아이를 잡아먹으려고 어느 집 안으로 들어갔다. 창문 아래 숨어서 방 안을 엿보고 있으려니 마침 방 안에서 어린 아기가 심히 울고 있었다.

아이 어머니는 "에비, 호랑이 온다"고 말했으나 아이는 여전히 울고 있었다. 호랑이는 이 말에 깜짝 놀랐다. 아이 어머니가 호랑이 온 것을 알고 말하는 것 같았다. 호랑이는 숨을 죽이고 창 밑에 쭈그리고 있었다.

아이 어머니가 "옛다, 곶감이다" 하니 아이의 울음소리는 뚝 그쳤다. 호랑이는 아이가 호랑이 왔다고 해도 울음을 그치지 않더니 곶감이라고 하니 그치는 것으로 보아 아마 호랑이보다 더 무서운 것이 있나 보다 싶어서 방에 있는 아이를 잡아먹을 것을 단념했다.

호랑이는 외양간에 가서 소를 잡아먹기로 했다. 그 때 외양간에는 마침 소도둑이 들어와 있었다. 그런데 어둠 속에서 호랑이가 움직이는 것을 발견하고 소도둑은 소인 줄 잘못 알고, 호랑이 등에 올라 타고 엉덩이를 발로 차면서 밖으로 나가기를 재촉했다.

호랑이는 어둠 속에서 갑자기 등에 무엇이 올라 타고 엉덩이를 차는 것으로 보아 사람이면 감히 이런 짓을 할 수 없으니 필경 곶감일 것이라 싶어 뛰어 달아났다.

등에 탄 소도둑은 호랑이가 뛰는 바람에 떨어질까봐 호랑이의 두 귀를 꼭 잡고 그만 멈추라고 소리쳤으나 그럴수록 호랑이는 더 뛰었다.

얼마나 뛰었는지 동쪽 하늘이 환히 밝기 시작했다. 소도둑이 가만히 살펴보니 소가 아니라 호랑이이므로 이거 안 되겠다고 뒤로 뛰어내렸다. 호랑이는 호랑이대로 이제 곶감도 떨어졌으니 살았다고 뒤도 돌아보지 않고 산 속으로 도망쳤다고 한다.

제 3 장

정신분석

1. 역사적 배경

정신분석학은 Sigmund Freud(1856~1939)에 의해 개척되기 시작한 과학적 학문의 한 분야이다. 정신분석학이론은 인간의 정신적 기능과 정신적 발달에 관한 가설의 체계라고 할 수 있다.

Thomas Hobbes(1588~1679)가 주장한 사회적 계약설; Charles Darwin(1809~1892)의 진화설; 독일의 철학자인 G. Fechner의 정신물리학설; H. Helmholtz와 Brücke의 에너지불변의 법칙설; 오스트리아의 F. Mesmer와 프랑스의 신경학자인 J. Charcot이 주장한 무의식적 사건을 최면에 의하여 의식화하여 신경병을 치료한다는 최면술; 오스트리아의 의사인 Breuer와 Anna O. 양의 치료 예; 미국의 W. James와 덴마크의 C. Lange의 정서설; 이외에도 인류가 탄생한 이후의 역사적인 사건들, 예술·문학·종교 등을 Freud가 예리한 직관력으로 관찰한 결과들 등은 Freud가 정신분석학설의 이론적 기초를 세우는 데 큰 기여를 하였다. 특히 내과의사인 Joseph Breuer의 젊은 여자환자인 Anna O. 양의 히스테리아 치료경험은 Freud의 정신분석이론에 많은 영향을 미쳤다. 히스테리아는 하부의 본능적·성욕적 정서와 상부의 정서적·정신적 억압력과의 상하항

쟁의 결과로 생기는 것이며 이 항쟁을 제거하면 이 질환은 없어지는 것이다. 마치 물의 흐름이 너무 세면 수문에 닿는 물의 힘이 강하여 옆으로 물이 새는 것과 같은 현상이 히스테리아 증상이다.

그러므로 딴 물길을 만들어 주면 히스테리아 증세는 없어진다는 것이다. 이 치료경험은 무의식중에 억압되어 있는 것을 의식화하여 정화하는 방법이다. Anna O. 양은 지적 발달은 잘 되어 있으나 성적 발달은 지체되어 있었다. 성의 발달이 지체되었다는 것은 성의 억압으로 보고 이것 때문에 히스테리아와 신경증의 본성이 나타난다고 하였다. J. Breuer가 성의 억압을 생리적으로만 설명하였고 심리적으로는 발전시키지 않은 점이 Freud와 결별하게 된 이유이며, 여기에서 Freud의 정신분석학의 학문적 체계의 출발이 시작된다.

<Anna O. 양의 치료 예>

J. Breuer가 다룬 이 아가씨는 그녀가 감상적으로 사랑을 쏟고 있는 아버지의 병환을 간호하고 있었을 때에 히스테리병에 걸렸다. 발병시인 1880년 Anna O. 양은 21세였으며 친척 몇 명이 정신병을 앓았던 경력이 있었다. 그녀는 발병 전까지 별탈없이 성장하였고, 똑똑하였고, 지적이고, 공상을 즐기며, 활기에 넘치며, 끈기 있는 여자였다. 그러나 성적인 발달은 부진하였고 청교도적인 집안 분위기에 휩싸여 단조로운 생활을 하고 있었다. 그녀의 아버지가 1880년 7월에 병상에 눕자 어머니와 그녀가 번갈아 병간호를 하였다. 그녀는 간병에 지쳐 12월에 병석에 누웠다. 그녀의 히스테리 증상은 아버지의 병간호와 억눌리고 있는 충동이 충족되지 못하여 일어난 것으로 증명되었다. 즉 죽어가고 있는 아버지와의 동일시, 아버지의 죽음에서 오는 죄책감, 대학 다니느라 아버지의 병간호를 하지 않는 남동생에 대한 적대감 등에서 기인된 것이다. 그녀의 와병과정은 잠복기, 발현기, 몽유증과 의식청명의 교차기, 점진적 호전기로 나눌 수 있다. 잠복기는 1880년 7월에서 1881년 4월까지, 즉 아버지가 병이 나서 죽기까지의 기간이다. 이 때 그녀는 전형적인 신경성 기침이 있었기에 몸져 누웠다. 발현기는 병이 나타났던 시기로 1880년 12월 초부터 4월 1일까지이며 수감성 사시, 좌측후두통, 시각장애, 근육

마비, 불안감, 환각상태, 기분의 급변, 오후의 깊은 잠, 모국어인 독어를 못하고, 영어로만 말함 등의 증세가 심하게 생겨 고통스러워하였다. 몽유증과 의식청명의 교차기는 아버지가 1881년 4월 5일 세상을 떠났던 시기로 그녀는 몹시 충격을 받았으며, 시야협소증과 자살행동증이 있었다. 이 때부터 Breuer의 최면과 대화치료가 있었다. 그녀는 가족이 오면 몹시 짜증을 내었지만 주치의인 Breuer만은 알아 보았으며, Breuer에게 밀착되어 있었다. 1882년 봄에 그녀는 대단히 호전되어 있었다. 점진적 호전기에는 Breuer가 위와 같은 방식으로 찾아주고, 들어주고, 물어줌에 따라 그녀는 왜 그런지의 이유를 말해 주었으며 그 때마다 그녀의 마비증상, 시각장애, 청각장애, 신경통, 언어장애는 하나씩 풀어 나갔다. 즉 말해버림으로써 증상이 소실되었던 것이다. 1882년 6월 7일 그녀는 이제 치료를 끝내자고 하였으며 치료의 마지막 날 그녀는 다시 한번 무서운 환시를 경험하였다. 즉 Breuer의 아기를 낳는 진통으로, 환상임신에 의한 히스테리성 출산증상이었다. Breuer의 장기간 치료에 따르는 필연적 반응으로 나타난 환상임신이었다. Breuer는 최면을 걸어 그녀를 진정시킨 뒤 그 집을 도망쳐 그 다음 날 그의 아내와 제 2 의 신혼여행을 베니스로 떠났다. 그녀는 그 뒤 재발되어 어느 정신병원에 입원하였다. 한참 후에 그녀는 마음의 평화를 얻어 잘 지냈으며 후에 그녀는 평생 독신으로 훌륭한 고아원 사감과 사회사업가가 되었다.

Breuer는 여기서 몇 가지를 강조하였다. 첫째, 히스테리아 유발인자를 알려면 최면을 걸어 그 증상이 시작된 당시를 기억하게 하여 유인을 알아야 한다. 둘째, 히스테리아는 두 가지가 있다. 하나는 심한 공포, 경악, 수치스러운 감정을 일으키는 정신적 외상인 외상성 히스테리아이다. 다른 하나는 통상 히스테리아이다. 셋째, 히스테리아는 당사자의 체질적인 면과 감수성의 여하에 따라 그 증상이 결정된다. 넷째, 히스테리아 증상을 없애려면 그 유발사건을 똑똑히 회상시키고 거기에 수반된 감정을 일깨우면 된다. 감정이 수반되지 않는 회상은 효과를 내지 못한다. 다섯째, 의식의 이상상태가 히스테리아에는 반드시 출현한다. 이렇게 Breuer는 히스테리아 현상에서 최면상태를 강조한다.

Freud는 연구를 계속함에 따라 최면상태가 모든 사람에게 적용될 수 없다는 사실과 어떤 증상이 최면상태에서 경감되었다 하더라도 새로운 증상이 나타남을 발견했으며, 최면 없이도 히스테리성 건망증을 제거할 수 있음을 주장하고 실천하였다. 이 기술의 본질은 환자로 하여금 마음에 떠오르는 모든 생각을 의식적으로 바꾸거나 검열 없이 분석자에게 보고하는 데 있다. Freud는 초기에는 「히스테리아 연구」, 「꿈의 해석」, 「토템과 타부」 같은 것을 저술하였으며, 중기에는 「집단심리」, 「자아분석」, 「자아와 이드」, 「쾌·불쾌 원칙을 넘어서」와 같은 이론적인 서적을 많이 저술하였다. 말기에는 「어떤 착각의 미래」, 「문명과 불만」, 「왜 싸우는가」와 같은 문명에 대한 비판적인 서적을 많이 저술하였다. 정신분석의 기술적 발달과 응용은 정신병학, 특히 심리치료의 이론과 실제를 쇄신시켜 인간심리의 학문일반에 큰 공헌을 하였다.

시그문트 프로이드의 생애

프로이드는 1856년 5월 6일, 당시 오스트리아 모라비아(Möhren) 지방의 프라이베르크(Freiberg)에서 유태인인 직물상을 하던 아버지 야곱 프로이드(Jakob Freud)와 어머니 아말리에 나타우젠(Amalie Nathausen) 사이에서 맏이로 태어났다. 아버지에게는 이 결혼이 세 번째였고 이미 장성한 아들 둘이 있었다. 1859년 그들은 비인(Wien)으로 이주하게 되는데, 반유태주의 때문이었다(Jones, 1953)고도 하고 경제적인 문제가 주원인이었다(Bernfeld & Bernfeld, 1944)는 설도 있다. 시그문트 프로이드 밑으로 남동생이 태어났으나 생후 8개월만에 세상을 떠났고, 그 밑으로 5명의 여동생과 막내 남동생이 있다. 프로이드家가 비인으로 옮긴 후, 1860년에서 1873년 시그문트 프로이드가 김나지움(Gymnasium)을 졸업할 때까지의 기간에 대해서는 전기적 자료가 매우 적다. 그 중의 하나는 프로이드가 김나지움에서 거의 매년 수석을 하였고, 그의 고전적이며 아름다운 문장력은 일찍이 선생님들 눈에 띄었다는 것이다. 그는 그 후에도 모든 글에서 뛰어난 문장력을 구사하였다.

프로이드는 1873년 비인대학교 의과대학에 입학하여 비로소 유태인의 소외감과 열등감 같은 것을 뼈저리게 느끼게 된다. 그러나 그것은 오히려 그를 일찌감치 독립적인 판단을 할 수 있도록 준비시켜 주는 결과가 되었다(G. W. XIV, p. 34~35). 그의 아버지는 당시의 경제적 어려움에도 불구하고 아들에게 자유롭게 직업을 선택하도록 배려하였고 그가 유태교적 이상에 따라 지혜로운 학자가 되기를 바랬다. 사실 프로이드의 삶은 진실과 진리를 밝히려는 굳은 의지의 연속이었다. 그의 연구태도는 근본적으로 발전적이었고, 어려움과 의문에 봉착하면 더욱 창의적이 되었다. 그가 정신분석학의 기초를 쌓아 문화와 예술과 학문에 광범위하게 영향을 끼치고 후진들이 계속 연구하고 활용할 수 있게 한 큰 업적은 역사에 길이 남을 것이다. 프로이드와 어머니와의 관계는 비교적 갈등이 적었으나 아버지와의 관계는 복잡했다. 1896년 부친의 죽음 앞에서 의식적-무의식적 죄의식으로 프로이드는 고통스러워 했다. 이것은 그의 자기분석에 결정적인 박차를 가한 것 같다. 1896년은 정신분석이 태어난 해이기도 하다.

그는 지식을 축적하고 그것을 재생하는 식의 공부로 만족하는 평범한 학생이 아니었고 끝까지 철저하게 의문을 추적해 가는 실존적인 연구가였다. 그가 당시 다른 사람들이 5년 남짓 끝내던 의학공부를 8년에 걸쳐서 하고 있을 때, 어떤 사람들은 그가 허송세월을 보내고 공부를 끝내지 못하는 것은 아닌가 의심하기도 했다.

프로이드는 1881년 3월 의학박사학위로 의대를 졸업한 후 1년 더 브뤼케 연구소에서 일하지만, 재산이 없고 게다가 유태인인 그에겐 전망이 별로 없었다. 그는 1882년 6월 마르타 베르나이스(Martha Bernays)와 약혼하면서 미래의 가장으로서 현실적인 결단을 내려야 했다.

1886년 프로이드는 파리에서 비인으로 돌아와 그 해 4월에 정신과 개업을 하였다. 이것은 정신분석학이 탄생하게 된 중요한 조건이 되었고, 프로이드가 대학의 정교수가 되는 데에는 방해요소가 되기도 했다. 그는 그 해 9월에 오랫동안 떨어져 지내야 했던 약혼녀와 결혼을 하여 이듬해(1887)에 첫 딸을 보게 된다. 이어 거의 연년생(1888, 1890, 1891)으로 세 아들이 태어나고, 또 두 딸(1892, 1895)이 태어난다. 그는 급속도로 늘어나는 가족들을 부양해야 하는 커다란 현실문제를 해결해야만 했다.

프로이드가 최면술을 포기하고 전적으로 자유연상에 의해 치료하기 시작한 1896년에 정신분석은 태어난 것이다.

프로이드는 자신의 호기심과, 끈기, 저항, 좌절에도 굴복하지 않는 정신적·윤리적 용기가 정신분석과 같은 혁명적 업적을 이룩하게 되었다고 회상하였다. 다른 한편으로 프로이드는 1880년대부터 자주 몸이 아픈 것을 호소했고, 사람들이 자기를 좋아하지 못하게 하는 면이 자신에 있는 것이 아닌가 하고 고민하기도 했다. 그는 자신의 몸, 성격에 대해서뿐만 아니라 자신의 지적 능력에 있어서도 회의적이었다. 그는 이러한 회의와 갈등과 고민 등을 자기분석의 계기로 삼아 자기자신을 깨달아가는 여정을 죽음에 이르기까지 계속하였다. 1920년을 전후하여 구개암(口蓋癌)이 발병하였는데, 그는 여러 번의 수술을 받고도 심한 고통을 인내하면서 지속적인 연구를 게을리하지 않았다. 그의 진실과 진리를 추구하는 혼신적 투지는 정신분석학을 창시하고 기초를 굳히는 핵심적 힘이 되었고, 오늘도 이러한 자세는 정신분석학이 지향하는 진정한 자유를 위한 노력과 희망의 원동력이 된다.

(윤순임, 2003)

2. 의식구조

Freud는 임상적 관찰을 토대로 인간의 마음을 바다 위에 떠 있는 빙산으로 비유하였으며 마음의 내용과 작용이 의식적인가 아닌가에 따라서 마음을 분류하였다. 우리가 경험하는 부분은 의식으로 물 위에 나와 있는 부분이고 우리가 자각하지 못하는 부분은 무의식이며 물 속에 잠겨져 있다. 이 무의식은 우리의 행동에 강력한 영향을 미친다. 보일락 말락하는 빙산부위는 전의식이다.

(1) 의 식

의식은 자각상태에서의 심적 내용이며 직접적인 자각에 의하여 경험한다. 의식의 활동범위는 적으며, 외계를 지각하고 이해한 다음에 그 일부분만이 의식의 범위 안에 포함된다.

의식적인 부분은 열린 체제로 융통성있고, 변화가능하고, 다른 사람과 자유롭게 상호작용할 수 있는 영역이다. 그리고 신체감각으로 경험되며 직접 눈으로 그 증거를 볼 수 있는 영역이 의식이다.

(2) 전 의 식

의식과 조금 가까운 마음의 영역이다. 생각이 날 듯 말 듯 하는 현상으로 설단현상을 말하며 주의만 하면 쉽게 의식화된다. 흔히 이용가능한 기억으로서 마음 속에서 무의식과 의식영역을 연결하여 준다.

(3) 무 의 식

프로이드의 가장 큰 학문적 업적은 무의식에 대한 인식이다. 우리의 행동과 느낌과 사고, 상상, 창의적인 작업 등의 원천은 대개 무의식 속에 잠재되어 있으며 창의적인 것은 대개 무의식과 의식이 연결되어 있을 때 활발하다(윤순임, 2003).

인간 마음의 가장 깊고 중요한 부분은 무의식이다. 무의식은 모든 인간의 행동을 배후에서 일으키는 역동적인 주된 힘을 가지고 있다. 우리가 무의식을 외면하고 거부하면서 무의식 속에 있는 열등감은 점점 커져 우리를 집어삼키며 현실을 마비시킨다. 그리하여 목적 없이 멍청한 행동을 많이 하게 되며, 무의식의 노예가 된다. 그러므로 속에 있는 무의식을 의식에 드러내어 햇빛을 보게 하고 자신의 삶으로 통합하게 되면 무의식의 속마음과 겉에 있는 현실과 좀더 가까워져 자기다운 삶을 살게 된다.

무의식 속에 있는 것들이 의식화될 때는 격렬한 몸부림과 고통을 가져온다. 아무리 사소한 일이라도 중요하지 않은 말이나 행동은 별로 없다고 Freud는 믿었으며 말의 실수, 사고, 약속을 잊는 것, 농담을 하는 것 등을 무의식적 욕구, 원망, 갈등의 표시라고 그는 주장하였다.

Freud는 의식 밖으로 억압되는 어떤 체험이나 생각은 소멸되는 것이 아니라 무의식 안에 남아 있어 강력한 영향력을 행사한다고 한다. 상자 뚜껑을 열면 괴상한 인형이 튀어나오는 것처럼, 억압된 생각이나 체험은 밑에서 생물적 충동에 의해 당장의 일과 연상이 되어 일어난다. 이러한 생각이 다시 솟아오르면 그 생각은 불안을 일으키고, 무의식의 둑이 무너져서 일어날 때는 정신병이 생길 수 있다. 그리고 다시 한번 더 아래로 밀려나면 끝없는 무의식적 갈등이 된다. 이 무의식적 갈등을 분석하는 정신분석방법은 최면, 꿈, 자유연상 등이다.

3. 성격구조

성격구조 및 이론의 중심이 되는 개념은 무의식적 정신과정이다. Freud는 성격구조모형으로 이드, 자아, 초자아를 제시하였다. 이 세 가지는 각기 고유한 역할을 가지고 있으나 행동통제를 위하여 상호작용을 하고 있다. 이러한 성격구조들과 의식수준과의 관계는 〈그림 3-1〉에 제시되어 있다. 모든 원본능은 무의식이며 자아나 초자아는 무의식과 전의식, 그리고 경험의 의식상태를 모두 포함하고 있다. 무의식은 이 세 가지 성격구조를 모두 포함하지만 그 큰 덩어리는 주로 본능과 충동으로 되어 있다. 원본능(id), 자아(ego), 초자아(super-ego)의 특징은 다음과 같다.

(1) 이드와 쾌락원칙

인간의 마음의 밑바닥에 있는 것은 무의식적 이드(id)이며 아직도 자기화, 의미화가 되어 있지 않은 것이다. 이드는 출생시부터 유전에 의하여 물려받은 생물적 체질에 근거하고 있다. 이드는 외부현실과 접촉이 없으므로 정신적 작용이 없고, 가치, 윤리, 논리 및 시간지각이 없으며 오로지 순간적인 쾌락원칙에 따라 움직인다.

우리는 꿈의 분석과 신경증적 행동의 다양한 형태들을 통해서 이드를 알게 된다. 이드 안에는 유기적 본능들, 즉 두 개의 성적 및 공격적 본능들이 작용한다. 성적 본능이란 생존본능의 힘을 일컫는 것이며, 성적 행동을 통해서 만족을 얻고자 하는 정신적 에너지의

〈그림 3-1〉 Freud의 성격구조와 의식수준

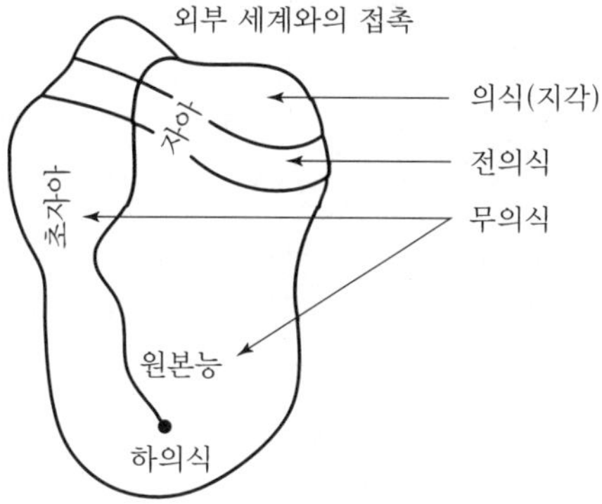

일부분이다. 성본능에 내재하는 에너지를 리비도(libido)라 한다. 이것은 생동적인 삶, 종족번식을 책임지는 각종의 힘을 포함한다. Freud는 리비도가 성격발달에 가장 영향력이 큰 삶의 본능이라고 하였다.

십우도에서 소와 사람이 함께 공존하고, 무녀도에서 사람과 함께 동물이 존재하고, 혹은 두목이 동물을 옆에서 쓰다듬는 것처럼, 현실에서 자신의 본능을 길들이고 선택과 포기를 하며 조절을 할 때 자신의 삶은 윤기 있고 빛나는 것이다.

본능은 자라나는 나무처럼, 꽃을 찾아 다니는 나비나 벌처럼 쑥쑥 뻗어 나가는 것이고 아름다운 것이다. 가장 유치스러운 본능, 가장 밑바닥에 있는 본능, 작은 것이라도 하고 싶은 욕구들을 현실에 터놓고 조절해 살아가야 삶이 풍성해진다. 정신병은 현실에서 본능이 섞이지 않고 억압되어 따로따로 놀 때 발생한다.

내 안의 징그러운 본능, 감각적인 것을 통합해야 사랑도 하고 친밀한 이성관계도 맺고 결혼하여 아이를 낳고 기를 수 있는 것이다. 아름다운 것만 추구하고 승화만 잘 해가지고는 자신의 삶을 풍성하게 할 수 없다.

본능이 공격성, 분노와 합쳐질 때 정열적이 된다. 천재들이 열심히 할 수 있는 재주, 능력이 있는 것은 위와 같이 본능적이고 공격성, 분노를 가졌기에 정열적으로 일을 하게 되는 것이다. 인간은 짐

승 이하도 될 수 있고 천사 이상으로 아름다워질 수도 있다. 본능이 제대로 보호받지 못하면 동물의 짝짓기, 나비, 벌, 인간의 생명의 탄생도 없어질 것이다.

본능의 세계, 자연의 세계는 얼마나 아름다운가. 단순할수록, 간단할수록 힘이 생기는 것이다.

이드를 적절히 억제하고 경험에 의한 행동양식을 배움으로써 개인의 자아가 생성되며 인격이 발달하게 된다.

(2) 자아와 현실원칙

사람이 성장함에 따라 이드에서 의식적 자아가 발달한다. 자아는 생후 6~8개월부터 발생하기 시작하여 2~3세에 형성된다. 이드의 충동들이 자아를 통해 어떤 방식으로든 만족되어야 하고, 세상의 현실과 초자아의 요구 사이를 중재하기에 성격의 집행자 또는 경영자라고 불리운다. 이 때 자아는 지각, 학습, 기억 현실검증 등을 포함하는 2차 과정을 사용한다. 따라서 이드가 자아가 되도록 하여야 한다. 자아는 2차 과정의 현실적 정신활동이자 1차 과정을 제어하는 활동이며 현실의 요구조건 등을 고려함으로써 발달한다. 정신분석치료의 주요한 목적의 하나는 자아의 에너지를 어느 정도 자유롭게 하여 높은 수준의 문제해결을 하도록 도와 주는 것이다.

(3) 초자아와 양심

성격의 제일 높은 구조인 초자아는 자아의 위에 존재하며 자아로부터 발달한다. 초자아가 하는 일은 이드가 용납할 수 없는 충동을 차단하고 자아로 하여금 도덕성을 완성하도록 방향성을 갖게 하는 것이다. Freud는 대개 어린이는 2세에서 6세 사이에 부모에 대한 애정, 갈등, 분노가 뒤섞이어 부모의 사랑과 애정을 갈구하게 된다고 하였다. 즉 남자 어린이는 어렴풋이 성적 감정을 가지며 아버지 위치에서 어머니를 소유하려고 한다. 어떤 어린이는 이 다음에 어머니와 결혼할 마음을 갖기도 한다. 그러나 남자 어린이는 아버지와 더불어 어머니를 공동소유해야 된다는 경쟁의식 때문에 아버지를 공격하게 되고, 그 결과 아버지가 복수를 하지 않을까 하는 두려움이 싹트게 된다. 이와 같은 정서적 혼란을 오이디푸스 콤플렉스라고 한다. 여자 어린이들도 2~5세 사이에 남자 어린이와 비슷한 정신적 고통을 겪는다. 여자 어린이의 리비도는 아버지를 향한다. 이러한 정서적 갈등은 엘렉트라 콤플렉스로 불리운다.

어린이들은 오이디푸스 콤플렉스와 엘렉트라 콤플렉스를 극복하는 과정에서 옛날부터 '애비 없는 자식' 혹은 막내아들이 나약한 남성상을 가진 예를 많이 듣는다. 어머니랑 너무 밀착되거나 나약하여 젊은 아버지로부터 처벌을 받을 때 남성상이 강하게 생겨난다. 그리하여 윗사람에 대한 존중심이 생겨난다. 오이디프스 컴플렉스를 제대로 겪지 않고 자란 남자들이 예의·버릇이 없고 나약한 남자들이 된다. 요즈음 아버지들이 너무 바빠 아이들하고 상호작용할 시간이 없고 아버지의 규범, 가치간을 내재화할 시간이 없어 버릇없는 왕자병에 걸린 남자애들이 많다. 여자들은 어머니들이 너무 바빠 어머니와 상호작용할 시간이 없어 제대로 엘랙트라 컴플렉스를 겪은 기회가 없어 공주병에 걸린 여자들이 많다. 예를 들어 남자아이들은 아빠가 출장중이거나 집에 안 계실 때 엄마랑 함께 잠을 자고 싶고 엄마랑 결혼을 하고 싶어 한다. 아들들은 아버지와 싸우면서 아버지를 이기고 뚫고 나오면서 강한 아버지가 된다. 딸은 어머니가 아버지에게 하는 행동, 어머니의 권위, 애정을 나누어 가져 아버지를 독차지하려고 노력하는 가운데 엘렉트라 콤플렉스는 해결된다. 딸들은 어머니와 싸우면서 여자다워지는 것이다. 어머니가 돌아가셨거나 약하면 싸울 대상이 없고 내재화할 여성모델이 없기에 빈약한 여자가 될 가능성이 크다. 이 과정에서 부모의 도덕적 양심, 규범, 가치관, 사회적 이상 등을 어린이들은 내면화하여 초자아가 생기게 된다. 부모가 과거에 어린이를 처벌했듯이 이 때 생긴 초자아는 우리의 내면 속에 형성되어 우리가 잘못한 일을 할 때 우리를 처벌한다. 이것은 오이디푸스 신화의 주인공이 신탁의 강제적인 벌이 없더라도 스스로 죄책감을 느끼고 자기처벌을 달게 받는 것과 같은 것이다. 특히 양심은 부모의 처벌을 받을 때 형성되고, 자아

이상은 긍지와 가치관, 인정, 칭찬, 사랑을 줌으로써 어린이의 행동을 강화할 때 생긴다. 초자아는 주로 자기 이외의 타인, 즉 부모의 교육방침에 의하여 형성되며, 그 작용의 중요한 부분은 대개 무의식 속에서 이루어진다. 초자아는 본능적 쾌락을 추구하는 이드와 항상 대립적이나 이드와 같이 무의식에도 자리하고 있으며, 비합리적이며, 현실을 바로 보지 못할 때가 있어 자아의 발달을 방해할 때가 많다.

이드가 적절하게 발달하여 성적 에너지를 어느 정도 충족하고 자녀도 낳고 자아도 어느 정도 발전하여 물질생산을 하여야 한다. 자아가 지나치게 발전하여 리비도의 충동을 과도하게 억압하면 정상적인 애정관계를 가질 줄 모른다. 공격성을 과도하게 억압하면 경쟁의식이 심하게 위축되어 성격발달에 지장이 온다. 한편 초자아가 지나치게 발달하면 막연하게 죄책감과 자기비하의 감정을 느끼어 무의식적으로 자기를 처벌하려 한다. 그러므로 초자아가 자기화되어야 하며 집단에서 만들어 놓은 규범에 게으르게 따라가지 말고 왜 그렇게 해야 되는가를 끝까지 생각해 보아야 한다.

(4) 이드, 자아, 초자아와의 관계

가장 건전한 성격은 이드, 자아, 초자아가 적당한 비율, 즉 동량의 비율로 균형을 이루어 사랑하는 능력, 일을 하는 능력, 즐길 수 있는 능력을 지니는 것이다. 알기 쉽게 모형화하면, 〈그림 3-2〉와 같이 이드, 자아, 초자아가 서로 맞물려 가며 같은 크기로 균형을 이루는 것이다.

그런데 이드, 초자아, 자아는 각각 고정되어 있는 것이 아니라 어느 영역이 강해지면 다른 것은 약해진다. 초자아가 강하고 자아, 이드가 약하면 도덕성만 크고 살맛이 안나며, 이드만 크고 초자아, 자아가 약하면 양심이 없는 사기꾼이 된다.

> 가장 건강한 사람은 본능과 초자아, 미친 짓과 고상한 것, 본능과 천사 사이를 왔다갔다 하고, 성과 속, 정신적인 것과 육체적인 것이 조화된 사람이다.

〈그림 3-2〉 이드 · 자아 · 초자아의 균형과 불균형

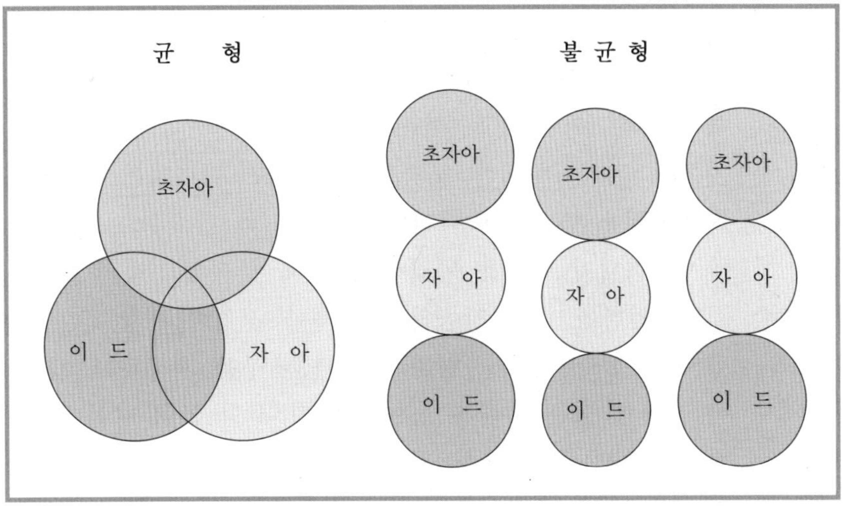

4. 성격발달단계

성격발달이란 인간이 성장하면서 신체와 외모가 발달하는 것처럼 자신의 내부에 사회적 인지변화가 일어나 심리사회적 인간이 되는 것을 말한다. Freud는 정신적으로 고통받는 환자들을 대상으로 실시한 연구를 토대로 하여 한 개인의 심리적 갈등이 대개 유아기 경험에서 비롯되고, 성인의 성격은 유아기 중 특히 6세 이전에 결정된다고 한다.

성인의 성격은 유아기의 성적 충동과 사회에서 부과되는 제한, 부모의 수유 및 양육방식과의 갈등이 해결되는 방식에 의해 결정되며, 이러한 갈등을 해결하는 데 실패하면 고착이 일어나 성인이 되어서도 심리적 갈등이 일어난다고 하였다. 구체적인 심리 및 성격 발달단계는 다음과 같다.

(1) 구강기(~1년)

구강기는 생후 1년 동안이다. 이 시기에 유아는 그의 생존을 전적으로 타인에게 의존하며, 젖을 빪으로써 영양을 공급받고 배고

픔의 충동을 만족시키고, 동시에 빠는 것 자체를 통하여 쾌락을 얻는다. 이 시기에 유아는 무엇이든지 빨고, 핥고, 깨물고, 씹는데 이것은 배고픔보다는 강한 쾌감을 주기 때문이다. 이와 같은 자기 신체 외부의 어떤 것을 빠는 구강행동은 외부 현실세계를 구축하는 기초가 된다. 이러한 구강활동은 주로 어머니의 피부접촉을 통한 수유방식을 통하여 충족된다.

어머니가 아이를 얼러주고, 음식이 맛있다고 상호작용할 때 음식맛, 엄마에 대한 달콤하고 행복한 경험이 세상으로 전해지는 것이다. 어린 시절의 사랑과 위안과 애무를 제공하는 어머니의 기능에 결함이 있는 사람은 성인이 되면 끊임 없이 타인에 의존하며 자신의 거대한 자아상을 확인받으려 한다. 또한 자신을 칭찬하거나 감탄해 줄 수 있는 대상을 밖에서 찾으려 한다. 자신을 감탄해 줄 수 있는 사람은 자기 자신이다.

피부접촉은 인간의 언어 이상으로 상대방을 포근하게 안정시키고 의사를 전달하는 기능을 가지고 있기에, Freud는 유아가 어머니의 젖가슴을 떠나고 그에 따르는 즐거움을 포기할 때 여러 가지 어려움을 겪는다고 하였다.

생애 첫 해의 후반기—이가 날 무렵—는 구강공격적 · 구강가학적 단계이다. 유아는 이가 나기 시작하는 8개월경에 물어뜯거나 깨물음으로써 성적 쾌감을 얻는다. 이무렵 어머니의 부재나 만족의 지연 등으로 생긴 불만은 공격적 행동, 침뱉기, 물어뜯기, 손 깨물기 등과 같은 방법으로 표시하고 성인이 되어서 우울증이 되기 쉽다.

(2) 항문기(2~3세)

이 시기에 구강자극이 약간의 쾌감을 제공하지만 성적 쾌감의 신체부위는 입에서 항문으로 옮겨진다. 아동은 배설물을 보류하거나 배변하는 데에서 상당한 감각적 쾌락을 느끼게 된다. 이 시기에 아동은 변가리기 훈련을 통하여 처음으로 강요된 훈련을 경험한다. 이 훈련은 아동의 이드 충동과 사회규율 사이의 최초의 커다란 갈등이므로 만족스럽게 이 갈등이 해결되지 않으면 고착이 일어난다.

배변훈련은 하나의 사회화과정을 익히는 것이므로 때와 장소를 가려 올바른 배변행동을 할 때 부모는 칭찬을 하고, 잘못하면 처벌하거나 실망을 표시해야 한다. 이러한 부모의 훈련방식을 통하여 이드에서 자아가 분화되며 초자아가 생겨난다.

(3) 남근기(4~6세)

이 시기의 아동은 그들의 흥분과 긴장이 성기에 집중되며 그들의 생식기를 만지고 자랑함으로써 쾌감을 느끼고 자신의 성별에 따른 신체구조의 차이를 발견하게 된다. 남자아이는 자신의 성기가 잘릴까봐 거세불안이 생기고 여자아이는 자신에게 성기가 없는 것을 알게 되고 남근질투가 발달하게 된다. 그리하여 원래의 애정대상인 어머니를 비난하고 아버지를 애정의 대상으로 삼는다. 이 시기에 인간의 성격발달에 중요한 동성 부모에 대한 동일시가 시작된다.

한편 아들 낳으라는 의미에서 효남, 귀남, 선남, 말자, 말남, 막내 등 남자를 상징하는 이름을 붙이고 딸아이를 남자처럼 키울 때 이 시기에 나타나는 특징은 다음과 같다.

첫째, 아이는 커서 자신이 여자라는 것을 부정하고, 같은 여자이면서 여자를 무시하고 남자처럼 행동하는 경향이 있다. 그리고 남자들 틈에 있는 것을 더 좋아하게 될 수도 있고, 남자들 틈 속에 있으면 자신이 똑똑한 여자로 생각하기 쉽다.

둘째, 아주 극단적으로 남자를 무시하고 여권운동자가 될 수도 있다.

어머니가 아들을 여자처럼 파마해 주거나 여자목욕탕에 데리고 가고, 여자처럼 예쁜 복장을 입혀 키우면 아이는 커서 여자들 틈 속에 있는 것을 더 좋아하고 여자 속옷을 입고 즐기거나 동성연애를 할 경향이 크다.

이 단계에서 지나친 부모의 처벌, 초자아적 태도, 정서적으로 미성숙한 부모의 유혹적인 행동, 자녀에 대한 질투 등을 보이면 고착이 일어날 수 있다. 그 결과 남자들은 지나친 허영심과 자기 중심적으로 성적인 행동을 하거나, 여자를 경멸하거나, 성적으로 문란한 행동을 하게 된다. 혹은 낮은 자존심, 수줍음, 이성관계 회피 등을 가져오며 가학증, 피학증 증세의 불안도 나타낸다.

이 시기에 부모가 자신을 닮으려고 하는 자식의 행동을 칭찬해 주고, 따뜻한 이해와 사랑을 주면 자식은 성적인 관심을 덜 나타내고 잠재기에 들어가게 된다. 이 시기에 가장 중요한 문제는 동일시를 통해서 성격이 형성되는 것이다.

(4) 잠재기(7～13세)

오이디푸스 콤플렉스와 엘렉트라 콤플렉스 기간의 폭풍이 지나면 소년기에 접어든다. 소년·소녀들은 환경을 탐색하고 모든 분야의 사회적·인지적 기술을 배우느라고 바쁘게 된다. 성에 대한 관심과 충동은 표면에 나타나지 않으며 남자는 남자 아이들끼리 놀고, 여자는 여자 아이들끼리 놀면서 이성에 대한 관심을 갖지 않는다.

이 때도 부모와 가족에게 물질적·심리적으로 의지해야 하고 통제를 받아야 할 시기이므로 부모가 일정한 제한을 설정하고 자식의 충동적 행동에 대해서 현명한 지도 및 훈육을 가해야 한다. 만일 부모의 따뜻한 보호 아래 오이디푸스 및 엘렉트라 콤플렉스가 해결되지 못하거나 동일시 대상으로 부모가 의식적·무의식적으로 도덕적인 부패와 무능 및 무서운 대상이 되면 자식은 동일시 대상을 잃어버려 초자아가 부패하거나 미성숙한 성격이 된다.

(5) 생식기(14세～청년기)

잠재기 말기에 신체적·정서적·지적·사회적인 면에 있어서 급격한 변화가 일어난다. 그 동안 환경과 자신의 과업에 집중했던 에너지가 다시 성충동에 집중되며 구애활동을 통하여 유아기·아동기 때 충족되지 못한 욕망을 충족하려고 한다. 그리고 가족 외에서 적합한 동일시 대상을 찾으려고 노력한다. 이 시기에 성정체감을 형성하지 못하면 미해결된 오이디푸스 콤플렉스나 엘렉트라 콤플렉스와 같은 미숙한 성행동이 나타나게 된다. 동성애적 행동은 이러한 미성숙한 행동의 표시라고 볼 수 있다.

특히 남자인 경우 일생을 좌우할 직업을 선택함에 있어서 불안과 고민을 하게 된다. 여자는 배우자에 대한 의존이 강하므로 결혼대상자를 발견하려고 노력하며, 결혼을 통하여 자신의 정체를 발견하려고 한다. 만일 부모에게서 독립하지 못하고 매이게 되면 그 의존성이 부부관계에도 일반화가 되어 정신병리에 약한 성격의 사람이 되기 쉽다. 자신의 독립성과 정체감을 형성하려고 노력하지 않고 즉각적인 욕망만 충족하려 들면 겉으로는 성숙하고 그럴 듯해 보이지만 내면적으로는 아무런 좌절감도 맛보지 못하여 정신적으로 빈약한 사람이 된다. 청년기에는 자신의 애정대상과 만족스러운 관계를 이루고, 이상화할 대상성인을 가지고 있더라도 동료와의 다정한 관계, 정서적 지지, 상호이해를 달성하여야 성숙한 성격이 이루어진다.

Freud는 자기도취, 즉각적인 쾌락추구, 부모에의 의존 등이 성숙한 성인의 성격인 타인에 대한 사랑, 일의 추구, 욕구만족의 연기, 책임감 등으로 변화되는 것이 생식기의 궁극적인 목표라고 하였다.

오이디푸스 콤플렉스는 그리스 신화에서 나오는 오이디푸스 왕에서 유래된다. 오이디푸스는 무의식중에 자기 아버지를 죽이고 자기 어머니와 결혼하여 두 딸을 낳았는데 그 당시는 그들이 누구인지 몰랐었다. 그러나 결국 사실을 알게 되어 자기의 두 눈을 빼고 방랑의 길에 들어섰다.

오이디푸스 콤플렉스와 엘렉트라 콤플렉스는 동성의 부모와의 동일시에 의하여 해결된다. 즉 남자 어린이는 아버지가 갖고 있는 힘, 권위, 애정을 나누어 가지려고 노력하며 어머니를 독차지 하려고 한다. 아버지가 안 계시거나 나약할 때 아이는 남성모델을 가지지 못하고 공격도 받지 못하여 남성성이 약하게 형성된다. 부모 사이가 좋지 못하면 아이들은 오이디푸스, 엘렉트라 콤플렉스를 제대로 겪지 못하고 성장하여 원만한 인간관계를 할 수 없다. 요즈음 왕자병, 공주병이 많은 것은 부모들이 직장생활로 인하여 자녀들과 상호작용할 시간이 없기에 자녀들이 오이디푸스 콤플렉스와 엘렉트라 콤플렉스를 제대로 겪지 못하고 성장하기 때문이다.

제 4 장

분석심리학

Carl Jung(1875~1961)은 1907년에서 1913년까지 6년 동안 Freud와 짧은 결합을 맺었으나 정신분석이론이 성본능 에너지와 결정론에 치중되는 점에 대하여 강한 환멸을 느껴 Freud와 결별하였다. 그 후 Jung은 무의식의 개념을 버린 것이 아니고 거기에 집단 무의식을 첨가하였으며, Freud의 정신분석학파와의 혼란을 피하기 위하여 자신의 학설을 분석심리학이라고 정의하였다.

Jung은 무의식이 단순히 금지된 충동과 본능적인 성욕구 및 억압된 기억들의 집합적인 저장창고가 아니며, 과거 경험보다는 미래

〈그림 4-1〉 마음의 구조(이부영, 2003)

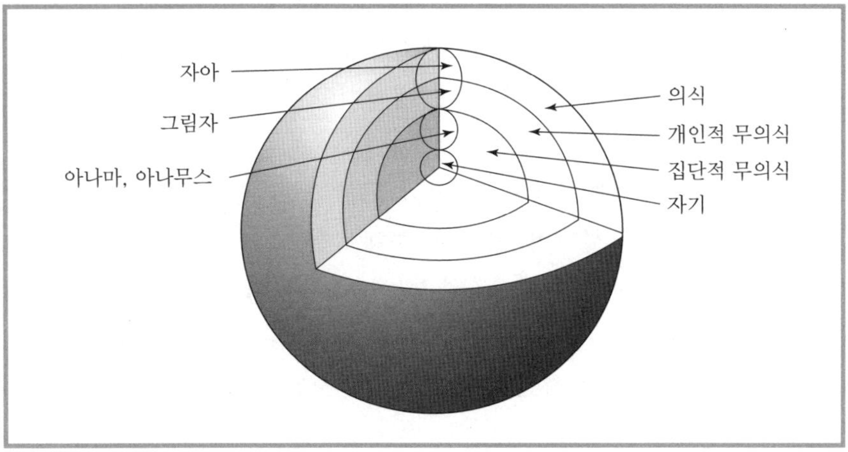

지향적인 목표에 의하여 인간의 성격이 형성됨을 주장했다. 그리고 건강한 성격은 유년기부터 중년기까지 성격발달의 장애들을 극복해 낸 뒤에 자신의 잠재능력을 실현한 것으로 보았다. 즉 인생의 중년기에 중점을 두었다. 그의 학설을 이해하기 위하여 기본개념을 다음과 같이 고찰하여 보자(이부영, 2003).

1. 성격구조

Jung은 성격이 자아, 개인적 무의식, 집단적 무의식, 자기로 구성되어 있다고 하였다.

(1) 자아와 의식

• 무의식을 바다에 비유한다면 의식은 자그마한 섬 같고 우리 정신의 모든 것을 대변하지 않고 극히 자그마한 일부에 지나지 않는다.

• 의식이란 피부와 같은 표면이다. 그 밑에 끝없는 미지의 영역이 있다.

• 의식은 무의식의 산물이다. 그것은 격렬한 노력을 요하는 조건이다.

• 자아가 무의식의 내용을 파악하고 그것을 의식화하고자 하면 할수록 무의식은 그의 창조적인 암시를 더욱 활발히 내보낸다.

• 의식은 내가 아는 세계이고 무의식은 아직 내가 모르는 미지의 세계이다.

• 자아는 우리가 의식하는 모든 감정, 기억, 사고, 판단, 지각 등으로 구성되며 의식의 주체로서 내가 '나'임을 알게 하고 정체감을 부여하게 한다. 또한 의식과 무의식의 중간에 자아가 있어 모든 경험은 자아를 통하여 지각될 수 있다.

• 무의식적인 것을 하나씩 깨달아 나가는 것이 의식화과정이다(이부영, 2003).

(2) 그 림 자

그림자는 볼 수 없는 무의식 영역에 있으면 유치하고, 원시적이고, 어둡고, 열등적인 동물 성향이 나타난다. 모든 사람들은 그림자를 가지고 다닌다. 이 그림자를 의식하여 대면하지 않으면 점점 그림자의 무게는 무거워져 신경증이 된다. 우리는 예술가의 감동적인 창작품, 신화, 꿈 속의 귀신, 악령, 신화 등을 통하여 그림자를 발견하게 된다. 그림자가 개인의 자아 및 무의식 영역에 있으면 개인 그림자가 되고 집단무의식 영역에 속하면 집단 그림자가 된다. 만일 그림자와 자신을 구별하는 방법과 그림자를 대면 및 분석하여 해결하는 방법을 배웠다면 그는 적어도 진실되고 가치 있는 일을 성취할 수 있다.

· 나의 어두운 면, 무의식적인 측면에 있는 나의 분신이며, 의식화과정에서 먼저 부딪히는 것이 그림자이다.

· 그림자는 자아의 바로 밑바닥의 어두운 그늘 속에 있는 심리적 경향, 내용이다.

· 개인적 · 집단적 그림자의 투사는 자의의식과 비슷한 가까운 동류의 사람, 집단간에 일어난다.

· 원형그림자.

· 우리의 마음 속의 그림자들을 하나씩 소화시켜 나갈 때 우리의 의식은 그만큼 넓어지며 자기 자신의 통찰은 그만큼 깊어진다.

〈그림 4-2〉 자아와 그림자(이부영, 2003)

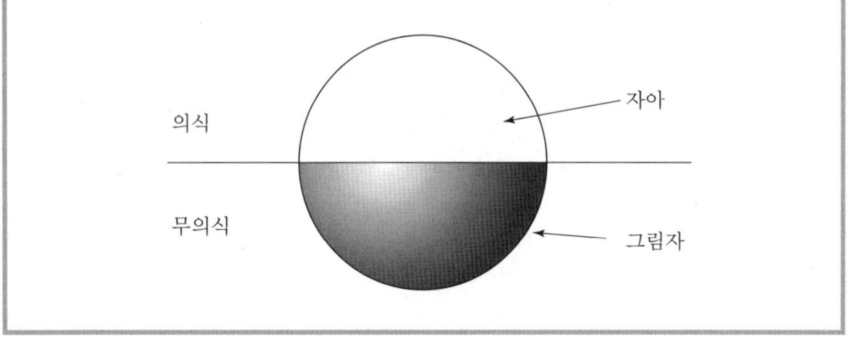

• 민간설화, 동화에 나오는 '흥부와 놀부', '가짜와 진짜', '지킬 박사와 하이드씨'는 그림자 예를 나타낸다.

• 그림자가 의식화되어 햇볕을 볼 때 창조적이며 긍정적인 에너지로 바뀐다.

(3) 무의식의 내용과 기능

개인적 무의식은 불쾌하기에 억압한 여러 가지 사고 및 감정이나 망각된 경험을 말한다. 무의식의 내용은 완전히 의식으로 접근될 수 있으며 Freud의 전의식 수준과 비슷하다. 개인적 무의식은 개인의 특유한 생활사에서 유래된 것이기에 개인마다 다르다.

융은 무의식에는 개인적 · 집단적 무의식의 두 가지 층이 있다고 했다.

무의식이란 우리가 가지고 있으면서 아직 모르고 있는—알고 있는 것 너머의 미지의 정신세계—우리의 정신의 모든 것이고 샘물과 같은 것이고 자율성을 지니고 있다.

개인적 무의식은 한 개인이 이 세상에 태어나서 자라는 동안 겪은 개인 생활에서의 체험 내용 가운데서 무슨 이유에서든 잊어버린 것, 현실세계의 도덕관, 가치관 때문에 현실에 어울리지 않아 억압된 여러 가지 내용으로서 반드시 성적인 것에만 국한되지 않는, 그것을 포함한 모든 그 밖의 심리적 경향, 희구, 생각들, 고의로 눌러버린 괴로운 생각이나 감정, 그리고 의식에 도달하기에는 그 자극의 강도가 미약한 문턱 및 지각 등으로 구성된다.

집단적 무의식은 시대, 상황을 초월하여 인간이 생긴 태초부터 인류역사와 민족역사 및 사회집단역사 등 과거세대의 누적된 경험이 유전되어 내려오는 공동경험의 침전물이며 강력한 에너지원이다. 즉 개인이 태어날 때 뇌의 조직에 유전되는 강력한 정신유전인자이다. 집단무의식은 부족이나 민족의 설화와 신화 속에 투영된다. 개인적 무의식이 복합(complex)들을 갖는 반면, 집단무의식은 원형들을 갖는다. 예를 들면 서로 멀리 떨어져 있는 나라들끼리도 서로 상징신화가 비슷하며, 불안과 위험에 처했을 때나 출생과 사망시에 행하는 행동양식은 보편적으로 사람마다, 민족마다 비슷하게 나타나는 것 등이다.

대상작용은 의식에 결여된 것을 보충하는 역할을 한다. 의식이 너무 지적이면 무의식은 정적인 내용을 띠고, 의식이 지나치게 내향적이면 무의식은 외향적이 된다.

2. 외적 인격과 내적 인격

(1) 외적 인격

페르조나는 개인이 사회적 요구에 적응하기 위하여 또는 자아와 개인을 둘러싼 환경과의 타협으로 생겨난 공적 얼굴, 즉 가면이다. 다시 말하면 어떤 사회집단이 그 집단의 특수한 성원에게 한결같이 요구하는 일정한 행동상의 규범이며 제복과 같은 것이다. 그것은 신축성 있는 가면으로 때와 장소, 주위환경 및 타인의 기대에 맞게 습관적으로 적응할 수 있다. 외부집단에서 좋다고 하는 집단의 페르조나나 직업 역할에서 요구되는 페르조나와 진정한 자아가 장기간 일치하지 않으면 심한 정신적 위기를 겪고 정신병까지 앓게 된다. 즉 자기자신을 돌보지 못하게 되고 자기의 존재조차도 잊어버린다(예: 성직자, 정치인, 연예인들이 가면에만 충실하여 자신의 내면을 반성도 통찰도 하지 않는 것).

(2) 내적 인격

1) 아니마와 아니무스

아니마와 아니무스는 인간의 양성적인 심상이다. 아니마는 남성이 갖고 있는 집단무의식적인 여성적 특성이고, 아니무스는 여성이 갖는 집단무의식적인 남성적인 면이다. 우리는 한 인간으로서 이성의 상을 지니고 다니며 타인에 의하여 우리 자신의 이성요소를 알게 된다. 남자는 마음 안에 있는 여성성 때문에 멋진 예술적 작품을 만들어 내고, 여자는 마음 안에 있는 남성성으로 씩씩한 창조물을 만들어 낸다. 남성적인 면이 지배적이면 여성적인 면은 억압된

〈그림 4-3〉 외적 인격과 내적 인격의 구조(이부영, 1998)

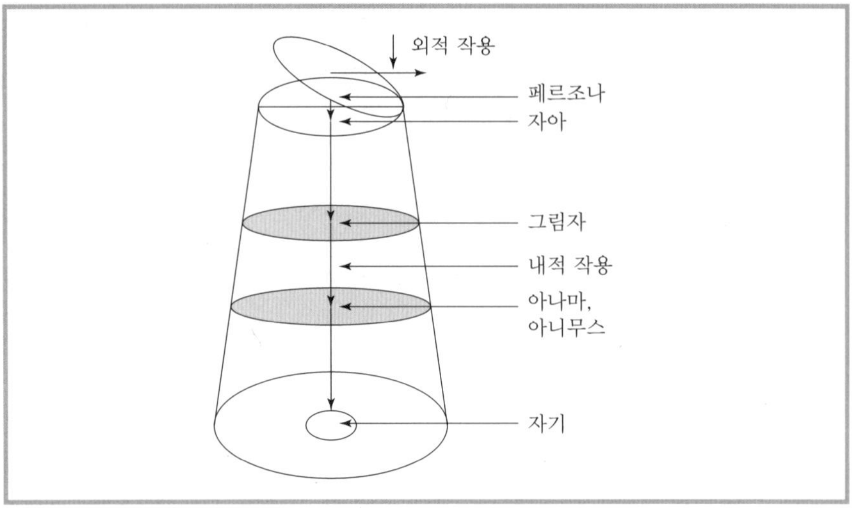

다. 원만한 개인이 되기 위해서는 양성적인 특성이 발달해야 된다.

• 마음, 혼, 넋, 정신으로 부른다.

• 여성은 수용적이며 분석하고 판단하기보다는 느낌으로 세계를 받아들이는 경향이 있다.

• 남성은 바람처럼 세계를 움직이는 것, 창조적 기풍, 입김, 기, 아트만, 혼이다.

• 아니마가 의식되지 않아 미분화상태에 있으면 그것은 원시적인 감정과 통하게 된다.

• 아니무스가 미분화되면 그것은 '따지는 버릇'으로, '확고부동한 의견'의 형태를 취한다.

• 이성간의 사랑에서 아니마, 아니무스의 투사가 일어나 여성은 남성에게서 영웅상, 성자상을 남성은 여성에게서 여신상을 보고 있다. 그리하여 강렬한 황홀감을 느낀다.

• 외계에 투사대상을 찾고 경험할 때 아니마, 아니무스가 분화되고 성숙한다.

• 아니마, 아니무스는 이성간뿐만 아니라 일상생활 작품 속에도 나타난다. 새, 비둘기, 태양, 달, 이념, 기독교 사상 — 님, 술, 무녀, 위대한 지도자 등이 되는 것이다.

◇들라크루아 작 '민중을 이끄는 자유의 여신'. 가슴을 드러낸 여신은 모성이나 성적 자극을 의미하는 것이 아니라, 적을 향해 돌진하는 공격적 여성을 상징한다.

〈표 4-1〉 아니마, 아니무스의 4단계 (이부영, 1998)

아니마의 단계	아니무스의 단계
첫 단 계: 이브상, 본능적 · 생물학적인 여성상	레스링선수처럼 근육형, 타잔형의 육체적인 남성상
둘째단계: 낭만적이고 미적 수준, 아직 성적인 특징을 안 갖고 있다.	낭만적인 남성, 행동적 남성
셋째단계: 성모 마리아상, 영적 헌신	교수나 목자의 상, '말씀의 사자'상
넷째단계: 가장 거룩하고 순수한 지혜 모나리자, 마리아	종교적 체험의 중개자 영적 진리로 끌어가는 지혜로운 안내자- 간디의 이미지

2) 원 형

원형은 집단적 무의식의 내용을 구성하는 상징, 모티브 및 요소로서 누구나 존재하는 보편적이며 근원적인 핵이고, 태어날 때 부여되는 인간의 선험적 조건이다. 신체 각 기관이 본래 가지고 태어난 것처럼 정신구조도 본래 이미 있었던 것이다. 또한 원형은 시간과 공간의 차이, 지리적 조건의 차이, 인종의 차이를 넘어선 보편적인 인간성의 조건이며, 근원적이면서 보이지 않는 의식의 뿌리이다. 원시종족 때부터 수세기에 걸쳐서 전달되어 온 특수한 경험과 태도에 관련된 보편적 심상이나 상징을 말한다. 원형의 수는 집단무의식의 내용과 대체로 일치하며 태초부터 전해 내려온 기본경험의 수이다. 기본적인 원형은 페르조나, 아니마와 아니므스, 그림자, 자기출생, 사망, 통합성, 권력, 모성, 신, 악마, 마술, 신령님, 지신과 같은 것이다.

3) 자 기

자기란 의식과 무의식을 아우른 개인의 전부를 말한다. 자기는 성격구성의 내용들을 전체성, 통일성, 조화를 이루도록 하는 구실을 하고 의식과 무의식의 내용을 다같이 통합하여 성격이 균형잡히도록 한다.

성격 구성내용 가운데 어떤 것이 지나치게 강조되거나 혹은 무시될 때 성격이 불균형하게 된다. 따라서 자기를 실현하는 것은 성격을 균형 있게 형성하는 길이고, 인생에 의미를 부여하는 길이다. 대개 중년이 지나야 자기를 실현하게 된다.

자기실현은 개성화라고 하며, 그 사람으로 하여금 그 사람 자신이 되는 것이다. 자기실현이 된 사람들의 특징은 평범하고 소박하고 분수를 아는 사람이다.

(3) 의식의 기능

Jung은 의식의 기능을 감각능력, 사고능력, 감정 및 직관능력으로 규정하였다. 사고는 사고활동 및 진위를 인지, 평가하는 활동을 한다. 감정은 쾌와 불쾌를 느껴 평가하는 활동을 한다. 사고와 감정의 기능은 합리적이며 서로가 배척한다. 한편 감각과 직관은 비합리적 기능을 갖고 있어서 가치판단을 하지 않고 단순히 지각한다. 4개 가운데 한 기능이 우월하거나 열등할 수도 있는데 이것이 개인의 유형을 결정한다. 이러한 기능 유형으로 한 사람의 심리를 충분히 이해할 수 없으므로 Jung은 외부세계 및 내부세계의 자극에 대한 반응습관 및 태도유형을 기준으로 내향성과 외향성으로 분류하였다.

Jung은 심리학에서 무시하였던 신비주의와 종교적 경험들을 더 강조하였으며, 사색적 철학에 관한 인간문제에도 독특하게 접근하였다. Jung은 적응이나 신경증에 관하여 체계적으로 이론화하지는 않았지만 여러 성격 구성내용들이 통합되고 조직화될 때 의식과 무의식이 서로 연관되며, 자기를 실현하려고 노력할 때가 적응된 때라고 하였다. 그러기 위해서는 자신의 무의식과 항상 대면하고 무의식을 의식화하도록 노력하여야 성숙한 성격이 된다고 주장하였다.

진짜와 가짜: 〈네가 누구냐〉, 〈그림자〉

억쇠는 공부를 그만두고 그 절간을 나서면서 가슴이 울컥해졌다.

그것은 삼 년 동안이나 정든 곳을 떠난다는 아쉬움과 이제 얼마 안 있으면 그리운 아버지와 어머니를 만난다는 기쁨 때문이었다.

억쇠는 두루마기 자락을 바람에 날리면서 그리운 옛집으로 정말 바람처럼 달려왔다.

"어머니가 나를 보면 깜짝 놀라겠지. 흐응, 정말 내가 이렇게 큰 줄은 모를거야." 억쇠는 생각만 해도 가슴이 뻐개지는 듯했다. 그러나 대문을 밀치고 들어선 억쇠는 그만 돈 사람처럼 우두커니 서지 않을 수 없었다.

어떻게 된 일인지 억쇠네 집에는 억쇠와 똑같이 생긴 억쇠가 또하나 살고 있지 않은가. 그것도 아주 의젓하게 대청에서 책을 읽고 있는 것이다.

억쇠는 기가 막혔다. 거기다가 집안식구들까지 모두 자기를 가짜로 보는 데는 견딜 수가 없었다.

"아니 이게 어떻게 된 일예유? 저는 오늘 절에서 돌아오는 길인데유, 아마 저놈은 여우나 곰이 둔갑을 한 게 아닐까유."

억쇠가 이렇게 말하자 책을 읽고 있던 가짜 억쇠도 가만히 있지 않았다.

"뭐라고? 넌 도대체 어디서 굴러먹던 놈인데 남의 집에 와서 떠드는 거냐? 아버지, 저놈이야말로 귀신이나 도깨비가 둔갑해서 돌아왔는지 몰라유. 빨리 내쫓아유." 그는 조금도 지지않고 이렇게 달려들었다.

그런데 얼굴은 물론 몸짓까지도 어쩌면 그렇게 닮았는지 그의 아버지와 어머니는 도저히 가려낼 수가 없었다. 거기다가 어렸을 때 있었던 일이라든가 생일까지도 똑같이 알아맞히는 데는 어쩔 도리가 없었다. 그의 아버지는 한참 동안이나 생각하다가 집에 있는 세간을 말해 보라고 했다. 가짜 억쇠는 하나도 빼놓지 않고 척척 맞혔다. 그러나 삼 년 동안이나 집을 떠나 있던 억쇠는 모든 것이 아물아물하고 생각이 나지 않았다. 이것을 본 그의 아버지는 더 생각할 것도 없이 억쇠를 내쫓고 말았다. 억쇠는 기가 막혔다. 그러나 어쩔 수가 없었다. 억쇠는 하는 수 없이 정처 없는 나그네가 되었다. 어떤 때는 숲에서 자고 어떤 때는 바위 밑에서 자기도 하며 정처없이 걸었다. 내를 따라서 길을 걷기도 하였다. 그런 어느 날이었다. 그 날도 억쇠는 산길을 터덜터덜 혼자 걷고 있는데 길가에서 늙은 중을 만났다. 늙은 중은 억쇠를 한참 동안이나 물끄러미 바라보더니 딱하다는 듯이 혀를 차며 "아니 총각! 총각은 자기 혼을 도적 맞았다는 것을 모르오? 아마 어딘가에 총각과 똑같은 사람이 있을 거요." 하고 말했다. 억쇠는 이 말을 듣자 옳거니 나를 구해 줄 사람은 이 스님이구나, 이렇게 생각하고 얼른 집에서 있었던 이야기를 모두 했다. 그러자 늙은 중은 고개를 끄덕이며 "총각은 절에서 공부할 때 손톱이나 발톱을 깎아서 아무렇게나 버린 일이 없소?"하고 물었다. "네. 있어유. 바로 절간 앞에는 시냇물이 흐르고 있었는데 아침이면 그 곳에서 세수하고 옆에 있는 바위에 아무렇게나 걸터앉아서 손톱도 깎고 발톱도 깎은 일이 있어유." "그랬을 것이오, 그렇다면 당신은 곧 고양이를 한 마리 사서 두루마기 속에 감추어 가지고 집으로 가서 그 가짜 총각 앞에 놓아 보시오." 억쇠는 늙은 중에게 고맙다는 인사를 하고 고양이를 한 마리 구하여 집으로 돌아왔다.

그러나 가짜 억쇠는 얼른 진짜 억쇠 앞으로 쫓아 나오면서 왜 왔느냐고 윽박질러 댔다. 억쇠는 이 때다 생각하고 얼른 고양이를 내놓았다. 그랬더니 가짜 억쇠는 그만 얼굴색이 새파랗게 질려 가지고 어쩔 줄 몰랐다. 그러는 것을 고양이는 얼른 달려가서 가짜 억쇠의 목덜미를 물고 늘어지는 게 아닌가, 그러자 그는 피를 철철 흘리며 쓰러졌다. 쓰러진 것은 사람이 아니라 커다란 들쥐였다. 들쥐는 산 속에서 총각이 버린 손톱이나 발톱을 먹고 그 정기를 받아 억쇠와 똑같은 모양으로 변해 버린 것이다. 억쇠는 어머니 품안에 안기면서 제일 먼저 하늘을 보았다. 하늘이 몹시도 파랬다. 억쇠는 어머니 품에서 몇 번이나 중얼거리고 있었다. "하마터면 나를 잃어버릴 뻔했어. 하마터면 나를 잃어버릴 뻔했어…."

선녀와 나무꾼

아버지도 형제도 없고 오직 늙은 어머니와 살고 있는 한 가난한 나무꾼이 금강산 기슭 어느 골짜기에 살고 있었다. 어느 봄날 나무꾼은 사냥꾼에 쫓긴 사슴의 청을 들어 그를 숨겨 주고 그

은혜로 사슴은 나무꾼에게 고개 넘어 연못에 가끔 선녀들이 내려와서 목욕을 하는데 그 중 맨 끝의 선녀가 제일 예쁘니 그 선녀의 날개옷을 감추고 아내로 맞기를 권한다. 사슴은 그러면서 자녀 넷을 낳을 때까지는 그녀에게 날개옷을 주어서는 안 된다고 충고한다. 과연 새벽이 되자 이야기로 들은 연못에 여러 선녀가 내려와 목욕을 한다. 나무꾼은 날개옷을 감추고 그 중 끝의 선녀를 아내로 맞아 어머니와 함께 즐겁게 지낸다. 아기 셋을 낳을 때 아내인 선녀는 나무꾼에게 술을 빚어 소반에 차려 그를 즐겁게 해 주면서 슬쩍 날개옷의 소재를 묻는다. 나무꾼이 아무 생각않고 숨겼던 날개옷을 선녀에게 보이자 선녀는 그것을 걸치고 아이 셋을 데리고 하늘에 올라가 버리고 말았다. 나무꾼이 어쩔 줄 모르고 절망에 차 있을 때 사슴이 다시 나타나 이제는 선녀가 내려오던 연못에 선녀가 내려오지는 않으나 그 대신 두레박으로 물을 퍼 올리므로 그 기회에 두레박에 매달려 하늘에 올라가도록 가르쳐 준다. 나무꾼은 가르쳐 준 대로 하여 하늘나라에 가서 아내와 아이들을 만나 이제까지 보지도 듣지도 못한 아름다운 경치를 즐기며 편안하고 즐거운 나날을 지낸다. 그러나 나무꾼은 하늘 아래 홀로 두고 온 어머니를 잊을 수 없다. 나무꾼은 땅 위의 어머니에게 다녀오겠다고 한다. 선녀는 말리다 못해 '天馬'를 그에게 주면서 이르기를 만일 말에서 내려 땅을 디디면 다시는 하늘에 올라올 수 없다고 경고한다. 땅 위의 늙은 어머니는 아들을 보고 반가워 어서 말에서 내려오라고 하나 나무꾼은 내릴 수가 없었다. 어머니는 그러면 '국'이라도 마시고 가라고 하면서 '호박죽'을 끓여 말 위에 있는 아들에게 주려 하다 그만 실수를 해서 뜨거운 국물을 말의 잔등에 엎질러 버린다. 말이 놀라 펄쩍 뛰는 바람에 나무꾼은 말등에서 떨어져 그만 땅을 밟고 만다. '천마'는 하늘로 달아나고 나무꾼은 다시는 하늘에 오를 수 없게 되었다. 그리운 아내와 아이들이 있는 하늘을 쳐다보며 나무꾼은 울다 울다가 한 마리 닭이 되었다. 지금도 시골집 지붕 위에서 때를 알리고 있는 닭을 보면 아이들은 이 동화를 생각한다.

지네장터

충북 청주 지네장터(蜈蚣市場)에는 그 옛날 지네를 위한 당집이 있었다. 옛날 이 지네장터에서 몇 십리 밖 어느 마을에 장님 아버지를 모시고 사는 순이라는 효녀가 있었다. 그의 어머니는 그녀가 어릴 때 세상을 떠났다. 아버지를 지성으로 모셨으나 남과 같이 편안하게 못해드려 안타까워 했다.

어느 날 웬 두꺼비 한 마리가 수채에서 나오므로 순이가 밥 찌꺼기 등을 주었더니 아침 저녁으로 꼭 두꺼비가 나와 순이는 그와 둘도 없는 친구가 되었고 몇 해가 지나자 두꺼비는 큰 강아지 만큼이나 컸다.

그런데 그 무렵 장터 마을에는 큰 지네가 나타나 인명의 피해가 많았다. 마을사람들은 의논하기를 그 지네를 위하여 당집을 짓고 해마다 처녀 한 사람씩 제물로 바치기로 하고 그 방법은 마을에서 돈을 거두어 다른 마을에 가서 처녀를 사 오기로 하였다.

마침 순이가 살던 동리에도 그 소문이 돌아 순이는 며칠 동안 밥도 안 먹고 생각한 끝에 자기 몸을 팔아 불쌍한 아버지를 편안하게 해드리려고 결심한다. 처녀를 사러 온 사람을 찾아가서 자기의 뜻을 전하자 사람들이 동정하여 많은 돈을 주었다. 순이는 그 돈으로 아버지에게 맛 있는 음식을 드리며 잘 봉양하다가 약속한 날 뒷일을 長者집 어른에게 부탁하고 아버지에게 몰래 유서를 써서 돈과 함께 드리고 부엌 뒤 수채 구멍에서 나와 있는 두꺼비에게 마지막 먹이를 주며 슬프게 작별을 한다.

순이는 가마에 실려 제전까지 와서 제관들에 의하여 흰 베로 묶인 채 컴컴한 당집 안 마룻바닥에 놓였다. 제관들은 祭를 지낸 뒤 당집의 문을 걸고 나가 버렸다.

밤이 깊어지자 무엇이 발목으로 기어오르는 것이 있어 놀라 보니 두꺼비였다. 첫닭이 울자 제전의 불이 꺼지며 찬바람이 일더니 천장 처마에서 무슨 불덩어리 같은 빛이 자기 앞으로 오기 시작하였다. 그러자 자기 발목에서 푸른 불줄기가 그리로 올라갔다.

붉은 불덩이 빛과 푸른 불줄기가 서로 맹렬히 여러 시간을 두고 싸우더니 붉은 불덩어리 빛이 쫓기어 꺼지려 하다가 처마 안에서 큰소리가 나면서 천장에서 무겁고 크나큰 것이 마룻바닥

위에 떨어졌다.

날이 밝자 제관들이 관을 메고 시체를 찾으러 왔는데 죽은 줄 알았던 처녀는 살아 있고 당집마루에는 크나큰 지네가 죽어 자빠져 있고 안구석에는 두꺼비 한 마리가 입에서 푸른 독기를 뿜고 있었다.

처녀는 집으로 돌아가고 그 뒤부터 그 마을에는 지네의 피해가 없었다.

구렁덩덩 새선비

옛날 먼 옛날에 어떤 할머니가 살았는데, 늙도록 자식이 없었어.

할머니는 구렁이라도 좋으니, 제발 아이 하나만 낳게 해 달라고 빌었어. 그러다 아이를 배어 열 달 만에 낳았는데, 낳고 보니 사람이 아니라 정말로 구렁이였어.

할머니는 구렁이를 차마 방에다 둘 수 없어서 뒤뜰 굴뚝 밑에 두고, 삿갓을 고이 덮어 주었어.

할머니가 아기를 낳았다는 소문을 듣고, 대감 집 세 딸들이 찾아왔어.

"할머니, 아기 낳으셨다더니 어디 있어요?"

"저기 뒤뜰 가서 삿갓 열어 봐라."

첫째 딸이 가서 삿갓을 들추자, 구렁이가 있었어.

"세상에, 할머니가 구렁일 다 낳았네. 에그, 징그러워."

첫째 딸은 몸서리치며 침을 탁 뱉고는 얼른 집으로 돌아갔어.

둘째 딸이 가서 삿갓을 들추자, 구렁이가 있었어.

"세상에, 할머니가 구렁일 다 낳았네. 에그, 징그러워."

둘째 딸도 몸서리치며 침을 탁 뱉고는 얼른 집으로 돌아갔어.

셋째 딸이 가서 삿갓을 들추자, 구렁이가 있었어.

"세상에, 할머니가 구렁덩덩 새선비를 낳으셨네."

셋째 딸은 바람 들세라 삿갓을 다시 잘 덮어 주었어.

세월이 얼마쯤 흘렀어.

어느 날 구렁이가 장가를 보내 달라고 할머니를 졸랐어. "어머니, 저를 대감 집 딸에게 장가보내 주세요."

할머니는 기가 막혀 고개를 절레절레 내저었지.

"아니, 누가 구렁이와 결혼하겠느냐. 그런 말은 입 밖에 내지도 마라."

그러나 구렁이는 한사코 졸라 댔어.

"어머니, 제발 대감 집 딸에게 장가보내 주세요."

할머니는 안 된다고 두 손을 가로저었어.

"더구나 대감 집 딸이라니 안 될 말이다. 그런 말은 입 밖에 내지도 마라."

그러자 구렁이가 할머니에게 말했어.

"끝내 제 말을 안 들어주시면, 어머니 배 속으로 도로 들어갈 거예요."

할머니는 할 수 없이 대감 집 마님을 찾아갔어.

한숨만 푹푹 내쉬다가 힘들게 말을 꺼냈지.

"마님, 제 구렁이 아들이 이 집 따님에게 장가를 보내 달랍니다. 그러지 않으면 제 배 속으로 도로 들어오겠다니 어쩌면 좋습니까?"

마님은 그 말을 듣고 어찌 되든 물어나 보자고 딸들을 불렀어.

"얘, 첫째야. 네가 구렁이한테 시집갈 테냐?"

"아이고, 죽으면 죽었지, 구렁이한테는 시집 안 가요."

"얘, 둘째야. 네가 구렁이한테 시집갈 테냐?"

"아이고, 죽으면 죽었지, 구렁이한테는 시집 안 가요."

"얘, 셋째야. 네가 구렁이한테 시집갈 테냐?"

"예, 제가 시집가겠어요."

셋째 딸이 선선히 대답했어.

드디어 결혼하는 날이 되었어.

할머니 집에서 대감 집까지 긴 장대가 척 걸쳐졌어. 구렁이는 장대 위를 구부렁구부렁 기어서, 셋째 딸에게 장가를 갔어.

밤이 깊어 둘만 남자, 구렁이 신랑이 각시에게 물었어.

"이 집에 삼 년 묵은 간장독과 삼 년 묵은 밀가루 독이 있소?"

"예, 광에 있어요."

그러자 구렁이 신랑이 광으로 들어가서는 삼 년 묵은 간장독에 풍덩 빠졌다가 나오고, 삼 년 묵은 꿀 독에 주룩 들어갔다가 다시 나오고, 삼 년 묵은 밀가루 독에 들어가 디굴디굴 구르더니, 구렁이 허물을 쑤욱 벗고 반듯하고 잘생긴 새선비가 되어 나왔어.

각시와 구렁덩덩 새선비는 행복하게 잘 살았지.

그러던 어느 날, 구렁덩덩 새선비가 과가 시험을 보러 떠나게 되었어. 새선비는 각시에게 구렁이 허물을 건네주며 당부했지.

"이 허물을 잘 간수하시오. 남에게 보이지도 말고, 버리지도 말고, 태우지도 말고 잘 넣어 두시오. 이 허물이 없어지면 나는 영영 돌아올 수 없게 되오."

"예, 걱정 마세요."

각시는 구렁이 허물을 저고리 안쪽에 꼭꼭 접어 넣었어.

하루는 언니들이 집에 와서 각시 저고리 아래로 삐죽이 나온 허물을 보고 말았어.

"얘, 저고리 안에 숨긴 게 뭐니?"

둘째 딸이 와락 달려들어 허물을 쑥 잡아 뺐어.

"에그그, 징그러워. 이런 걸 왜 갖고 있어?"

첫째 딸이 허물을 잡아채 화롯불에 확 던져 넣었어.

그러자 구렁이 허물이 불길에 그만 화르륵 타 버리고 말았어.

허물 타는 연기는 산 넘고 물 건너 구렁덩덩 새선비에게까지 날아갔어.

새선비도 허물이 탄 걸 알게 되었지.

"어찌할꼬, 어찌할꼬. 내 허물이 타는구나."

날이 가고 몇 날이 가고, 달이 가고 몇 달이 가고, 해가 가고 몇 해가 가도, 기다리는 새선비는 돌아오지 않았어.

각시는 구렁덩덩 새선비를 찾아 길을 떠났어.

고깔 쓰고 지팡이 짚고, 멀고 먼 길을 가고 또 갔어.

가다 보니 까마귀가 잔뜩 모여 구더기를 콕콕콕 쪼아 먹고 있었어.

"까마귀야, 까마귀야, 구렁덩덩 새선비님 못 봤니?"

"이 구더기를 아랫물에 씻고 윗물에 행궈 오면 가르쳐 주지. 까악 깍."

각시는 그 많은 구더기를 아랫물에 가져가 잘 흔들어 씻고, 윗물에 가져가 옥같이 맑게 행궈 주었지.

그러자 까마귀들이 길을 일러 주었어.

"저 너머 까악, 고개 너머 까악."

까마귀가 일러 준 대로 고개를 넘어가니 멧돼지 한 마리가 칡뿌리를 첩첩첩 먹고 있었어.

"멧돼지야, 멧돼지야, 구렁덩덩 새선비님 못 봤니?"

"이 산 저 산에 뻗어 있는 칡뿌리를 모두 캐 주면 가르쳐 주지. 꿀꿀."

각시는 이 산 저 산에 뻗어 있는 칡뿌리를 모두 캐서 껍질까지 말끔히 벗겨서 갖다 주었지. 그러자 멧돼지가 길을 일러 주었어.

"저 너머 꿀꿀, 고개 너머 꿀꿀."

멧돼지가 일러 준 대로 고개를 넘어가니, 아주머니 혼자서 찰박찰박 빨래를 하고 있었어.

"아주머니, 아주머니, 구렁덩덩 새선비님 못 봤어요?"

"이 빨래를 모두 빨아 풀 먹이고*{풀 먹이다: 천이나 종이 따위에 풀기가 배어들게 하다.} 다듬이질해서 잘 개어 주면 가르쳐 주지."

각시는 산더미 같은 빨래를 모두 빨아 빳빳이 풀 먹이고 콩닥콩닥 다듬이질해서 차곡차곡 잘 개어 주었지. 그러자 아주머니가 길을 일러 주었어.

"저 너머 옹달샘에 은그릇이 떠 있을 테니 그걸 타고 가거라."

아주머니가 일러 준 대로 고개를 넘어가니, 정말로 옹달샘에 은그릇이 둥실 떠 있었지. 각시는 은그릇 위에 올라탔어. 그랬더니 은그릇이 각시를 태우고 물속으로 빨려 들어갔어.

그런데 갑자기 눈앞이 훤해지며 큰 동네가 나타났어.

넓은 논에서는 한 아이가 새를 쫓으며 노래하고 있었어.

"후여, 후여. 윗녘 새는 위로 가고 아랫녘 새는 아래로 가라. 구렁덩덩 새선비님 드실 쌀 고만 까먹어라. 후여, 후여."

각시는 구렁덩덩 새선비란 말에 귀가 번쩍 뜨였어.

각시는 아이를 불러서 끼고 있던 은가락지를 뽑아 주며 말했어.

"얘야, 이 은가락지 너 줄게, 그 노래 한 번만 더 불러 봐라."

그러자 아이는 노래를 다시 불렀어.

"후여, 후여. 윗녘 새는 위로 가고 아랫녘 새는 아래로 가라. 구렁덩덩 새선비님 드실 쌀 고만 까먹어라. 후여, 후여."

노래를 듣고 난 각시는 구렁덩덩 새선비님 집이 어디냐고 물었어.

각시는 아이가 일러 준 큰 기와집을 찾아갔어. 그러다 보니, 어느새 해가 꼴딱 져 버렸지. 각시가 대문을 두드리자 하인이 나왔어.

"갈 곳이 없어 그러니 하룻밤만 이 집에서 묵게 해 주세요."

하인은 방이 없어 안 된다고 했어.

"대문간도 좋고, 외양간도 좋고, 마루 밑도 좋습니다. 하룻밤만 묵게 해 주세요."

마루 밑도 좋다면 그러라고 해서 각시는 마루 밑에서 자게 되었어.

휘영청 달이 떠올랐어. 글을 읽던 새선비가 마당으로 내려와 달을 쳐다보며 말했어.

"달도 달도 밝기도 하다. 저기 저기 저 달은 우리 각시 보련마는, 나는 나는 어찌 못 보는고."

그러자 마루 밑에 있던 각시도 따라 말했어.

"달도 달도 밝기도 하다. 저기 저기 저 달은 구렁덩덩 새선비님 보련마는, 눈앞에 두고도 나는 볼 수 없네."

새선비는 각시 목소리에 깜짝 놀라 마당을 휘둘러보며 소리쳤어.

"아니, 우리 각시 어디 있는 거요?"

각시는 새선비 앞으로 뛰어나갔어.

각시와 구렁덩덩 새선비가 다시 만난 거야. 그 후로 두 사람은 헤어지지 않고 오래오래 행복하게 잘 살았대.

우렁이 각시

옛날 옛날에 가난한 총각이 혼자 살았는데, 하루는 논에 나가 일하면서 중얼거렸어.

"이 농사를 지어서 누구랑 먹고 살~꼬?"

"나랑 먹고 살~지."

총각이 주위를 둘러봤지만 아무도 없었어.

총각은 다시 일을 하면서 중얼거렸어.

"이 농사를 지어서 누구랑 먹고 살~꼬?"

"나랑 먹고 살~지."

이번에는 얼른 소리 나는 데로 가 보았지.

그랬더니 사람은 없고 커다란 우렁이만 있었어.

총각은 우렁이를 집에 가져가 물 항아리에 잘 넣어 뒀지.

다음 날 총각이 나가서 일하다가 점심을 먹으러 집에 돌아와 보니, 밥상이 한 상 잘 차려져 있어.

이상하다 생각하면서도, 배가 고프던 참이라 잘 먹었지.

그런데 다음 날 점심때에도 밥상이 차려져 있고, 그 다음 날 점심때에도 밥상이 차려져 있는 거야.

"거참, 누가 밥을 차려 놓나?"

다음 날 총각은 일하러 가는 척하고 부엌에 숨어서 지켜봤어.

점심때쯤 되자, 우렁이를 넣어 둔 항아리 속에서 아주 예쁜 각시가 나오더니 또닥또닥 밥상을 한 상 차려 놓는 거야. 그러고는 항아리 속으로 다시 들어가려고 해.

"가지 말고 나랑 살우!"

총각은 후다닥 뛰어들어 각시 치맛자락을 붙잡았어.

"아직은 안 돼요. 지금 함께 살면 슬픈 일이 생기니 조금만 더 기다리세요."

그래도 총각은 각시 치맛자락을 붙잡고 놓아주지 않았어. 그래서 각시는 총각이랑 함께 살게 되었지.

총각은 각시가 생겨서 어찌나 좋던지 일도 안 하고 각시만 쫓아다녀. 부엌엘 가도 졸랑졸랑, 우물가엘 가도 졸랑졸랑, 빨래터엘 가도 졸랑졸랑. 각시가 보다 못해 자기 얼굴을 그려 주며 말했어.

"논 옆에 있는 나무에 걸어 두고 일하면서 보세요."

총각은 각시 말대로 논 옆 나무에 그림을 걸어 두고 일을 했어. 각시 얼굴 한 번 보고 한 이랑 매고, 또 각시 얼굴 한 번 보고 두 이랑 매고. 그러다 보니 사흘 일을 하루 만에 다 해치웠어.

이제 총각이 집에 가려고 하는데, 갑자기 돌개바람이 불면서 그림이 날아가 버렸어.

"어, 어, 어~." 총각은 어쩔 줄 몰라 발을 동동 굴렀지.

그림은 자꾸자꾸 날아가 뒷산에서 사냥하던 욕심쟁이 임금

앞에 떨어졌어.

임금이 그림을 보니 참 예쁜 각시거든. 그만 탐이 나서 빼앗고 싶어졌어.

사냥이고 뭐고 다 관두고 어서 각시 찾아 오라고 신하들에게 소리쳤지.

"온 동네를 샅샅이 뒤져서 반드시 이 각시를 찾아 오너라.!"

신하들은 온 동네를 샅샅이 뒤져 결국 각시를 찾아냈어.

각시는 신하들에게 끌려가면서 총각한테 이렇게 일렀어.

"눈치 삼 년, 뜀뛰기 삼 년, 활쏘기 삼 년을 배워서 날 찾아오세요."

신하들은 각시를 억지로 가마에 태우고 가버렸지.

각시를 빼앗긴 총각은 억울하고 원통해서 엉엉 울었어.

총각은 울다가 울다가 각시 말이 생각나 길을 떠났어.

몇 날 며칠을 걸으면서 눈치 배울 데를 찾는데, 사람들 말이 눈치 배우는 데는 장사가 제일이래.

총각은 삼 년을 꼬박 장사꾼을 따라다니면서 뭐든지 척하면 척 알아채게 눈치를 잘 배웠지.

이제 또 총각이 길을 떠나 뜀뛰기 배울 데를 찾는데, 사람들 말이 뜀뛰기 배우는 데는 줄타기가 제일이래.

총각은 삼 년을 꼬박 줄광대를 따라다니면서 뜀뛰기 한 번에 높은 담장도 훌쩍 넘게 잘 배웠지.

이제 또 총각이 길을 떠나 활쏘기 배울 데를 찾는데, 사람들 말이 활쏘기 배우는 데는 사냥이 제일이래.

총각은 삼 년을 꼬박 사냥꾼을 따라다니면서 화살 하나로 새 열 마리 잡게 잘 배웠지.

새를 얼마나 많이 잡았던지 새털 옷까지 해 입었어.

이제 총각은 각시를 찾아 대궐로 갔어.

그런데 웬 거지 행렬이 줄을 섰어.

들어 보니 욕심쟁이 임금이 사냥 갔다가 어느 집 예쁜 각시를 빼앗아 왔는데, 이 각시가 거지들을 위해 잔치를 열어 달라고 했다는 거야.

오늘이 바로 거지 잔치 마지막 날이래.

총각은 얼른 거지 행렬에 끼어 섰어.

총각이 대궐로 들어가 보니, 각시가 임금 옆에 앉아 있어. 총각은 각시를 보자 좋아서 덩실덩실 춤을 췄지.

임금은 새털 옷을 입고 춤추는 게 정말 재미있어 보였어. 자기도 한번 해 보고 싶어서 총각에게 말했지.

"너 나하고 옷 좀 바꿔 입자."

임금은 새털 옷을 입고 거지꼴로 춤을 추고, 총각은 임금 옷을 입고 우두커니 서 있는데, 그때 각시가 눈을 찡긋하면서 이러는 거야.

"눈치 삼 년, 뜀뛰기 삼 년, 활쏘기 삼 년은 뭣 하러 배웠어요?"

총각이 이내 눈치를 채고 훌쩍 뜀을 뛰어 임금 자리에 앉았어.

그러자 임금이 화가 나 펄쩍펄쩍 뛰며 소리를 질렀지.

"거지가 감히 임금 자리에 앉다니! 너를 가만두지 않겠다!"

하지만 총각은 눈 하나 깜짝하지 않았어.

"남의 각시 빼앗아 간 못된 놈! 벌을 받아 마땅하다!"

그러고는 화살을 쏘아서 임금을 죽여 버렸어.

그 후로 총각은 각시와 함께 행복하게 잘 살았대.

제 5 장

인간관계

1. 인간관계의 이해

Ⅰ. 인간관계의 의의

인간은 사회적·관계적 존재이며, 자신의 의지와 상관없이 인간관계를 통하여 태어나 죽을 때도 인간관계의 도움으로 생을 마감한다. 인간관계는 우리 삶의 중요한 영역이나 아무도 우리에게 좋은 인간관계를 맺는 방법을 잘 가르쳐 주지 않는다. 각자 일상생활에서 터득해야만 한다.

인간관계는 처음에는 부모-자녀관계로 시작된다. 차츰 형제관계, 친구관계, 사제관계, 선후배관계, 상사-부하관계, 부부관계 등으로 넓어진다. 인간관계를 통하여 사람들은 성장, 패배하기도 하고 행복과 불행을 경험하기도 한다.

생산적이고 긍정적인 인간관계는 서로의 성장과 발전에 도움이 되며, 자기 존중감을 높여 주고, 위로와 즐거움을 주고, 소외를 극복해 주고, 삶의 질을 풍성하게 하며, 상대가 문제를 경험할 때 그 문제를 해결할 수 있도록 힘이 되어 주며, 궁극적으로 개인이 행복하게 살고, 자기실현을 할 수 있도록 도와 준다. 특히 자신에 대하여 많이 이해하게 된다.

인간관계를 잘 맺기 위해서는 자기이해가 선행되어야 한다.

자기이해

대부분의 사람들은 자신에 대해 관심을 기울일 겨를도 없이 자신을 잘 모른 채 살고 있다. 자신에 대한 이해가 부족하면 행동에 일관성이 결여되고, 자신에 대한 신뢰감이 부족하여 원만한 인간관계를 이룰 수가 없다. 따라서 성숙한 인간관계를 위해서는 자기이해와 자기조절이 중요하다.

자신의 경험에 대해 개방적이고 수용적일 때 자기이해에 도움이 된다. 거짓과 왜곡됨이 없이 자기경험을 탐색하여 자신의 여러 모습을 보게 될 때 타인도 잘 관찰하고, 볼 수 있게 되어 원만한 인간관계를 이루게 된다. 즉 나의 여러 가지 성격, 감정, 태도, 습관, 능력, 신체적인 조건, 장단점, 열등감 등에 대해 비교적 정확하게, 많이 이해할 때 남의 것도 잘 보게 되어 원만한 인간관계가 이루어진다.

타인과의 관계를 통해 타인이 내게 보이는 반응, 즉 피드백을 통해 그들이 나를 어떻게 인식하는지를 알게 된다. 다른 사람의 반응 속에서 나의 모습을 비쳐볼 수 있으므로 타인은 나를 비쳐주는 사회적 거울이라 할 수 있다. 타인의 반응이 자기 자신을 현실적으로 정확하고 올바르게, 그리고 깊이 있게 이해할 수 있게 하며 자신의 행동조절에 도움이 된다.

이와 같이 스스로 자기이해, 자기조절 등 내면성찰을 많이 하고 쌍방향으로 인간관계를 통하여 자기이해를 깊이하게 되며 성숙한 인간관계를 할 수 있다.

Ⅱ. 인간관계의 의미

어린왕자

지구에 막 도착한 어린왕자에게 여우가 인사를 건넸다.
"안녕."

"안녕, 넌 누구니? 참 예쁘구나." 어린왕자가 말했다.
"나는 여우야."
"이리 와서 나하고 놀자. 난 아주 쓸쓸하단다."
"난 너하고 놀 수가 없어. 길이 안 들었으니까."
"난 친구를 찾고 있어. 그런데 길들인다는 게 무슨 말이니?"
"모두들 잊고 있는 건데, 관계를 맺는다는 뜻이란다." 여우가 대답했다.
"관계를 맺는다구."
"응. 지금 너는 다른 애들 수만 명과 조금도 다름없는 사내애에 지나지 않아. 그리구 나는 네가 필요없구, 너는 내가 아쉽지도 않을거야. 네가 보기엔 나도 다른 수만 마리 여우와 똑같잖아? 그렇지만 네가 나를 길들이면 우리는 서로 아쉬워질거야. 내게는 네가 세상에서 하나밖에 없는 존재가 될 것이구, 네게도 내가 이 세상에서 하나밖에 없는 여우가 될 거야."
"이젠 좀 알아듣겠어. 나에게 꽃이 하나 있는데, 그 꽃이 나를 길들였나 봐. 보고 싶거든."
"그럴 수도 있지. 지구에는 없는 게 없으니까."
"아니, 지구에 있는 게 아니야."
"그럼, 다른 별에 있어?"
"응."
"그 별에는 사냥꾼이 있니?"
"아니."
"야, 거 괜찮은데! 그럼, 닭은?"
"없어."
"그래, 안전한 곳은 절대로 없다니까." 여우는 한숨을 쉬었다. 그리고 여우는 자기 이야기로 말머리를 돌렸다.
"내 생활은 늘 똑같애. 나는 닭을 잡구, 사람들은 나를 잡는데, 사실 닭들은 모두 비슷비슷하구, 사람들도 모두 비슷비슷해. 그래서 나는 좀 따분하단 말이야. 그렇지만, 네가 나를 길들이면 내 생활은 달라질거야. 난 보통 발소리하고 다른 발소리를 알게 될거야. 보통 발자국 소리가 나면 나는 굴 속으로 숨지만, 네 발자국 소리는 음악소리처럼 나를 굴 밖으로 불러낼거야. 그리구 저기 밀밭이 보이지? 난 빵을 안 먹으니까 밀은 나한테는 소용이 없구, 밀밭을 보아도 내 머리에는 떠오르는게 없어. 그게 참 안타깝단 말이야. 그런데 너는 금발이잖니. 그러니까 네가 나를 길들여 놓으면 정말 기막힐거란 말이야. 금빛깔이 도는 밀밭을 보면 네 생각이 날테니까, 그리고 나는 밀밭을 스치는 바람소리까지도 좋아질거야 ….”

여우는 말을 그치고 어린 왕자를 한참 바라보더니,

“제발, 나를 길들여 줘.”

“그래, 그렇지만 나는 시간이 별로 없어. 친구들을 찾아야 하거든.” 어린 왕자가 대답했다.

여우는 힘없이 말했다.

“사람들은 이제 무얼 알 시간조차 없어지고 말았어. 사람들은 다 만들어 놓은 물건을 가게에서 산단 말이야. 그렇지만 친구는 파는 데가 없으니까. 사람들은 이제 친구가 없게 되었단다. 친구가 필요하거든 나를 길들여.”

“어떻게 해야 되는데?”

“아주 참을성이 많아야 해. 처음에는 내게서 좀 떨어져서 그렇게 풀 위에 앉아 있어. 내가 곁눈으로 널 볼테니 너는 아무 말두 하지마. 말이란 오해의 근원이니까. 그러다가 매일 조금씩 더 가까이 앉는거야.”

이렇게 해서 어린왕자는 여우를 길들였다. 어린왕자가 떠날 시간이 가까워지자 여우가 말했다.

“나 아무래도 눈물이 날 것 같애.”

“그건 너 때문이야. 나는 너를 괴롭힐 생각이 조금도 없었는데, 네가 길들여 달라구 그랬잖아.”

“그래.”

“그런데 눈물이 날 것 같다면서?”

“그래.”

“그러면 손해만 본 셈이구나.”

“아니, 이득이 있어. 저기 밀밭 빛깔 말이야.” 여우가 말했다.

“장미꽃밭에 다시 가봐, 네 장미꽃이 딴 꽃들과는 다르다는 걸 알게 될거야. 그리구 나한테 작별인사를 하러 오면 선물로 비밀 하나를 가르쳐 줄께.”

어린왕자는 장미꽃들을 다시 만나러 갔다.

“너희들은 내 장미꽃하구 전혀 달라. 너희들은 아직 아무것도 아니야. 아무도 너희를 길들이지 않았잖아. 내 여우도 전에는 너희와 마찬가지였어. 다른 여우들하고 똑같은 여우였어. 그렇지만 그 여우를 내 친구로 삼으니까 지금은 이 세상에 하나밖에 없는 여우가 되었다.”

그러자 장미꽃들은 어쩔 줄을 몰라 했다. 어린왕자는 또 이런 말도 했다.
"너희들은 곱긴 하지만 속이 비었어. 누가 너희들을 위해서 죽을 수는 없단 말이야. 물론 보통 사람들은 내 장미도 너희들과 비슷하다구 생각할거야. 그렇지만 그 꽃 하나만 있으면 너희들을 모두 당하구두 남아. 그건 내가 물을 주고 고깔을 씌워 주고 병풍으로 바람도 막아 주었으니까. 내가 벌레를 잡아 준 것도 그 장미꽃이었어. 나비를 보여 주려구 두세 마리는 남겨 두었지만, 그리고 원망뱌이나 자랑이나 모두 들어 준 것도 그 꽃이었으니까. 그건 내 장미꽃이니까."
어린왕자는 여우한테 다시 와서 작별인사를 했다.
"잘 있어."
"잘 가, 이제 내 비밀을 가르쳐 줄게, 아주 간단한 거야. 세상을 잘 보려면 마음으로 보아야 한다는 거지. 제일 중요한 것은 눈에는 보이지 않거든."
"제일 중요한 것은 눈에 보이지 않는다." 어린왕자는 그 말을 되뇌었다.
"네가 그 장미꽃에 바친 시간 때문에 그 장미꽃이 그렇게 중요하게 된 거야."
"내가 장미꽃에 바친 시간 때문에 …."
어린왕자는 잊어버리지 않으려고 되풀이해서 말했다.
"사람들은 이 진리를 잊어버렸어. 하지만 너는 잊어버리면 안돼. 네가 길들인 것에 대해서는 영원히 네가 책임을 지게 되는 거야. 너는 네 장미꽃에 대해서 책임이 있어."
"나는 내 장미꽃에 대해서 책임이 있다."
어린왕자는 머리에 새겨 두기라도 하듯이 다시 한번 말했다.

위의 어린왕자와 여우와 만나는 대목에서 우리는 인간관계의 의의, 친밀과정, 길들이기, 책임감, 한계를 고찰해 보자.

외로운 어린왕자는 지구에 막 도착하여, 여우를 만난다. 여우와 친구가 되고 싶어하나 여우는 우선 '길들이기'가 필요하다고 말한다. 길들이기는 관계를 맺는 거라고 말해 준다. 여우는 말하기를 처음에는 모든 사람들이 수만 명의 다른 사내애들과 비슷하지만 길들이면, 즉 친밀한 관계가 형성되면 이 세상에 유일한 존재가 된다고 요약해 준다.

친밀하게 길들여지고 관계가 형성되면 따분한 생활이 기막힌 기쁨으로 변화한다고 여우는 말한다.

어린왕자의 발자국 소리는 음악처럼 여우를 굴 밖으로 불러내고, 금빛깔의 밀밭을 보면 지금까지는 아무 생각이 없었지만 금발의 너의 머리와 밀밭이 색이 비슷하기에 밀밭을 좋아하게 되고 그 위를 스치는 바람소리까지도 좋아하게 된다고 여우는 말한다.

이렇듯 한 대상과의 의미 있는 깊은 관계를 통하여 모든 우주의 삼라만상이 한 개인의 마음 속으로 들어오게 되는 것이다.

길들이기 방법을 묻는 어린왕자에게 여우는 우선 참을성이 많아야 한다고 말한다. 장미꽃에 물을 주고 고깔을 씌워 주고 병풍으로 바람도 막아 주고 벌레를 잡아 주듯이, 온갖 정성을 다 바쳐야만 의미 있는 존재가 된다고 여우는 어린왕자에게 말한다.

여우는 어린왕자에게 말한다. "세상을 잘 보려면 마음으로 보아야 한다. 제일 중요한 것은 눈에 보이지 않는다." "네가 길들인 것에 대해서는 영원히 책임을 져야 한다.

위의 만남에서 언젠가는 필연적으로 이별이 온다는 것을 알 수 있다. 이별을 건강하게 잘하고 과거를 잘 정리하고 떠나 보내는 것은 필요하고 대단한 능력이다.

Ⅲ. 인간관계 유형

Harris(1967)는 우리가 자신과 타인에 관해서 가질 수 있는 생활자세 혹은 인간관계 유형을 네 가지로 나누었다. 이러한 인간관계 유형은 어렸을 때 부모들의 양육태도에 의해 결정된다.

1) 나는 옳지 않다-너는 옳다(I'm not OK-You're OK)

이 자세는 자신을 무가치한 것으로 생각하는 경향이 있고 다른 사람에게 의존하려는 욕구를 지닌다. 자신은 아무 것도 할 수 없으므로 늘 좌절감 속에서 생활하게 된다. 무슨 일이든 쉽게 포기하며, 다른 사람들을 신뢰하지 않는다. 자신을 다른 사람들에 비해 열등하게 보기에 인간관계에 자신이 없고, 상대방을 불편하게 만드는 경향이 있다.

2) 나는 옳지 않다-너는 옳지 않다(I'm not OK-You're not OK)

나도 옳지 않지만 너도 옳지 못하다는 태도를 지니고 있다. 자신은 항상 운이 나쁜 것으로 생각하고, 인생을 체념하는 태도로 살아간다. 이런 사람들은 일상생활에서 어떤 것에도 의미를 부여하지 못하고 시간만 보내게 된다. 위축된 채 세상의 모든 것을 부정적으로 보기에 희망이 없는 삶을 산다. 가장 좌절되고 공격적이며 원만한 인간관계 형성이 거의 불가능하다.

3) 나는 옳다-너는 옳지 않다(I'm OK-You're not OK)

이러한 자세를 갖는 사람은 자신이 다른 사람들에 비해서 지나치게 우월하다고 생각하며 다른 사람들을 틀려먹었다고 생각한다. 이런 사람들은 상대방을 존중하기보다는 불신하고 거리를 두고 경계하며 감독하는 경향이 있다. 또한 권위적이고 자기중심적이기에 원만한 인간관계를 형성하기가 어렵다.

4) 나는 옳다-너는 옳다(I'm OK-You're OK)

이러한 자세를 갖고 있는 사람은 나 자신은 물론 상대방도 존경할 만한 가치가 있으며 특별한 사람이라고 생각한다. 인간관계에서 진정한 관계를 맺기 위해 가면을 벗고, 건설적으로 문제해결을 위해 노력하고 행복하고 적극적인 사람들이다. 성숙한 인간이 되려면 자신과 타인을 긍정적으로 볼 수 있는 생활자세를 가져야 한다.

Ⅳ. 자기노출

자기노출은 자기개방, 자기표현이라고도 하며, 즉 생각, 감정, 소망, 약점, 열등감, 가정상태 등 모든 것에 대해서 있는 그대로 솔직하게 상대방에게 내보이는 것을 말한다. 자신의 문제점, 치부, 못

〈그림 5-1〉 죠하리 창

		피드백의 정도	
		자신에게 알려짐 (Known to self)	자신에게 알려지지 않음 (Unknown to self)
자기공개의 정도	타인에게 알려짐 (Known to others)	Ⅰ 나 자신과 타인에게 개방된 영역(열린)	Ⅱ 타인에게는 보여지나 나 자신은 지각하지 못하는 영역(보지 못하는)
	타인에게 알려지지 않음 (Unknown to others)	Ⅲ 나 자신은 알고 있으나 타인에게는 숨겨져 있는 영역 (숨겨진)	Ⅳ 나 자신과 타인에게 전혀 알려져 있지 않은 영역 (알려지지 않은)

난점 등을 신뢰로운 타인에게 노출할 때 점점 일반화되고 작아져서 나의 마음의 집착에서 떨어져 나가게 된다. 누군가에게 자신의 마음, 특히 문제점을 털어놓을 때 힘을 얻게 되어 2/3 정도는 해결된다. 1/3 정도는 전문가의 도움을 받아야 한다.

자신의 약점, 못난점 등을 노출하여 다른 사람과 자유롭게 상호작용할 때 그것들이 현실에서 어떻게 문제를 일으키는지를 명백히 볼 수 있으며, 융통성 있게 변화하여 창조적인 에너지로 변화하게 된다. 나의 못난점 등을 노출하지 않고 억압, 은폐하면 타인과 원만하게 상호작용, 대화를 할 수 없어 피상적인 인간관계가 이루어진다. 노출하지 않는 이유는 거절당하거나 비웃음 당하거나 어리석은 바보라고 생각될지 모른다는 두려움 때문에 망설이게 되는 것이다. 그러나 자신이 생각한 것을 솔직하게 드러내면 타인도 자연스럽게 자신을 드러내어 원만한 인간관계가 이루어진다.

내가 먼저 조금씩 개방하면 내가 개방한 만큼 상대방도 개방하게 된다. 개방의 상승작용으로 서로를 깊이 이해하고 신뢰하게 되어 서로 발전하게 된다. 상대방 자신의 모습을 나에게 보이지 않으면 친밀한 인간관계로 발전되기는 어렵다.

〈그림 5-2〉 인간관계유형

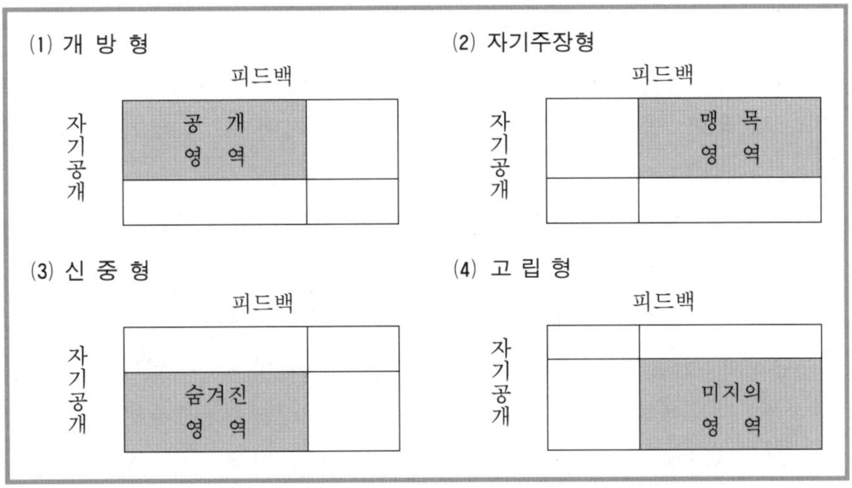

조셉(Joseph Luft)과 해리(Harry Ingham)는 자신들의 이름을 따서 죠하리 창(Johari window)을 만들었다. 이는 피드백과 자기개방의 정도로서 마음의 창을 명료하게 설명한다(그림 5-1).

첫째 부분(Ⅰ)은 내가 아는 영역이고 이를 타인에게 자유롭게 공개해서 상대방도 알고 있는 나에 관한 개방된 영역이다.

둘째 부분(Ⅱ)은 보지 못하는 영역으로서 나에게는 알려져 있지 않으나 타인들에게는 알려져 있는 영역으로서 '맹점' 부분이다. 겉으로는 표현하지 않는 생각, 느낌, 소망, 치부, 습관, 비밀사항들이 여기에 해당된다.

셋째 부분(Ⅲ)은 숨겨진 영역으로서 나 자신은 알고 있지만 다른 사람은 모르는 부분으로 은폐된 영역이다. 겉으로 표현하지 않은 생각이나 느낌, 나만 가지고 있는 비밀사항들이 해당된다.

넷째 부분(Ⅳ)은 자신도 다른 사람도 전혀 모르는 상태로서 아직 자신이나 타인에게 발견되지 않는 미개발된 영역이다.

내가 남으로부터 피드백을 구하거나 자아개방을 시도할 때 열려진 Ⅰ의 영역이 확장된다. 인간관계를 처음 맺은 시기에는 열린 영역이 매우 좁으나 인간관계가 계속되고 신뢰수준이 증가함에 따라 나는 타인에게 개방되기 시작하고 주위사람들은 나에게 피드백을 주게 된다. 인간관계 개선을 위해서는 미지의 알려지지 않은 영역을 줄이고 공개적 영역을 넓히는 것이 바람직하다.

인간관계에서 나타내는 자기 공개와 피드백의 정도에 따라 마음의 창을 구성하는 넓이가 달라지며 크게 4가지 유형으로 구분된다.

첫째, 개방형은 대체로 인간관계가 원만하고 자기표현을 잘하는 사람이다.

둘째, 자기주장형은 자기 기분, 의견을 잘 표현하나 다른 사람의 반응에 무관심하여 독선적으로 비쳐질 수 있다.

셋째, 신중형은 다른 사람에 대해서 신중하고 잘 경청하지만 자신의 속마음을 잘 드러내지 않는 사람이다. 현대인에게 가장 많은 유형이다.

넷째, 고립형은 다른 사람과 접촉하는 것을 불편해 하여 혼자 고립된 생활을 한다. 대체로 혼자 고민하고 고집이 센 편이다.

Ⅴ. 자기수용

인간관계를 통하여 새롭게 발견한 자신의 모든 것, 장·약점을 아무 조건없이 있는 대로 인정하고 받아들이는 것이 자기수용이다. 자신의 긍정적인 면만 인정하고 자신의 부정적인 면을 드러나기를 거부하면, 그 순간은 자신의 약점, 치부, 문제점이 드러나지 않아 일시적으로는 편안할지 모르지만, 내부에 감춰진 문제점은 해결되지 않는다. 또한 감춘 문제점으로 인한 가식적인 행동이 외부로 나타나게 되면, 신뢰할 수 있는 인간관계 형성을 방해한다.

자신의 문제점을 안 보면 자신만 손해이므로 자신의 약점, 문제점에 대해서도 비판하지 않고 너그럽게 수용하고, 개선하려고 노력할 때 타인에 대해서도 비판의 잣대를 사용하지 않고 원만한 인간관계가 이루어지게 된다. 자신의 못난 점, 치부를 인정하지 않을 때 번뇌, 방황이 생긴다. 자신의 치부를 받아들여야 타인의 치부, 못난 점도 받아들여 너그러운 인간관계를 형성한다.

2. 인간관계에서 주제별 문제해결방안

Ⅰ. 갈등의 본질

사람은 성격, 욕구, 의견 등에서 차이가 있기에 매일 매일의 생활 속에서, 모든 인간관계에서 갈등을 피할 수 없이 경험한다. 사람들은 갈등은 나쁘고 피해야만 된다고 생각하고 있다. 그러나 갈등이 없다는 것이 반드시 건강한 관계를 의미하는 것이 아니라 무관심의 징표로 볼 수도 있다. 대부분의 사람들은 인간관계에서 자신이 무엇을 줄 수 있을까보다는 무엇을 얻어낼 수 있을까라는 시각으로 관계를 맺기에 갈등이 생긴다.

갈등이 적절하게 다루어질 수 있다면 매우 가치 있는 요소가 될 수 있다. 갈등을 없애는 것은 거의 불가능한 일이며, 단지 갈등을 창의적으로 잘 관리하여 창조적 에너지로 전환해야 한다. 갈등을 어떻게 보느냐에 따라 갈등처리방식이 성공적으로 결정된다.

Ⅱ. 갈등처리 유형

갈등처리 유형은 세 가지로 분류된다.

1) 회　피

사람들은 대개 갈등이나, 갈등의 가능성을 회피한다. 갈등의 소지에 대해 위협을 느끼거나 갈등을 효과적으로 다룰 수 없을 것 같아 보일 때 회피전략을 쓴다.

2) 약　화

갈등에 참여된 사람들의 흥분이 가라앉도록 일단 정지시키는 것이다. 이 방법으로 사소한 몇 가지 문제는 해결될 수 있으나 큰 문제는 풀리지 않는다. 부분적인, 단기적인 문제해결은 결국 더 큰 문제로 발전되기도 한다.

3) 직 면

직면은 상대방이 처한 상황을 고려하여 갈등을 처리하는 것이다. 직면에는 세 가지 전략이 있다(임칠성, 1995).

① **승자-패자 전략** 한편이 자기의 목적과 이익을 쟁취하기 위해 상대편을 희생시키는, 즉 이기고 지는 승-패 전략이다. 자기의 목적이 인간관계보다 더 중요하다. 상대방의 욕구에는 전혀 관심이 없으며, 다른 사람들이 자신을 좋아하고 수용할 것인가에 대해서도 별로 관심이 없다. 패자는 해결책에 대해 불만을 가지기에 이 방법은 새로운 갈등을 불러일으킨다.

② **패자-패자 전략** 양편 모두가 패자가 되는 전략이다. 양편 모두가 무엇인가를 잃음으로써 갈등이 제거된다. 이런 식으로는 나도, 상대방도 승자가 되지 못한다. 이 방법으로는 갈등의 근본문제가 해결되지 못하므로 갈등이 지속된다. 이런 방법은 짧은 안목으로는 유용할 수도 있다.

③ **승자-승자 전략, 무패적 전략** 갈등은 이기기 위한 싸움이 아니라 문제해결의 핵심으로 본다.

쌍방이 다 이기는 승자-승자 전략은 타협을 전제로 한다. 타협은 의사소통의 고급기술을 필요로 한다. 즉 타협을 위해서는 적극적 경청, 반영적 경청, 나 메시지 기법, 자기표현, 공감적 경청 등이 필요하다.

〈그림 5-3〉 승자-승자 전략

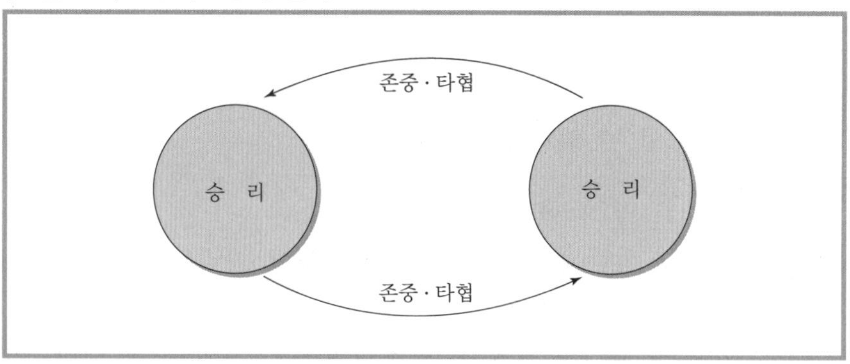

Ⅲ. 비판 · 비난에 대처하기

상대방이 나의 행동에 비난을 할 때 나는 받아들이기가 어렵고 마음의 상처를 받는다. 어떠한 건설적인 비판도 걸림돌 언어이며, 상대방의 입장을 배려하기보다는 자신의 마음에 안 들어서 내뱉는 우월심리이다. 남에게 비판을 할 때는 때와 장소를 가려서 나 메시지 기법, 공감적 표현 등 효과적인 의사소통기법을 사용해야 한다.

비난을 받고 가만 있으면 스스로 자신을 죽이는 것이다. 비난을 듣고 가만히 있으면 상대방이 한 말을 인정하는 것이며 이것은 나에게도 책임이 있는 것이다.

다음에 몇 가지 효과적인 방법을 고찰해 보자.

① **구체적으로 더 많은 여분의 정보를 구한다** 비판하는 사람이 주장하는 것이 무엇인지 구체적인 내용을 물어 본다. 즉 어떤 행동이 마음에 안 들고 이해할 수 없는지 구체적으로 역으로 물어본다.

② **인정하기** 상대방의 비판이 정확하고 비난의 근거가 있으면 인정할 것은 인정한다.

③ **벗어나기** 상대방이 의도적으로 공격적인 표현을 할 때는 자기주장을 하고 자신의 생각을 자신있게 표현한 뒤 그 상황에서 벗어난다.

> "나에게는 나의 일
> 당신에게는 당신의 일
> 내가 당신의 기대에 맞추어 살기 위해
> 이 세상에 존재하지 않는 것
> 당신은 당신 나는 나
> 만약 우연히 우리가 서로를 이해한다면
> 그것은 아름다운 일
> 만약 그렇지 못하다면
> 그것은 어쩔 수 없는 일"

상대방이 당신을 비난하는 것에 너무 상처받지 않도록 노력하라. 내가 들은 것은 하나의 자극이고 내가 선택하지 않으면 상대방의 문제로 되돌아가는 것이다.

내가 상대방의 기대, 의견에 맞지 않는다고 해서 내가 이상한 사람이 되는 것은 아니다. 상대방이 아주 가까운 사랑하는 사람일지라도.

Ⅳ. 자기주장하기

자기주장이란 남을 공격하는 것이 아니라 자신의 감정, 생각, 판단에 스스로 솔직해지고 남에게 적절히 표현함으로써 자긍심을 높이는 것이다. 자기주장을 올바르게 내세울 때 비로소 진정한 인간관계가 가능하고 진취적인 기상을 지닌 자주적인 인간이 된다. 다음은 자기주장 행동단계이다.

1) 첫번째 단계

· 똑바로 서서 상대방의 눈을 바라보며 남에게 들릴 정도로 큰 목소리로 말한다.

2) 두 번째 단계

· '아니오'와 '예'를 솔직하게 표현할 수 있는 능력을 개발한다.

· 남에게 요청하거나 부탁할 수 있는 능력을 개발한다.

· 마음의 문을 열고 직접적으로 감정과 생각을 나타낼 수 있는 능력을 개발한다.

· 사람들로부터 휘둘리지 않고 자기 자리를 지킬 수 있는 능력을 개발한다.

· 다이어트나 나쁜 업무습관을 조절할 수 있는 능력 등을 개발한다.

3) 세 번째 단계

· 직장에 적응하는 능력, 사회조직을 만들고 유지시키는 능력, 친분을 쌓아가는 교제술 등을 개발한다(조증렬 · 조영희, 1997).

Ⅴ. 거절하기

복잡한 인간관계를 맺고 살아야 하는 현대인은 부탁할 일도 거절할 일도 많다. 거절은 부탁보다 더 어렵다. 내 형편에 맞지 않는 일을 제의받으면 과감하게 거절해야 한다. 우물쭈물하고 끌려다니면 자신의 인생을 망칠 수도 있다. 돕는다는 것은 자신의 능력범위에서만 할 수 있는 일이다. 능력범위를 벗어나는 부탁은 즉시 거절해야 한다.

한편 부탁하는 측은 대부분 약자의 입장이 되고 부탁하는 순간은 약자의 자리에 서게 된다. 그래서 우리는 부탁하는 사람에게 정중하게 거절을 해야 한다. 진심으로 부탁을 들어 주지 못해 미안하다는 마음을 먼저 전하고 예의 바르게 거절해야만 상처를 남기지 않는다(이정숙, 1998).

Ⅵ. 감정이 담긴 대화하기

감정이 담긴 대화란 사랑, 증오, 찬성, 비평, 불평, 존경 등 자신이 느끼는 감정 모두를 표현하는 것이다. 예를 들어 "나는 당신의 글씨가 좋아요"라는 말은 "글씨가 참 좋은데요"보다 훨씬 친밀하다. 감정이 담긴 대화를 자연스럽게 해 낼 때까지 계속 연습하는 것이 중요하다(조증렬 · 조영희, 1997).

주위에는 자신의 생각은 잘 표현해도 감정을 내보이지 못하는 사람들이 있다. 증세가 심한 사람이라면 감정표현은 고사하고 자신이 지금 어떤 감정을 느끼고 있는지조차 모르기도 한다.

사람은 직접적이고 솔직하고 적절한 방법으로 감정을 다른 사람에게 전달할 수 있어야 한다. 자기감정을 잘 알게 되면 남의 감정에도 많은 관심을 갖게 마련이다. 이 때 감정의 표현과 전달은 말을 적당히 섞으면 되는 그런 간단한 것이 아니라 인간 자체와 음성의 톤과 표현, 얼굴표정, 몸자세와 동작 등에 따라 달라진다(조증렬 · 조영희, 1997).

감정이 담긴 대화시 주의사항

· **구체적으로 말하라.**
'넥타이 핀이 좋은데요', '당신과 영화보러 가고 싶어요' 등

· **감정동사를 말할 때는 '나'를 의도적으로 사용하라.**
'난 이것이 좋아', '내가 당신에게 한 행동은 고의가 아니었어' 등

· **명확하고 간단하게 말하라.**
사람들은 대체로 쓸데없이 말을 꾸미기 때문에 상대방이 그 의도를 잘 알아듣지 못하고, 말하는 사람조차 잘 모르는 경우가 많다.
'회의에서의 발언이 참 좋았어요'라는 문장은 명확하고 간결하다. 말을 많이 꾸미는 사람들은 감정전달에 실패할 뿐만 아니라 사람을 지루하게 만든다.

· **솔직하라.**
감정을 솔직하게 표현하지 않으면 자신을 숨기고 위선을 떠는 것처럼 보인다.

· **정도를 지킬 줄 알라.**
감정표현이 어려운 사람들은 감정표현을 자제력을 잃는 것으로 오해한다. 극단적인 감정표현만을 생각하는 것이다. 적절한 감정표현이란 내가 한 감정표현을 다른 누군가가 했을 때 그 감정표현 방법이 적절하다고 느껴지는 것이다(조증렬 · 조영희, 1997).

· **자신의 감정에 대하여 자기가 책임을 진다.**
어떤 상황, 대상에게서 느끼는 감정은 나 자신이 선택하여 만든 것이다. 그러므로 자신이 선택하여 만든 감정을 시시각각 점검해 보고 그 상황에서 이런 감정을 가지는 것이 나에게 도움이 되는가를 점검해 보고 자기책임으로 여겨야 한다.

· **감정표현하기에 적당한 좋은 시간, 장소를 선택한다.**
상대방이 받아들일 마음의 준비가 되어 있는 상태인가를 점검해야 한다. 내가 통제하지 못할 정도로 너무 화가 나서 상대방에게 그 감정을 표현했다면 그 당시에는 시원할지 모르지만 나중에는 후회하게 될 것이다.

· **자신의 추측, 가정을 절대로 믿지 않는다.**
가정, 추측, 편견을 갖고서 행동하지 않는다. 추측은 추측을 낳는다.

제 6 장

의사소통

1. 의사소통의 의미

우리는 깨어 있는 동안에 대부분의 시간을 말하고, 듣고, 읽고, 쓰는 등 의사소통을 하면서 보낸다. 모든 인간관계의 성패는 예민하게 반응을 잘하는 의사소통 능력에 달려 있다. 마치 인체의 신경계통이나 핏줄과 같아서 제대로 기능을 하지 못하면 조직이 마비되고 동맥경화가 생기듯이 의사소통은 인간사회와 조직의 건강을 결정하는 중요한 요인이다.

의사소통은 개인 또는 집단이 다른 사람 또는 집단에게 의사, 아이디어, 정보, 태도, 신념, 사실, 감정 등을 전달하는 과정이다. 훌륭한 의사소통은 무슨 말을 사용하는가보다는 서로의 뜻을 어떻게 받아들이고 있느냐에 상당히 좌우된다. 의사소통 과정을 도식화하면 〈그림 6-1〉, 〈그림 6-2〉와 같다. 〈그림 6-1〉은 단순한 의사소통 과정이다. 〈그림 6-2〉에서 의사소통의 구성요소들은 언어(내용, 억양, 의미 등)와 비언어적 행동, 상황, 역할, 감정상태, 피드백 등이다. 피드백은 송신자가 의사소통을 하는 데 강력한 도구이다.

그림에서 보듯이 의사소통은 양방적인 과정인데 대부분은 일방적인 과정처럼 생각한다. 정보를 보내기만 하고 받지는 않을 때 의

〈그림 6-1〉 단순한 의사소통

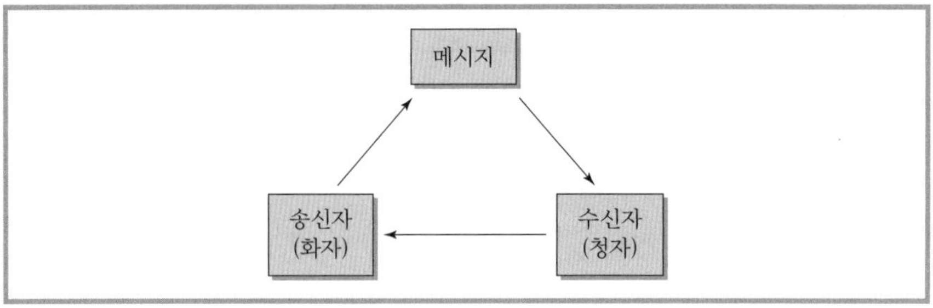

〈그림 6-2〉 의사소통의 구성요소

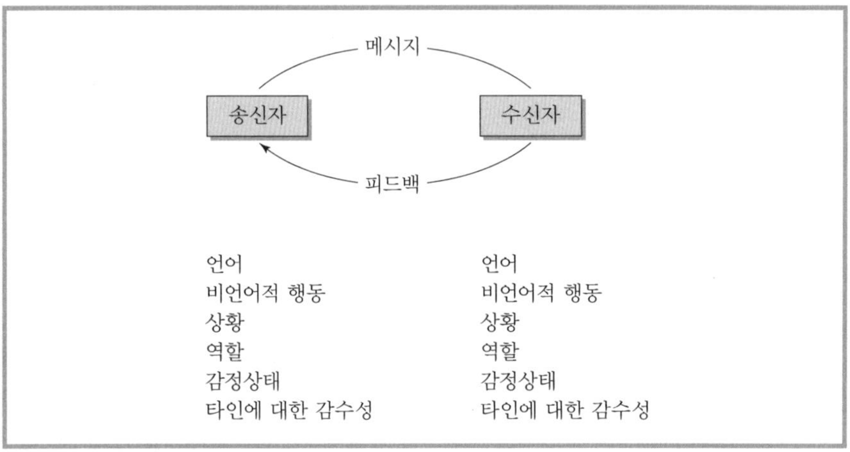

사소통은 일방적인 것이 되고 소모적이 되며 드디어 상호간에 벽을 만나게 된다.

2. 의사소통의 요소

의사소통의 요소에는 송신자, 수신자, 피드백이 있다. 구체적으로 고찰해 보자.

(1) 송 신 자

송신자란 생각, 감정, 정보 등을 말로 전달하는 화자를 말한다. 송신자의 정확한 의사소통에 영향을 미치는 요소는 다음과 같다(설기문, 1998).

1) 음 성

많은 경우에 음성을 통해 감정상태가 나타난다. 같은 내용의 메시지라도 화가 나면 큰 소리로 이야기하고 슬플 땐 목메인 소리가 나온다.

2) 감정상태

송신자의 심신에 불안, 긴장과 같은 감정상태로 가득찬 상태에서는 이성과 사고활동은 능률을 잃고 판단이 잘못되기 쉽고 왜곡된 지각을 하기 쉽다. 송신자 감정상태에서 제일 중요한 요소는 자신과 타인의 말을 잘 들으려는 열망이다.

3) 타인에 대한 감수성

타인의 사고방식과 감정상태에 맞추기 위해선 예민한 감수성이 필요하다.

(2) 수 신 자

효과적인 수신자가 되기 위해서는 적극적으로 상대방의 이야기를 들어주어야 한다. 효과적인 경청의 자세는 다음과 같다.

· 비판, 판단을 하지 말고 있는 그대로 들어 준다.

· 지나치게 메모하면서 듣지 않는다.

· 적극적인 피드백을 해 준다.

· 상대방의 가치관을 존중해 준다.

· 남을 통제하거나 조정하려고 하기보다는 문제해결에 도움이 될 수 있는 말를 솔직한 대화를 하고, 상대방을 지지하면서 들어 준다.

3. 피 드 백

피드백은 상대방에게서 본 정보를 전달하고 우리가 이해한 것을 상대방에게 분명하게 해 주는 과정이다. 즉 상대방에게서 본 정보의 의미를 정정하거나 조정하며 정보내용을 명확히 하고 초점을 맞추어 주는 과정이다. 피드백은 우리의 행동에 대하여 거울의 역할을 해 준다. 거울을 통하여 나의 모습을 알게 되듯이 피드백을 통하지 않고서는 우리의 행동이 어떠한 모습을 띠고 있는지 알 수가 없다. 그러므로 서로 피드백을 주고 받음으로써 나의 행동이 타인들에게 미치는 영향을 알게 되고 행동을 개선할 수 있게 된다.

내가 정확하게 상대방에게 피드백을 주더라도 상대방이 받아들이지 않는다면, 그 피드백은 왜곡되거나 쓸모없게 될 것이다. 상대방이 너무 위협적으로 피드백을 줄 때 우리는 방어적으로 되기 쉽다. 그러므로 우리는 피드백을 줄 때 상대방의 긍정적·부정적인 면을 균형있게 하도록 해야 한다.

다음은 건설적인 방법으로 피드백을 주기 위한 제안이다.

① 성격이 아닌 행동에 대해서 이야기하라.

② 판단보다는 정보를 교환하라.

③ 충고나 해결방안보다는 대안을 제시하라.

④ 객관적인 증거를 근거로 피드백을 준다.

⑤ 강요하지 말고 한꺼번에 너무 많은 양을 제공하지 말라.

⑥ 피드백을 받는 상대방이 받을 준비자세가 되어 있을 때 해야 한다.

⑦ 피드백은 행동이 일어난 직후에 주어야 한다.

⑧ 피드백은 개선이 가능한 것에 한하여 주어야 한다.

⑨ 긍정적인 피드백부터 시작한다.

4. 의사소통의 유형

Ⅰ. 비자기표현형

우리 조상들은 의사소통기술을 배울 기회가 없었고 ‘침묵은 금’

이라는 문화권에서 비자기표현적 방법이 강화되었다. 자기표현, 자기주장을 하면 버릇없는 사람으로 여겼고 아이가 지루해서 가만히 있을 때 점잖고 침착한 아이로 여겼다. 상하관계에서도 아랫사람이 자기표현을 하면 윗사람은 이를 맹랑하다고 여겼다. 그래서 소리를 안내고 우는 아이들도 많아졌으며, 감정을 억압하여 한이 많은 사람들도 늘어났다.

우리가 폐쇄적이고 남들과 상호작용이 없으면 서로 모르고 나 자신을 변화시키기 어렵다. 비자기표현을 하는 사람들의 특징을 요약하면 다음과 같다.

① 자주 침묵을 지키고, 자신을 내세우기를 꺼리기에 그들 자신의 특성, 지능, 공통적인 취미, 유머, 감수성 등을 알아내기가 힘들다.

② 수줍음을 잘 탄다.

③ 개인의 단순한 권리조차도 옹호하기를 꺼려하려 공격을 잘 당하고 혼자 있기를 좋아하며 자기비하를 잘한다.

④ 자신들의 생각, 감정을 공개적으로 표현하는 일이 없었던 환경에서 자라 표현방법을 제대로 배울 기회를 가지지 못한 경우가 많다.

⑤ 어렸을 때부터 비자기표현적인 행동에 대하여 강화를 많이 받고 자라왔다.

⑥ 어렸을 때부터 자기표현행동으로 인한 신체적 처벌, 조종, 무시, 비판, 꾸중 등의 결과로 비자기표현행동이 형성되었다.

〈그림 6-3〉 비자기표현형

⑦ 완벽에 대한 비합리적 신념을 가지고 있다.

⑧ 타인에게 거절당할까봐, 상대방이 나로부터 떠나갈까봐 지나치게 비자기표현행동을 하며 과잉친절행동을 한다.

⑨ 자신의 행동이 타인감정의 근원이 된다고 믿는다.

⑩ 남들이 만들어 놓은 규칙과 변덕에 맞춰 살아간다.

⑪ 자신을 떳떳이 내세우지 못하기에 쉽게 상처받고 쓸데없는 걱정에 쌓이고 자기경멸을 일삼는다.

⑫ 자신의 감정에 둔감하다.

Ⅱ. 자기표현형

자기표현이란 남을 공격하는 것이 아니라 자신감을 자기고 자신의 감정, 생각, 판단에 스스로 솔직해지고 남에게 이를 적절하고 폭넓게 기술적으로 전달하는 능력이다. 여러 상황·사람에 따라 가장 좋은 대안이 될 수 있도록, 한 가지 반응에만 국한되지 않고 적절한 행동방식을 선택할 수 있는 능력을 말한다. 친밀감을 나누는 것이나 싸우는 것을 두려워하지 않으며 좀더 표현하고 싶은 상황에서 능력껏 당당하게 자신을 표현한다.

〈그림 6-4〉 자기표현형

자기표현능력은 일종의 기술로서 바둑, 장기, 외국어, 피아노를 배우는 것처럼 유창해질 때까지 계속 연습하고 배워나가야 한다. 말은 큰 위력을 가지고 있고 변화를 일으키는 큰 도구이다. 그러나 쉬운 일은 아니다. 자기표현을 잘하는 사람의 특징을 고찰하면 다음과 같다.

① 폭넓은 의사소통 능력을 가지고 있다.

② 자기표현 능력이 있는 사람은 자신의 권리와 타인의 권리를 존중해 준다.

③ 의사소통이 직접적이고 솔직하며 명백하다.

Ⅲ. 공 격 형

공격적 표현을 잘 하는 사람들은 남의 결점을 잘 발견하고, 독재자이며, 우두머리이다. 누군가 복종할 사람을 얻을 수 있게 되면 신이 나서 자신을 중요하게 느낀다. 내적 감각인 근육과 내장기관들이 긴장하고, 혈압이 올라가며 목소리는 딱딱하고 긴장해 있고 날카롭고 크다.

〈그림 6-5〉 공 격 형

공격적 표현을 잘하는 사람들은 내면이 상처와 분노로 가득차 있기 때문에 타인의 말에 예민하게 반응한다.

공격적 행동은 목표를 일시적으로 성취시켜 주지만 가까운 사람과의 대화를 단절시키고 반감을 야기하며 자신을 더욱 공격적으로 만드는 경향이 있다. 또한 반복되는 악순환은 사람을 더욱 신경증적인 소용돌이에 말려들게 한다.

의사소통, 인간관계에 관한 알아 두어야 할 사항

인간관계를 성공적으로 이끌어갈 수 있는 사회적 기술, 사교적 능력은 의사소통에 달려 있다. 의사소통은 말하기와 듣기가 주된 요소이다. 즉 자신의 인간관계를 달성하기 위해 행하는 언어적 또는 비언어적 행동을 의사소통행동이라 한다.

의사소통기술이란 자기주장이 아니라 상황에 맞춰 자기표현을 잘 하는 것을 말한다. 자신의 권리, 요구, 의무, 만족을 손상시킴이 없이 타인과 자유스럽고 개방적인 교환관계 속에서 자신과 타인의 권리 등을 생산적으로 공유하며, 타인과 의사소통할 수 있고 관계 맺으며 자기생각을 표현하는 능력이다.

효과적으로 자신을 표현하는 방법을 배우는 것은 훌륭한 피아니스트, 운동선수, 학자가 되는 것처럼 대단한 노력과 인내가 필요하다. 끊임없이 연습하고 실행할 때 변화가 이루어진다. 운동선수가 큰 시합에 대비해 연습하듯이, 학생이 쉬운 문제부터 풀어봄으로써 점차 실력이 향상되듯이 의사소통도 점진적인 단계를 따라 연습해 봄으로써 현실에 유용한 대화기술로 발전하는 것이다.

구체적으로 의사소통과 인간관계의 특징에 대해서 고찰해 보자.

① 말하기 그 자체가 삶의 필수다. 대인관계에서 말하기의 목적이 내가 원하는 대로 상대와 상황을 움직이는 것이 되어서는 안 된다. 말은 더불어 살아가기 위해 하는 것이다. 말하기가 서로의 삶을 함께 공유하는 방법으로서 뿌리내려야 한다. 말을 잘 하는 것은 자신을 있는 그대로 드러내는 것이다. 정말 말을 잘하는 것은 자연스럽게 말하는 것이다. 자연스럽게 말하는 것은 말하는 것 자체에 전혀 신경을 쓰지 않고 말하는 것이다. 그러나 자신을 있는 그대로 드러내는 것만이 언제나 말을 잘하는 것은 아니다. 때로는 부자연스러울 때도 있다. 말을 잘하는 것은 끊임없는 자기성찰과 노력을 필요로 한다.

② 효과적인 의사소통능력은 자신의 의견을 시간, 상황에 맞춰 상대방에게 잘 전달하는 동시에 총을 겨냥하여 쏘는 것 같이 상대방의 의도를 잘 파악하고 이해하여 상대방에게 자기표현을 하는 것이다.

③ 언어는 자신의 삶의 세계를 만든다. 또한 언어는 사용하는 사람의 정신세계를 나타낸다. 소년원에 들어온 청소년들은 욕으로 시작해서 욕으로 끝난다. 아이들은 행동을 억압당하면 욕을 한다. 욕을 하

는 언어습관을 고치면 행동도 교정된다. 행동을 너무 빨리하면 언어를 천천히 사용하도록 고치면 행동도 교정된다. "나는 할 수 있다"고 언어독백을 하면 자신감 있는 행동이 만들어진다.

④ 인간관계에서의 문제는 자신이 생각하고 느끼는 것을 제대로 표현하지 못하기 때문에 일어난다. 자기표현을 안 하는 이유는 자기 안에 어떤 두려움이 있기에 억압하는 것이며 자신에게 책임이 있는 것이다. 직면을 통하여 문제를 노출하여 자기를 찾아야 한다. 그리하여 나를 표현하고 상대방을 있는 그대로 보는 것이다.

⑤ 의사소통의 적절성과 효과는 상대방의 나이, 성별, 지위, 상황, 송신자의 상태에 따라서 다양한 의사소통기술을 선택할 수 있다.

⑥ 제일 상처를 주고받는 관계는 가족, 부부, 부모, 즉 가장 가까운 관계이다. 기대, 감정이 개입되기에 즉각 반응이 일어나며 여기에서 제대로 자기표현이 안 되면 문제가 일어난다.

⑦ 문제상황에 있을 때 부담을 주지 않고 서로 서로 타개책을 내놓고 도움을 주고 받을 때 해결책을 찾게 되고 자기표현적인 사람이 된다. 자기표현을 하지 않고 어느 누구에게 의존을 할 때 상대방은 부담감을 느낀다. 상처를 받을까봐 두려워 자기표현을 하지 않으면 뜻 있는 인간관계를 갖지 못한다. 상대방의 문제를 보고 아무런 표현도 안하면 상대방도 기고만장해진다. 가만히 있는 나에게도 문제가 있는 것이다.

⑧ 문제를 직면하지 않고 도피하는 방법으로 알코올 중독, 성 중독, 컴퓨터 중독, 쇼핑 중독, 일 중독, 음식 중독 등이 있다. 나의 생각, 느낌, 욕구를 표현하지 못하면 신체·심리적 질병이 생긴다.

⑨ 어렸을 때 맺는 대상관계에 따라 성인의 인간관계 양식이 달라진다. 예를 들면 다음과 같다.

· 어렸을 때 부모와 타인으로부터 거절을 많이 당해 본 사람은 성인이 되어서도 거절당할까봐 타인에게 자신을 드러내기가 힘들며 감정표현을 두려워한다.

· 어렸을 때 공격적인 행동을 해야 얻고자 하는 것을 얻은 사람은 더욱 공격적으로 표현하는 습관이 형성된다.

· 태어나서, 특히 0~3세 사이에 어머니가 키우지 않고 할머니나 그 밖의 중요한 타인이 양육하였을 때 사춘기 이후에 어머니에 대

한 분노, 적개심이 일어날 확률이 높다. 일단 어머니와 애착이 이루어지고 난 다음 다른 양육자가 키우는 것이 좋다.

· 딸이 어렸을 때 아버지가 지방근무, 해외근무를 하였거나 다른 여자와 이중생활을 하여 한 달에 한 두 번 정도 가끔 딸과 상호작용을 하였다면 이 딸이 나중에 이성교제를 할 때 아버지와 맺었던 뜨내기 같은 이성교제를 할 확률은 너무 높다. 아버지에게 사랑을 받지 못하였기 때문에 남자에게 사랑을 주지 못할 가능성이 많고, 남자친구가 나를 버릴까봐 불안해 하며 끊임없이 상대방을 손에 꽉 잡으려고 한다. 의심하고 버림을 당할까봐 먼저 헤어지자고 할 가능성도 지극히 높다. 어떤 훌륭한 남자가 다가와도 진정으로 사랑하기가 어렵다.

· 연산군이 어렸을 때 아버지 성종은 연산군의 어머니를 쫓아내고 사약을 내렸다. 연산군 어머니 윤씨는 피를 토하며 죽을 때 그 피를 흰 천에 받아 친정어머니에게 보관하도록 하였다. 먼 훗날 연산군이 왕이 되었을 때 외할머니가 그 피묻은 천을 연산군에게 가져와 그 이야기를 하였다. 어렸을 때 어머니를 잃어버리고 사랑을 못받아 왕이 된 이후 폭군이 되었고 문란한 생활을 하였다.

· 어머니가 직장생활을 해서 할머니가 아이들을 키웠다면 아이들은 어머니를 어머니로 보기보다는 누나와 큰언니로 볼 경향이 크다. 왜냐하면 할머니의 보살핌을 받았기 때문이다. 할머니가 돌아가신 후 어머니와 아이들과의 관계에서 아이들이 어머니 말을 안 들을 가능성이 크다.

⑩ 인간관계에서 일어나는 모든 감정, 정서, 생각은 내 안에서 일어나고 내가 만드는 것이다. 그러므로 마음을 점검해야 하고 해결해야 하는 것도 내가 해야 하고 내가 책임을 져야 한다. 예를 들어 어떤 여대생 4년이 말하기를 ⓐ 내가 어떤 대학원생 선배를 좋아하는데 그 선배마음이 어떤지 몰라서 어떻게 다가가야 할지 모르겠다고, ⓑ 어떤 대학원생 선배가 나를 좋아하고 사랑하는 것 같은데 내가 어떻게 해야 할지 모르겠다고 한다. 여기서 ⓐ는 건강한 마음이다. ⓑ는 관계망상, 타인에 의존하는 관계이다. 관계에서 중요한 것은 내 마음이다. 상대방의 감정표현에만 의존하면 나중에 관계가 악화되었을 경우 상대방에게 원망의 화살을 던진다.

⑪ A대상과 일어난 문제는 A대상과 풀어야 효과적으로 문제해

결이 된다. 타인이나 술로 푸는 것은 시원스레 해결되지도 않고 마음 속에서 갈고리가 생기는 악영향을 미칠 수 있다.

⑫ 진짜 실패, 실수란 자신이 실패한 것에서 아무것도 배울 수 없다는 것이다. “나는 할 수 없다”는 목소리가 입력되어 무력감이 생기고 실패가 두려워 아무것도 시도하지 않는 것, 그 경험 속에서 아무것도 못배우는 것이 절대적 실패이다.

⑬ 내가 믿고 따르는 신념을 점검해 볼 필요가 있다. 그 신념이 지킬 만한 가치가 있는가, 융통성이 있고 나의 삶을 건강하고 윤택하게 하는가, 삶을 제한하고 경직되게 하지는 않는가, 비현실적이 아니고 현실적인가, 주입된 것이 아니고 내 자신이 터득한 것인가를 점검해 보아야 한다.

⑭ 인간관계에서 상대방의 행동을 통하여 내 마음의 평형상태가 깨졌을 때 갈등이 일어난다. 이 때 갈등이 누구의 문제인가 가려져야 한다. 상대방의 문제이면 상대방의 문제로 돌리고 말려들지 말아야 한다.

⑮

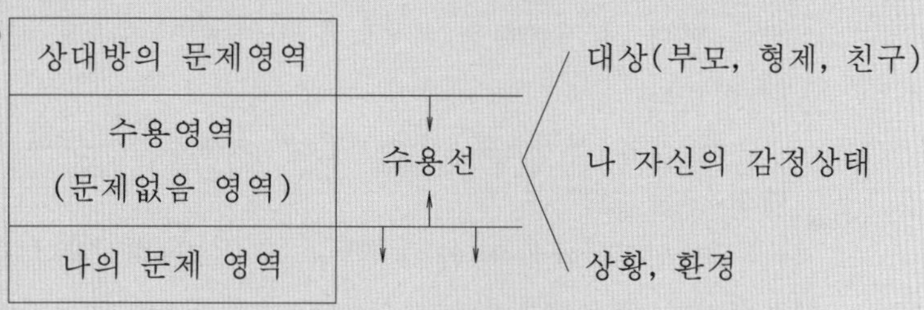

위의 그림에서 수용선은 나 자신의 신념, 감정상태, 대상에 따라 변한다. 모든 인간관계에서 문제없음 영역을 넓혀야 한다. 그러기 위해선 상대방의 결점을 감싸주고, 나를 있는 모습 그대로 보듬을 줄 알아야 한다. 상대방을 변화시키려 하지 말고 상대방의 행동이 그 사람 나름대로 최선의 행동이라는 것을 받아들이고 그 사람 자체를 수용하도록 노력해야 한다.

⑯ 상대방의 말에서 무엇을, 어떻게 들었느냐, 어떻게 해석했느냐의 객관적인 방법에 따라 대화방식이 달라진다. 대화에서 문제를 객관화하기 위해선 이해하는 마음으로 듣고 정직하게 의사소통을 하며 공정하게 문제해결을 하고 서로의 가치관을 존중하는 것이 필요하다. 또한 감정을 객관화해야 한다. 자신의 감정에 책임을 지고 명확하

게 표현해야 한다.

⑰ 내가 졌고 상대방도 졌다는 느낌을 갖지 않도록 대화를 해야 한다. 즉 내가 졌다는 느낌을 갖지 않고 시원하다는 느낌을 가져야 하고 변명하지 않으므로써 관계가 피곤해지는 것을 막을 수 있다. 상대방이 졌다는 느낌을 가지면 언젠가 나에게 다시 공격을 가해 온다. 상대방도 이겼고 나도 이겼다는 느낌을 갖도록 대화를 해야 한다.

⑱ 감정에는 옳고 그름의 윤리성이 없다. 그러나 감정표출 방법에는 윤리성이 있다.

'화를 내서는 안 된다'라는 신념에 고착되어 화를 억압하기보다는 그때그때 상황에 맞추어 표출하다보면 나중에는 세련된 방법과 유머로 표현하게 된다. 그리고 상대방이 화를 낼 권리—'화가 날 만한하니 나겠지'—를 인정해야 한다. 상대방이 화를 낼 때는 가라앉을 때까지 기다려 주고 대화를 한다. 나의 감정을 느끼고 알아차리지 못하면 남과 나누는 것도 못한다. 의미 있는 타인과도 감정표현을 제대로 못한다. 자신의 감정과 접촉하고 표현하는 기술을 개발하여 자주 써야 한다. 감정표현을 솔직하게 하다보면 아픔도 따라오지만 기쁨도 따라 온다.

⑲ 모든 사람들과 항상 순풍의 돛대를 단 듯이 좋은 인간관계를 가질 수는 없다.

⑳ 인간관계의 질을 높일 수 있는 기회를 쌓아야 한다. 대부분의 사람들은 인간관계에서 자신들이 무엇을 줄 수 있을까보다는 무엇을 얻어낼 수 있을까 하는 시각으로 관계를 맺으려고 한다. 그러기에 문제가 많이 생긴다.

㉑ 상대방의 행동은 나의 행동의 메아리로 온다. 나의 행동에 따라 상대방의 행동도 달라지고 변화한다. 경청은 경청을 낳고, 공격은 공격을 낳고, 무시는 무시를 낳는다.

㉒ 타인, 과거는 변화시킬 수 없다. 타인을 변화시키려 하지 말고 나 자신을 변화시켜야 한다. 상대방을 변화시킬 수 있다는 환상을 버려야 한다.

㉓ 감정 밑바닥에는 사고가 깔려 있으며 왜곡된 사고 밑에는 왜곡된 행동이 나온다. 그러므로 인간관계, 의사소통에서는 합리적인 사고가 요구된다.

㉔ 누구에게나 다 잘해주는 것은 장점 같지만 극복해야 될 과제이다. 누구에게나 깊은 친밀한 관계를 가질 수는 없다. 전화 한통으로 할 사람이 있고 직접 찾아가서 뵐 사람이 있는 것이다. 우선순위를 매겨두어야 한다.

㉕ 감정은 날씨와 같이 변덕스럽다. 상대방과 갈등상태에 있을 때 상대방의 감정에 말려들지 말고, 상대방이 소리를 크게 낼수록 나는 소리를 낮추어 말하고 이성으로서 대하도록 노력해야 한다. 상대방과 적당한 선을 그어야 하며 대화가 아주 막무가내로 안 통할 땐 침묵으로 그 상황을 벗어나야 한다.

5. 비언어적 의사소통

I. 특 징

비언어적 의사소통이란 말이 아닌 인상, 자세, 몸짓, 얼굴 표정, 시선의 마주침, 음성의 크기, 신체접촉, 가구의 배치 등과 같은 비언어적 행동을 통하여 의사소통을 하는 것이다. 언어는 얼마든지 여과해서 거짓을 만들어내지만 비언어적 행동은 상상이든, 실제이든 솔직하다.

의사소통은 눈의 접촉 등에 의해 55%가 좌우되고, 음성이 38%, 발표내용이 7%의 영향을 미친다.

비언어적 의사소통을 효과적으로 잘 하려면 나와 타인의 비언어적 의사소통을 관찰하고, 끊임없이 연습해야 한다. 의사소통은 상호작용의 과정이므로 상대방의 사고, 느낌, 경험을 잘 이해해야 한다. 그러기 위해선 상대방의 신체언어에 예민하고 따라하기, 보조맞추기를 해야 한다.

상대방과 관계형성을 잘 하려면 상대방과 일치시키면 된다. 상대방이 손을 올리면 나도 올리고 고개를 앞으로 숙이면 나도 그 동작을 따라하고, 속삭이면 나도 속삭이는 목소리를 따라 한다. 상대

〈그림 6-6〉 의사소통의 구성방법

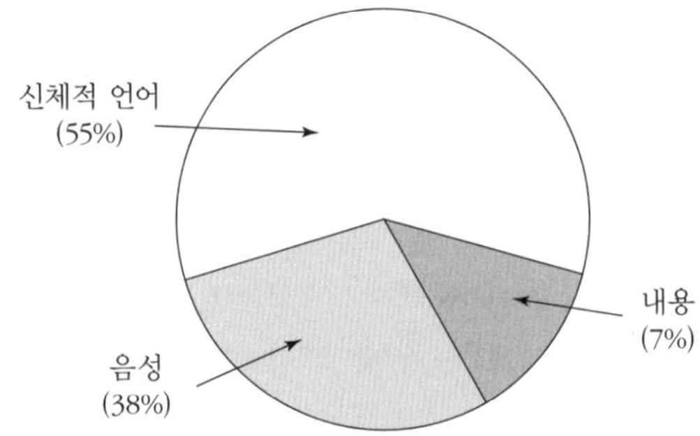

방이 한숨을 쉬면 나도 한숨을 쉰다. 이러한 맞추기, 따라하기 행동은 단순히 흉내내기가 아니라 상대방의 내적 세계로 들어가는 것이다. 상대방이 나에게 맞추기를 기대하는 것이 아니라 내가 상대방 속에 들어가 그를 만나는 것이다. 대화를 하다가 상대방과 끝내고 싶으면 상대방과 다른 동작을 하면 된다. 상대방이 이야기를 할 때 시계를 보거나 시선을 다른 데로 돌리는 것이다.

구체적으로 비언어적 의사소통의 특징을 고찰해 보자.

① 몸의 움직임은 의사소통의 중요한 수단이며 내적인 감정을 나타낸다. 얼굴표정, 눈 마주침, 눈 바라봄, 몸동작이나 제스처, 몸의 자세 등과 같은 몸 움직임을 통해 많은 의미를 전달한다. 특히 눈은 '마음의 창'이란 말이 있듯이 우리의 감정을 솔직하게 나타낸다.

② 신체적 접촉을 통해 타인에 대한 감정과 태도를 표현한다. 악수, 어루만짐, 팔짱낌, 어깨에 손얹기, 포옹, 키스, 애무 등의 신체적 접촉을 통해 서로에 대한 감정을 주고 받을 수 있다. 악수할 때 아랫사람이 먼저 손을 내미는 것은 예의에 어긋난다.

③ 머리모양, 옷차림새, 장신구, 화장, 향수와 같은 외모의 치장을 통해 많은 의미를 표현할 수 있다.

④ 공간의 사용 역시 여러 가지 의미를 전달하는 수단이 될 수 있다. 상대방과의 공간적 근접도 및 상대방을 대하는 방향 등과 같은 공간적 요인도 중요한 의사소통 수단이 될 수 있다.

〈그림 6-7〉 앉은 자리와 대인관계

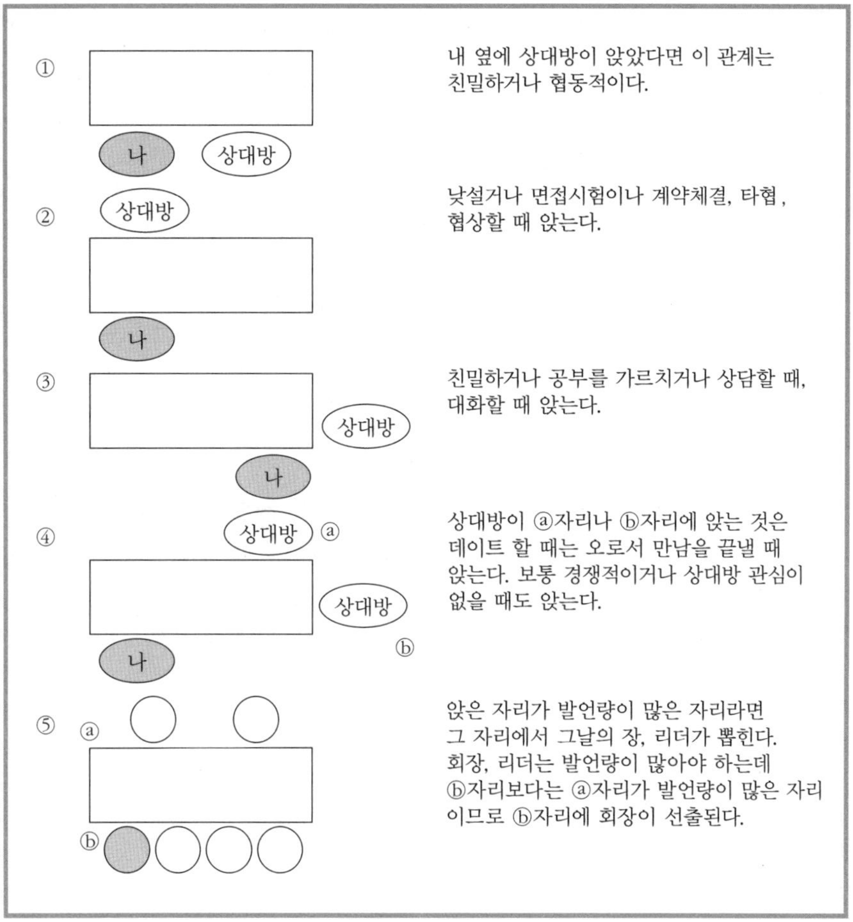

〈그림 6-7〉에서 보는 것처럼 의사소통 할 때 상대방이 앉는 자리는 상대방의 마음을 이해하는 데 도움을 준다. 만남의 장소, 상황, 분위기 등의 환경적 요인을 적절히 활용하는 것도 대인기술이다. 앉은 자리가 발언량을 결정하기도 한다.

Ⅱ. 표상체계

사람들은 보고, 듣고, 느끼고, 맛보고, 냄새 맡는 오감기능을 통하여 정보를 처리하고 세상을 경험한다. 경험한 것을 뇌 속에 입력시키고 있다가 다시 세상에 투사하여 현실에 반응한다. 여기에서 오관(시·청·촉·미·후)을 표상체계라 한다. 모든 오관을 다 사용할 때도 있고 한 두 가지 좋아하는 감각을 사용할 때도 있다. 사람은 매 순간 표상체계를 이용해 자신의 내면세계를 만든다. 그러나 표상체계가 발달되지 않아 어떤 기능을 하는 데 어려움을 겪을 수 있다. 청각이 발달되지 않아 음악을 듣는 데 둔한 사람도 있고 시각이 발달되지 않아 옷을 세련되지 못하게 입거나, 성공한 모습의 시각화를 잘 못하거나 촉감이 잘 발달되지 않아 운동을 하는 데 장애를 받는 사람이 있다.

성공적인 의사소통을 하려면 오관기능인 표상체계를 발달시켜야 한다.

감각에 기초한 표상체계를 의사소통시에 이용할 때는 상대방이 자주 사용하는 표상체계에 맞추어 나가야 한다. 미래를 궁금해 하는 사람에게는 시각적 언어를 사용해 주고 상대방과 다르게 생각할 때는 다른 각도에서 그 문제를 보라고 권유한다.

제 7 장

효과적인 의사소통

효과적인 의사소통은 인간관계에서 성공하기 위한 필수요건이며, 인간다움의 핵심이다. 나를 나답게 하고 타인과 더불어 살아가는 데 필수이다. 의사소통이 없으면 혼돈의 세계에 갇혀 주위에서 무슨 일이 일어나고 있는지 전혀 깨닫지 못한다. 말을 잘한다는 것은 말을 많이 하는 것이 아니라 말하는 태도, 목소리 억양, 의사전달 방법, 의상 등 모두가 갖추어져 있는 것이다.

1. 태 도

효과적인 의사소통을 위한 바람직한 태도는 다음과 같다.

① 상대방에게 의사전달보다 듣기를 잘해야 한다. 잘 들어 주기는 상대방에게 줄 수 있는 최고의 선물이다. 성공한 사람들은 남의 말을 잘 듣고 거기에서 아이디어를 찾아내고 말을 독점하지 않는다.

② 타인을 이해하고자 하고 상대방을 신이 준 선물로 여긴다. 아랫사람이라고 무시하지 않는다.

③ 상대방과 더불어 즐거움을 나누고자 하고 상대방을 배우고자 하며, 지지하고 위안을 주려고 노력한다.

④ 효과적인 의사소통기법은 연습을 통하여 변할 수 있다. 나의 의사소통기법이 변해야 상대방이 변화하고 나의 이웃이 변화한다. 상대방의 변화를 먼저 기대하지 말자.

⑤ 상대방에게 말을 하기 전에 내가 그런 말을 들으면 어떤 느낌이 들 것인가를 먼저 헤아려 본다. 나에게 걸림돌 언어이면 상대방에게 사용하지 않는 지혜가 필요하다.

⑥ 상대방과 입장바꾸기를 자주한다. 특히 상대방과 갈등에 놓여 있을 때는 내가 상대방의 입장에 들어가 감정이입을 해 보고, 또 자신의 입장을 떠나서 타인의 입장에 서 봐야 자신이 잘 보인다.

⑦ 대화를 하는 상황에서 차례를 지키는 것이 기본이다. 대화의 주제내용에 관심이 없다고 내용을 바꾸기보다는 성실하게 상대방의 대화에 따라가고, 상호협동하여 대화의 차례를 지켜야 한다.

⑧ 한꺼번에 대화를 따발총처럼 쏟아붓거나 말을 장왕하게 늘어놓는다거나 솔직하지 않게 포장하여 말하거나 혹은 대화의 양이 적으면 대화가 협동적으로 이어지지 않는다. 처음 만났는데 자신의 이야기를 깊이 하는 것도 문제이고 1년 이상 만났는데도 대화가 부족하고, 피상적인 것도 문제이다. 상대방과 상황에 맞추어 대화의 양을 조절해야 한다.

⑨ 문제가 발생했을 때 부정적인 것에 초점을 맞추지 않고 긍정적인 것에 초점을 두고 말해야 한다.

⑩ 상황, 맥락에 맞는 이야기를 한다. 누구나 다 아는 이야기를 꺼내어 놓은 일은 싱겁다. 성공한 사람들은 늘 새로운 이야기를 끄집어내어 대화분위기를 활기 있게 만드는 재주를 가지고 있다. 자신의 의견을 명확하게 표현할 줄 아는 사람에게 성공할 기회가 주어질 것이다.

⑪ 적당한 때 끊고 숨쉬기를 한다. 무슨 말이든지 적당한 때 끊어서 숨을 쉬면 말의 리듬이 살아난다. 말과 말 속에서도 한박자 또는 반박자 쉬는 것이 여백을 느낄 수 있어 아름답다. 말을 잘 하려면 여백의 미를 표현할 수 있어야 한다.

⑫ 말을 잘 한다는 것은 듣는 사람에 상관없이 혼자 떠드는 것

이 아니다. 그것은 수다에 불과하다. 진정으로 말하기 기법을 아는 사람은 듣는 사람을 즐겁게 하는 것은 물론 상대방을 설득하고 행동에 옮기도록 힘을 발휘하는 기술을 안다.

2. 방　　법

Ⅰ. 관심기울이기

상대방과 신뢰관계를 형성하는 데 기본적인 것은 관심기울이기이다. 관심기울이기 반응은 비언어적인 반응으로 주고 표시된다.

구체적인 기법은 다음과 같다.

(1) 좋은 자세

상대방의 눈 혹은 눈과 가슴 사이에 초점을 맞춰 온화한 시선으로 바라보며 15° 정도 상체를 앞으로 숙이는 것이 겸손해 보인다. 너무 빤히 쳐다볼 때 상대방이 위축될 수도 있고 웃어른은 버릇없다는 느낌을 받는다. 시선처리는 부드럽고 자연스럽게 시선이동이 가능한 것이 좋다. 처음 만났을 때는 해맑은 웃음. 부드러운 음성으로 대한다. 상대방의 말의 내용에 언어와 비언어적 행동으로 반응한다. 가끔 고개를 끄덕이거나 웃어주거나, '그랬군요!' '음! 그래'로 관심을 표명한다. 팔장을 끼거나 다리를 꼬고 앉아있는 것은 금물이다. 이런 자세는 폐쇄된 자세로 상대방으로 하여금 거부당할 것 같은 느낌을 주고 방어적이라는 인상을 준다. 의자에 앉을 때 상대방의 왼쪽에 앉도록 하고 탁자를 마주보고 앉을 때는 오른쪽이 열려져 있도록 약간 비껴 대각선으로 앉는다. 오른편이 막혀 있으면 대부분의 사람들은 답답해 한다.

(2) '예'가 나올 수 있는 긍정적인 대화를 한다

처음 만났을 때는 긍정적인 대답이 나올 수 있도록 질문, 대화를 해야 한다. 날씨가 덥다고 '날씨가 왜 이렇게 덥지!' 하고 부정적인 짜증난 목소리로 말을 하면 상대방은 기분이 가라앉아 대화가 무겁게 된다. 혹은 전철로 올 수 없는 장소인데도 '전철타고 오셨어요?' 하고 물을 때 '아니오' 하고 부정적으로 대답하면 대화가 또 가라앉는다. '아드님 때문에 마음이 많이 상하셨지요' 등 상대방이 긍정적으로 인정할 수 있는 대화를 시작한다.

(3) 구체적으로 대화한다

일주일 혹은 한달만에 만났는데 '그 동안 어떻게 지내셨어요?' 하고 추상적으로 질문하는 것은 바보같은 짓이다. 바로 '안경테가 빨간색이네요' 혹은 '머리를 갈색으로 염색했네요', '빨간 블라우스를 입으셨네요' 등 상대방에게서 보여지는 신체적 · 외모적 특징을 구체적으로 찾아내어 대화를 전개한다.

Ⅱ. 확인하기 및 적극적 경청

의사소통의 정확성을 증가시키기 위하여 상대방의 말을 옳게 듣고 이해했는지를 확인하는 방법이다.

(1) 다시 말하기

상대방이 한 중요한 말을 곧바로 그대로 반복하는 것이다. 그러나 무조건 기계적으로 반복하지 말고 적절한 때에 부드러운 말투로 반복하는 것이다.

예) 영희: 너무 행복해요.
　　철수: 너무 행복하다구?

다시 말하기를 하면 상대방의 인정욕구를 채워 줄 수 있고 잘못된 부분은 정정할 수가 있으며 상대방의 감정을 차분하게 할 수가 있다.

(2) 명료화하기

대화의 내용을 분명히 하기 위하여 상대방이 보내는 애매모호한 내용을 구체화하여 명확하게 한다. 명료화하기는 다음과 같은 것이 있다.

1) 바꾸어 말하기

상대방이 이야기한 것 중에서 다소 혼란한 내용을 즉시 나의 언어로 바꾸어 말해 주는 것이다. 다시 말하기의 경우보다 다소 긴 문장을 요약하여 상대방을 이해하고 노력하고 있다는 사실을 명확한 표현으로 바꾸는 것이다.

예) 학생: 어제 어머니께서 할머니 제사에 갔다오셔서 오늘 아침식탁에서 큰 집 사촌들 누구는 공부잘하고 누구는 외국 유학갔다고 막 자랑을 하시는데 도무지 참을 수가 없었어요.
선생: 어머니께서 사촌들과 비교하여 이야기를 하셨기 때문에 참을 수 없을 정도로 화가 났단 말이지.

2) 요약하기

요약은 상대방이 길게 산발적으로 말한 내용, 지금까지 말한 내용에 대해 흩어져 있던 것을 핵심적으로 모으게 하는 것이다. 요약은 그저 이야기만 하게 하는 것이 아니라 상대방과의 대화가 어떻게 진행되고 있는지를 알 때, 특정주제를 철저하게 탐색할 때, 상대방이 자신의 이야기에 더 깊이 생각을 모을 때, 대화가 막다른 골목에 처할 때, 상대방으로 하여금 전체적인 큰 그림을 보게 하여 본질적인 문제를 찾고 앞으로 도전하는 데 새로운 조망을 이끌어 낼 수 있다.

(3) 구체화하기

상대방이 보내는 애매모호한 내용이 있으면 구체화하여 명확하게 물어보는 것이다.

예) 철수: 왜 사람을 무시하는 거야!
영희: 내가 어떤 면에서 당신을 무시했는지 정확하게 말해 주세요.

(4) 직면하기

상대방이 잘못하고 있으나, 미쳐 깨닫지 못할 때, 고집스러운 생각, 회피, 왜곡 등으로 자신의 능력을 사용하지 않을 때, 모순되거나 불일치가 있을 때, 그것을 지적하고 검토하게 하는 경우이다. 이 직면하기는 약간의 위험성이 있다. 상대방이 생각하거나 느끼는 것이 말과 행동에 모순될 때 지적하는 데 사용한다. 이 기법은 상대방과 어느 정도 신뢰관계가 형성될 때 효과가 있다.

예) 학생: 나는 내 짝하고만 친하고 싶은데 자꾸 다른 애들이 끼어들어서 속상해요. 그러나 친구를 가리지 말고 여럿이서 친하게 지내는게 좋지요.
선생: 네가 네 짝 사이에 다른 애들이 끼어 들어서 속상하다고 하면서 여럿이서 친하게 지내는 것이 좋다고 말하는 것은 이상하게 들리네.

(5) 자기노출

자신의 생각, 가치, 느낌, 경험, 정보, 욕구, 관심사를 언어적, 비언어적으로 솔직하게 드러내 보이는 것이다. 자신의 마음 속의 이야기를 드러내는 것은 건설적인 변화의 출발점이다. 자기노출을 하게 되면 서로의 관계가 깊어지고 친밀감이 증가하게 되고 감정정화를 가져온다. 그리하여 부정적인 감정을 감소시킬 수 있다. 상대방에게 자기 경험, 욕구 문제를 이야기함으로써 자신의 문제를 명료화하게 되고 자기 이해를 가져온다. 다른 사람과 자신의 경험을 나누다보면 자기주장 능력도 향상된다. 자기노출시 주의사항은 상대방이 나에게 중요한 사람인지, 노출내용이 관계기간, 시간적 상황에 적절한지, 상대방의 나이, 경험, 감정, 실력수준에 맞는지, 노출효과는 긍정적인지 등을 파악하는 것이다.

(6) 즉시 반응하기

방금 있었던 사건에 초점을 맞추어 상대방에게 자신의 감정, 사건의 진술 등을 이야기한다. 될 수 있는 한 24시간 내에 이야기하는 것이 좋다. 나중에 이야기를 하면 상대방은 그 사건을 기억하지 못하고 감정도 사라지고, 자신은 마음을 억압하기에 답답하다.

Ⅲ. 공감하기

자신이 직접 경험하지 않고도 상대방의 감정을 그의 입장에서 거의 같은 내용과 수준으로 이해하고 받아들이며, 상대방과 함께 있다는 느낌을 전달해야 한다. 공감을 하기 위해서는 상대방이 느끼는 감정을 이해하고 구체적이고 정확하게 언어, 행동으로 표현해야 한다. 공감은 상대방의 마음을 깊이 이해해 주고 존중한다는 표시이며 상대방에게 새로운 삶의 경험을 끌어내는 원동력이 된다.

공감이 효과적이려면 시의적절하고 의미 있는 정보를 제공해야 한다. 예를 들어 남편과 싸운 부인이 자신의 여자 동창친구에게 남편의 흉을 보고 화난 감정을 이야기했는데 이 이야기를 들은 친구가 "네 남편 너랑 연애할 때 바람을 필 것 같이 보였어"라고 말하면 이것은 공감의 기본원리에 어긋나는 대화이다. 부인은 이 말을 듣고 자신의 여자친구가 야속하고 미워진다. 이 때는 상대방 여자친구가 "싸움할 때마다 남편이 집에 안 들어와서 얼마나 속상하겠니"하고 말해 주는 것이 공감의 언어다. 부인이 친구에게 속상한 감정을 이해받고 싶은 것이지 남편을 비난하는 것을 듣고 싶은 것은 아니다.

1) 기본적인 공감의 형식

~ 때문에, ~라고 느끼는군요, 느낌이 드는군요, 느끼겠군요.

예) ☞ 자신감이 없어 네가 가고 싶은 대학을 포기하니 <u>많이 속상하겠구나</u>(하나의 단어로 표시).

☞ 같은 반 여자애들이 많은데 어머니가 욕을 했으니 쥐구멍이라도 있으면 숨고 싶은 심정이겠구나(은유법으로 표시).
☞ 이번 기말시험에 1등을 해서 날아갈 것 같이 기쁘구나(행동적, 은유법으로 표시).

위와 같은 기본적 공감의 기본원리를 이용해 자신의 말로 자유롭게 표현하도록 노력해야 한다. 상대방의 핵심내용에 공감을 사용하되 상대방의 언어, 비언어적 행동, 상황을 고려하여 공감한다.

2) 표면공감

상대방의 겉으로 드러나는 감정상태를 이해해 주는 것이다.

예) 영희: 요즘 너무 무기력해요. 학교오기도 싫고 모든게 무의미하게 보여요.
철수: 요즈음 굉장히 힘든가 봐요.

3) 심층공감

상대방이 쉽게 표현하지 못하는 속마음을 이해해 주는 것이다. 상대방이 겉으로 드러낸 것, 살짝 스쳐지나가는 것, 조그만 것들을 정확하게 감지하여 순간적인 상황에 맞춰 말, 행동으로 맞추어 주는 것이다. 남편이 힘든 일을 해냈을 때 냉장고에서 남편에게 맥주를 권하거나 아이가 입학시험에 떨어졌을 때 어깨를 감싸주고 공감을 보내는 것 등은 행동으로 공감을 하는 것이다.

예) 학생: 어머니께서 밥상에 앉을 때 너무 잔소리를 많이 하시고 옛날 잘못한 일까지 들먹여서 미치겠어요. 어느 때는 현관까지 따라오셔서 잔소리를 하세요.
선생: 어머니께서 너를 아이 혹은 죄인 취급하시듯이 대하셔서 숨이 막힐 것 같겠구나.

귀기울여 들어주기 I

▶ 부인: 할 일이 너무 많아요. 내 시간은 조금도 가질 수가 없어요.
▷ 남편: 당신은 그 일을 그만둬야 해. 그렇게 힘들게 일하지 않아도 되잖아. 그런 일은 그만 두고 당신이 정말 하고 싶은 걸 찾아보라구.
▶ 부인: 하지만 난 내 일이 좋아요. 그들은 내가 한번 척 보고도 모든 것을 바꿔 놓을 수 있기를 기대해요.
▷ 남편: 그 사람들 말 들을 거 뭐 있어? 당신이 할 수 있는 것만 하면 되지.
▶ 부인: 그야 당연하죠. 아참, 오늘 이모한테 전화하는 걸 깜빡 잊었어요.
▷ 남편: 걱정하지 마. 이해하실 거야.
▶ 부인: 이모가 지금 어떻게 지내시는지 알아요? 이모는 나를 필요로 하신다구요.
▷ 남편: 당신은 너무 걱정이 많아. 그러니까 그렇게 불행하다는 생각이 들지.
▶ 부인: (화가 난 목소리로) 내가 항상 불행하다고 느끼는 건 아녜요. 당신은 내 말을 그냥 듣고 있지는 못하나요?
▷ 남편: 듣고 있잖아.
▶ 부인: 왜 짜증을 내요?

귀기울여 들어주기 Ⅱ

▶ 부인: 할 일이 너무 많아요. 내 시간은 조금도 가질 수가 없어요.
▷ 남편: (심호흡을 크게 해서 마음을 느긋하게 갖고) 저런, 아주 힘든 하루를 보냈나 보군.
▶ 부인: 그들은 내가 한번 척 보고도 모든 걸 바꿔 놓을 수 있기를 기대해요. 나 어떻게 할 바를 모르겠어요.
▷ 남편: (조금 사이를 두고) 으음….
▶ 부인: 오늘 이모한데 전화하는 것도 깜빡 잊어지 뭐예요.
▷ 남편: (눈썹을 약간 찡긋해 보이며) 오, 저런.
▶ 부인: 이모에겐 지금 내가 얼마나 필요한지 몰라요. 내가 너무 무심했던 것 같아요.
▷ 남편: 당신은 정말 마음이 따뜻한 사람이야. 자, 이리 와 봐. 당신을 한번 안아 주고 싶어.

Ⅳ. 초점 맞추기

초점 맞추기는 상대방과 대화하는 가운데 상대방의 언어와 비언어적 행동에 초점을 맞추어 나가는 것이다. 사람은 자신과 같은 사람을 좋아하기에 서로 같은 동작으로 맞추어 나가는 것이다. 상대방이 사투리를 쓰면 나도 사투리를 쓰고 천천히 하면 나도 천천히 한다. 음성도 속도와 크기를 맞추고 상대방이 한숨을 쉬면 나도 한숨을 쉬고, 속삭이면 나도 속삭이고, 윗옷을 벗으면 나도 벗고, 앉으면 나도 앉고, 서면 나도 서고, 손을 턱에 고이면 나도 함께 그 동작을 따라한다. 눈, 손, 팔, 머리 동작도 함께 따라한다. 마치 서로 춤추는 것 같이 상대방의 움직임에 따라 보조를 맞추어서 상대방을 이끌어 낸다. 언어로 이루어지는 맞추기는 7%에 불과하고 나머지는 신체적 언어는 55%, 음성은 38%로 맞추기가 이루어진다. 특히 비언어적 행동에 초점을 맞추는 것이 관계형성에 효과적이다. 의사소통을 끝내고 싶을 때 상대방의 행동에 초점 맞추기를 중단하

〈그림 7-1〉 맞 추 기

면 된다. 상대방이 고개를 약간 숙이고 이야기할 때 시계를 만지거나 시선을 다른 쪽으로 돌리면 대화는 끝이 난다.

초점 맞추기를 잘하기 위해선 상대방의 행동에 민감해야 되고 존중해 주어야 한다. 그러나 맞추기를 할 때 상대방이 눈치채지 않게 해야 한다. 상대방이 자신의 행동을 흉내내는 줄 알면 기분나빠한다.

의사소통은 상호작용의 과정이므로 상대방의 행동에 초점 맞추기를 잘해야 한다.

V. 질문하기

대화를 하다보면 상대방에게서 정보를 알아내거나 더 깊은 문제를 이해하기 위해 질문을 하게 될 경우가 많다. 어떤 질문은 대화를 촉진시키나 어떤 질문들은 대화의 진행을 방해한다. 대화를 촉진시키는 질문은 직면, 자기노출을 시켜 상대방으로 하여금 새로운 조망을 갖게 하고 그 주제에 탐색 및 집중하게 하는 기능을 가지고 있다. 방해하는 질문은 질문을 하는 자가, 높은 위치에 있고 많이 아는 사람인 것 같은 착각을 주게 되어 질문을 듣는 사람은 마음의 문을 닫는다.

질문할 때 주의할 사항은 다음과 같다.

① 이중질문 혹은 너무 많은 질문을 하지 않는다.
② '왜'라는 질문을 하지 않는다.
③ 폐쇄적 질문보다는 개방적 질문을 사용한다.
④ 직접질문보다는 간접질문을 사용한다.

VI. 나-메시지 방법

상대방의 행동이 강한 불쾌감을 불러일으키거나 욕구, 좌절, 갈등이 발생하면 나는 문제를 소유하게 된다. 이 때 상대방에게 '너는 왜 그러냐?' '너는 참 못됐어' 등 너-메시지를 주어 대결한다. 이 때

나에 관한 정보를 알리는 나-메시지방법을 사용하는 것이 효과적이다. 나-메시지방법은 신뢰가 돈독한 인간관계에서 상대방의 행동을 수용하기 어렵다고 느낄 때 더욱 효과적이다.

나-메시지방법은 상대방의 행동으로 인해 자신이 어떻게 느끼고, 경험하고 있는지를 객관적으로 전달하는 의사소통 방법이다. 기본원리는 상대방의 행동 자체를 문제삼고 그에 따른 책임을 상대방에게 넘기는 대신에 그의 행동에 대한 나의 반응을 판단, 평가없이 알려줌으로써 반응에 대한 책임을 내가 지는 것이다.

나-메시지 전달방법의 구성요소는 다음과 같다.

① 수용할 수 없는 상대방의 행동에 대하여 비난 · 비판하지 않고 행동상황을 상대방이 경청했다고 확인할 수 있도록 정확히 설명한다.

② 그 행동이 나와 여러 사람들에게 미치는 영향, 결과에 대해 분명하고 구체적으로 서술한다.

③ 나의 감정을 표현한다. 이 감정은 내가 일으키는 것이지 상대방이 일으키는 것은 아니다. 책임은 내가 지는 것이다.

나-메시지방법의 주의사항은 다음과 같다.

① 권리주장을 해서는 안 된다.

② 나를 괴롭히는 상대방의 행동을 비난없이 서술해야 한다.

③ 상대방에게 분노를 제공해서는 안 되고 기대도 접어 둔다.

④ 상대방의 감정이 올라가는 상태에 보조를 맞추는 것은 금물이다.

⑤ 화가 날 때 그냥 묻어 두면 나에게도 책임이 있는 것이다.

⑥ 나의 감정에 접촉하고, 나의 열등감은 내가 해결해야 한다.

3. 비효과적인 의사소통

일상적인 생활에서 조그만 일에도 부정적인 언어를 사용하면 사용할수록 여유가 없어진다. 부정적인 언어는 상대방과의 의사소통을 방해하며 상처를 주는데 이것을 비효과적 의사소통이라 한다. 비효과적인 의사소통은 상대방에게 저항과 실망을 일으킨다.

Ⅰ. 비효과적인 의사소통의 원인

1) 과거의 경험

이야기의 내용을 흥미 없을 거라고 예상함으로써 현재의 이야기를 왜곡하여 받아들이는 경우이다. 대개는 이와 유사한 불쾌한 과거경험이 현재의 대화를 차단한다. 예를 들어 어렸을 때부터 상당히 거칠고 추궁하는 식의 표현법을 사용하는 어머니 밑에서 성장한 사람은 만성적으로 야단맞는 기분이 들고 위축되었을 것이다. 어머니 나이와 비슷한 여자선생님이 어떤 좋은 이야기를 해도 이 사람은 어머니와의 과거경험으로 인해 마음을 닫고 왜곡하여 받아들인다. 마침내 양방이 마음의 문을 닫아버린다.

2) 선입견, 고정관념, 잠재적 의도

마음 속으로 다른 생각 가치관, 편견, 불완전한 지식, 분노, 불만을 갖고 있을 때 전달되는 대화내용을 충분히 받아들이지 않고 흘려버리게 된다.

3) 물리적 환경

소음, 기온, 그 밖의 외부조건들이 의사소통을 방해할 수 있다.

Ⅱ. 걸림돌 언어

다음과 같은 언어는 의사소통에 걸리는 언어이다. 될 수 있으면 피해야 할 반응들이다.

1) 명령, 지시, 요구, 강요

상대방으로 하여금 분노, 적대감을 갖게 한다.

2) 경고, 위협

명령과 비슷하지만 따르기가 제시되어 있고 거부하면 어떻게 될지 그 결과가 제시되어 있다. 상대방은 존중받지 못하다는 느낌을 받고 적대감을 불러일으킨다. 또한 관계를 손상시킨다.

3) 훈계, 설교

외부의 권위에 따르도록 요구하며 상대방을 가르치려고 한다. 상대방은 저항하며, 또한 죄의식을 갖게 된다. 실제 참된 가르침은 주지 않는다.

4) 충고, 해결방법 제시

상대방으로 하여금 의존하게 만들고 스스로 생각하지 않게 하며 이해받지 못하고 있다고 느끼게 한다. 충고를 받을 때는 상대방보다 작고 초라해 보이며 상대방을 우월하게 보이게 한다. 의견을 묻지도 않고 해결책을 제시할 때도 상대방은 무시받는 느낌이 든다.

5) 논리적 설득, 논쟁

이 말을 들은 상대방은 자신의 입장을 변명하려고 하며 열등감, 종속감, 무력감을 갖게 된다.

6) 비판, 비평, 비난, 책임전가 하기

이것은 상대방의 자존심을 상하게 하며 상대방보다 내가 더 우월하다고 생각하는 대화로서 상대방을 무가치한 사람으로 여기게 한다. 어떠한 상황에서도 쓰지 않는 게 좋다.

7) 칭찬, 동의

칭찬은 상대방을 조정하기 위한 것으로 볼 수도 있고 칭찬에 의존하게 하기도 한다. 상대방은 칭찬을 부정적으로 판단할 수도 있다.

8) 욕설, 헐뜯기, 조롱, 놀려대기, 무시하기

어떤 상황에서도 사용해서는 안 된다. 상대방이 자신을 바보로 느끼게 하며 수치심을 갖게 한다. 모욕적인 욕설만 듣고 문제점만 제시하면 상대방의 감정은 더더욱 비참해지고 나빠진다.

9) 분석, 진단

상대방의 숨어 있는 동기가 무엇인지 등을 분석, 진단하여 꼬리표를 붙이게 되면 상대방은 노출되고 벌거벗은 느낌이 들어 당황하게 된다. 만약 분석된 것이 틀린다면 상대방은 분노를 느끼게 된다.

10) 안심시키기, 동정, 위로

겉으로는 도움이 되는 것 같이 들리나 실제로는 도움이 안 된다. 관계가 나쁜 상황에서 도와 주려는 것은 더욱 사태를 악화시킨다. 특히 동정은 상대방을 불쌍히 보고 연민을 나타내고 초라하게 보는 것이다.

11) 주의를 분산시키는 질문, 반대심문, 캐묻기, 심문하기

상대방의 정보를 캐내기 위한 대화로 상대방은 이런 메시지를 받으면 위험을 느끼고 잘 방어를 하게 된다. '누가, 무엇을, 왜, 어떻게, 어디서, 언제'라고 계속 질문을 퍼부어 대면 상대방은 혼란에 빠지며 방어, 변명, 거짓말을 하게 된다.

12) 화제 바꾸기, 무반응, 풍자, 유머, 상투적 어귀, 은연중 암시하기

이런 내용은 상대방을 불쾌하게 만들고 거부당했다고 느끼게 한다. 상대방으로 하여금 어려운 문제를 극복하게 하기보다는 일시적으로 그 상황을 회피하도록 한다. 문제를 잠시 덮어 두고 이 순간의 감정을 다른 데로 돌리는 것이 처음에는 괜찮을지 모르지만 감정처리가 비교적 안 되었기에 원래의 감정은 그대로 있고 다시 나타난다. 특히 침묵은 입장 곤란할 때 많이 쓰는 대화내용이다. 상대방이 말을 할 때 비록 짧더라도 반응을 보여야 한다.

13) 비교하기

남과 부정적으로 비교하여 상대방의 기를 죽인다. 비교하고 싶으면 상대방 자신의 과거와 비교한다. 부정적인 비교는 상대방을 처벌하고 공격하는 것이다.

14) 일 반 화

싸잡아서 전체를 일반적으로 덩어리처럼 이야기하는 것이다. 예를 들면 '남자들은 다그래', '체육학과 여학생들은 그저 그래', '여자들은 돈많은 남자를 좋아해' 하고 이야기하는 것이다. 대화를 할 때는 초점을 맞추어서 쪼개고 쪼개서 이야기를 해야 원활하게 의사소통이 이루어진다.

15) 이중언어

앞에 이야기한 것과 지금 이야기한 것이 맞지 않는 것이다. 예를 들면 아버지가 평소에 남학생 사귀지 말라고 이야기를 하셔서 1학년 여대생이 방학 때 집에만 있었다. 아버지께서 '너는 왜 매일 집에만 있냐? 사귀는 남자친구도 없니? 걸려오는 전화도 없게' 하시는 것이다. 상대방이 이중언어, 이중행동을 당했을 때는 어느 것에 초점을 맞추어서 행동을 할지 답답하다.

16) 명사, 대명사 사용하기

어, 예쁜이 왔네 혹은 오늘 좋은 시간을 가졌다. 대신 '그 옷을 입으니 마치 백설공주 같이 예쁘네', '오늘 참 재미있고 즐거웠어'라고 명사, 대명사 대신 동사, 형용사와 같은 움직이는 형태의 언어를 사용한다.

17) 부정어 사용하기

부모나 어른들이 아이들에게 무엇을 하지 말라고 지시하는 것은 아이들이 다시 할 것을 확인시키는 것이다. 아이들이 저항을 하는 것은 그 저항하는 것이 아이들의 흥미를 끌기 때문이다. 하지 말라고 억압하면 더 하고 싶은 마음이 든다. 긍정적인 대화로 바꾸어야 한다.

예를 들면 '네가 공부 안 하니 엄마가 미쳐 죽겠어'보다는 '네가 열심히 해서 이번에 5등 안에 들면 엄마는 너무 기쁠거야'라고 말한다. 또 다른 예로 '기쁨을 감추지 아니 할 수 없다' 대신 '너무 기뻤습니다'하고 긍정적으로 말한다.

18) ~적 사용

종교적, 심리적, 사회적, 개인적, 경제적, 비교적 등 ~적이 들어가는 딱딱한 언어는 상대방을 불편하게 한다. 될 수 있는 한 부드럽고 감성적인 언어를 사용해야 한다. 강의를 잘 못하는 교수의 강의는 '~적'으로 끝난다. 아무리 실력이 많아도 표현능력이 없으면 학생들에게 실력을 전달할 수가 없다.

19) 영어사용

영어를 사용해서 상대방이 알아듣지도 못하는 대화는 대화가 아니다. 누구나 알아들을 수 있는 분명한 대화를 해야 한다.

20) 항상, 절대로, 꼭 반드시 사용

이런 말이 들어간 대화보다는, 융통성이 있는 대화를 사용한다. 예를 들면 '당신은 항상 그랬듯이 지각했네요', '여자는 반드시 정숙해야 돼' 등이다.

21) '너-메시지'를 사용하기

'너 미쳤어', '무슨 애가 전화도 안 하고 그 모양이야' 등의 너 메시지는 더 이상의 의사소통을 저해한다.

22) 과거의 잘못한 일을 들추어내기

현재 당면한 문제에만 초점을 맞추어 이야기한다.

23) '미안하다' 사용하기

미안하다는 말 대신 '고맙다'는 말을 사용한다.

24) 끼어들기

자기의 순서가 아닌데도 끼어든다.

25) 죄책감, 부담감 갖게 하기

데이트하고 밤 11시에 늦게 들어온 딸에게 '너는 엄마가 장사하느라 바쁘고 힘든데 이렇게 늦게 들어오냐' 하고 엄마가 말한다. 이런 말을 들은 딸은 마음이 쪼글쪼글해지고 기가 죽고 미안해하고 죄인같은 느낌을 갖는다.

〈그림 7-2〉 가면쓰기

〈그림 7-3〉 삼각관계

Ⅲ. 비효과적인 태도유형

1) 도 사 형

미래를 아는척 하고 상대방이 말한 내용을 도사처럼 아는척 한다.

2) 형 사 형

형사처럼 상대방을 상세하게 조사, 취조, 심문하여 알아내는 것이다. 상대방은 죄인같은 느낌에 불쾌감을 느끼고 자신을 방어한다.

3) 꽃장수형

상대방의 문제를 덮기 위하여 미사여구나 아첨으로 말한다. 꽃장수는 사람들에게 과잉친절, 아첨으로 꽃만 팔면 되는 것이다. '괜찮아', '남자는 우는게 아냐' 등의 말로 유쾌하게 얼버무려서 넘어가는 것이다.

4) 판 사 형

상대방의 행동이 과거의 어떤 행동 때문에 현재에 이르렀다고 재판하는 것처럼 판단한다. 설혹 그 말이 맞더라도 상대방은 벌받는 기분이 든다.

5) 해결사형

자신이 상대방이 문제를 해결해 주려고 한다. 매맞고 들어온 아이에게 '누가 때렸어. 내가 가서 혼내줄테니 말해봐' 이렇게 해결중심적으로 반응한다.

제 8 장

스트레스와 적응

현대는 급변하는 사회이다. 이 속에서 현대인은 옛날보다 심한 스트레스를 겪고 있다. 스트레스란 현재 개인의 능력으로 대처하거나, 견딜 수 없는 새로운 환경적 요구에 부딪힐 때 느끼는 생리적 및 정서적 긴장반응을 말한다. 스트레스 경험이 장기간 지속되면 불안, 무기력, 우울증, 무능력, 신체질환 증세가 나타나며 심할 경우 암이 유발되기도 한다.

스트레스는 불쾌한 사건을 경험할 때 주로 생기는 것은 아니다. 무미건조한 일들의 지속과 좋은 일들도 때때로 스트레스를 유발한다. 예를 들면 위기, 불행, 결혼, 승진, 입학, 주택복권 당첨시에는 이전과 다르게 행동을 해야 한다. 즉 새로운 환경은 그에 따른 전반적인 생활양식의 재적응을 요청한다. 이 때 정서적 · 운동적 · 인지적 · 생리적인 균형상태가 깨지고 긴장상태가 유발된다. 사람들은 스트레스에 대처하여 자신의 욕구를 충족시키려는 노력을 하며 이러한 과정을 적응이라 한다.

이 장에서는 우리들이 일상생활에서 겪는 스트레스의 본질과 그 유형 및 이에 대처하는 적응방법을 고찰하자.

1. 스트레스

Ⅰ. 스트레스의 본질

스트레스란 개념을 처음으로 도입한 사람은 Hans Selye(1907~1983)이다. 그는 1930년에 자신의 실험실에서 감금, 피로, 빙점에 가까운 온도에 노출, X선방사, 소음공해, 장기간 격리 등의 자극을 준 다음 쥐의 신체적·생리적 반응을 연구하였다. 그는 스트레스 자극과 신체적 반응인 일반적응 증후군에 관심을 집중하였으며, 일반적응 증후군의 단계를 〈그림 8-1〉과 같이 3단계의 연속적인 생리단계로 구분하였다.

그는 이러한 순서의 단계는 하루에도 몇 번씩 반복될 수 있다고 하였다. 첫째는 경고반응단계이다. 이 단계는 스트레스 유발인에 대한 생리적인 첫 반응으로 호흡과 심장박동이 빨라지고, 근육은 긴장되고, 다른 생리적인 변화도 더불어 일어난다. 이 단계에서 직접적인 대처나 방어적인 대처를 사용하지 못하여 스트레스를 감소시켜 주지 못하면 다음 단계로 넘어간다. 둘째 단계는 저항단계로서 스트레스가 지속됨에 따라 스트레스 유발인자에 대해서 저항능력이 생긴다. 이 때는 경고반응단계에서 나타났던 증상이 사라진다. 저항단계에서 또 다른 제 2 의 스트레스가 주어지면 새로운 스트레스에 저항할 힘은 없어지게 된다. 이 단계에서 스트레스를 감소시키려는 노력이 성공하면 정상상태로 되돌아간다. 그러나 스트레스가 계속되어 더 이상의 저항이 어려워지면 세 번째 단계인 피로단계로 접어든다. 피로단계에서 비효율적인 방어기제를 사용하면 정서장애와 정신병의 증세가 나타날 수도 있고, 또한 집중장애, 위장장애, 피부질환 같은 정신생리적 장애가 일어나기도 한다.

Selye이론의 중요한 의미는 심리적인 스트레스가 질병의 원인이 될 수 있거나 최소한 특정 질병을 더 악화시킬 수 있다는 가능성의 발견이다. 따라서 스트레스를 보는 관점은 신체적 위협에서

〈그림 8-1〉 일반적 적응증후군

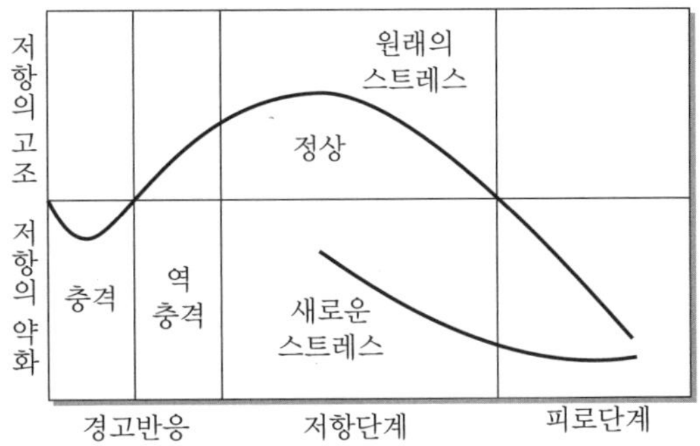

점차 심리적 반응에까지 확대되었다. 스트레스 개념이 확대되면서 개인의 생활상의 외부사건들뿐만 아니라 그 사건에 대한 개인의 지각 및 판단방식과 과거의 학습내용, 대처방식이 개인의 적응에 영향을 미친다고 할 수 있다. 이 개념모형을 도식화하면 〈그림 8-2〉와 같다.

이 개념모형을 설명하면 첫째, 스트레스 반응은 스트레스의 환경적 자극인 물리적 자극과 심리사회적 자극으로부터 시작된다.

둘째, 환경적인 스트레스 자극에 대한 개인의 지각과 평가가 적응에 결정적인 영향을 준다. 개인의 지각과 평가에 관여하는 요소는 스트레스 해결경험, 능력, 기술, 생활양식, 자존심의 강도, 책임감의 부담정도, 사회적 지원세력 등이다.

셋째, 대처행동에는 적극적 대처와 소극적 대처가 있다. 적극적 대처행동은 좌절, 갈등 등의 장애요소를 극복하고, 문제를 해결하는 행동을 포함하고, 소극적 대처행동은 문제를 회피하거나 방어하는 행동을 포함한다.

넷째, 대처행동의 결과는 적응과 부적응으로 나타난다. 적응반응은 스트레스 사건을 잘 해결하여 성장경험과 만족을 경험하는 것이며, 부적응반응은 신체적 질병이나 정서적 장애로 나타날 수도 있다.

〈그림 8-2〉 스트레스 대처모형

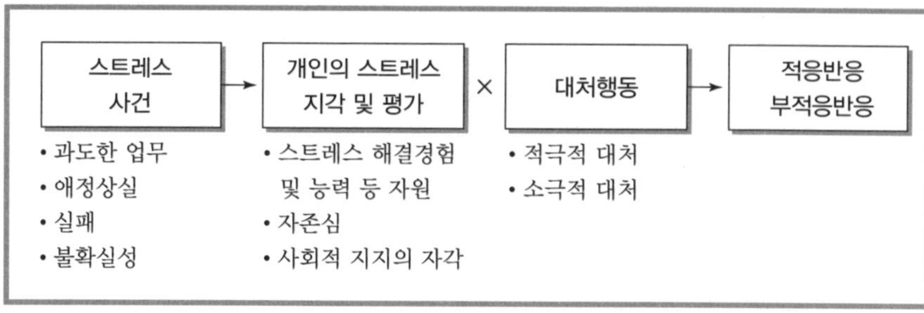

Ⅱ. 스트레스의 측정

스트레스란 앞에서 고찰된 것과 같이 어떤 자극에 대한 생리적 및 심리적인 각성반응으로서, 개인의 동질정체적인 평형을 깨뜨려 포괄적인 생활의 변화를 가져온다. 그러므로 우리의 일상적인 생활에서 긍정적 또는 부정적 변화가 너무 지나치면 정신질환과 신체적 장애를 가져올 수 있다. 특히 부정적이거나 괴로운 사건들은 긍정적 사건보다 더 오랫동안 마음 속에 남아 있기에 더 심한 스트레스를 유발한다.

개인의 일상적 생활에서 변화를 일으키는 양과 재적응을 필요로 하는 기간을 기준으로 개인의 생활사건을 척도화할 수 있으며 이 값을 기준으로 개인의 스트레스 정도를 측정할 수 있다.

Ⅲ. 스트레스의 원인과 유형

(1) 스트레스의 원인

스트레스의 자극원은 크게 세 가지로 구분할 수 있다.

첫째, 홍수, 지진과 같은 자연적 재앙과 핵사고, 전쟁과 같은 위험의 규모가 큰 격변적 사고이다. 이러한 사건은 실제로 위험의 규모는 크나 누구나 겪는 스트레스 경험이므로 개인에 따라 위험상황에 대해 인식하지 못하고 지나가는 경우도 있다. 그러나 전쟁과 재난 후의 스트레스 장애를 호소하여 악몽, 정서적 고통, 자기파괴적 또는 공격적 분노와 통제력 상실 등을 나타내는 사람들도 있다.

둘째, 우리의 개인적 생활에서 필연적으로 또는 우연적으로 나타나는 개인적 스트레스 유발원으로서 개인에게만 영향을 미친다. 입학, 승진, 별거, 변화, 책임감의 증가, 실직, 이혼, 상심, 사별, 신체적 발달 및 노쇠현상, 질병, 자극의 결핍 등이 이에 속한다.

셋째, 특정한 사건 뒤에 잔물결처럼 뒤따라오는 스트레스나 만성적이고 반복적인 생활조건들로부터 발생하는 배경 스트레스 자극원이다. 가정과 학교, 그리고 직장에서의 짜증스러운 사건, 교통혼잡 속에서 꼼짝달싹 못하는 것, 소음, 사소한 시비를 따지는 것 등과 같이 일상적으로 일어나는 자질구레하면서도 성가신 일들이 이에 속한다. 비록 이러한 스트레스는 강도가 약하지만 누적되면 신체적 · 심리적 장애를 유발한다.

(2) 스트레스의 유형

세 가지 스트레스 자극원에 대한 정서적 느낌은 개인의 과거경험, 사고방식, 평가방식 등에 따라 다르다. 그러나 위에 설명한 자극원들에 대한 정서적 경험들을 스트레스의 유형이라고 할 수 있다.

1) 좌 절

좌절이란 우리가 하려는 어떤 행동이나 목표가 어떤 장애물에 의하여 방해받을 때 느끼는 불쾌한 감정을 말한다. 장애물의 유형을 살펴보면 교통혼잡, 가뭄, 소음과 같은 물리적 환경으로 인한 장애가 있고, 부모의 거절, 성적 차별, 절교와 같은 사회적 환경으로 인한 장애도 있다. 재능부족과 신체적 결함으로 인한 개인 자신의 한계에서 오는 장애도 있다.

우리의 소원, 계획, 목표가 성취되지 못할 때 우리는 좌절을 경험하며 가벼운 놀람에서 분노, 우울, 공격과 같은 정서적 반응을 경험한다. 더욱 심할 때는 생리적 반응도 나타나게 된다. 모든 사람이 좌절을 보편적으로 경험한다 해도 좌절은 전적으로 상대적이다. 심한 신체적 결함이나 불행한 경험에도 불구하고 즐겁게 살아가는 사

〈그림 8-3〉 좌절의 도표

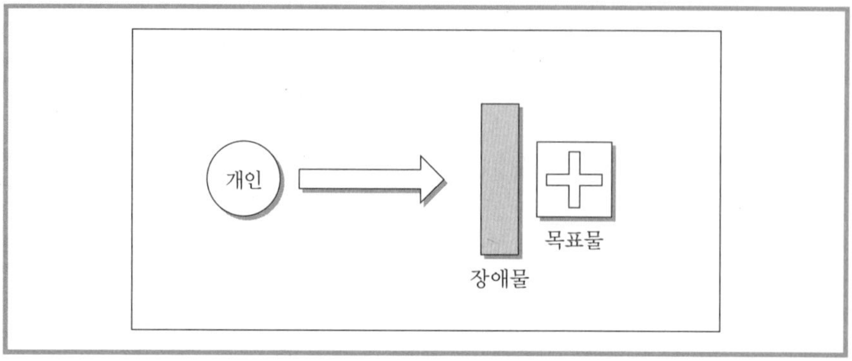

람들도 우리 주위에서 얼마든지 볼 수 있다. 좌절을 극복하기 위해서는 일상적인 생활에서 좌절의 근원을 알아두어야 한다.

첫째, 과밀이 좌절의 근원이다. 과밀은 인구밀도의 증가뿐만 아니라 타인들이 개인의 자연적인 행동이나 바라던 목표를 방해하고 있다는 느낌과 지각까지도 포함된다. 그러나 과밀은 상대적일 수도 있다. 예를 들면 전철을 먼저 타는 사람은 중간지점 이후에 타는 사람보다 먼저 자리를 잡고 앉아 있기에 스트레스를 적게 경험할 것이다.

둘째, 편견과 차별도 좌절의 근원이다. 편견과 차별은 종교, 민족, 사회계층, 학력, 성, 일반적인 생활양식 등을 기준으로 하여 타인들에게 바람직하지 않은 행동을 하는 것을 말한다.

셋째, 상실이다. 사랑하는 사람이나 재물을 상실할 때 흔히 좌절감을 느끼며 아울러 무력감, 무가치감도 느끼게 된다.

넷째, 사회경제적 요인이다. 자원이 부족하여 가지고 싶은 물건이나 주택을 구입하지 못하거나 자녀들을 대학에 보내지 못할 경우에 좌절을 경험하게 된다. 경제적으로 빈곤할 때 정신장애, 자살, 절망감, 생에 대한 무의미감, 부부싸움 등이 유발되는 것은 우리의 주위에서 흔히 보는 증거이다.

다섯째, 실패이다. 사회에서 경쟁이 치열해지고, 시험제도가 발달하여 개인은 흔히 실패를 경험하게 된다.

2) 압 박 감

압박감은 어떤 행동기준에 맞추기 위하여 자신에게 지나친 과잉부담을 안겨 줄 때 느끼는 긴장상태를 말한다. 압박감은 자기 스스로 부과하는 내적 압박감과 외부에서 주위사람들이 갖는 역할 기대감, 시간 압박감 등의 외적 압박감으로 구분된다.

3) 갈 등

갈등은 둘 또는 그 이상의 양립할 수 없는 욕망, 목표, 동기들이 동시에 일어나서 모두 달성할 수 없을 때 경험하는 불쾌한 정서를 말한다. 갈등상태에 있는 사람은 고민이나 불확실성의 경험으로 스트레스를 경험한다.

일반적으로 갈등에는 네 개의 주요 유형이 있다.

첫째, 접근-접근 갈등유형이다. 바람직한 두 개의 목표에 접근하고자 하는 욕구간의 갈등인데 두 가지를 모두 다 이룰 수는 없다. 하나를 선택하고 하나는 버려야 하거나 두 욕구 가운데 하나를 우선순위로 선택하고 다른 욕구는 차선순위로 결정하여야 한다. 그러면 양자간의 사소한 갈등은 쉽게 다루어 나갈 수 있을 것이다.

둘째, 회피-회피 갈등이다. 개인이 바람직하지 않거나 위협적인 두 가지의 가능성에 직면할 때 생기는 진퇴양난을 의미한다. 탈출구가 없는 이런 상황에서는 그저 갈등이 없어지기만 기다릴 수밖에 없다. 낙제를 하는 것과 지겨운 학과공부를 하는 것과 같이 둘 다 싫은 상황에서는 어느 한 상황을 선택해서 갈등을 줄이는 경우도 있다. 대개 이러한 갈등은 해결되나 정서적 고통을 많이 겪게 된다.

셋째, 접근-회피 갈등이다. 동일한 대상 혹은 상황, 목표에 대하여 매력을 느끼면서 동시에 그것을 싫어할 때 일어나는 갈등이다. 예를 들면 어떤 여자가 마음씨가 고와 결혼하고 싶으나 한편 외모가 마음에 들지않아 결혼을 회피하고 싶은 갈등 등의 경우이다.

넷째, 이중접근-회피 갈등이다. 이것은 바람직한 결과와 불쾌한 결과를 동시에 가진 두 가지 목표들 사이에서 일어나는 가장 흔하고 복잡한 갈등이다. 예를 들면 직업선택의 경우에서 한 직업은 보수, 승진의 기회가 좋으나 근무시간이 길어 가족과 함께 보낼 시간이 적은 단점을 가지고 있으며, 다른 직업은 보수, 승진의 기회는 안 좋으나 시간의 여유가 많은 장점을 가지고 있다. 이 때 직업선택에 갈등을 느낀다. 이중접근-회피 갈등은 흔히 볼 수 있다. 그러나 이에 대한 만족할 만한 해답은 결코 구할 수 없으며 대개는 어떤 목표를 선택하든 실망하는 경우가 많다.

4) 불　안

불안은 장차 좋지 않은 일이 일어날 것 같은 예감이 뒤따르는 애매하고 불쾌한 감정으로서 걱정, 근심, 두려움, 공포, 안절부절, 긴장과 같은 정서를 말한다. 대체로 사람들은 자신이 경험하는 스트레스의 이유를 알고 있다. 그러나 만성적으로 불안한 사람들은 왜 불안을 느끼는지, 앞으로 일어날지도 모르는 두려움을 주는 일이 무엇인지 알지 못한다. 대개 이들은 근육긴장, 주의력 저하, 불규칙한 호흡, 우울과 초조한 감정, 수면장애 및 식욕부진, 잦은 분노와 짜증, 유쾌한 자극에 대한 과잉반응, 변덕적인 정서를 나타낸다. 또한 이들은 풍부한 환경조건에도 불구하고 우울한 감정에 빠지는 예가 흔하다. 불안수준이 높은 사람들은 단순한 과제는 잘하지만 고도의 사고력과 주의집중력을 요구하는 과제에는 학습능률이 떨어지고, 일상생활에서 아주 보수적이거나 모험적인 행동을 하는 경향이 있다.

불안의 원인을 정확하게 알아내기는 어렵지만 일반적으로 다음과 같은 이론으로 설명된다.

첫째, Freud의 정신분석적 관점에서 불안을 설명한다. Freud는 불안을 객관적 불안과 신경증적 불안으로 구분하였다. 객관적 불안은 어떤 특정한 외적 상황에 대한 현실적인 불안증세로서 공포와 비슷하다. 무대공포증, 대인공포증, 시험불안 등이 이에 속한다. 신경증적 불안은 내적인 무의식적 갈등의 결과로서 나타난다. 예를 들면 딸이 어머니에 대한 강한 분노를 느끼고 있지만 그녀는 내면적으로 이러한 분노를 억압하려고 노력한다. 어머니에 대한 미움이 강하여 억압된 무의식적 감정이 의식세계로 뚫고 나오려고 할 때 불안을 경험하게 된다.

이외에도 일반적 불안이 있다. 이것은 마치 개인의 지능지수처럼 상황과 때에 관계없이 일정한 수준을 유지하는 불안이다. 일반적 불안수준이 높은 사람들은 뚜렷한 이유 없이 미래에 일어날 여러 가지 일들에 대해서 막연하게 걱정하고 있다. 일반적 불안수준이 높은 사람들이 대체로 객관적 불안수준도 높다.

둘째, 학습된 반응으로서의 불안이다. 자기주장적 행동을 할 때마다 또는 타인의 얼굴을 똑바로 보고 이야기할 때마다 처벌받아온 어린이는 윗사람에게 다가갈 때마다 부끄럼을 타거나 말을 못하게 될 것이다. 이와 같이 불안을 어떤 상황에 조건형성된 학습결과로 본다.

셋째, 개인의 자발적인 통제력 부족으로 나타난 반응이다. 동기들간에 갈등이 있을 때, 내면의 가치기준과 실제행동이 일치되지 않을 때, 불확실하고 예측하지 않은 돌발사건에 직면했을 때 불안을 느끼는 것이다. 대부분의 사람들은 이러한 상황에서 무기력하고, 정보처리능력이 부족하여 불안을 통제할 수 없게 된다.

개인이 불안을 주는 상황을 스스로 예측할 수 있으며, 불안상황에서 의미를 찾을 수 있으며, 통제력을 가지고 있고, 능력과 사회적 지원이 풍부하면 개인의 불안은 훨씬 감소된다.

5) 무 감 각

자극이 너무 반복적이고 기계적이거나, 너무 과소하여 개인이 지루하거나, 외롭거나, 무료하여 가치 있는 일을 못하는 정서장애가 무감각이다.

고도로 기계화된 사회에서 개인이 반복적인 단순노동에 접하면 무기력하게 된다. Seligman의 학습된 무기력 실험에서 나타나는 개의 무감각증세, 외부자극이 결핍된 상태에서 나타나는 주의력 및 판단력 장애와 환각증세, 혼자 외딴 시골에 있을 때의 고립감정, 바쁜 일을 끝내고 오랫동안 쉴 때의 무료함 등이 무감각의 예이다.

Ⅳ. 스트레스에 대한 개인차

모든 생활상의 사건에 부여된 각각의 스트레스 점수를 때와 상황을 구별하지 않고 모든 사람에게 적용하기에는 한계가 있다. 어떤 스트레스 사건에 쉽게 저항하는 사람이 있는가 하면, 쉽게 저항하지 못하는 사람도 있다. 즉 모든 돌발 사건에 대한 개인의 저항능력은 차이가 있다. 이는 스트레스 사건마다 개인의 대처양식이 각각 다르며 개인의 특질과 스트레스와의 상호작용양식이 차이가 있기 때문이다. 대개 스트레스의 압력을 거의 비슷하게 받았더라도 신체적으로 위나 심장이 약한 사람들, 만성적인 불안과 근심을 가지고 있는 사람들이 더 많이 발병한다. 발병하지 않은 사람들은 대개 어렸을 때부터 역경 속에서 강인하게 대처한 사람들로서 자신의 역할을 성실히 수행하며 자신의 운명은 자신이 책임진다는 자발적인 성격을 가진 사람들이다.

스트레스는 인간의 신체능력을 약화시킨다. 그러나 스트레스 상황을 적극적으로 극복하려고 노력하면 발병할 확률은 적어진다. 그러나 너무 무리한 노력은 신체적 면역능력을 약하게 할 수도 있다. 매우 어려운 과제를 경험한 후에나 고도의 긴장상태에서 일한 후에는 면역체계가 감소되어 위궤양, 고혈압, 심장병 등이 발병될 가능성이 높다. 또한 개인이 통제할 수 없는 극단적인 스트레스의 원천인 실업, 사랑하는 사람의 죽음, 이혼, 별거, 전쟁, 자연재해, 그리고 외상 후 스트레스장애 등을 경험할 때도 질병이 발생할 가능성이 높다.

Meyer Friedman과 Ray Rosenmann은 관상동맥증에 걸리기 쉬운 행동패턴을 A유형 그렇지 않은 경우를 B유형이라 명명하였다. 관상동맥증은 오랫동안 좌절을 인내할 수 없는 성격을 소유한 사람이 쉽게 걸린다.

A유형 행동특징을 보이는 사람은 마감시간 이전에 모든 것을 필요 없이 서두르는 시간 긴박감을 가지고 있다. 그리고 매우 경쟁적이고, 성취동기가 지나치게 높으며, 자신의 신체적·정신적 능력

의 한계 이상으로 피로를 무릅쓰고 일을 한다. 도중에 일이 좌절당하면 적대적이 되고 동료들에게 짜증을 낸다. 일을 수행하는 데 충분한 계획 없이 무작정 뛰어들며, 유머 감각이 없다. 또한 시간 내에 여러 가지 과제를 생산하려는 다면적 행동을 한다.

B유형의 행동특성은 일반적으로 A유형과 대조적이다. B유형 사람들은 그들 자신을 혹사시키는 일이 없으며 직업의 질과 인생의 가치에 의미를 부여한다. 비교적 야망이 없고, 덜 공격적이며 친절하다.

사람들이 모두 A유형과 B유형으로 분류되는 것은 아니며 대부분의 사람들은 A유형과 B유형의 특성 모두를 가지고 있다.

2. 적　응

스트레스는 우리의 일상생활에서 피할 수 없는 생활의 일부이며 신체적·정신적인 활동을 방해하기도 하고 촉진하기도 한다. 스트레스 상황은 어느 한 가지 방법에 의해 극복되는 것은 아니며, 또한 일상생활에서 모든 스트레스 유발원을 제거할 수도 없다. 우리는 자신의 잠재능력을 개발하고 자아실현하기 위해서 스트레스를 성장의 기회로 삼고 새로운 환경에 적응하도록 끊임없이 노력하여야 한다.

I. 적응의 의미

적응이란 원래 생물학에서 유래된 개념이다. 산업화된 도시에서 흰 나방이 점차 검은 나방으로 변화하여 종족번식을 용이하게 하는 생물적인 변화, 선인장이 뜨거운 사막에서 살아남기 위하여 줄기와 잎이 변화하는 것, 더운날 체온을 조절하기 위하여 땀을 흘려 체온을 발산하는 일 등이 생물학적 적응이다. 그러나 인간은 생물적인 변화 이외에 심리적·사회적 변화를 도모하여 주변환경과 조화 있는 관계를 유지하려고 노력한다. 주어진 환경에 자신을 맞추기도 하고 자신의 욕구충족을 위하여 환경을 조작 및 변화시키기도 한다. 즉 적응이란 인간이 환경과 조화로운 관계를 유지하기 위하여 생물학적·심리학적·사회학적으로 개인의 욕구를 충족시키는 능동적인 상호과정이라고 할 수 있다. 자신이 속한 사회에서 자신의 욕구, 꿈, 과제를 수행하여 자기자신과 가족, 그리고 사회에도 만족감을 주고 가치 있는 생산성을 향상시켜 나가면 성공적으로 적응하고 있다고 할 수 있다.

Ⅱ. 적응방법

개인이 어떤 유형의 스트레스를 경험하든 성공적으로 적응하여야 개인의 성장과 목표달성을 이룰 수 있다. 스트레스에 대처하는 방법은 사람마다 다르나 일반적으로 다음과 같이 세 가지 방법으로 구분된다.

(1) 방어기제

인간이 좌절, 갈등, 불안 등의 어려운 상황에 직면할 때 자신을 스스로 보호하려고 무의식적으로 방어반응을 한다. 어떤 충격적인 사건과 위협에 대해 자아를 무의식적으로 보호하기 위한 자기기만적인 성질을 지닌 무의식적인 방어반응을 자아방어기제라 한다.

자아방어기제에 의한 대처반응은 비합리적이며, 현실을 왜곡하고, 일반적으로 무의식으로 작동하기도 하나 항상 그런 것은 아니다. 스트레스에 적극적으로 대처하지 않고 습관적으로 자아방어기제를 사용하면 자신의 성장을 저해할 수도 있다. 정상적인 사람은 가끔 방어기제를 사용하여 참을 수 없는 스트레스에 대처한다.

중요한 자아방어 기제를 고찰하면 다음과 같다.

1) 억 압

억압이란 위협적이거나 불쾌한 생각, 욕구, 불안 등을 자신의 의식세계에서 무의식세계로 추방하는 방어기제이다. 다시 말하면 무안했던 경험과 죄의식 등을 수용할 수 없어 의식수준 이하로 묻어 버리는 망각의 한 형태이며, 심할 때는 기억상실증에 걸리게 된다. 예를 들면 전쟁터에서 심한 부상을 입은 병사가 과거의 경험을 기억하지 못하는 것, 과거에 성적 욕망을 가지고 있던 사람이 철저히 성적 욕망을 억압하는 것 등이다.

그러나 무의식화된 경험들은 아주 없어지는 것은 아니고 의식화되지 않을 뿐 건재해 있다. 억압은 고통스러운 경험을 다소 감소시켜 주지만 고정적이고 습관적으로 사용하면 성격 왜곡이나 심장병 같은 신체장애가 따른다.

억제는 억압보다 다소 의식적인 노력이 포함된 방어기제로서 불쾌한 생각이나 충동들을 무의식에서 의식화되지 못하도록 압력을 가하거나 의식에서 밀어내려고 노력하는 것을 말한다. 억제는 억압보다 자기기만을 덜 포함하고 있으며 정신에너지를 적게 소모하기에 다소 건전한 방법이다.

2) 부　정

부정이란 불쾌하거나 위협적인 사실을 목격하거나 듣는 것을 거부함으로써 자아를 방어하는 가장 원시적이고 흔히 볼 수 있는 기제이다. 죽음에 당면하면 일반적으로 사람들은 첫번째 반응으로써 부정한다. 아들이 병으로 죽어간다는 사실을 알았을 때 어머니는 처음에는 “그럴 리가 없어”하고 현실을 거부한다. 자신이 암으로 죽어간다는 사실, 어머니가 죽었다는 사실, 자신이 낙제를 했다는 사실을 처음 알았을 때 사람들은 이러한 사실들을 거부한다. 현실적 위협을 부정을 하는 사람들은 수용하는 사람들보다 신체적 질병증세가 나타나지 않는 장점이 있다. 그러나 마약중독자들이 약물실험을 하고 있다고 주장하는 것이나, 정서장애자들이 자주 현실을 부정하는 것이나, 학생이 공부할 필요성을 거부하는 것 등은 좋지 않은 부정의 예이다.

3) 합 리 화

합리화란 용납할 수 없는 자신의 감정과 행동을 정당화하기 위하여 합리적이고 사회적으로 받아들일 수 있는 이유를 붙여 사회적 비판을 피하려는 방어기제이다. 사람들은 어떤 과오를 범하거나 실패할 때 타인을 속이려는 의식적인 거짓말을 하기도 하지만 그 대신 자기기만행위인 합리화를 하기도 한다.

이솝우화에 나오는 여우와 신포도 이야기처럼 맛있는 포도에 손이 닿지 않자, 여우가 포도는 시고, 떫고, 맛이 없다고 허세를 부려 자존심을 보호하려는 행동, 좋아하는 여자의 관심을 끌지 못한 남자가 그녀는 자신이 생각한 만큼 매력적이지 못하고 얼굴도 못생겼다고 말하는 행동, 시험에 실패한 학생이 그 원인을 자신에게 찾기보다는 교사의 출제경향이나 그날의 신체적 조건에 돌림으로써 자신의 죄책감과 한계를 극소화시키려는 행동 등이 합리화의 예이다.

흔히 사람들은 자신의 마음 속에 내재되어 있는 가치기준간의 불쾌한 갈등을 제거하는 데도 합리화를 사용한다. 합리화는 일면 사실을 포함하기에 거짓말하는지 또는 합리화하는지 정확히 알기가 어렵다. 합리화는 우리가 목표에 도달하지 못했을 때 우리의 행위에 합리적인 이유를 부여하여 일시적으로 고통과 실망감을 덜어 주고 자아를 보호하여 준다.

4) 반동형성

자신이 수용할 수 없는 위험하고 불안한 감정과 욕구들이 표출되는 것을 막기 위하여 그와는 상반되는 감정이나 행동을 과장되게 표현하는 것을 반동형성이라 한다. 과장행동은 반동형성의 한 단서이다. 원하지 않는 자식을 낳고 죄의식을 느낀 어머니가 지나치게 자식을 과잉보호하는 행동, 내면에 적대감을 가지고 있으나 이를 은폐하기 위하여 상대방에게 친절하고 관심을 표방하는 방어행동, 자신의 성적 충동을 막기 위하여 반대로 지나치게 혐오하거나 결벽증을 보이는 행동, 우울함을 막기 위하여 억지로 명랑한 체하는 과잉행동, 가난을 은폐하기 위하여 부자인 것처럼 지나치게 사치를 부리는 행동 등이 반동형성의 예이다.

그러나 모든 지나친 행동을 반동형성으로 볼 수는 없다. 지나친 혁신주의자나 캠페인을 열렬히 전개하는 사람들 모두가 숨겨진 충동에 의해서 행동하는 것은 아니다. 사람들이 자신의 억압된 욕망과 감정을 때때로 간접적인 표현이나 실수로 표출할 때 우리는 이러한 행동이 진정한 행동이 아니라 반동형성임을 구별할 수 있다.

5) 백 일 몽

상상적인 행동을 통하여 자신의 현실적인 긴장이나 좌절상태에서 벗어나는 행동을 하는 것을 백일몽이라 한다. 백일몽은 자기자신을 위대한 영웅으로 생각하는 영웅 유형과 기존 세력의 희생자로 간주하는 순교자 유형으로 구분된다.

백일몽은 가끔 사용하는 것은 무방하지만 습관적으로 사용하면 현실을 도피 및 부정하게 되고, 자신감을 상실하여 무기력하게 된다. 심할 경우에는 정신병적 증세인 망상이 유발될 수도 있다.

6) 투　　사

투사란 자신이 수용할 수 없는 불쾌한 사고, 감정, 책임을 타인에게 과도하게 돌림으로써 자신의 갈등의 원천을 자신의 외부에 두는 것이다. 다른 사람들이 부정직하고 도덕관념이 희박하다고 주장하는 사람은 자기자신이 부정직하고 강한 성욕을 갖고 있다는 것을 자인하는 것이 싫으므로 주위사람들에게 전가한다. 또 남편이 아내보고 낭비벽이 심하다고 비난하지만, 사실은 남편이 아내보다 돈을 훨씬 낭비한다. 남편이 부정한 일을 저질렀다고 상담을 받으러 온 아내는 사실은 자신이 어느 때부터 부정한 성행동을 저지르고 싶은 것이다. 노처녀가 우연히 같은 방향으로 가는 총각한테 화를 내며 "왜 여자 뒤를 따라 다니느냐?"고 따지는 말은 사실은 노처녀가 총각 뒤를 따라가고 싶은 욕구를 투사한 것이다.

이런 예들을 볼 때 사람은 자기자신을 인정하지 않으려는 바람직하지 못한 기질이 있다. 가장 강력한 자아방어 기제인 투사는 불안을 감소시키는 효과는 있지만 자기자신이나 타인의 진심을 왜곡시킬 위험성이 있다. 지나친 비판, 부정적인 태도, 편견 등은 투사의 일종이다. 투사를 적절히 사용하면 자존심을 증가시킬 수 있으나 만성적이고 지나치게 사용할 때는 정신병인 편집증을 가져올 수 있다.

7) 치 환

치환이란 억압되거나 만족될 수 없는 동기나 감정을 대체된 대상으로 돌려 방향을 수정하는 것이다. 아이를 가질 수 없다는 사실을 알고난 후부터 애완동물을 키우거나 이웃집 아이를 귀여워해 주는 일, 성적 욕구를 운동이나 예술활동으로 돌려 새로운 출구를 찾는 일, 남편은 아내에게 짜증을 부리고, 아내는 자식에게 화를 내고, 자식은 강아지를 걷어차는 일, 사랑하는 여자와 이별한 뒤 그 여자와 비슷한 용모와 행동을 보인 새로운 여자와 사랑에 빠지는 일 등이 치환의 예이다.

8) 승 화

억압된 동기, 목표, 충동 등을 사회적으로 보다 잘 수용할 수 있는 목표로 전환시켜 표현하는 과정을 승화라 한다. 승화는 자신의 동기에 대해서 불안을 느끼는 사람이 현실적으로 도피하는 것이 아니라 직면하여 사회적으로 성숙한 행동을 하는 것이다. 그러므로 성충동이나 공격성을 체육, 예술, 문학, 종교, 사회봉사활동 등으로 승화할 수 있다면 개인의 사회의 발전에 크게 기대할 것이다.

9) 퇴 행

현실적으로 만족할 수 없는 위협, 불안, 불만 등을 유아기의 만족했던 원시적이고 유치한 행동수준으로 되돌아가 해소하는 방어기제가 퇴행이다.

형이 동생의 출생과 더불어 부모의 관심과 사랑을 얻지 못하면 다시 유아기 시절로 퇴행한다. 그는 동생처럼 대소변을 못가리고 우유병을 빨거나 기어다니는 행동을 하여 만족감을 얻는다. 부부싸움 끝에 집을 나와 친정집에서 우는 새댁, 싸움 끝에 우는 어른, 환갑잔치 때 다시 만난 초등학교 동창생들이 마치 초등학생인 것처럼 즐거운 행동을 하는 경우 등도 퇴행의 예들이다.

성인들이 무력감에 빠졌으나 이를 해결하지 못할 때 퇴행을 한다. 아동기에 무력감을 어른들이 해결해 주었던 경험에서 어른이 된 뒤에도 어린이처럼 행동하면 주위의 사람들이 과거처럼 반응을 하고, 동정과 관심을 기울일 것을 기대하기 때문에 퇴행을 한다. 이러한 행동은 미숙하고 부적절한 행동으로 볼 수도 있지만, 최소한의 효력을 발휘할 때도 있다.

10) 동 일 시

자신의 불안이나 불만과 비슷한 문제를 해결한 위대한 인물이나 집단의 바람직한 속성을 끌어들여 자신의 만족과 안정을 추구하는 기제가 동일시이다. 즉 동일시는 자신의 무능력을 피하기 위하여 자신이 존경하는 사람의 성격특성을 모방하거나, 타인의 성공을 공유함으로써 대리만족을 하여 자신의 가치를 증대시킨다. 그리하여 자신의 약점이나 문제 등을 감소시키는 것이다.

자신의 직업에 불만인 부모는 자식의 출세를 정서적으로 공유함으로써 부모 자신이 성공한 것처럼 기뻐한다. 대학에 진학하지 못한 사람이 낮은 학력의 사람의 성공을 마치 자신이 성공한 것처럼 기뻐하고 만족한다. 이와 같은 사례가 동일시의 예들이다. 동일시의 대상에 따라 개인이 성숙하기도 하고 그렇지 않기도 한다.

지금까지 주요한 스트레스의 방어기제에 대하여 고찰하였다. 그러나 이외에도 방어기제의 종류는 많이 있다. 방어기제는 흔히 복합적으로 사용된다. 건강한 사람들도 심한 스트레스를 경험하게 되면 대체로 한두 번씩 독특한 방어기제를 사용한다. 그리하여 외부의 위험에서 자신을 보호하고 자존심을 세운다. 그러나 자아방어기제는 자기기만과 현실왜곡의 특성을 가지고 있으므로 상습적으로 사용하면 자기파멸과 더불어 개인의 성장을 방해한다. 때때로 자아방어기제는 스트레스를 극복하는 데 필요한 힘과 사고능력, 자기세력을 동원할 수 있는 시간을 확보하는 데 도움을 준다.

(2) 스트레스에 대한 직접적 접근방법

스트레스의 증후를 경감시키기 위하여 모든 사람들은 무의식적이고 자연발생적인 자아방어기제를 사용한다. 그러나 자아방어기제의 사용보다 더 적극적이고 효과적인 방법은 스트레스를 직접 다루는 학습된 문제해결방법이다. 이 방법은 상당히 의식적이며 대개 세 가지로 구분할 수 있다. 첫째, 어떤 상황에 정면으로 도전하여 자신이 원하는 목표를 달성하는 것이다. 둘째, 자신이 원하는 것을 포기하거나 조절하는 타협을 사용하는 것이다. 셋째, 스트레스 장면에서 철수하는 것이다.

1) 스트레스에 대한 직면적 방법

스트레스 상황에 정면으로 맞서서 문제를 건설적으로 해결하려 노력하고 자신의 목표를 달성하는 것이 직면적 방법이다. 스트레스를 적극적으로 극복하려면 실현가능성이 있는 방법을 시도하여야 한다. 실패할지도 모르지만 시도해 보려는 노력 그 자체도 스트레스로 인한 피해를 감소시켜 준다.

직면적 방법에는 세 가지가 있다.

첫째, 문제해결 접근방법이다. 스트레스를 현실생활의 일부분으로 인정하고 이를 해결해야 할 문제로 생각하면 스트레스가 어느 정도 감소된다. 스트레스에 대하여 걱정하고 불평하는 대신에 문제해결을 위한 방법을 찾는다. 그리고 새로운 기술을 습득하거나 풍부한 경험 및 활동을 통하여 스트레스에 대한 인내력을 증대시킨다.

둘째, 사회적 도움을 구한다. 스트레스를 경험할 때 혼자서 대처하기 힘들면 다른 사람이나 지역사회의 기관으로부터 정보와 도움을 구할 필요가 있다. 타인의 경험과 조언에서 스트레스 대처활동의 단서를 얻을 수 있다.

셋째, 자기표현방법이다. 이 방법은 어느 정도 성공가능성이 있을 때 대처하는 방법으로 상대방을 존중하면서 자신의 생각, 요구, 감정 등을 솔직하게 표현하여 자기의 권리를 행사하는 방법이다.

2) 스트레스와 타협하는 방법

때때로 스트레스는 그 유발원에서 초래된다기보다는 우리가 스트레스를 어떻게 지각하고 해석하고 행동하는가에 따라서 결정되기도 한다. 스트레스 자체는 그대로 놔두고 목표에 대한 자신의 기대와 생각을 융통성 있게 변화하는 것이 타협이다. 우리는 원하는 것 모두를 충족시켜 만족한 생활을 할 수는 없다. 이 때 우리에게 무리하게 부과되는 사고방식, 즉 실무율적(all-or nothing) 사고—내가 원하는 것을 모두 달성하지 못하면 나는 아무 것도 아니다—와 나는 반드시 무엇을 해야 된다는 당위성 사고는 우리 자신을 견디기 힘들게 만든다. 더 나아가 우울증에 빠지기도 한다.

따라서 융통성 있고 건강한 성격을 지닌 사람은 자신이 원래 목표했던 수준을 낮추거나, 절충하거나 대치하여 스트레스를 덜 받는다. 우울증이 심한 사람일수록 '전부 아니면 무'라는 사고방식과 절대적인 당위성 사고를 가지고 있다. 그들은 도저히 불가능한 상황에서도 융통성이 없어 자신의 목표수정을 하지 못한다. 똑같은 상황에서 자존심이 높고, 통제력이 있는 사람이 스트레스를 적게 경험한다.

3) 철수하는 방법

우리가 아무리 노력해도 스트레스를 줄일 수 없는 경우가 가끔 있다. 이런 환경에서는 철수하고 싶지 않더라도 철수하는 것이 가장 효과적인 대처방법이다. 흔히 철수하는 방법은 스트레스의 직면에 대해 거부하고, 개인의 성장을 저해하는 것같이 보인다. 위에서 고찰한 직면적 방법, 타협방법으로도 해결이 안 될 때 끝까지 도전해 보아야 신체적 질병이나 정신병을 가져오는 스트레스 상황이 있다. 이럴 때에는 철수하는 방법이 효율적이다. 또한 상대가 나보다 강력한 지위와 힘을 가지고 있어 그와 나 사이의 생활을 바꾸기 힘들 경우, 스트레스를 주는 대상이나 상황과 타협이 도저히 불가능할 경우, 자기표현적 방법으로도 조정할 수 없을 경우, 언제 스트레스가 끝날지 모를 경우, 한꺼번에 스트레스가 밀어닥칠 경우, 어떤 형태의 공격을 가하더라도 자멸적이라는 것을 알 경우 등에는 철수하는 것이 바람직하다.

그러나 단념과 철수방법을 습관적으로 사용하게 되면 스트레스에 대한 인내력도 생기지 않고, 부적응적 성격이 형성되어, 결과적으로 개인의 발전이 저해된다. 철수방법은 어떠한 방법으로도 적응할 수 없는 스트레스가 계속되어 신체적 및 정신적으로 심각한 결과를 초래할지도 모를 때에 일시적으로 대처하는 방법이다.

(3) 자신의 신체 및 정신활동을 통한 스트레스 감소방법

스트레스에 대처하는 방법으로는 신체적 및 정신적인 활동을 통한 스트레스 감소방법이 있다. 여기서는 자신의 심신을 건강하게 하는 몇 가지 방법을 알아 보자.

1) 명 상

명상은 짧은 기간 동안 일상생활의 의식양상을 억제하고 인간에 잠재된 새로운 양상의 의식개발을 하는 것이다. 인간의 모든 스트레스의 근원은 자기의 생각과 상상에 지나치게 집착하는 데 있다. 이러한 집착에서 자유로와지면 인간은 자기내면을 자각하고 끊임없는 욕구충동을 초월함으로써 마음의 평정을 얻는다.

흔히 명상이라고 하면 현실도피나 신비주의로 빠지는 것을 말하기 쉽다. 진정한 명상은 나의 문제점 있는 현실을 뚫고 들어가서 그 현실의 가치를 재발견하는 것이다. 명상은 자신을 통찰하고 수용하는 데 매우 도움이 된다.

명상법에는 일반적으로 명상의 대상이나 어떤 말에 주의집중하여 자각의 정도를 축소시키는 집중명상법과 일상적으로 자신이 하는 활동에 주의를 기울이는 개인적 명상법에 있다. 대부분의 명상훈련은 1회당 30분 정도, 하루에 아침과 저녁에 두 번씩 수행한다. 처음에는 짧게 연습하고 점점 복잡한 명상훈련으로 전개된다.

2) 신체건강을 위한 활동

몸이 피로하거나 아프면 스트레스를 더 받는다. 몸이 건강할 때는 스트레스를 적게 경험한다. 신체건강을 위한 활동으로는 ① 규칙적인 운동, ② 적당한 수면과 휴식, ③ 영양 있는 식사, ④ 매일 규칙적인 활동, ⑤ 이완을 위하여 요가운동, ⑥ 조용한 환경에서의 긴장이완운동 등이 있다.

3) 근육이완훈련

과도한 긴장은 스트레스에 대한 반응이며, 이런 경우에는 대개 불안하게 된다. 그리하여 심장박동이 빨라지거나, 숨이 가빠지거나, 손에 땀이 나거나, 얼굴에 경련이 일어나거나, 근육에 쥐가 일어나게 된다. 시험을 볼 때, 윗사람을 만날 때, 글씨를 쓸 때, 자기주장을 할 때에 이러한 긴장상태가 오래 지속되면 효과적으로 적응하기 어렵다. 근육이완훈련이란 긴장할 때의 느낌과 이완할 때의 느낌에 대한 차이지각을 발달시킴으로써 자신의 의지로서 근육을 이완시키는 것이다.

근육이완훈련은 머리에서 손, 팔, 어깨와 하지 순서로 내려가면서 실시한다. 조용한 곳에서 호흡운동, 근육수축운동, 심상형성연습 등을 통하여 개인의 신경근육 상태를 지각한다. 근육이완훈련을 하면 개인생활이 이완되고 편안한 느낌이 전이되어 생활을 활기 있고 즐겁게 보낼 수 있다.

〈그림 8-4〉 바이오피드백 치료

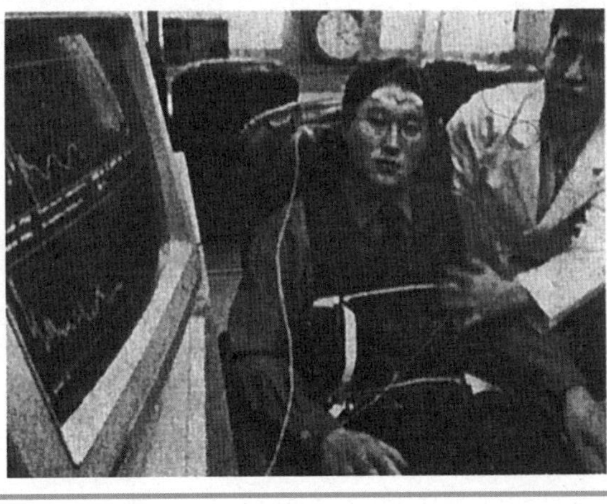

4) Bio-feedback

우리 내부에서 스트레스가 진행되는 생리적 과정을 우리는 예민하게 알아차리지 못할 때가 많다. 이런 경우에 최신식 전자기구를 신체에 부착시켜 신체에서 일어나는 변화를 측정하여 그 결과를 즉시 개인에게 계속적으로 알려 준다. 사람들은 이러한 자신의 정보를 바탕으로 자기조절, 자기자각, 자기탐색 등을 통하여 마음을 다스리고 자기에 대한 감각력 증대를 가져올 수 있다. 이러한 과정을 바이오피드백이라 한다. 정신신체적 질병에는 바이오피드백이 이용된다.

스트레스 이렇게 날리자

1 스트레스를 긍정적으로 평가할 것
잔에 물이 반밖에 남지 않은 게 아니라 반이나 남았다고 생각하라.

2 스트레스에 대한 지식을 쌓을 것
스트레스의 원인, 영향, 관리법 등을 전문의에게 익히라.

3 심신을 부드럽게 할 것
전문의에게 근육이완법 등 심신긴장을 푸는 방법을 배워 실천하라.

4 행동하기 전에 생각할 것
어떤 일에 대해 합리적으로 사고하고 남들과 충분히 대화해 정확한 판단을 내려라.

5 분노는 정당하게 나타낼 것
화가 나면 마구잡이로 퍼붓지 말고 남들이 정당한 주장으로 받아들이도록 표현하라.

6 스스로를 돌아볼 것
어떤 일을 바라보는 자신의 시각이 잘못돼 스트레스를 받는 것이 아닌지 반성하라.

7 화를 푸는 방법을 익힐 것
스트레스가 당신을 망가뜨리기 전에 당신이 스트레스를 올바로 다뤄 이겨내라.

8 제 때 골고루 먹을 것
균형잡힌 식사를 규칙적으로 하면 스트레스 해소물질인 세로토닌

분비가 촉진된다.

⑨ 규칙적으로 운동할 것

신체의 근육 상태 등도 스트레스 관련 신경전달물질 분비와 관련이 있다.

⑩ 시간관리를 철저히 할 것

평소 자신의 일과를 제대로 관리하는 것이 스트레스 해소에 필수적이다.

(출처: 조선일보)

제 9 장

이상행동

이상행동이란 외부의 자극이 너무 강하여 개인이 정상적 적응을 못하거나 혹은 유전적인 기질이 빈약하여 올바르게 대처하지 못할 때 생기는 행동으로 일상생활을 영위하는 데 장애를 줄 정도로 심각한 것을 말한다. 모든 사람이 신체적 질병에 걸릴 가능성이 있는 것처럼 정상적인 사람도 일시적으로 정신장애에 걸릴 가능성이 있다. 정상적인 사람이라 해서 절망감, 갈등, 불안이 전혀 없는 것은 아니라 일시적으로 부적응행동을 보였다가 탄력적으로 다시 극복하여 이러한 시간을 오히려 자기성장의 기회로 여긴다. 대부분의 사람들은 살아가면서 자신의 이상과 능력을 실현하기 위해 극심한 좌절감과 불안을 겪는다. 그러나 그들은 자신이 완전하다고 생각하지 않고 자기실현을 위하여 최선을 향하여 모든 어려움을 극복하고 전진하는 것이다.

이상행동과 정상행동은 반대개념이 아니라 일직선상에서 어느 정도의 거리에 있는 것이다. 이상행동에 대한 편견을 버리는 것이 좋다. 정상행동이라 해서 문제가 없는 것이 아니라 자신의 문제가 있다는 것을 이해하고 통제하고 극복하려고 노력하는 것이다. 이상행동을 이해하려면 먼저 정상행동을 이해하는 것이 중요하다.

정상행동의 특징은 다음과 같다.

① 자신의 주변현실에 대해 비교적 정확한 현실감각을 많이 가

지고 있다. 그리하여 현실대처능력이 우수하다.

② 자신 능력의 한계, 가능성에 대하여 스스로 자각한다. 그리고 자기자신 전체를 보는 통합능력이 있다.

③ 자신의 감정, 동기, 욕구에 대해서 인식한다.

④ 자신의 행동을 스스로 통제할 수 있다.

⑤ 건강한 가치관을 가지고 있다.

⑥ 있는 그대로 자신을 받아들이고 수용한다.

⑦ 타인과 원만한 인간관계, 특히 이성관계를 원만하게 한다.

⑧ 자신에 대하여 비교적 많이 이해하며 자신의 능력을 그때그때 필요할 때마다 현실적으로 잘 펼치며 산다.

⑨ 유머가 있으며 어려움 문제를 뚫고 나가는 도전적인 자세가 비교적 많이 있다.

정신적으로 건강하지 못한 사람들은 일반적으로 자아통제력이 결여되어 있으며, 융통성과 적응능력, 유머, 자아존중성 등도 결여되어 있다. 그러므로 일상적인 일을 효율적으로 수행할 수 없고, 삶의 의미도 발견하지 못하고, 항상 우울하고 불행하게 지낸다. 또한 자신의 능력을 충분히 발휘하지도 못하고, 미성숙하고 충동적인 행동을 하거나, 이기적이며, 자신과 타인에게 지나치게 엄격하게 행동하며, 남을 괴롭히고 자신도 괴롭히는 행동을 한다.

이 장에서는 심리적 장애로 인한 이상행동을 분류하고, 그 분류에 따른 여러 가지 이상행동과 그 특성을 고찰한다.

1. 이상행동의 정의

이상행동과 정상행동을 구분하는 뚜렷한 기준은 없으나 일반적으로 다음과 같은 기준에 입각하여 이상행동을 정의하고 있다.

첫째, 통계적 기준으로부터 일탈되어 다른 것을 이상행동이라 한다. 개인의 특질이나 특성이 정상분포 곡선의 평균에서 크게 벗어나지 않는 정도를 정상행동이라 하고 그 수준이 지나치게 높거나 낮으면 이상행동으로 본다. 통계적 기준에서는 간단하게 빈도만 다루므로 이상행동을 쉽게 알아볼 수 있다. 그러나 지능이 너무 높거나 직업만족도가 높은 사람을 단순하게 이상행동자라 간주할 수는 없다. 즉 드물게 나타나는 행동일지라도 주위사람들이 바람직하게 여기면 이상행동은 아니다.

둘째, 사회적·문화적 기준에서 벗어나 일탈하는 행동을 말한다. 사회규범에서 일탈하는 행동을 항상 이상행동으로 볼 수는 없지만 희귀한 방식으로 남들보다 눈에 띄게 두드러진 행동과 대부분 부정적인 행동을 이상행동으로 본다. 한편 사회의 부당한 압력이나 부조리에 대항하여 이상적인 사회를 추구하는 사람들은 많은 사람들에게 용기를 준다. 사회적 압력 속에서 순응하는 사람들과 비교하여 이런 사람들을 이상행동자라고 간주한다면 그 사회는 혁신성과 창조성과 이상을 상실한 평범한 또는 퇴보하는 사회가 될 것이다. 시대와 상황에 따라 사회적 규범은 달라지므로 이상행동은 당대의 규범에서 일탈된 행동으로 정의할 수 있다.

셋째, 개인행동의 부적응성, 통합의 결여로 상황대처능력이 떨어지며 개인 자신이나 사회복지에 악영향 및 해로운 행동을 줄 때 이상행동이라 할 수 있다.

넷째, 개인의 주관적 판단에 따라 극단적으로 불안해 하거나, 우울하거나, 죄책감을 느끼며 때로는 신체적 고통을 호소하는 행동이 이상행동으로 정의된다.

그러나 이 기준으로 이상행동을 볼 때는 개인이 처한 상황도 고려해야 한다. 사랑하는 사람이 죽었거나, 운전사고를 냈거나, 입학시험에 불합격했을 때는 불안하거나 심리적·신체적 고통을 느끼는 것이 정상이기 때문이다.

이와 같은 네 가지 기준은 어느 것도 완전한 기준이 될 수 없으며 그 나름대로 문제점을 가지고 있다. 따라서 이상행동의 구분은 때로는 애매모호하며 상대적이므로 네 가지 기준을 모두 고려하여 이상행동을 진단하여야 한다.

2. 이상행동의 분류

이상행동을 유형별로 분류하는 것은 이상행동을 이해하고 치료하는 데 큰 도움이 된다. 중요한 이상행동에 관하여 고찰해 보자.

I. 불안장애

불안은 정상인도 얼마든지 경험하며, 위험, 고통을 예방하는 데 필요한 방어기제이다. 불안장애는 모든 사람이 힘겨워하지 않고 넘어가는 상황에서 혼자서 별다른 이유 없이 민감해지거나, 두려워하며, 공포의 감정을 갖는 것을 말한다. 불안장애는 심장박동의 증가, 근육긴장, 발한과 같은 생리적 증상을 수반한다. 만성적으로 이러한 증상이 나타나면 일상생활을 방해한다. 최근까지 불안장애는 노이로제, 정신신경증장애, 정서적 장애 혹은 신경증적 경향성이라고 불리워졌다.

불안장애에는 공포증, 불안장애, 강박증 등이 있다.

(1) 공 포 증

공포증은 실제적으로 위험이 없는 어떤 특정한 대상이나 상황에 대하여 근거 없이 격심한 공포와 불안을 느끼는 불안장애로 그러한 대상과 상황에 대한 회피행동을 유발한다. 즉 대부분의 사람이 참아낼 수 있는 것에 대하여 두려움을 느끼는 것이다.

공포의 정도는 사람마다 다르다. 죽음, 병, 뱀, 번개 등은 대부분의 사람들이 어느 정도 두려워하지만, 일상적인 생활에는 지장을 안 받는다. 그러나 번개가 있을 것이라고 하면 번개에 맞아 죽을까봐 밖으로 외출을 안 하는 등 생활에 지장을 가져오고 개인의 기능이 저하되는 비합리적인 경우를 공포증이라 한다.

공포장애는 광장공포증, 특수공포증, 사회공포증 등으로 나누어진다.

1) 광장공포증

광장공포증은 집이나 익숙한 환경을 떠날 때 비합리적 두려움을 느끼는 것이다. 사람들이 많이 모이는 특정한 공공장소나 상황(극장, 교회, 시장, 승강기, 지하철, 쇼핑센터 등) 등에 대한 두려움으로서 흔히 유사시 도피가 어려운 상황이거나 공황발작과 같은 경험을 하게 될 경우 도움을 받기 어려운 상황에 대해서 공포를 갖고 이러한 상황을 회피하게 된다.

2) 특수공포증

특수공포증은 특정한 대상과 상황에 대해서 과도하고 비합리적인 강한 공포를 느끼는 장애이다. 공포를 가진 사람 스스로 이러한 두려움이 지나치고 비합리적이라는 것을 인식하지만, 이러한 대상과 상황에 노출되면 즉각적인 강한 불안을 느끼며 흔히 공황발작과 유사한 증상을 나타내기도 한다(권석만, 1995). 특수공포증에는 아동기에 많이 나타나는 동물공포증, 학교공포증 등이 있다.

3) 사회공포증

낯선 사람을 대하거나, 여러 사람들이 모인 장소에서 다른 사람들이 자신의 행동을 관심 있게 관찰하고 평가하는 것 같아 얼굴이 붉어지고 손이 떨리거나 가슴이 두근거리는 등 굴욕감, 부끄러움, 불안 등을 느끼는 증세이다. 이 공포증은 흔히 성인에게도 나타난다.

특히 대인공포증은 아동기 때 예의를 지나치게 강조하는 유교적인 가정에서 살았거나, 이사를 와 사투리를 사용하여 아이들에게 놀림을 받는 등 어린 시절에 다른 사람들에게 행동을 지적받아 부끄러움을 탄 경우에 자주 나타난다.

사회공포증을 가진 사람들은 어떤 일을 수행할 때 다른 사람들이 자신을 부정적으로 평가할까봐 혹은 자신의 불안이 드러날까봐 두려워한다. 사회공포증이 가장 많이 일어나는 상황은 대중연설, 이성 앞에서 대화하기, 대중교통이용, 강의실 사용 등이다. 특히 남자들은 공중화장실 사용을 불안해 한다.

(2) 일반화된 불안장애

일상생활에서 사소한 많은 일에 대해 과도한 불안과 미래에 대한 걱정과 불길한 기대를 가지며 멈출 수 없을 정도로 만성적으로 불안을 느끼는 증세를 일반화된 불안장애라 한다. 이로 인한 괴로움이 너무나 확산적이기에 '자유롭게 떠다니는 불안'이라고 한다.

일반화된 불안장애는 다른 장애와는 외적인 상황에 상관없이 너무나 다양한 여러 가지 종류의 상황에서 너무나 오랫동안 괴로워한다. 일반적으로 신체적 손상, 질병, 죽음, 거절, 비난, 실패 등의 주제와 관련된 자동적 사고와 심상을 가지고 있고, 이러한 사고와 심상을 의식 속에서 끊임없는 걱정한다. 이외에도 능력이 평가되는 상황에서 타인이 자신을 무시하고 평가하는 것에 대하여 두려움을 느끼기도 한다.

일반화된 불안장애를 보이는 사람들은 여러 상황에서 별다른 이유도 없이 사소한 일에 실망하며 불안해 하고, 이러한 불안과 걱정을 잘 통제하지 못한다. 그 결과 자율신경계통의 과잉활동으로 심장이 두근거리며, 손이 차갑고 끈적끈적하고, 입이 마르며, 근육긴장과 통증을 수반하고, 참을성이 없으며, 화를 잘 낸다. 우유부단하며, 주의집중을 못하고, 약간의 우울증에 빠진다. 그러나 일상생활은 그런대로 영위한다.

일반화된 불안장애는 다른 불안과는 달리 통제가 어렵다는 것이다. 대부분의 사람들은 중요한 문제를 앞에 두고 불안해하다 그 문제가 해결되면 불안이 없어진다. 그러나 불안장애가 있는 사람은 곧 다른 불안의 대상이 생기고, 동시에 다른 문제에도 불안해하여 어떤 과제에 집중을 못한다. 불안장애는 대개 불안이 6개월 동안 계속되는 것을 기준으로 한다.

(3) 공황장애

공황장애는 불안장애의 한 하위 유형으로서 갑작스레 강한 공포불안이 보통 1시간 이내 지속되는데 이 때 자신이 죽을 것 같고 미칠지도 모른다는 강한 공포, 두려움이 생긴다. 이 때 신체반응은 심장이 마비될 것 같거나 심장박동수가 증가하고, 질식할 것 같고 가슴이 아프고, 구토할 것 같고, 떨리고 복부가 불편하거나 어지러움 등 여러 가지 괴로운 신체증상을 가져온다. 사람이 많이 모이는 장소나 상황(지하철, 백화점, 광장 등)에서 공황발작을 경험한 사람들이 자신이 겪은 신체적 고통을 더욱 재난적으로 해석을 하여 더욱 심한 공황장애로 발전하는 악순환적 연쇄과정이 유발된다.

공황장애는 운동, 사우나, 성관계, 무거운 물건 등이 원인이 되어 나타난다. 이외에도 공황발작은 수면중에 갑작스럽게 의식의 개입없이 일어나기도 하며, 고립에 대한 불안과 대상상실이 직접적인 원인이 되기도 한다.

(4) 강박증장애

비합리적이고 통제할 수 없는 의심과 사고와 충동, 심상이 반복적으로 마음 속에 떠오르거나, 계속적으로 행동을 반복하여 일상생활에 만성적으로 크게 장애를 주는 경우를 강박증장애라 한다. 강박증사고는 반복적이고 지속적으로 의식에 떠오르는 불쾌한 사고, 충동, 심상으로서 하루 최소, 1시간 동안 몰입되며 이러한 사고가 의지에 상관없이 의식에 침투하여 불안과 불쾌함을 유발한다. 강박증환자는 이러한 강박적 관념을 무시하고 억제하려고 노력하지만 치료를 해도 50%는 증상이 계속되고 우울장애를 동반한다.

강박증사고는 흔히 강박증행동과 관련되어 있다. 강박증사고의 예를 들면 외출 중에 병균이 몸에 침입하지 않을까 걱정하거나, 어머니가 층계를 내려갈 때 굴러 넘어질까 걱정하거나, 학생이 시험지에 쓴 답이 틀린 것 같아 몇 번씩이나 검토하고 걱정하는 것이다.

강박증행동이란 강박증사고와 마찬가지로 개인의 의지와는 관계없이 의심 속에 반복적이고 자동적으로 하는 행동이다. 억압하거나 중단하려 하면 불안해지고 일상생활을 영위하지 못한다. 강박행동은 강박관념을 억압하기 위해 어떤 사태를 예방하고자 만들어진

행동이다. 대부분의 강박행동은 반복, 질서, 정확, 청결과 확인행동에 대한 것이다. 가장 대표적인 강박행동은 손을 씻는 것이다. 어떤 강박장애자는 10초마다 손을 씻거나, 하루에 수십 번 내지 500번 이상 손을 씻는 행동을 한다. 이미 끝난 행동을 다시 확인하기 위해 7~8번 되돌아가서 확인하는 경우도 있다. 심한 경우 학교나 회사에 출근해서도 '아침에 현관문을 잘 잠그고 왔는지'를 계속 생각하게 되어 아무일도 못하고 결국 되돌아오는 수도 있다.

강박증장애자들은 낭만적이거나 감정에 푹 빠지는 일이 별로 없다. 예를 들면 달빛이 환한 바닷가에서 데이트를 하던중 젊은 남자가 '사랑해' 하고 말하면 강박증이 심한 여자는 '사랑이 뭔데' 하고 지적으로 따지는 일이 많다. 그리하여 상대방을 질리게 만든다. 강박증이 심한 장애자들은 분위기에 젖는다는가 누군가를 미치도록 좋아하거나 사랑해 본 적이 별로 없다. 또한 일정한 순서에 따라 일상생활을 영위하다가 그 순서나 행동이 마음에 들지 않을 때는 몇 번이고 되풀이하는 것도 강박증의 하나이다.

강박증장애자들의 대부분은 자신의 이러한 의식적인 행동을 어리석게 생각하나 강박행동을 하지 않으면 다른 일들을 처리할 수 없고 불안하다. 정상적인 사람들도 정도의 차이는 있으나 강박증사고와 강박증행동을 지니고 있다. 다만 강박증행동을 반복하지 않아도 불안해 하지 않고 자기의 일상생활과 타인에게 해를 끼치지 않을 뿐이다.

강박증장애자들은 별다른 이유 없이 하루종일 또는 몇 시간씩 계속적으로 반복 및 확인행동을 하여 가족과 타인들에게 불쾌감을 준다. 그러면 상대방은 적대감을 드러내므로 더욱 불안해지고 우울해진다. 그 결과 대인관계나 부부관계 등이 원만하지 못하게 된다. 강박증장애자들은 대체로 길이 아니면 가지 않는 모범생이며, 유머감각이 별로 없고 인정과 사랑에 대한 지나친 욕구를 가지고 있으며 현실을 보다 위협적이고 재앙적인 것으로 지각하며 지능이 우수한 편이다.

강박증장애는 평소 억눌려 왔던 욕구불만이나 적개심 혹은 분노 등이 상징화되어 나타나는 예가 많으며, 성격특성이 비정상적으로 조심스럽고, 지나치게 책임감에 대한 과도한 평가를 내리며, 모든 상황을 최악의 사태로 간주하여 불안해 하고, 모험을 싫어하는 사람에게서 나타난다고 한다.

Ⅱ. 신체형 장애

일상생활에서 불안을 일으키는 상황을 무의식적으로 억압·회피하고자 하는 욕구가 극단에 이르면 신체기능에 마비증상과 통증이 나타난다. 이런 경우를 신체형 장애라 하며, 뚜렷한 신체적인 기질과 생리적인 장애를 발견할 수 없기에 심인성 장애 혹은 심리적 갈등의 표현으로 본다.

신체형 장애의 형태에는 전환장애, 신체화 장애, 심인성 고통장애, 건강 염려증 등이 있다. 신체형 장애는 평화시보다는 전시에, 장교보다는 사병에, 심리적으로 단순한 사람에게 자주 나타난다.

(1) 전환장애

정신적 갈등이 신체적인 증상으로 전환되어 나타나는 경우를 전환장애라 말하며, 기질적으로나 생리적으로 정상적인 사람이 어떤 사건 후에 시력이나 청력이 마비되거나 무음성증, 무후각증, 발작 및 운동 조정장애, 감각마비 등이 나타날 때 이를 전환장애라 한다. 그러나 이러한 신체적 장애의 원인은 발견되지 않으며 잠잘 때나 최면상태에서는 마비현상이 없어진다.

전환장애는 대개 심한 스트레스 상황에서 갑자기 나타난다. 즉 개인에게 부과된 책임을 회피하려 할 때, 보지 말아야 할 것을 보았을 때, 관심을 끌려고 할 때, 불안을 회피하고자 할 때 심리적 갈등에 의한 신체적 장애가 나타난다. 한편 전환장애는 갑자기 나타나서 갑자기 없어진다. 눈이 멀었던 학생이 갑자기 눈을 뜨거나 다리가 마비된 사람이 갑자기 일어서서 걷게 된다. 전환장애는 대개 청년기나 성인 초기의 여자에게서 많이 나타난다. 전환장애는 히스테리성장애라고도 한다.

(2) 신체화 장애

실제로 신체적 질병은 없는 데도 불구하고, 두통, 피로, 복통, 가슴 두근거림, 비뇨기증상 등 만성적이고 다양한 신체적 장애를 호소하는 경우를 신체화 장애 혹은 브뤼케 장애라 한다. 이러한 장애자들은 약물사용도 빈번하고 입원과 수술도 자주 하는 등 자신의 증상을 과장되게 표현한다. 대개 사춘기 이후의 여자에게서 더욱 흔하게 나타난다.

(3) 건강염려증

건강염려증 환자는 자신이 특정한 신체적 중병에 걸리지 않았을까 하는 심한 두려움에 가득 차서 과민하고 불안한 반응을 나타낸다. 이것을 질병 공포증이라고도 한다. 이들은 의사가 극히 정상적이라고 말해도 전혀 믿지 않고 도리어 실망하며 심한 질병을 앓고 있는 것으로 생각한다. 그리하여 병을 찾을 때까지 이 병원, 저 병원을 방문한다. 이들은 정상적이거나 비교적 사소한 신체변화를 병의 표시라고 한다. 청소년에서 노인들에게까지 비교적 흔하게 나타나며 주로 30~40대의 남성들과 40~50대의 여성들에게서 많다. 특히 아이들을 다 떠나보낸 중년 여성들이 빈둥지 지키기에 싫증났을 때 주위의 관심을 끌기 위해 이용한다.

건강염려증 환자의 특징은 다음과 같다.

① 어린 시절에 가까운 사람들이 건강염려증을 앓은 것을 보았거나,

② 아플 때나 병원에 입원했을 때는 온갖 배려를 받고, 아프지 않을 때는 주위가족들에게 관심을 받지 못한 경험을 한 사람으로서,

③ 아프거나 신체적 질병이 있으면 어려운 일을 회피하는 데 변명할 수 있으며, 주위사람들에게 자신의 존재를 알릴 수 있고 관심을 받을 수 있는 것을 이용한다.

(4) 신체형 장애의 원인

행동주의 관점에서는 다른 사람들의 신체적 장애들을 보고 그대로 동일시 행동하면 신체형 장애자가 될 수 있다. 실제로 무능력한 장애자가 되면 바람직한 어떤 보상도 받을 수 있고, 스트레스도 감소되며 어떤 목적을 달성할 수가 있다.

정신분석적 관점에서는 금지된 충동 및 욕망에 대한 방어로서 신체형 장애가 일어난다고 본다. 성충동의 억압이나 부모를 구타하려는 충동이 신체마비를 가져올 수 있다.

생물학적 및 유전학적 요인도 전환성 장애에 영향을 미친다. 일란성 쌍생아들이 이란성 쌍생아들보다 전환성 장애가 더 높다는 연구결과가 많다.

투사(投射 Projection)란

안에 있는데 밖에 있는 것처럼 보이는 경우가 있습니다. 영화의 필름은 영사기 안에 있습니다. 그러나 우리는 벽에 걸린 스크린에서 필름 속의 영상들을 봅니다. 영상들이 필름에서 스크린으로 투사(投射)된 때문이지요.

우리의 마음도 비슷합니다. 사실은 내 마음 속에 있는데 그것을 모르고 있으면 밖으로 투사되어 밖에 있는 사람이나 사물에서 자기 마음의 일부를 보게 됩니다. "똥 묻은 개가 겨 묻은 개를 나무란다"는 말이 있습니다. 자기 마음 속의 더러운 것이 있는데 남의 사소한 잘못을 호되게 나무랄 때를 비유한 것입니다. 정신분석에서 투사가 일어나는 것은 자기 마음 속에 좋지 않은 생각과 성격이 있다는 사실을 받아들이기가 너무나 괴롭기 때문에 일어난다고 합니다. 그래서 투사는 자기 안의 나쁜 것을 보지 않기 위해 남의 탓으로 돌리는 일종의 무의시적인 방어기제로 보고 있습니다. 일리가 있는 말입니다. 잘못하는 것은 남이고 내가 아니라고 생각하면 일시적으로 마음이 편할 수 있습니다.

분석심리학에서는 여기서 더 나아가 무의식에 있는 것은 무엇이나 밖으로 투사될 수 있다고 봅니다. 다시 말해서 내가 가지고 있으나 모르고 있는 마음의 부분은 모두 대체로 밖에서 지각된다는 것입니다. 또한 투사가 일어나면 최소한 자기가 가지고 있는 것을 인식할 수 있는 기회를 가진다고 합니다. 투사가 일어나지 않은 채 있는 무의식의 내용도 있을 수 있기 때문에 투사됨으로써 사람은 밖에서나마 자기의 무의식의 일부를 경험하게 되는 것이지요. 그러므로 투사는 그것을 인식하도록 하는 목적을 가지고 있습니다.

무의식에는 여러 가지 내용이 있습니다. 험악하고 삐뚤어진 것뿐 아니라 아름답고 황홀한 것도 있습니다. 그러므로 '나쁜' 마음뿐 아니라 좋은 생각, 아름다운 것들도 밖으로 투사됩니다. 개인적인 콤플렉스도, 집단적무의식의 원형상들도 그것을 모르고 있으면 모두 밖으로 투사됩니다.

투사는 일부러 하는 것이 아니고 저절로 되는 것입니다. 무의식적 현상입니다. 투사가 일어나고 있는지 아닌지를 보는 방법이 있습니다. 어떤 대상에 대해서 이유 없이 강렬한 감정반응을 일으키고 그 대상에 집착할 때 그것은 자기의 무의식의 어떤 콤플렉스가 거기에 투사된 때문입니다. 그래서 개인 사이 또는 집단 사이의 반목이나 지나친 야합이 생깁니다.

자기의 마음을 모르면 모를수록, 투사가 많이 일어나서 세상과 다른 다람들을 제대로 판단하지 못하게 됩니다. 지레짐작으로 남을 오해하거나 항상 남의 탓이라고 비난을 일삼든가 순진하게 아무나 믿었다가 실망과 좌절을 겪게 됩니다.

성숙한 사람이 되기 위해서는 투사를 거두어 밖으로 나가 있는 자기의 분신을 되돌려와야 합니다. 그래서 그 부분을 자기 마음 속에서 살려서 의식과 통합할 필요가 있습니다. 이것을 무의식의 의식화 작업이라 하고 분석심리학의 분석(分析)은 바로 그런 목적으로 실시됩니다. 그러나 분석을 받지 않더라도 앞에서 말한 대로 어떤 사람, 어떤 사물(돈, 물건 등) 또는 어떤 이념(이데올로기)에 지나치게 사로잡혀서 그것에 관해 언급할 때는 결코 무심히 지나칠 수 없는, 싫든 좋든 강렬한 감정이 일어날 때는 내가 무의식의 무엇을 투사하고 있는지를 생각해 볼 필요가 있습니다.

(출처: 한국융연구원, 2000)

Ⅲ. 해리성 장애

해리성 장애는 자동차 사고, 전쟁, 질병, 부부간의 심한 싸움, 배우자의 사망이나 이별, 이사, 재난 등 심한 심리적 충격을 받았을 때 자신의 정체성, 의식, 운동행동, 환경지각, 기억 등과 같은 심리적 기능이 평소 때와는 달리 급격하게 변화하는 장애를 말한다. 심리적 충격을 주었던 과거와의 연결은 심한 불안을 주므로 이러한 긴장과 불안을 피하기 위하여 과거의 어떤 행동을 완전히 절단한다. 따라서 과거의 자기가 분리되며 더 나아가서는 개인의 중요한 정보와 기억들이 상실된다. 심지어 자기자신이 누구인지도 망각하게 된다. 해리성 장애에는 기억상실증, 둔주, 다중성격의 장애가 있다.

(1) 기억상실증

가장 흔한 해리성 장애는 급격한 스트레스 후에 자신의 신상에 대해서나 혹은 중요한 경험들을 부분적으로 또는 완전히 잊어버리는 것으로 일명 건망증이라고도 한다. 기질적 기억상실증은 스트레스와는 무관하게 점진적으로 장기간에 걸쳐 일어나며 완전한 회복은 어렵다. 그러나 심인성 기억상실증은 몇 시간 혹은 여러 해 지속되며 최면상태에서는 잊어버린 내용을 회복할 수 있다. 예를 들면 자기가족은 못 알아보나 어떤 특정한 사건과 상황은 기억한다.

(2) 둔 주

둔주란 심인성 기억상실증을 가진 사람이 심한 부부싸움이나 전쟁과 같은 견딜 수 없는 불안과 갈등을 회피하기 위해 자신의 주체성과 가정, 살던 동네, 직장을 떠나 방황하는 경우를 말한다. 어떤 때는 새로운 성격 특성을 가지고 새로운 집과 새로운 직장을 마련하여 새롭게 생활하는 경우도 있다. 대개 둔주장애는 오랫동안 지속되지 않고 곧 회복된다. 둔주장애자들은 둔주상태의 일을 전혀 기억하지 못한다.

둔주상태에 있는 사람들은 자기성격과는 전혀 다른 성격을 가지고 자기 나름대로 새로운 이름을 가지고 행동을 하기도 하며 어느 누구도 장애자라고 의심하지 않는다.

(3) 다중성격

다중성격이란 한 사람에게 두 가지 이상의 서로 다른 성격특징이 상호독자적으로 나타나는 것이다. 각각의 성격은 다른 시간에 출현한다. 제 2, 제 3, 제 4 의 성격은 기존의 성격기반 위에 새롭게 세워지며 일반적으로 하나의 성격은 나머지 성격보다 우세하여 모든 의식적 지각과 사고, 행위를 지배한다. 성격교체는 하루에도 몇 번 일어나기도 하며 혹은 몇 년에 한번 일어날 때도 있다. 다중성격은 매우 희귀한 해리성 장애이며, 정도가 심하고 만성적으로 지속되기에 완전한 회복은 기대할 수 없다. 보통 사춘기의 여자에게 많이 나타난다.

(4) 이인증장애

이인증장애란 신체의 일부 혹은 전부가 자기몸처럼 느껴지지 않거나, 자신의 행동, 감정, 정신기능, 현실환경이 마치 딴 세상에 온 것처럼 느끼는 것이나 목적 없이 넋잃는 사람처럼 기계적인 생활을 반복하는 멍청증세를 보인다. 이인증장애는 기억상실을 수반하지 않는다. 대개 감각이 예민한 시기인 청소년기와 초기 성인기에 이러한 증세가 나타나며, 만성적이고 정상적인 사회생활을 방해할 때만 이인증장애라고 한다.

(5) 해리성 장애의 원인

정신분석적 관점에서는 유아기에 억압된 성적 욕망이 무의식 밖으로 밀려나 성격 전부를 분열시키기도 하고 새로운 주체성을 갖기도 한다고 본다. 행동주의 관점에서는 강한 스트레스를 주는 상황으로부터 회피하기 위해 보상을 받는 행동이 해리증이라고 본다. 그러나 해리증은 희박한 사례이므로 지금까지는 해리성 장애에 대한 정보가 부족하다. 따라서 그 원인을 정확히 규명하지 못하고 있다.

Ⅳ. 정신생리성 장애

정신생리성 장애는 정신신체적 장애로 알려진 장애이다. 정신과 신체는 분리할 수 없다. 따라서 정신과정과 생리과정은 연속적으로 진행되고 있다. 그러므로 모든 병은 정신적이며 동시에 신체적이다. 정신생리적 장애는 정서장애적 요인에 의해 신체 및 신체조직이 손상된 질병이다.

심리적 스트레스에 장기적으로 대처하면 자율신경계통 반응 및 호르몬 반응이 높은 흥분상태에 있게 된다. 따라서 신체나 신체조직이 손상하게 된다. 유전적으로 취약한 신체기관이나 어렸을 때부터 자주 앓아오던 신체기관에서 정신생리적 장애가 발생하기 쉽다.

(1) 정신생리성 호흡기 장애

정신생리성 호흡기 장애로는 기관지천식, 과잉호흡, 탄식, 딸꾹질 등이 있다. 기관지천식은 대부분 갑작스럽게 일어나며, 가슴이 답답하고, 기침이 나고, 숨이 가빠 씩씩거리게 된다. 또한 공황적 공포, 안절부절한 감정, 피로증세를 보인다. 천식발작을 보이는 사람의 성격은 급하고, 예민하며, 의존적이고, 항상 불안하고, 때로는 우울증 증세를 나타낸다. 천식증상은 한 시간 또는 여러 날 지속될 수도 있다.

여자보다 남자에게서 정신생리성 호흡기 장애가 더 많이 나타난다. 병적인 부모-자식관계가 천식의 원인이 된다는 연구결과도 있다.

(2) 정신생리성 심장혈관 장애

고혈압, 편두통 등이 정신생리적 심장혈관 장애에 속한다.

고혈압장애를 앓는 사람은 동맥경화증, 심장발작, 뇌일혈에 걸리기 쉽고 심한 피로감을 느낀다. 스트레스를 주는 작업환경, 불안 및 분노는 혈압을 상승시킨다. 편두통은 뇌혈관의 확장에 의해서 생기는 현상으로 머리의 어느 한 쪽, 혹은 양 쪽에 통증을 느끼는 것이다. 완벽주의적이고, 지나치게 양심적이며, 야심적인 성격에 흔히 많으며 억압된 분노와 긴장감, 의존심으로 인하여 머리가 아프게 된다.

(3) 정신생리성 위장장애

위궤양, 만성위염, 점막성 대장염, 변비, 위산과다증 및 가슴앓이 등이 정신생리성 위장장애에 속한다.

위궤양은 위의 내벽에 구멍이 생긴 것으로 과다한 위산분비로 위운동이 항진하여 생긴 것이다. 스트레스, 불안, 분노, 슬픔, 우울 및 낙담 등은 위장장애를 유발한다. 또한 유전적으로 펩시노겐의 수준이 높을 때 위궤양을 유발하기 쉽다.

(4) 기타 장애

이 외에도 정신생리성 생식비뇨기 장애와 피부장애 등이 있다.

Ⅴ. 정서장애

정서장애는 극단적으로 우울하거나 의기양양한 상태를 말한다. 정상적인 사람은 일상생활의 자극에 대하여 광범위하고 융통성 있는 정서를 갖고 있다. 그러나 정서장애가 있는 사람은 극단적으로 우울하거나, 조증상태에 고착되어 있거나, 혹은 양극을 왔다갔다 하는 조울증상태에 있다. 정서장애는 우울증, 조증, 조울증 등이 있다.

우울증은 감기와 같이 가장 흔한 심리적 장애로서 슬픈 감정을 주된 증상으로 하는 정서장애이며 우리 나라 성인의 5~10%가 가지고 있을 정도로 흔한 장애이다. 우울증은 대개 직장이나 애인 또는 사랑하는 부모를 잃었을 때, 학업에 실패할 때, 질병이나 노쇠로 일을 할 수 없을 때, 권력과 명성, 재산 등 사회경제적 기반을 상실했을 때 나타난다. 이와 같이 우울증은 불안증세와 더불어 적응에 어려움을 겪는 사람들이 보이는 일반적인 정서경험이며 그 정도가 심화되면 정서장애, 동기적 장애, 인지장애, 행동장애 등의 심리적 장애와 여러 신체적 장애가 수반된다.

우울증증세의 특징은 다음과 같다.

① 혼자서 가만히 있기를 좋아하고 무기력하고 느리며 단조로운 목소리를 낸다.

② 문제에 직면했을 때 문제해결책이 떠오르지 않는다.

③ 슬프고 우울하고 죄책감을 갖고 있다.

④ 자신의 위생상태와 외모에 무관심하고 일상생활에도 무관심하다.

⑤ 인지적인 장애현상이 있다(주의집중의 장애, 기억력, 사고력, 판단력, 과제수행능력의 장애).

⑥ 대인관계 위축 및 행동장애를 가지고 있다.

⑦ 신체증상-늘 피곤함, 두통, 불면증, 소화불량을 가지고 있다.

⑧ 부정적 자기개념을 가지고 있다.

우울증의 극단적인 사례는 자살이다. 우울증 환자의 자살비율은 정상인보다 2.5배나 높다. 우울증이 약간 호전될 때 자살의 위험성이 가장 높다.

(1) 조 증

조증은 우울증과 반대되는 증세를 보이는 매우 드문 장애이다. 조증의 특징은 다음과 같다.

① 말이 많고, 주의가 산만하며, 안절부절 못한다.

② 기운이 다 없어질 때까지 지나치게 활동적이다.

③ 자기자신을 훌륭하고 매력적으로 본다.

④ 무절제하게 시간과 돈을 쓰며, 난잡한 성생활을 한다.

⑤ 사고의 비약을 나타내고, 말이 무척 빠르고, 문장이 채 끝나기도 전에 다른 주제로 비약한다.

⑥ 환각이나 망상을 경험하여 자신이 예수 혹은 백만장자라고 떠들어댄다.

⑦ 신체적 고통에 매우 둔감하다. 조증은 보통 하루나 이틀에 걸쳐 나타나나 몇 개월 동안 지속되는 경우도 있다.

(2) 조 울 증

조울증이란 대체로 우울증세가 먼저 나타나고 수 시간 혹은 몇 년 후에 조증이 주기적으로 나타나는 증세로서 양극성 정서장애라고도 한다. 조증은 독자적으로 나타나지 않고 우울증과 교대로 나타난다. 남자보다 여자에게 조울증이 더욱 많다. 실제로 조울증은 드물어 성인 인구의 1% 정도만 경험하며, 40대 이후에 많이 발생한다. 치료받지 않으면 재발할 가능성이 있으며 다른 정서장애와는 달리 유전의 가능성이 높다.

(3) 우울증의 원인

정서장애 가운데 우울증이 가장 광범위하게 나타나고 있다. 조증은 우울증의 반동형성이라는 방어기제에 의하여 나타난 것으로 생각한다. 따라서 우울증과 그 근원이 같다고 한다. 우울증의 원인을 다음과 같은 관점에서 고찰하여 보자.

1) 학습이론적 모형

학습이론의 관점에서는 첫째, 개인에게 긍정적 강화를 주던 대상, 상황, 사람 등을 상실하였을 때 우울증이 발병한다. 한편 과거보다 부적절하고 불충분한 강화를 받으며 사람은 수동적이 되고 우울상태에 빠진다. 나아가 사회적 대인관계 기술이 부족해지며 자신을 비하시키게 된다.

둘째, 일반적인 학습된 무기력이 우울증을 발생시킨다. 반복적인 혐오적 사건을 경험한 사람은 이러한 사건을 자신이 통제할 수 없다는 지각과 기대를 갖게 되어 학습된 무기력이 유발되며 이러한 무기력이 우울증의 증상을 가져온다. 즉 무기력한 사람들은 현재의 상황에 효과적으로 노력하지 않고 학습할 능력과 동기도 상실하게 되어 지속적인 우울증이 된다. 대개의 경우 자기자신의 사상과 행동을 변화시키고 통제하는 일이 가능한 데도 불구하고 '나는 할 수 없다' 는 착각 속에서 산다.

2) 인지적 모형

인지적 모형에서는 우울증의 근원이 사람들이 자신과 세상을 왜곡되게 인지하고, 자기를 낮게 평가하고, 자신을 무능력하다고 보는 데 있다. 우울증에 걸린 사람들은 분노와 관련된 생각들 보다는 상실, 패배, 무능의 주제와 관련된 부정적이고 비관적인 생각과 심상을 가지고 있다. 즉 충분한 증거가 없이 자신을 비난하고, 무능력하다고 보며 과잉 일반화한다. 부정적이고 비관적인 생각은 의식적인 주의와 노력을 기울이지 않으면 우울증 환자 자신에게 잘 의식되지 않으며, 촉발사건 또는 환경적 자극에 의해 의식되지 않은 채 자동적이고 습관적으로 유발되는 경향이 있다. Beck는 이러한 인지를 부정적인 자동적 사고라고 명명했다. 우울증환자의 자동적 사고는 흔히 환경적인 사건이나 상황을 부정적인 방향으로 체계적인 왜곡을 하여 그 의미를 해석한 결과로 나타난다. 생활사건의 의미를 해석하는 정보처리과정에서 범하는 체계적인 잘못을 인지적 오류 또는 인지적 왜곡이라 부른다.

이외에도 우울증환자들은 역기능적 신념을 가지고 있다. 역기능적 신념은 세상일반에 대한 일반적인 신념으로 절대주의적·당위적·이상주의적·완벽주의적·요구적 융통성이 없는 내용으로 현실적인 삶 속에서 실현되기 어려운 것들로 이루어져 있다(Beck, 1983, 1987).

역기능적 인지도식을 가진 사람이 부정적 생활사건 등의 환경적 자극과 부딪히면서 인지적 오류를 범하여 생활사건의 의미를 왜곡함으로써 부정적이고 비관적인 내용의 자동적 사고를 하게 되고 이러한 자동적 사고는 우울증상을 야기하게 된다(권석만, 1995).

3) 정신분석적 모형

우리는 사랑하는 사람을 잃거나 사랑하는 사람에게서 배척을 받으면 상실된 애정대상에 대해 사랑하면서도 증오하는 양가감정을 갖는다. 이 때 분노와 같은 부정적 정서를 갖게 되며 이러한 정서를 내부로 돌려 자기비난과 자기혐오를 한다. 즉 우울증이 된다.

Freud는 유아기의 구강기 단계에 고착되어 있는 사람이 우울증에 잘 걸린다고 한다. 어린 시절에 할머니집에서 자랐기에 늘 버려진 느낌이 밑바닥에 깔려 있는 사람은 고독하고 주위에서 사랑과 관심이 와도 외면하고, 또 조그만 무관심에도 화를 내는 그런 감정이 악순환되어 우울증에 걸리게 된다. 또 형제간에 욕심을 부리다가 야단만 맞은 어린시절의 감정, 억울했던 경험, 눈치보던 느낌, 내팽개쳐져서 멍한 느낌, 인정받지 못했던 느낌 등의 분노는 억압되거나 또 터지기도 하는 악순환을 거쳐 우울증으로 된다. 특히 부모를 일찍 잃은 사람이 구강기의 고착으로 우울증에 걸리기 쉽다.

4) 생물학적 모형

정서장애 가운데 특히 조울증은 유전경향이 높다. 일란성 쌍동이의 조울증 발생일치율은 72%이고 이란성 쌍동이의 경우는 14%이다. 친척들의 발생일치율은 10～20% 정도이다.

두뇌의 변연계와 시상하부에 작용하는 신경전달물질인 노어에프네프린과 세로토닌이 정서행동을 조절하는 것으로 널리 알려졌다. 즉 세로토닌과 노어에프네프린이 결핍되면 우울증이 발생하고, 과도하면 조증이 발생한다. 우울증에 걸린 사람의 두뇌 속에 있는 노어에프네프린과 세로토닌은 측정할 수 없다. 그러나 신진대사물인 소변이나 혈청과 뇌척수액을 측정하거나 두 신경전달물질을 감소시키거나 증가시키는 약들을 복용할 때 나타나는 결과로서 명확히 알 수 있다.

그러나 심리적 변화로 말미암아 생리적 변화가 일어났는지 혹은 생리적 변화로 심리적 변화가 일어났는지는 아직도 의문으로 남아 있다.

Ⅵ. 정신분열증

정신병원에 입원한 환자 가운데 50% 이상이 정신분열증 환자이다. 이 병은 주로 청년기에 발생하는 심각한 장애이며 흔히 미쳤다고 하는 정신병이다. 이 병은 치료가 어렵고, 재발이 자주 일어나 완전한 치유는 어렵다. 실제로 발병빈도는 0.5~0.6%에 불과하나 정신분열증은 특별한 관심의 대상이다.

(1) 정신분열증의 주요증상

첫째, 사고와 사고내용의 장애이다. 정신분열증 환자들의 대화는 때때로 논리적 일관성이 없고 새로운 신조어를 만들어 낸다. 단어들의 운이 맞는 음향현상이 나타난다. 또한 망상에 잘 빠진다.

둘째, 지각 및 주의장애이다. 정신분열증 환자들은 청각적·시각적·후각적·촉각적 등의 감각적 환각을 나타낸다. 또한 어떤 일에 정신집중을 할 수가 없으며 현실에 대한 왜곡된 견해를 갖는다.

셋째, 감정표현과 정서의 장애를 나타낸다. 정신분열증 환자의 얼굴표정은 냉정하고, 무기력하게 보인다. 그리고 아주 낮은 목소리로 단조롭게 이야기를 한다. 슬픈 이야기를 듣고 웃거나, 선물을 받을 때 울거나 화를 내는 등 주변맥락에 맞지 않게 부적절한 정서상태를 나타낸다.

넷째, 운동행동의 장애 및 생활기능의 손상을 나타낸다. 정신분열증 환자는 얼굴을 찌푸리거나 이상한 표정을 지으면서 기괴한 신체행동을 나타낸다. 사회적 기술을 갖고 있지 않아 친구도 없고 직장생활에 있어서 일의 수행능력도 뒤떨어진다. 그리고 자폐증 증세를 나타낸다.

다섯째, 과대망상과 피해망상을 나타낸다. 누군가가 뒤에서 이야기를 하면 나를 죽인다고 생각하고, 또한 자신이 예수, 석가, 성모마리아라고 떠들어대며 자신을 우주에서 보낸 사자로 착각할 때도 있으며 종교적·성적 망상을 가지고 있다.

정신분열증을 진단받기 위해서는 위의 증상 중 두 가지 이상이 6개월 이상 나타나야 하며 그 증상에 따라 혼란형, 긴장형, 망상형, 미분화형으로 구분할 수 있다.

(2) 정신분열증의 원인

모든 정신장애 가운데 사람을 가장 무능력하게 만드는 정신분열증의 원인은 다음과 같다.

1) 사회계층적 원인

주위사람으로부터의 좋지 않은 대우, 낮은 보수, 낮은 학력수준 등으로 인한 사회적 스트레스, 적개심, 압박감, 무시당하는 느낌, 배척당하는 느낌이 정신분열증을 일으키는 원인의 하나이다. 따라서 정신분열증은 낮은 사회계층의 사람들에게 많이 발생한다. 낮은 사회계층의 사람들은 정신분열증이 발병해도 치료비가 없어 환자를 방치하거나, 치료비 부담으로 더욱 가난해지고 무기력하게 된다. 그리하여 부모의 빈곤이 자식에게 세습되듯이 정신분열증도 자식에게 물려주게 된다.

2) 가족관계

부모와 자녀간의 관계와 부부관계의 상호작용이 정신분열증의 발생에 막대한 영향을 미친다. 첫째, 부모와 자녀간의 관계에서 특히 어머니가 자식에게 냉정하고, 지배적이며, 갈등을 심어줄 때 그 자녀는 정신분열증이 되기 쉽다. 특히 이러한 어머니의 성격은 과잉보호적이며, 자기희생적인 면이 많고, 타인의 감정을 받아들이지 않으려 하고, 친밀한 관계를 맺으려 하지 않고, 성에 대해서 엄격하고, 지나치게 도덕적인 면을 강조한다. 이러한 특징을 가진 어머니를 '정신분열증을 유발시키는 어머니'라 한다.

둘째, 가족성원간의 의사소통에 있어서 일관성이 없는 대화가 문제가 된다. 가족들간의 대화에 핵심이 없고, 혼란스럽고 특히 부모와 자녀간의 대화가 지리멸렬하면 자녀의 사고는 혼란하게 되고 심할 경우 정신분열증에 걸리기 쉽다.

셋째, 이중속박가설이다(double-bind hypothesis). 이것은 어머니가 자식에게 말한 내용과 방식이 이전에 말한 것과 상반되어 자녀가 명확하게 이해하지 못한다고 불평할 수도 없고 부연설명을 요구할 수도 없는 경우이다. 또한 자녀가 간단하고 직접적인 방식으로 부모와 대화를 할 수 없는 경우를 말한다. 예를 들면 자녀는 행동을 해도 비난을 당하고 행동을 하지 않아도 비난 당하게 되어 모순되는 방식으로 행동하는 것을 배운다. 자녀가 공부하고 있을 때 '나가서 놀아라' 하고 말하고 나서 자녀가 현관에서 신발을 신으려고 할 때 '그런데 너 숙제했니?' 하고 말할 때나 '입 다물고 바나나 먹어' 라든가 조그마한 목소리로 자녀가 이야기할 때 '안 들려 크게 말해' 해 놓고 자녀가 큰 소리로 말하면 '무슨 애가 어른한테 그렇게 큰 소리로 말하니' 할 때 자녀는 무척 당황하여 안절부절하게 된다. 그리하여 자녀는 현실지각을 왜곡하고 다른 사람들을 불신하며 자라게 된다.

넷째, 부부가 서로 다투어 가족의 화목을 깨뜨리고, 상호비방하여 상대방의 가치를 저하시키고, 자녀들을 자신의 편으로 만들기 위해 경쟁하는 부부관계유형이 있다. 또 다른 유형으로는 공개적인 투쟁은 없고 어느 한 쪽의 지배적인 행동에 대하여 다른 쪽이 전적으로 복종하고 받아들이는 기울어진 가족유형이 있다. 두 가지 가족유형 모두 부모들은 미숙하고, 자녀양육방법에 결함이 있고, 자녀들을 이용하는 사람들이다. 이런 가정에서 자란 자녀들은 부모에게 거부감을 느끼고, 부모의 정서에 대하여 불안해 하며, 혼란되기에 결국 정신분열증에 걸리기 쉽다.

3) 유 전

일란성 쌍동이 가운데 한 사람이 정신분열증에 걸렸을 때 다른 한 사람이 같이 정신분열증에 걸린 확률은 이란성 쌍동이보다 5배가 높다(Ban, 1973). 일란성 쌍동이의 정신분열증 일치율은 42%, 이란성 쌍동이의 일치율은 9%로 나타나 정신분열증이 유전적으로 영향을 받음을 나타낸다. 정신분열증 부모에게서 태어난 자녀를 정상적인 부모가 양육하였을 때도 정신분열증의 발생률이 높았다.

4) 생화학적 원인

신경전달물질인 도파민의 과잉활동에 의하여 정신분열증이 발생한다. 도파민의 방출을 증대시키는 암페타민을 정신분열증 환자에게 복용시키면 편집형 정신분열증과 비슷한 정신병적 상태를 일으킬 수 있으며 정신분열증 증세를 더욱 악화시킨다(Rosenhan와 Seligman, 1984).

5) 학 습

정신분열증 환자의 기괴한 행동은 그러한 행동에 대한 강화물의 산물이라고 보는 것이다. 이상하고 미친 행동을 할 때 충분한 강화를 주고, 정상적인 행동을 할 때는 강화를 주지 않으면 정신분열증 환자가 된다고 본다. 이들이 정신병원에 입원하고 나서 의사와 간호원, 그리고 다른 사람들의 관심과 보호를 받으면 그들의 이상한 행동은 더욱 강화된다는 임상보고도 있다.

Ⅶ. 편 집 증

정신병 가운데 가장 드문 것이 편집증이다. 다른 정신병들은 여러 가지 병리적인 증상을 보이지만 편집증은 단 한 가지에 집요하고, 극적이고, 지속적인 망상을 나타낸다. 망상이란 객관적인 사실이 입증되지 않는 데도 불구하고 자신이 굳게 믿는 신념이다. 망상은 모든 정신병에서 나타나지만 편집증의 망상은 내용이 체계적이고, 논리정연하다. 편집증에는 의처증, 의부증, 과대망상, 피해망상 등이 있다. 편집증 환자들은 어렸을 때부터 주위에서 자신감을 넣어주지 못하는 결핍된 환경 속에서 자랐기에 열등감이 많다. 의심이 많고 예민한 특성을 가지고 있지만 환각증상은 나타나지 않아 성격의 붕괴는 나타나지 않는다. 따라서 직장생활이나 사회생활 등 일상생활은 원만하게 수행하며 때로는 지적인 것처럼 보인다. 편집증의 망상은 현실과 동떨어져 있고 너무 집요해서 어떤 논리적인 설득으로도 바뀌지 않아 치료가 어렵다.

Ⅷ. 성격장애

성격장애는 개인이 사회환경에 적응하는 방식이 융통성이 없거나, 너무 엄격하거나, 미성숙하여 부적응적인 사고양식과 행동양식이 되풀이 나타나는 것이다. 성격장애는 일시적인 적응문제나 특정한 불안, 우울 등 심리적인 문제라기보다는 어렸을 때부터 개인의 성격에 뿌리깊이 내재되어 있으나 자신은 이러한 장애를 가지고 있다는 것을 깨닫지 못한다. 성격장애를 보이는 사람들은 신경증이나 정신분열증 증세를 보이는 사람들과는 달리 현실과의 거리감, 불안감, 우울증 등을 나타내지 않고 현실생활에서도 잘 지낸다. 그러나 주변사람들에게 고통을 주고, 자신의 행동에 대하여 죄의식이나 책임감을 느끼지 않으며, 자신의 행동을 고치려고 노력하지도 않는다.

(1) 편집성 성격장애

의심이 많고, 항상 경계하며, 다른 사람들로부터 이용당하지 않을까 걱정한다. 지나치게 질투심이 많고, 과도하게 예민하며, 남을 비난하는 경향이 있다. 냉정하며 유머가 전혀 없다. 정력적·야심적이며 적개심이 강하고 비교적 높은 지위를 얻지 못하면 모임이나 단체에 가담하는 것을 싫어한다. 조심성 있고 용의주도하지만 특정한 장면에 처하면 전반적 특성은 보지 못하고 트집잡기의 명수이며 자신의 편견에 따라 일부에만 관심을 두므로 환경적응이 어렵다.

(2) 정신분열성 성격장애

타인과 사교적 관계를 맺기 어렵고 가까운 친구가 별로 없다. 감각이 둔하고 다른 사람에게 따뜻한 감정을 표시하지 못한다. 현실과 잘 접촉하나 혼자 생활하기를 좋아하는 고립주의자이다.

(3) 정신분열형 성격장애

정신분열성 성격장애 같이 대인관계에 애로가 있으며 마술적 사고, 이인증, 비현실감, 착각 등의 증세를 나타낸다. 심한 스트레스를 받게 되면 정신병자처럼 보인다.

(4) 경계선 성격장애

대인관계와 행동, 그리고 자기상이 극에서 극으로 변하는 성격장애이다. 타인에 대한 태도, 정서, 감정 등이 매우 충동적이어서 친구들과 사이좋게 지내다가도 곧 화를 내며 헤어진다. 자신의 가치관과 진로선택이 확고하지 못하며 고독을 견뎌 내지 못한다.

(5) 히스테리성 성격장애

매우 지적으로 행동하며, 자신을 과시하려고 하며, 남의 관심을 끄는 지나칠 정도의 표현을 한다. 사소한 일에도 화를 내며 과잉반응을 보여 일상적인 일에 권태를 잘 느낀다. 여성에게서 훨씬 많이 나타나며 허영심이 많고, 천박하고, 약물중독자가 많다. 히스테리성 부인들은 남편을 자기 뜻대로 조정하기 위해 신체증상을 교묘히 이용한다.

(6) 회피적 성격장애

주위의 사람들로부터 사회적 배척과 모욕을 받을 것을 우려하여 대인관계나 사회적 관계를 맺는 것을 회피한다. 자존심이 낮아 자신의 결점에 당황한다. 극히 소수의 친구가 있다.

(7) 자기도취적 성격장애

자기자신에 대한 과대망상을 갖고 있어 자기만을 생각하여 대인관계에 큰 결함이 있다. 자기자신이 성공하는 환상을 갖고 있으며 타인으로부터 찬사와 존경을 받기 위하여 노력한다. 자기도취장애는 성격장애 가운데 가장 흔하며 겉으로 보기에는 별로 문제가 없고 효율적으로 보이나 타인을 진심으로 사랑할 수 없는 무능력을 나타낸다. 타인의 성공에 대해서는 질투하므로 자신보다 우월하다고 보이는 사람과는 인간관계를 맺지 않는다.

구체적으로 특징을 요약하면 다음과 같다.

① 노력 안하고 좋은 결과를 바란다.

② 거대 자아 환상을 가지고 있다.

③ 남을 존중하지 않고 감탄하지 않는다. 예를 들면 '내가 안 해서 그렇지 하면 너보다 잘해' 라는 생각을 가지고 있다.

④ 자신의 약점은 안 보이려고 하며 남의 것, 특히 남의 약점에 관심을 둔다.

⑤ 유아적이고 자기 중심적이다.

(8) 의존성 성격장애

자기자신이 노력하지 않고 자신감과 독립심이 부족하여 혼자서는 생활할 수 없는 것을 말한다. 자기의 의지대로 하는 일도 없고 남에게 요구할 줄도 모른다. 주위에 도와 줄 사람이 없으면 절망감에 빠진다. 신데렐라 콤플렉스나 피터팬 콤플렉스가 있다.

(9) 강박성 성격장애

미신적이고, 정확하고, 세밀하고, 결벽증이 있고 일하기를 좋아하는 완벽주의자이다. 정서가 부족하므로 대인관계는 빈약하며, 결단력이 부족하고 남을 용서할 줄을 모른다.

(10) 수동적-공격적 성격장애

수동적-공격성 성격장애자는 직장생활과 사회생활에서 공격성을 간접적으로 표시한다. 습관적으로 약속에 늦고, 전화응답도 하지 않고, 게으름을 부린다.

(11) 반사회적 성격장애

반사회적 성격장애자는 통제가 덜되어 있고, 순간적인 충동에 쉽게 굴복하며, 개인과 사회에 해를 끼치는 행동유형과 개인적 특성을 지니고 있다. 겉으로는 매력적·관용적으로 보인다. 아동기의 거짓말, 싸움질, 도벽, 난잡한 성행동 및 가출은 반사회적 성격장애의 초기증상이다. 이러한 행동유형들은 성인기에도 계속 유지되어 원만한 직장생활과 결혼생활이 어렵고, 좋은 부모가 되기 어려울 뿐 아니라 장래의 계획을 가지고 살기도 어렵다. 이들은 어느 개인이나 집단에 대한 진정한 사랑의 감정이나 충성심이 결여되어 있다. 이들은 일반적인 범죄집단과는 달리 단독으로 행동한다.

반사회적 성격장애는 첫째, 유아기와 아동기에 부모의 애정결핍과 부모의 심한 배척 때문에 생긴다. 둘째, 부모의 자녀양육방식이 비일관적일 때 생긴다. 이런 부모들은 자식의 그릇된 행동을 어떤 때는 처벌하고, 어떤 때는 방치한 것이다.

반사회적 성격장애자들은 정상인들보다 느린 뇌파활동을 보이며, 자율신경계의 이상으로 회피학습이나 처벌에도 불안감을 느끼지 않는다. 반사회적 성격장애는 치료가 어렵다. 아직까지도 많은 반사회적 성격장애자들이 치료적 도움을 받지 못하고 소년원이나 교도소에서 일생을 보내고 있다.

Ⅸ. 알콜중독 및 약물사용 장애

알콜중독, 약물중독은 물질사용 장애에 속한다. 물질사용 장애란 어떤 물질을 규칙적으로 사용한 결과 사회적 · 직업적 기능을 손상시키는 행동변화가 일어난 것을 말한다. 이것은 온갖 노력에도 끊을 수 없는 중독상태로서 물질을 끊었을 때 금단반응이 나타난다.

알콜중독은 자신의 신체적 건강, 대인관계, 사회생활, 직장생활을 해칠 정도로 술을 많이 마시거나, 정상적 기능을 위해서 술을 마시는 상태를 말하는 물질 남용의 가장 대표적인 예이다. 알콜중독은 정신병원 환자의 30～40%를 차지할 정도로 심각한 장애이다. 우리 나라 농촌주민의 8%, 도시주민의 6%가 알콜중독 초기단계라는 조사보고가 있다.

알콜은 진정제로서 뇌중추의 기능을 억제한다. 따라서 술을 마시면 지능과 지각의 변화가 오며, 불안과 공포가 해소되며, 특히 내향적인 성격의 사람은 억압된 외향성 성격이 풀려지게 되어 말이 많아지고 책임감에서 벗어나게 된다. 과음시에는 우울증, 사고장애,

문제해결력 저하, 가정불화, 운동기능 장애, 자살증가를 일시적으로 일으킨다. 만성적으로 술을 마시게 되면 식사를 소홀히 하게 되고, 직장생활도 제대로 영위할 수가 없게 된다. 만성단계에서는 술을 마시기 위하여 인생을 사는 것처럼 알콜이 공급되지 않으면 금단증상을 나타낸다. 이 밖에 알콜중독은 내분비선 및 췌장의 손상, 심장마비, 고혈압, 얼굴과 코가 빨개지는 모세관 출혈, 두뇌세포의 퇴화를 가져온다.

알콜중독자가 알콜을 중단하면 혈액 속의 알콜수준이 급격히 떨어져 일시적 정신착란증세, 환각, 촉각, 경련 등의 섬망상태를 나타낸다. 흔히 알콜중독단계는 첫째, 고민을 덜기 위해서나 사교상의 목적으로 마시는 알콜중독 전단계, 둘째, 음주를 숨어서 자주 하고 기억상실증을 가져오는 전구적 단계, 셋째, 모든 조절능력을 상실하는 위기단계, 넷째, 음주가 계속되는 만성단계로 구분된다.

임신중의 알콜복용은 태아 및 유아의 성장을 지연시켜 정신지체, 기형아 분만의 원인이 되며 이 상태를 태아성 알콜증후군이라고 한다.

알콜중독의 원인으로는 유전적 요인, 사회문화적 요인, 성격적 요인 등을 들 수 있다. 알콜중독의 유전가능성은 일란성 쌍동이의 알콜중독의 일치율, 알콜중독자의 자손이나 친척 가운데 알콜중독자가 많다는 조사연구 결과를 통해 알 수 있다.

사회문화적 요인을 살펴보면 문화권에 따라 알콜복용 정도가 다르다. 유태인, 중국인, 이태리인은 알콜중독자의 비율이 낮고 유럽인, 아일랜드인, 아랍인들은 알콜중독자의 비율이 높다.

성격적인 요인을 보면 충동적이며, 자존심이 낮고, 자기파괴적 속성을 지니고 있으며, 남의 비판에 지나치게 예민하며, 자신의 남성적 특징을 지나치게 과시하려는 성격특성을 가진 사람들과 스트레스를 잘 참아내지 못하는 욕구좌절 인내도가 낮은 사람들에게 알콜중독증이 많이 나타난다.

정신분석학적 모델에 따르면 구강기의 고착현상으로 좌절된 의존욕구나 혹은 과도한 욕구충족이 알콜중독을 유발하는 일차적 원인이 될 수 있다.

약물중독은 알콜중독과 마찬가지로 물질남용과 물질의존으로 구분된다. 흔히 남용되는 약물로는 아편, 몰핀, 헤로인, 바비탈 제재 등이 있고, 각성제로는 암페타민, 코카인 등이 있다. 음주와 마찬가지로 처음에는 호기심으로 스트레스를 없애거나 쾌감을 얻기 위하여 혹은 친구의 권유에 의하거나 친교적인 모임에서나 현실도피적으로 먹기 시작하나 차츰 신체적 내성이 생긴다. 결국 끊기 어렵게 되어 계속적으로 약을 사용한다. 그 결과 사생활과 직장생활에 장애가 오며 약을 구하는 데 모든 관심을 집중한다.

약물중독의 원인으로는 첫째, 부모의 영향을 들 수 있다. 부모가 자식에게 별로 관심이 없고 화목하지 못한 가정에서 약물중독자를 많이 볼 수 있다. 또한 부모가 약물을 자유롭게 사용하면 자식들도 그대로 모방하게 된다. 둘째, 동조적인 사람이 약물중독자가 되기 쉽다. 친구의 약물사용을 보고 동조하게 되면 약물중독자가 된다.

Ⅹ. 성도착장애

성도착이란 성적으로 집착하는 일탈된 행위이다. 적어도 6개월 이상 주기적으로 강렬한 성적환상, 충동, 행동이 있어야 하고 일상생활에서 심각한 고통, 피해를 당한다.

성도착증으로는 여성물건애, 복장도착증, 소아기호증, 노출증, 관음증, 접촉도착증, 성적가학증, 성적피학증 등이 있다.

Ⅺ. 주의력 결핍 아동장애(Attention Deficit Hyperactivity Disorder)

주의력 결핍 아동장애는 학령기 아동에게 흔히 나타나는 장애 중 하나로 주의력 결핍, 과다활동, 충동성을 주요 특징으로 하며 이러한 행동들이 6개월 이상 지속된다. 학령기 아동의 8%가 ADHD로 추정되며(조수철과 신윤호, 1994), 7세 이전에 시작된다. ADHD는 70~80%가 청소년기까지 지속되며 이차적으로 학습장애를 가져온다. 또한 10~60%가 성인기까지 지속된다. ADHD 아동의 특성은 다음과 같다.

(1) ADHD 아동의 주된(Primary) 행동/특성

1) 주의력 결핍(inattention)의 특징

① 학교과제, 다른 활동시에 부주의한 실수
② 놀이활동시 집중곤란
③ 상대편의 말 경청곤란
④ 해야 할 의무불이행
⑤ 활동의 체계화에 어려움
⑥ 꾸준함을 요하는 과제 회피
⑦ 물건을 자주 잃어버림
⑧ 외부자극에 쉽게 산만
⑨ 일상적인 일을 흔히 잊음

2) 과잉행동(hyperactivity)의 특징

① 몸을 가만히 두지 못함
② 자리이탈
③ 과다한 움직임
④ 정적인 활동에 어려움
⑤ 말이 많음
⑥ 쉬지 않는 행동

3) 충동성(impulsivity)의 특성

① 질문이 채 끝나기 전에 대답
② 차례나 규칙준수에 어려움
③ 다른 사람을 방해

(2) ADHD 아동의 이차적(secondary) 행동/특성

1) 학업수행의 문제

ADHD 아동들은 주의력 결핍, 충동성, 과잉행동의 주된 행동적 특성으로 학교생활에 있어 많은 어려움을 겪는다. ADHD와 학습장애·학업실패는 높은 상관관계를 나타내지만 이에 대한 정확한 원인은 아직 밝혀지지 않았다.

2) 행동 및 사회적 문제

ADHD 아동들은 사회적 상황에서 여러 가지 행동문제를 보이게 된다. 이를 크게 4가지로 나누어 보면 다음과 같다(이양희, 2000).

① 귀찮게 (방해)한다.

② 부산스럽다.

③ 언어적·신체적으로 공격적이다.

④ 말과 행동이 강하다.

XII. 자 폐 증

자폐라는 말은 환경과 효과적으로 관계 맺지 못함을 의미한다. 자폐증 증세는 3세 이전에 나타난다. 자폐아의 부모는 대개 지적이고 분석적이고 정서적인 따뜻함이 결핍되어 있으며 얼음상자 같다. 오랫동안 이런 부모 밑에서 성장하면 점진적으로 자폐아가 된다.

자폐증의 구체적인 특징은 다음과 같다.

① 타인의 정서에 반응이 없고, 의사소통에서 장애가 있다.

② 판에 박힌 일을 한다.

③ 장난감을 고를 때 딱딱한 병, 막대기나 갑각류 동물(새우, 게, 가재, 거북, 조개 등)을 잡는다.

④ 날짜나 길, 역이름 기억하기에 집착하고 물건마다 치고 다니는 행동을 한다.

⑤ 머리를 박거나 쥐어뜯거고 벽에 부딪치는 등 자해 행동을 심하게 한다.

제10장

이상행동의 치료

이상행동의 심리치료는 그 형태는 오늘날과 다르지만 인류역사와 더불어 시작되었다.

원시인의 두개골에 귀신을 몰아내기 위하여 구멍을 뚫은 흔적, 회전통에 정신질환자를 묶어 놓고 회전시키는 일, 무자비하게 피를 흘리게 하는 일 등을 통하여 이상행동을 치료하는 역사는 아주 오래 되었음을 알 수 있다. 중세에 정신질환자들은 마귀와 악귀에 홀린 것으로 생각되어 때려 주거나, 동물원의 우리에 가두어 놓고 학대하고 고문하였다. 이보다 조금 발전된 치료방법은 샤만의 역할인 무당의 굿과 예민하거나 공감적인 개인이 설득이나 안심을 시키는 언어로 개인의 적응을 돕는 치료 등이었다. 18세기에 와서 과학적 치료법이 시작되었으며, 강력한 자석을 이용하여 몸 속의 악령을 끄집어 내는 방법도 사용하였다. 특히 1792년 프랑스의 Phillipe Binet가 정신병원장이 된 후 이상행동을 정신적 질병으로 간주하여 의학적인 치료의 길을 열어 놓았다. 19세기 중엽에는 정신병의 원인이 심리적·생리적인 데에 있다고 간주하고 도덕적·인간적인 치료가 시작되었다. Charcot, Breuer 등은 이상행동의 심리치료에 최면법을 도입하고 정신병도 육체적인 병으로 생각하였다. 그래서 의사와 환자와의 온정적 관계와 쾌적한 병원환경의 필요성을 강조하였다. 19세기 말경에 와서야 비로소 심리치료에 대한 체계적이고

〈그림 10-1〉 정신질환을 치료하는 초기의 방법들

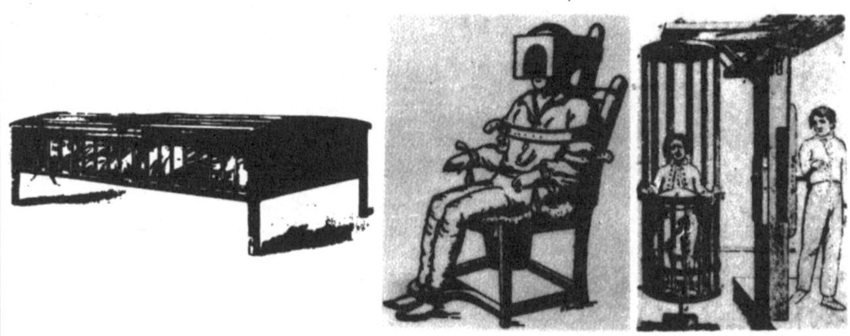

(A) 폭력적인 환자들을 가두는 구유 (B) 원심력 침대 (C) 흔들리는 장치

계획적인 접근이 시작되었다. 비인간적인 치료법에서 인간적이고 조직적인 치료방법이 본격적으로 개발되기 시작하였다. 오늘날 우리 사회에 심리치료가 널리 보급되었으나 심리치료에 대해 잘 아는 사람은 드물다. 심리치료를 중요시 여기지 않고 오히려 심리치료를 받는 것을 부끄러운 일로 여기기도 한다. 여기서 심리치료란 상담과 중복된 의미로 사용된 것이다. 그러나 정상인과 환자의 구분을 명확히 할 수 없으므로 다루는 문제의 정도에 따라 상담과 심리치료가 어느 정도는 구별될 수 있다.

1. 신체치료

신체치료는 인간의 심리적 장애를 질병으로 간주하고 신체에 여러 가지 물리치료를 사용하여 신체적 기능을 직접 조정함으로써 질병을 치유하는 방법이다. 이 방법은 원시시대부터 사용되어 온 고전적인 방법이다. 원시시대에는 두개골에 구멍을 뚫거나 무자비하게 피를 흘리게 하는 신체치료방법들이 있었다. 환자들을 뜨거운 물과 찬물 속에 담그게 하는 방법과 회전통에 가두어 놓고 회전시키는 방법들도 사용되었다. 이러한 방법들은 환자들을 공포에 떨게 하였지만 실제로 유익한 효과는 없었다. 오늘날에는 어떤 심리치료방법으로도 접근할 수 없는 경우에 신체치료를 사용한다. 또한 다른 사람들에게 위험을 줄 경우에 환자를 견제할 목적으로 사용되기도 하고, 소수의 치료자가 다수의 환자들을 치료해야 하는 시설에서도 사용된다.

이상행동을 치료하는 신체치료에는 전기충격요법, 외과적 수술, 약물요법 등이 있다.

2. 통찰치료

통찰치료란 이상행동을 신체적인 접근방법보다는 심리학적 방법으로 접근하여 왜곡된 자신의 감정, 동기, 갈등 및 행동을 각성시켜 자신의 진실된 성격과 행동을 알게 하는 심리학적 기술이다. 통찰치료자들은 특정한 행동에 대한 과거와 현재의 원인을 규명하는데 역점을 두고 있다. 통찰치료에는 정신분석적 치료, 내담자 중심 치료, 합리적 정서치료 등이 있다.

Ⅰ. 정신분석

정신분석은 Freud와 그에게서 파생된 학파들이 발전시킨 일련의 심리치료방법이다. 이러한 정신분석치료는 무의식을 의식화하면서 영혼의 맥을 찾아 뛰게 하고, 분화와 분간을 통해서 자기의 깊은 동기와 소망에 부딪혀 낯설고 두려운 자신의 모습을 깊은 지혜로 수용하고 정리하면서 새로운 통합으로 이르게 하려는 학문이다(윤순임, 1995).

이 치료법의 기본가정은 첫째, 무의식 속에 억압되어 있는 심리적 갈등, 소망 등이 이상행동의 원인이다. 남에게 정리되어 표현되지 않은 과거의 외상적 사건이 무의식에 뱀처럼 도사리고 있어 현재를 움직이고 있으며 문제를 만들고 있다. 즉 과거의 문제에 집착되어 어렸을 때와 같은 방식으로 반복행동을 한다. 정신분석적으로 사람을 잘 이해하려면 그 안에 있는 갈등을 이해해야 한다.

둘째, 겉으로 나타난 이상행동의 증상은 무의식적 갈등의 일부를 간접적으로 나타낸 것이며, 환자는 억압된 무의식적 갈등을 방어하기 위하여 방어기제를 사용한다. 즉 가면과 세상을 접촉하며 자신을 가두거나 자신이 원하는 것, 욕구를 알게 되면 괴롭기에 덮어두거나 자기로부터 도피하는 것이다. 또한 어릴적에 좌절된 욕구불만, 소망 같은 것이 아무 것도 아닌 것 같지만 심리 내적으로는 많은 에너지를 점유하고 있어 어른이 되어서도 그의 관심과 지각에 커다란 영향을 행사할 수 있다.

인간의 이상행동이 위와 같은 기본가정하에서 비롯된다고 볼 때 Freud의 정신분석의 목표는 무의식 속에 있는 억압된 갈등을 언어를 통하여 의식화하여 이드(id)가 있는 자리에 자아(ego)가 있게 하여 억압된 갈등을 줄이거나 제거하는 것이다. 의식화된 갈등을 스스로 통찰 및 언어화하여 자아가 현실 세계에서 이성적으로 행동 및 해결하도록 훈습하면 그 신경증적 증상은 점차 소멸되거나, 소멸되지 않아도 자신의 문제를 직면하여 현실적인 사람이 되게 하는데 그 목적이 있다. 정신분석을 받으면 자신의 약점이 없어지는 것이 아니라 자신의 약점을 보게 되고, 상대방을 있는 그대로 보게 되며 서로간의 한계를 인정하고 현실수용능력이 커진다.

(1) 자유연상

환자를 편안하게 침대에 눕게 하고 자신 안에 떠오르는 무엇이든지 자유롭게 생각하게 하고, 여러 가지 감정, 경험을 하게 하고, 그리고 의식한 모든 감정, 사고, 기억들을 숨김없이 말하게 하는 것이 자유연상법이다. 장의자에 눕게 하는 이유는 ① 누우면 긴장이 풀리고 무의식적인 내용이 더 많이 분출될 수 있다. ② 이와 더불어 양질의 퇴행이 일어날 수 있고 그것을 효과적으로 치료에 활용할 수 있게 된다. ③ 내담자가 치료자를 쳐다보며 자기 이야기를 할 때에는 대부분 긴장하게 되고, 통제를 많이 하게 되며, 치료자에게 자기를 맞추려는 경향이 더 심할 수 있다. ④ 누우면 치료자와 함께 있으면서도 혼자일 수 있는 가능성이 짙어지게 된다. 지금까지 어렴풋하게 휘감기는 듯한 감정들, 저 밑에 웅크린 기억들, 자신을 문득 어지럽혔던 생각들을 하면서 혼자 있을 수 있다. ⑤ 인내를 가지고 친절하게 받아 주는 분석가 옆에 누워서 이제까지 제대로 느껴보지 못한 감정, 끝까지 못다한 상상, 감히 기억할 수도 없었던 엄청난 사건 등등에 용기 있게 도전하며 만날 수 있는 것이다(윤순임, 1995).

자유연상법은 정신분석치료의 가장 중요한 핵심이며, 이 방법을 통하여 억압된 무의식이 의식의 세계로 떠오른다. 떠오르는 생각이 사소하거나 수치스럽거나 불필요하다고 생각하여 취사선택을 하는 의식적 검열 없이 자연스럽게 나오게 한다. 자유연상하는 모습만 보면 그 사람의 내면을 알 수 있다. 이 때 분석자는 침묵과 중립적 태도를 지니고 환자의 뒤에 앉아 환자의 감정투사를 막는다.

(2) 저 항

치료과정에서 내담자가 받아들이기 어려운 무의식의 상상, 경험, 사고 등이 의식화되는 것을 방해하는 행동을 말한다. 침묵한다거나, 웃기만 한다거나, 아무 문제도 없다고 한다거나, 분석가에게 지나치게 순종적이거나, 분석가를 이상화한다거나, 결석하거나, 지각하거나 하는 등이다.

(3) 꿈의 해석

꿈의 해석도 자유연상과 같이 무의식의 내용을 알아보는 수단이다. 꿈은 수면을 취하고 있는 동안에 억압된 무의식의 갈등이 상징으로 나타나거나 저항을 나타내는 응축된 잠재내용으로 나타날 수도 있다. 무의식의 세계가 꿈으로 나타나면 해석의 단계로 들어간다. 우리가 잠을 깬 후에 꿈이라고 회상하는 것은 진정한 꿈의 과정이 아니라 개인의 일상적으로 억제된 충동이나 현실생활에서 자아에 의하여 달성할 수 없는 자의식적 사고가 숨겨져 있는 껍데기라고 가정하므로 꿈을 해석하여야 한다. 그리고 꿈이 주는 상징적 의미를 밝혀낸다.

(4) 해 석

내담자가 나타낸 자유연상내용과 꿈의 외현적 내용이 무엇을 의미하는지를 분석자는 해석해 주어야 한다. 해석은 내담자의 무의식적 증후가 올라올 때, 내담자가 준비가 되어 있을 때 해 준다. 해석은 증상의 원인을 가르쳐 주기보다는 내담자가 심리적 저항을 극복하고 저항한 생각의 중요성을 일깨워 주어 자유연상을 더욱 의미 있게 할 수 있도록 도와 주는 것이다.

해석과정은 내담자가 어떤 특정사실이나 체험에 직면케 하고, 직면한 사실, 사건, 의미 등을 더 날카롭게 잡아 명료화 한다. 해석방법은 표면적인 것에서 깊은 것으로, 의식적인 것에서 무의식적인 것으로 해석해 들어가고 너무 급하게 무의식적 내용을 해석하는 것은 저항할 가능성이 크다(윤순임, 2003).

해석과정을 점진적으로 가지게 됨으로써 내담자는 억압된 갈등에 반복해서 직면하게 된다. 내담자가 기억을 회상하기 위해서는 기억과 관련된 억압된 감정도 더불어 회상해야 한다. 잊었던 기억들이 정서적 참여와 더불어 회상되면 감정정화(catharsis)가 된다. 감정정화를 자주 경험하여 내담자가 자신의 이상행동의 원인을 스스로 찾도록 노력하게 한다. 그리하여 내담자가 자신의 억압된 갈등의 근원을 통찰하도록 한다.

(5) 전 이

내담자의 저항이 어느 정도 극복되면 환자는 개인적인 의미를 갖고 분석자와 감정적 교류를 형성한다.

전이란 과거의 의미 있는 대상과의 관계에서 일어났던 무의식적 소망과 기대 혹은 좌절 등이 현재의 대상(예컨대 분석가)과의 관계에서 활성화되면서 반복되는 현상을 말한다. 분석가는 분석과정에서 내담자가 심리내적으로 의미를 가지는 과거의 관계표상이 반복되게 하는 계기를 만들어 준다. 프로이드는 전이현상을 과거가 수정이 되지 않고 그대로 반복되는 경우와 수정이 되어 반복되는 경우로 구분하였다. 어린 시절에 중요한 대상과의 관계에서 체험한 감정, 환상, 방어 그리고 관계표상 등은 그대로 있는 것이 아니라 사는 동안 여러 사람들과 만나면서 계속 수정되고 작업될 수 있다. 그러므로 현재의 분석가와의 관계에서 나타나는 전이현상에는 과거와 현재가 시간적으로 밀집되어 있고, 여러 사건들이 응축되어 있을 수 있다(윤순임, 2003).

치료초기에 부모에게 가졌던 사랑스런 감정을 무의식적으로 추구해 분석자를 부모로 보고 행동을 하는 것을 긍정적 감정전이라 한다. 분석자가 내담자의 이러한 신경증적 행동을 수용하지 않아 환자의 사랑의 감정은 미움과 경멸로 변하게 되거나 혹은 분석자에게 처음부터 미움과 공격의 감정을 갖고 행동을 하는 것을 부정적 감정전이라 한다. 부정적 감정전이가 치료에서 중요하다. 부정적 감정전이는 유아기 때부터 시작된 억압된 갈등이 모든 관계에서 반복적으로 나타나 이상행동을 치료자에게 보여 주는 것이므로 이런 행동을 분석해야 한다.

현재의 갈등상태와 유아기 경험과 어떤 관계가 있는가 알게 하고, 간단히 제기된 아동기 때의 경험을 깊이 직면하도록 하고, 현재 자신이 행동하고 느끼는 이상행동의 원인을 알게 하여 유아기 및 아동기 때의 상처, 해결할 수 없었던 갈등을 해결하도록 분석자는 도와 준다. 이런 해석과 전이과정은 갑자기 일어나는 것은 아니고 고생스럽고, 반복적이고, 점진적인 과정이다. 동일한 내용이 반복해서 나타낼 수도 있고, 이미 수용되었던 해석이 반복될 수도 있다. 그리하여 내담자 자신의 자기인식과 이해가 증대되어야 한다. 때로는 이상행동의 증상이 경감되기도 하고 전혀 증상의 변화가 없을 수도 있다.

여기서 주의할 점은 전이와 반대되는 역전이가 일어나지 않도록 해야 한다는 점이다. 역전이란 치료자의 감정과 정서가 환자에게 작용하는 것이다. 치료자는 자신의 문제를 스스로 파악하여 내담자의 문제를 왜곡하지 않고 직시할 수 있는 능력을 소유해야 한다. 그리고 내담자의 생활에 너무 깊숙히 개입하지 않도록 주의해야 한다.

정신분석의 장점은 이상행동의 원인이 되는 외상경험을 반복, 재현함으로써 정서적 순화와 감정정화가 일어나도록 하며 그 후에 신경증적 행동 대신에 새로운 행동이 일어나도록 하는 재적응과정 혹은 정서재교육과정을 해 나가는 것이다.

분석자는 내담자가 무의식의 억압된 횡포에서 해방되어 자유롭게 문제를 통찰하도록 도와 주며 적어도 과거의 억압된 갈등에 사로잡히지 않도록 도와 준다. 자기자신을 관찰하고 통찰할 수 있는 자아능력, 갈등 없이 분석가와 작업동맹을 맺을 수 있는 자아능력, 현실검증능력 등은 정신분석치료에서 필수적이다(윤순임, 2003).

Ⅱ. 내담자 중심치료

Rogers(1902~)에 의해 개발된 내담자 중심치료는 인본주의적 치료, 개인중심의 치료, 비지시적 치료라고도 불리운다. Rogers는 모든 인간은 자신의 잠재능력을 실현할 수 있는 선천적 능력과 아울러 선한 마음도 갖고 태어난다고 본다. 그러나 잠재능력을 발달시키기 위한 주위환경이 좋지 않거나 잘못된 학습경험을 하게 되면 선천적으로 타고난 자아실현 동기와 성격이 왜곡된다. 그리하여 내담자는 그릇된 자아개념을 형성하여 현실경험과 자신의 이상적 자기상과 조화를 이루지 못하고 자기방어, 완고성, 불안 및 다른 불쾌한 감정 등을 갖게 된다. 따라서 상담자는 따뜻하고 수용적인 분위기를 조성하여 내담자가 지각할 수 없었던 자신의 감정·사고를 자유롭게 탐색하게 해야 한다. 그러면 점차적으로 자신의 모습을 발견하고 바람직한 모습으로 변해간다.

이 상담의 특징은 내담자의 문제에 초점을 두는 것이 아니고 개인 스스로 건강하게 성장, 적응할 수 있는 동기에 초점을 둔다. 상담자가 직접 충고나 지시를 해 주는 것이 아니고 내담자가 스스로 장애를 제거하여 독립적이고 책임감 있고 통합된 방식으로 문제에 대처하게 하는 것이다. 지적 접근보다는 상황에 대한 감정적 요소를 강조하며 개인의 과거보다는 현재의 상황에 초점을 두는 것이다.

Rogers의 치료목표는 내담자의 왜곡된 자아개념을 수정하여 온전히 기능을 하는 사람이 되도록 상담자가 도와 주는 데 있다. 따라서 상담자는 첫째, 진실하고, 믿음직하고, 솔직해야 한다. 상담자는 내담자와의 관계에서 느낀 감정과 생각을 긍정적이든 부정적이든 솔직하게 털어 놓아야 한다. 둘째, 무조건적인 긍정적 존중을 표현해야 한다. 내담자가 어떠한 행동과 언어구사를 하든지 상담자는 내담자를 진실로 수용하고 존경하고 있음을 보여 주어야 한다. 셋째, 상담자는 공감적 이해를 해야 한다. 공감적 이해란 내담자의 세계에 들어가서 내담자의 경험과 감정이나 혹은 인지적인 면과 정서적인 면을 순간마다 정확하고 민감하게 인지하고 의사전달하는 상담자의 능력을 말한다.

따뜻하고 신뢰로운 관계를 기반으로 하는 상담을 통하여 내담자는 자신의 현실상황에 대한 통찰력과 자기이해가 발달하게 된다. 통찰력의 증가와 아울러 문제해결능력도 증가하여 앞으로 일어나는 문제에 적극적으로 대처할 것이며 동시에 선천적으로 타고난 자아표현능력도 발휘할 것이다.

Ⅲ. 인지행동치료

인지정서행동치료(Rational Emotive Behavior Therapy)는 1956년 Ellis 박사에 의해서 창안되었다. 이 이론은 인간의 세 가지 핵심영역인 인지·정서·행동이 서로 상호작용하는 과정에서 인지가 핵심이 되어 정서화 행동에 영향을 준다고 강조한다.

인지행동치료는 현대 상담이 주로 단기화되는 경향에 맞추어 상담기간이 주로 12회 내로 짧고, 내담자가 직접 호소하는 심리적 문제의 해결이 우선적인 관심사이다.

인간에게는 감정, 생각, 행동의 측면이 있는데 인지행동치료에

〈그림 10-2〉 인간의 심리구조

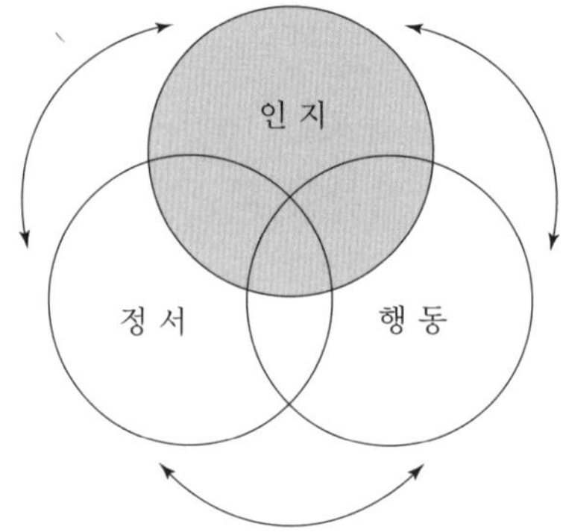

서는 인지, 즉 사고가 가장 우선적이며 중요하다고 본다. 감정, 행동은 물론 중요하지만 이러한 것들은 어떻게 생각하느냐에 따라 영향을 받는다는 것이다. 이러한 입장을 인지의 우선성, 결정론이라 한다. 사람들의 감정, 행동은 모두 인지에서 나온다는 입장이다. "모든 것은 생각하기에 달려 있다"는 속담이 이에 해당된다. 즉 사람들이 특정한 생각("나는 못났다," "나는 여자 친구에게 채였다")을 하기 때문에 특정한 감정(우울감, 분노, 슬픔)과 행동(자기포기 행동, 자기비하 행동)이 나온다는 것이다.

그러므로 부적응적 행동을 하는 사람들은 변화시키기 위해선 그 개인의 비합리적인 신념을 변화시키는 것이다. 그러면 현실을 왜곡하여 지각할 우려가 없으며 비합리적인 행동과 감정은 변화될 것이다.

예를 들면 사랑하는 여자와 헤어지는 사건이 있었다. 한 사람은 "내가 못나서 채였구나"하고 생각하고, 화를 내고 슬퍼하고, 자기비하행동을 하였다. 이와는 달리 다른 한 사람은 "우리가 맞춰보니 여러 가지로 안 맞는구나. 서로 사랑하여 결혼에 이르면 좋은데 그렇지 못한 것은 어쩔 수 없는 일이야. 이런 헤어지는 경험을 다음번 만남에 교훈으로 생각해야지"하고 생각하였다.

실연이라는 스트레스 사건에 대해 두 사람의 대처방식이 달랐다. 첫번째 사람은 이 사건을 자신의 문제로 돌렸고, 막다른 골목으로 생각하였고, 두 번째 사람은 이 사건에 융통성을 갖고 한 여자에게 인생전부를 거는 비합리적인 생각을 안 가졌고 이 아픔을 승화시키려고 노력하였다.

(1) 엘리스의 합리적 정서치료

합리적 정서치료는 인지행동적 상담이론들 중 가장 먼저 출현한 동시에 가장 널리 알려져 있다. Ellis는 정신분석이 피상적이고 비합리적이며 효과도 적다는 생각을 하게 되었다. 그리하여 여러 접근법을 실행하다가 인간주의와 행동주의 치료 등을 혼합하여 합리적 정서적 치료를 창안하였다.

1) 비합리적 신념과 문제

사람들이 정서적 문제를 겪는 이유는 구체적인 사건들 때문이 아니다. 그 사건을 지각하고 받아들이는 방식이 비합리적·자기패배적이기 때문이다. 즉 어떤 사건을 자신이 이미 가지고 있는 기존의 생각 틀에 비추어 비합리적으로 해석하기에 그 결과로 정서적 문제를 경험하게 된다.

A(선행사건) ——→ B(사고체계) ——→ C(결 과)

A가 직접 C(결과)를 가져오는 것이 아니라, B(사고체계)가 C(결과)를 가져오는 것이다. 그러므로 B(사고체계)를 변화시키면 C(결과)도 변화가 되는 것이다.

우리가 어떤 것에 대해서 나쁘다고 생각하기에 나쁘다고 느끼는 것이며, 정서적 장애도 개인이 믿는 비합리적이고 비논리적인 생각을 하기에 자기패배적인 감정이나 행동을 나타낸다.

합리적 정서치료의 목표는 내담자가 가지고 있는 비합리적인 사고방식 및 신념체계가 무엇인가를 발견하여 이를 설득, 직면, 도전, 명령, 논박함으로써 합리적인 신념체계로 변화하도록 가르치는데 있다. 부당하고, 비합리적이고, 비현실적인 사고를 현실적이고 합리적으로 재교육하여 자신을 바로 볼 수 있게 한다. Ellis는 어떤 사건을 경험한 것이 내담자의 정서적 불안과 갈등의 원인이 되는 것이 아니라 내담자가 그 사건의 경험을 어떻게 해석하고 느끼는가가 내담자의 정서를 결정한다고 본다. Ellis는 개인의 사고와 정서는 밀접히 관련되어 있어 사고과정을 먼저 통제시킴으로써 정서도 통제 및 변화시킬 수 있다고 본다. 정서가 재교육된다는 의미에서 합리적 정서치료 혹은 RET, RT라고 불리운다.

예를 들어 한 학생이 자신이 원하는 대학에 떨어졌다. 이 학생은 기분이 우울해졌고, 자살하고 싶고, 자포자기 행동을 하였다. 이 학생이 대학에 떨어져서 기분이 우울해졌다고 흔히 생각하겠지만, Ellis는 이러한 설명이 맞지 않는다고 설명했다. Ellis는 생활사건 자체가 아니라 이 사건에 대한 비합리적 생각이 우울, 자포자기 행동을 가져왔다고 생각했다. 즉 "나는 대학에 절대로 떨어져서는 안 돼"라는 생각이 이러한 감정을 가져오는 것이다.

2) 합리적 신념과 비합리적 신념의 구분

어떤 생각이 합리적인지, 아니면 비합리적인지의 여부를 판가름하는 데에는 몇 가지 기준들이 적용된다. 첫째는 융통성이다. '모든', '항상', '반드시', '꼭', '결코', '당연히', '~이어야만' 등과 같은 단어가 들어가는 생각들은 융통성이 없고, 따라서 비합리적이다. 예를 들어 "나는 모든 사람들로부터 반드시 인정을 받아야만 한다"라는 생각은 비합리적이다. 그 이유는 이러한 생각이 어떠한 예외도 인정하지 않고 융통성이 결여된 것이기 때문이다.

둘째 기준은 현실성이다. 사람들이 가진 어떤 생각들은 현실적으로 실현하는 것이 불가능하다. 사람들은 흔히 "인간적으로 가치 있는 사람이 되려면 매사에 유능하고 완벽해야 한다"라는 생각을 한다. 사람들이 매사에 유능하고 완벽할 수만 있다면 얼마나 좋겠는가! 그런데 문제는 그것이 현실적으로 불가능하다는 데 있다. 현실적이지 못한 생각들은 가져봐야 심리적 좌절과 고통만 초래할 뿐 정신적인 건강에 도움이 되지 않는다. 이런 의미에서 현실성이 없는 생각들은 비합리적이다(이장호, 1999).

이상의 내용을 종합해 볼 때 비합리적 신념은 자기패배적 · 절대적 · 과장적 · 독단적 · 이기적 · 비현실적 · 모순적 일관성이 없다. 비합리적 신념을 가진 사람은 강력한 요구와 명령을 자신, 타인, 세상에게 직·간접적으로 표현하고 강요한다.

3) 비합리적 신념의 논박과 교정

비합리적 신념을 합리적 신념으로 변화하기 위해서는 논박을 해야 한다. 앞에 예를 든 학생의 경우에 "나는 대학에 떨어지지 않았으면 좋겠다"라는 생각을 했다면 실제로는 그렇게까지 정서적으로 덜 힘들었을 것이다. "~했으면 좋겠다"라는 생각은 일종의 선호와 소망으로서 그것이 충족되지 않는다 하더라도 큰 문제는 없다. 반대로 "~해야만 한다"는 당위적 생각이 충족되지 않았을 때는 충격이 매우 크다.

현실적으로 달성하기 불가능한 당위적 생각들을 많이 가질수록 정서적 문제를 더 많이 더 심각하게 경험하게 되며, 반대로 현실적

〈그림 10-3〉 비합리적 신념의 논박과 교정

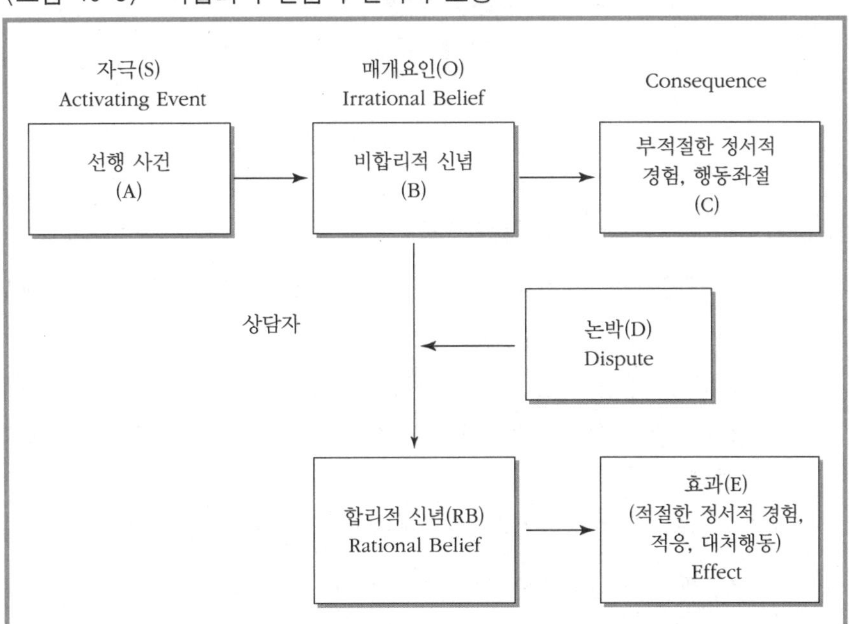

으로 달성가능한 융통성 있는 선호나 소망 또는 기대들을 가지고 있으면 정서적 문제로부터 상당부분 자유로워질 수 있다. 결국 사람들을 심리적으로 괴롭게 만드는 것은 사건 자체가 아니라 그들이 가진 생각인 것이다.

정서적 문제에 기저하는 비합리적 생각들을 확인하고, 그것들을 보다 합리적인 생각들로 대체해 나가는 과정이 바로 합리적 정서치료의 핵심이 된다(이장호, 1999).

〈그림 10-3〉 모형에서 핵심이 되는 것은 A-B-C 간의 관계에서 내담자가 갖는 비합리적인 신념과 D-E 간의 관계에서 비합리적 신념의 부당성을 교정할 수 있는 논박이다.

구체적으로 고찰하면 다음과 같다.

① **핵심절차**

(i) 부적절한 행동결과(C)를 탐색하고, 이 결과와 관계된 선행사건(A)를 탐색한다.

(ii) 상담면접과정에서 내담자의 보고 및 상담자의 관찰을 통해 근본적 원인인 비합리적 사고를 탐색한다.

(iii) 비합리적 신념에 대한 논박

(iv) 합리적 행동개발, 행동연습

② **논박(D)의 수행**

생각의 추상성에 대해서 논박을 한다.

(2) 베크의 인지치료

베크의 인지치료는 합리적 정서치료와 더불어 인지행동적 상담이론들 중 가장 널리 알려진 상담이론이다. 베크의 인지치료는 우울증을 치료하는 데서 시작하였다. 점차로 불안과 공포증, 정서적 문제 전반으로까지 확장되었다. 현재 이 이론은 날로 발전되고 있다.

이 이론의 중심되는 개념은 자동적 사고, 역기능적 인지, 인지적 오류이며 〈그림 10-4〉와 같다.

〈그림 10-4〉 인지행동의 개념도

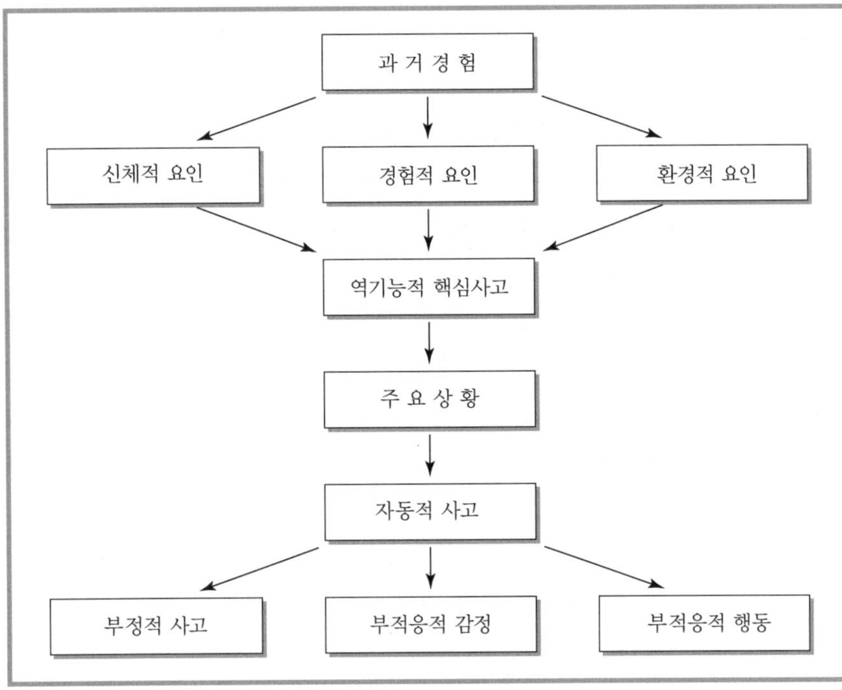

1) 자동적 사고(Automatic Thoughts)

자동적 사고라는 것은 우리가 어떤 일을 당했을 때, 자신의 의지와는 상관없이 즉각적으로 떠오르는 생각, 이미지이다. 즉각적으로 떠오르기에 현실적 검증도 못 해 보고 그냥 영향을 받아 심리적 문제를 가져온다.

내담자가 자신의 자동적 사고를 검토하기 위해서는 순간순간 일어나는 자신의 생각을 검토해 보고 기록해야 한다. 그 다음 현실 검증을 해야 한다. 자동적 사고의 현실적 검증을 위한 논박은 다음과 같다.

① 자동적 사고에 대한 논박

[자동적 사고탐색에 핵심적인 세 가지 질문]

(i) 그 상황에서 그렇게 생각할 근거가 무엇인가?(What's the evidence?)

'어떻게 해서 그렇게 생각하게 되었지요?' 등의 질문으로 내담자로 하여금 자동적 사고의 배경적 이유를 이야기하게 한 다음, 그 배경적 이유에 논리적인 오류가 없는지 살펴보도록 한다.

(ii) 다르게 생각할 수는 없는가?(Any alternative explanation?)

가능한 모든 다른 설명을 끌어내어 봄으로써 자기 생각을 좀더 열려진 마음으로 평가할 수 있는 심리적 거리를 만든다.

(iii) 만일 내담자 각본대로 일이 전개된다면 그 결과는 어떠할까?(What if it happens?)

② **척도화기법** 내담자의 생각이나 기분을 10점 척도 혹은 100점 척도 위에 평정하게 하여 점수화하는 방법이다. 내담자로 하여금 자신의 생각을 좀더 객관적으로 평가할 수 있는 거리를 갖게 해 주며, 또한 막연하게 기술하는 데서 오는 오류를 막을 수 있다.

③ **거꾸로 짚어가기** 내담자의 생각이 과연 합당한가 아닌가를 따지기 전에, 내담자의 생각이 맞다고 할 때 그게 가지는 의미가 무엇인지를 살펴보게 한다.

【사례 SI】

내담자: 마음에 드는 여자가 있을 때 … 자주 보게 되면 좌절이 심하게 와요. 마음에 들어도 사귈 수 있다고 생각을 안 하고 곧 포기하게 되거든요…. 저는 손이 굉장히 작은 편인데 고등학교 때부터 눈하고 손생각을 많이 했어요. 남자들하고 대할 때는 크게 안 나타나는데 여자를 보았을 때는 손 때문에 … 손이 아마 시도를 안하게 만드는 제일 큰 요인인 것 같아요.

치료자: 손이 작은 것에 대해 어떤 생각이 드는데요?

내담자: 저는 여자보다 손이 작다고 느끼거든요. 만일 손을 잡는다면 손이 작다는 걸 알꺼고 그럼 굉장히 창피할 것 같아요.

치료자: 여자가 SI씨 손이 작다는 걸 알면 어떻게 생각할까요?

내담자: 안 좋게 볼 것 같아요. '이성'으로 굉장히 낮게 평가할 것 같아요. 이성적인 매력이 엄청나게 떨어질 것 같아요…. 이성으로 남자로 쳐다보지도 않을 것 같아요.

치료자: SI씨가 남자로서 현재 가지고 있는 매력을 10점이라고

한다면 얼마로 떨어진다고 생각이 되세요?

내담자: 글쎄, 1점을 줄까 말까 할 것 같아요.

치료자: 그러니까 SI씨가 가지고 있는 매력을 손 하나가 다 깎아 버린다고 생각되나 보지요. 여자가 남자를 평가할 때 남자의 신체적인 조건에 얼마나 비중을 둘까요?

내담자: 한 50% 되지 않을까요?

치료자: 그럼 신체조건에서 얼굴 말고 체격이 차지하는 비중이 얼마나 될까요?

내담자: 60% 정도?

치료자: 체격에서 손이 차지하는 비중은 어떻게 될까요?

내담자: …글쎄요. 10% 정도.

치료자: 자 그러면 남자를 평가하는데 손이 차지하는 비중이 얼마나 될까요?

(권정혜)

2) 역기능적 사고

어린 시절부터 살아오는 과정에서 삶에 관한 이해방식이 형성되는데 그 중 심리적 문제를 초래하는데 근원적인 역할을 하는, 즉 부정적인 내용들로 구성되어진 부정적인 성질의 것을 역기능적 사고라 한다.

역기능적 사건은 어떤 특별한 사건에 관련된 생각이 아니고 인생 전반에 관련된 추상적이고, 모호하고, 일반적인 태도이며 찾아내기가 힘들다.

부정적인 자동적 사고를 활성화시키는 것은 이런 역기능적 사고내용들이 순간적으로 무의식에서 움직이기 때문이다. 그리하여 제대로 지각하지 못하고 왜곡하여 사물을 받아들인다. 어렸을 때부터 차곡차곡 쌓아온 역기능적인 핵심적 사고는 주요사건을 겪을 때 실제적·객관적으로 사실을 확인하지 않고 성급하게 현실과 동떨어진 잘못된 결론을 낸다. 그리하여 이런 경험을 많이 경험할수록 심리적 문제를 많이 겪게 된다.

역기능적 사고를 재구성하고 논박하기 위해선 첫째, 어렸을 때

〈그림 10-5〉 인지행동 개념화의 예

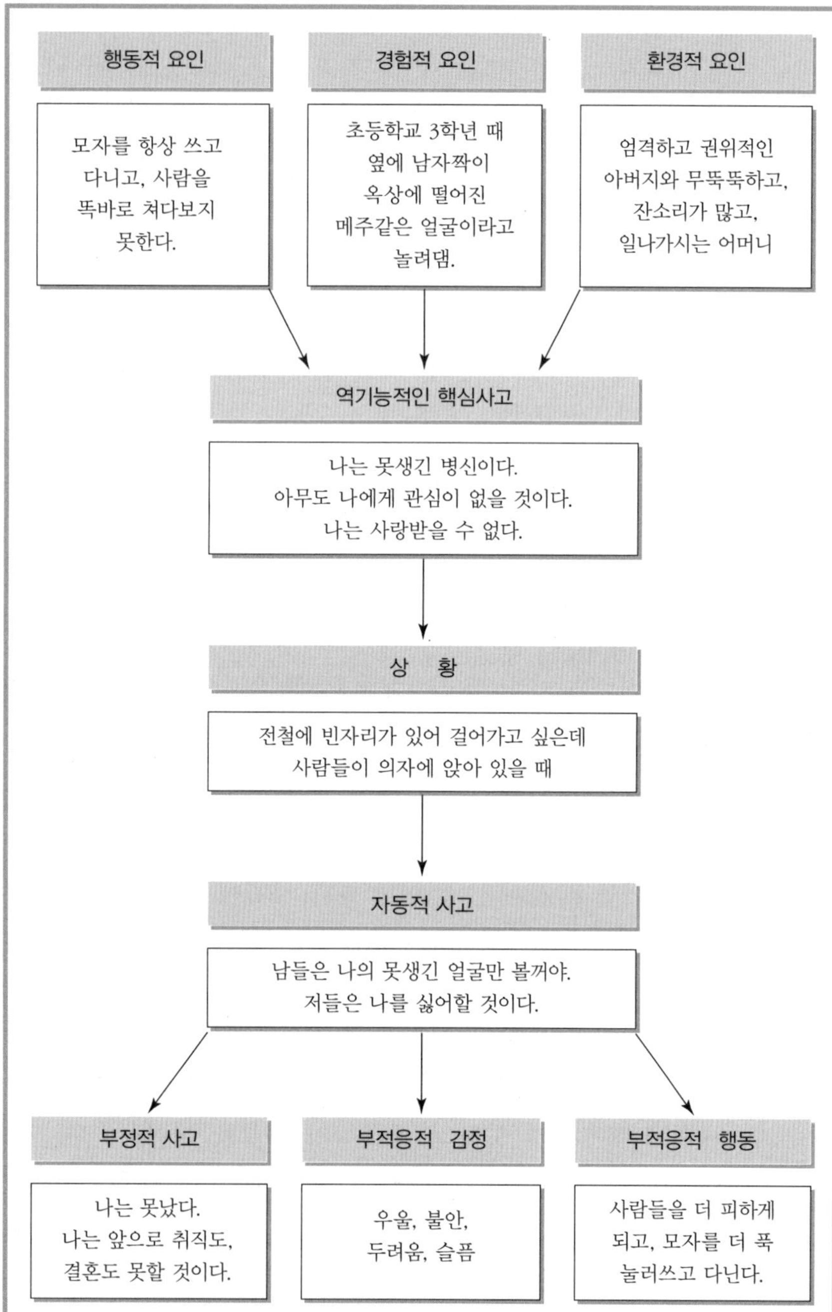

형성된 배경을 추론하여, 현실에 맞는 사고를 갖도록 하고, 둘째, 이러한 역기능적 사고가 어떤 점에서 이익이 되고, 손해가 되는지 점검해 본다.

역기능적 사고 중 대표적인 핵심적인 사고는 다음과 같다.

① **흑백논리**　어떤 사건의 의미를 옳다/그르다, 성공/실패, 사랑/미움 등의 둘 중의 하나로서만 생각하고 중간지대, 회색지대를 인정하지 않는다. 즉 전부가 아니면 아무 것도 아닌 것이다.

② **과잉일반화**　한두 번의 사건 경험을 일반적으로 널리 그 결론을 적용시키는 오류이다.

③ **선택적 추상화**　전체적인 내용은 무시하고 특정한 한 정보에만 맞추어 해석하는 오류이다.

④ **의미확대 및 축소**　사건의 의미를 지나치게 확대하거나 축소하는 경우이다.

3. 집단치료

집단치료는 한 사람의 치료자가 여러 내담자들을 한꺼번에 치료하는 방법이다. 이 치료법은 제2차 세계대전 이후에 발전하기 시작하였다. 오늘날 숙련된 치료자의 부족과 개인치료 비용의 증가에 따라 집단치료의 발달이 더욱 촉진되고 있다. 보통 한 명의 지도자와 8~20명의 내담자가 모인다. 지도자와 내담자 모두가 서로 자신의 경험, 관심, 감정, 태도 등을 토로한다. 집단치료를 통해 내담자는 자신을 이해하게 되고, 새로운 방법을 모색하고, 자신을 새로운 환경에 적응시키는 방법을 알게 된다.

집단치료가 개별치료보다 좋은 점은 다음과 같이 열거할 수 있다.

첫째, 자기만이 가진 문제로 알고 고민하고 있을 때 자기와 유사한 문제를 가진 사람들이 많다는 것을 알게 되면 불안이 감소되는 경우가 있다. 그 결과 자신과 타인을 더 잘 이해하게 된다.

둘째, 일대일로 얼굴을 맞대는 개별치료에서는 불가능한 사회학습을 할 수 있다. 집단 내에 있는 여러 구성원들의 집단압력에 의한 충고를 받아 자신의 단점을 고치게 되거나, 모방과 모델링 또는 개인적 피드백에 의해 자신의 여러 행동이 도전받아 새로운 사회적 기교와 경험을 학습하게 된다.

셋째, 내담자가 고통이나 위협을 주는 어떤 구성원의 대화내용에 참여하고 싶지 않을 때는 침묵을 지키고 있을 수도 있다. 그러면서도 관찰과 경청을 통하여 집단활동에 참여할 수 있다.

넷째, 개별치료에서는 내담자가 상담자를 높은 위치에 두어 항상 지도를 받는 입장인 반면 집단치료에서는 내담자 자신도 상담자의 역할을 하기도 하고, 또한 자신이 내담자가 될 때는 여러 명의 상담자를 통해 자신의 문제를 더욱 잘 이해하게 된다.

다섯째, 집단구성원들이 솔직하고 진실되게 서로의 관심과 정서장애들에 대하여 터놓고 상호작용하기에 집단으로부터 지지를 받으며, 또한 사회적 관계에서 대인관계의 일반화를 촉진시킬 수 있다.

집단치료의 형태는 구체적으로 다음과 같다.

Ⅰ. 가족치료

가족은 대인관계의 모체이다. 가족성원이 됨으로써 정서적 경험을 하게 되고 성장을 하게 된다. 병원에서 혹은 개별상담에서 치료를 받은 사람이 가정에 돌아가면 얼마 후 상태가 재발되어 입원하는 경우가 있는데 이것을 보더라도 가족집단의 왜곡된 병적 가족관계가 개인의 이상행동의 원인임을 알 수 있다. 그러므로 개인의 문제를 가족이라는 집단의 문제로 보아 가족 전체를 치료의 대상으로 본다.

가족치료가 필요한 경우는 부부 사이, 부모와 자녀 사이 또는 다른 가족구성원들 사이에 대화가 안 통하고 자주 오해로 의견일치를 못 볼 경우, 어느 한 가족구성원 때문에 계속 긴장과 소외감을 가질 경우, 가족 중의 한 사람이 교통사고나 질병이나 전쟁터에서 사망할 경우 등에 필요하다.

가족치료의 주요목표는 첫째, 가족간의 의사소통매체인 언어와 비언어행동의 표현방법을 증진시킨다. 가족의 병적인 심리상태는 병적인 가족관계의 산물로 보고 효과적인 의사소통의 방법을 익히게 한다. 둘째, 한 가족구성원의 문제는 다른 가족구성원과의 상호작용의 결과로 나타나는 문제이므로 가족구성원들의 감정이입능력을 촉진시켜 준다. 그리하여 서로 도와 주고 이해해 주어 가족구성원들이 일치하는 분위기를 만들게 한다. 셋째, 갈등과 불일치와 같은 욕구불만이 생겼을 때 가족구성원이 서로 책임을 나누어 갈등을 감소시킨다. 가족치료에 중요한 개념을 고찰해 보자.

1) 융　합

개인 또는 두 사람 사이가 망처럼 서로 강하게 연결되어 있어서 전체에 영향을 주는 것이다.

2) 과 보 호

가족이 서로 행복에 지나치게 관심을 가진 결과 자신의 능력이나 자율성, 흥미, 활동성 등을 자유롭게 발휘할 수 없게 되는 것이다.

3) 경　직

자녀가 성장해도 가족의 규범이나 관계양상을 변화시키지 않는다.

4) 갈등해결능력의 결여

갈등을 회피함으로써 안정을 유지하려는 것이다.

5) 조부모가 아이를 키우는 경우

부모가 맞벌이로 일하러 나가거나, 부모가 사망, 이혼으로 집안에 안 계셔서 조부모가 대신 자녀양육을 하는 경우, 조부모는 따뜻하고 엄격하게 자녀를 대하기보다는 불쌍해서 과보호할 가능성이 높고, 조부모의 사고의 유연성, 모험심, 독립심의 결여로 자녀들의 모든 가능성을 잘라 없앨 수도 있다. 이러한 가정환경 속에서 자랄 경우 아이들은 욕구불만이 생겨 부모에게 적개심, 분노가 생길 수도 있다.

6) 부적절한 정서적 반응성 및 정서적 관여

역기능적 가족은 반응하는 정서가 한정되어 있고 반응의 질, 양이 부적절하며, 가족 서로에 대한 관심, 배려의 양과 질이 적절하지 않거나 서로 소원하거나 무관심한 경우이다.

7) 부 모 화

자녀가 가족 내에서 부모나 배우자의 역할을 대신 수행하는 것으로 자신의 나이보다 더 많은 책임감, 능력 등이 발달된다. 즉 자녀가 부모의 역할을 통하여 자신의 욕구를 억압하는 경우이다.

8) 삼각관계

두 사람 사이의 관계는 불안정하므로, 두 사람 사이에 문제가 생기면 상대방을 제압하고 긴장을 줄이려는 목적으로 제 3 인을 끌어들여 삼각관계를 형성한다.

대표적인 경우 아버지와 어머니 사이에서 아들을 끼어들게 하여 삼각관계를 만든다. 아버지에게 불만이 많은 어머니가 아들과 동맹을 맺어 아버지에게 대항하는 경우이다.

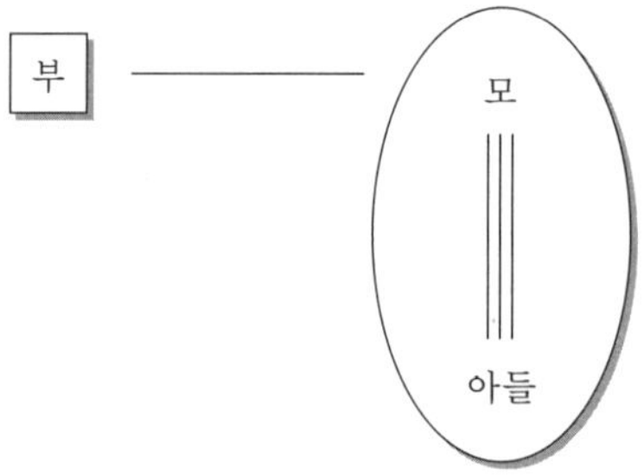

9) 부부균열 및 불균형

부부균열은 부부가 거의 모든 중요한 영역에서 서로 의견을 달리하고 다툼을 일으키는 관계를 말한다. 부부불균형은 배우자 한쪽은 다른 쪽에 극단적으로 의존적이고 자학적 경향을 가지고 있으며 다른 쪽 배우자는 아버지의 상과 같이 강하고 보호하는 기능을 강하게 가진 사람처럼 보이는 관계를 말한다.

10) 체 제

체제란 상호작용을 하는 요소들의 합이다.

가족체제는 그 체제 안에 부모, 자녀의 하위체제를 가지고 있다. 그리고 이 체제는 위계질서를 가지고 있다.

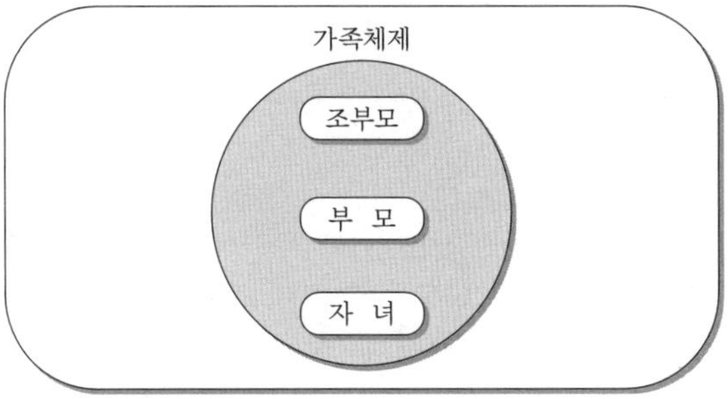

11) 경 계 선

체제와 환경을 구분하거나 체제의 안과 밖을 구분하거나 체제와 체제간을 구분하는 개념이 경계선이다.

경계선이 기능을 잘하는 정도에 따라 열린 체계와 닫힌 체계로 구분한다.

12) 가족치료시 확인해야 할 주요내용

① 초기기억

② 가족신화

③ 가족규칙

④ 가계도

Ⅱ. 집단감수성 훈련

집단치료법인 집단감수성 훈련 혹은 T-집단(training group)이라고도 불리우는 이 방법은 1946년에 Kurt Lewin(1890~1947)이 시작하였다. 이 방법은 비교적 허용적인 분위기에서 집단 모두가 직접 참여하여 과거의 경험을 재확인하는 것이 아니고 '지금-여기'에서 일어나는 현재의 감정 및 상호작용에 대해 관찰하고 분석 및 평가하는 데 중점을 둔다. T-집단은 대개 8~20명의 소집단으로 구성되며 심한 장애를 받고 있는 사람은 이 집단에 참여할 수 없다.

T-집단은 일종의 대인관계 행동을 학습하는 실험적인 교육집단이다. 이 훈련은 항상 적응하고 있는 상황에서 감각을 다시 깨닫게 하는 경험을 시킨다. 그리하여 집단의 경험을 통해서 권위주의적이거나 복종적 태도를 버리고 좀더 솔선수범한 태도로 자유롭게 행동을 하게 된다.

Ⅲ. 만남집단(encounter group)

만남집단은 1960년대 초에 T-집단이 지니는 대인관계 및 지도성의 훈련모형의 한계성을 극복하고자 발전되었다. 만남집단은 대개 8~16명의 집단원들이 매회 2~3시간 정도, 1주일 또는 2주일에 걸쳐서 여러 차례 계속 모임을 갖는다.

만남집단의 목표는 일상적인 사회의 관습인 가면을 벗어 내고 자신의 내면적인 감정들을 탐색해 내는 데 있다. 즉 개인이 자신의 참된 모습을 지각하고 타인과 솔직하고 진실하게 상호작용하여 바람직한 방향으로 성장하게 하는 것이다.

이 모임에서 강조되는 활동은 개인의 여러 감정들을 노출할 수 있도록 자극을 주는 게임, 대화, 농담 등이다. 또한 개인의 개방성과 자기각성, 책임성, 신체에 대한 각성, '지금-여기'의 상황에 초점을 두는 강한 정서적 표현 등의 활동을 강조하며 특별히 뚜렷한 주제는 없다.

그러므로 신경증 환자나 자존심이 낮은 사람들에게는 적당하지 않은 일종의 교육활동이면서 종교활동이기도 하다. 이 모임에서는 집단구성원들을 환자라고 부르지 않으며 이 방법을 심리치료라고 부르지도 않는다.

T-집단과는 달리 집단지도자는 학문적 배경이 없는 경험이 풍부한 숙련된 사람일 수도 있다. 때로는 주도하는 지도자가 없어도 구성원들끼리 자신의 감정을 노출하면서 만남집단을 경험하기도 한다. 자유스러운 활동을 할 수 있는 휴양지, 개방된 장소, 특별한 가

구가 없는 맨바닥 등을 만남집단의 장소로 이용할 수 있다.

이외에도 심리극, 게슈탈트치료, 집단행동치료 등이 있다.

포경수술은 '男性'학대

'포경수술=성기학대'라며 포경수술을 반대해 온 국내 인사들이 국제포경수술정보기구(NOCIRC)에 의해 인권상 수상자로 선정됐다. NOCIRC는 17일 서울대 물리학과 김대식(37) 교수, 중앙대 의대 김세철(53) 교수, 바이오벤처기업 젠딕스의 방명걸(39) 대표이사가 다음달 7일 호주 시드니에서 열리는 6차 국제심포지엄에서 인권상을 받는다고 발표했다.

이들은 한국의 비정상적인 포경수술 실태를 국제학회에 보고하고 인터넷 웹사이트(www.pop 119.com)의 개설과 초·중·고교 교사대상 강좌를 통해 올바른 포경수술정보를 알린 공로를 인정받았다.

NOCIRC는 불필요한 포경수술을 반대해 온 의사 등 전문가들이 1986년 미국에서 설립한 유엔산하 비정부기구(NGO). 전 세계에 1백여 지부를 두고 있으며 2년에 한번 국제심포지엄을 열어 마구잡이 포경수술의 금지를 촉구하고 있다. 초대 인권상 수상자는 세계적으로 5천만권이 팔린 'Baby and Child Care'(육아)의 저자로 유명한 소아과 의사 고 벤자민 스포크 박사이다.

김세철 교수는 "국내 포경수술자의 비율은 20대 남성의 85%, 남자 고교생의 90%로 세계에서 가장 높다"며 "포경수술이 성생활을 증진시키거나 에이즈나 자궁경부암을 예방한다는 것은 잘못된 상식"이라고 강조했다.

일본과 유럽은 비율이 2% 내외며 포경수술이 일반화한 미국도 최근 50%로 현저히 떨어졌다.

의학적으로 수술이 필요한 포경이란 귀두를 덮고 있는 포피가 뒤로 젖혀지지 않는 상태로, 이는 전체 남성의 1%에 불과하다. 단순히 포피가 길어 귀두를 덮고 있는 것은 포경이 아니다.

김세철 교수는 "포피는 성감 증진을 위해서도 매우 긴요한 부위로 이를 인위적으로 잘라내는 것은 일종의 성기학대"라며 "신생아부터 무조건 포경수술을 시키는 학부모는 물론 진료수익의 차원에서 포경수술을 남발해온 일부 비뇨기과 의사들도 각성해야 한다"고 촉구했다.

나이 들어 귀두를 덮고 있는 포피가 없으면 오히려 성적 자극에 둔감해져 발기부전이 유발될 수 있으며 신생아 때 받은 포경수술의 고통이 정신적 충격으로 작용한다는 연구결과도 많다는 것이다.

신생아 포경수술에 대해선 전문가 사이에서도 반대의견이 우세하다. 그러나 성기가 충분히 자란 청소년 시기에 귀두를 완전히 덮고 있는 포경에 대해선 결론이 명확지 않다.

선릉탑비뇨기과 하태준 원장은 "포피가 귀두를 완전히 덮고 있는 경우 포피가 뒤로 젖혀진다 하더라도 깨끗이 씻기 어려워 포피 분비물로 인한 세균감염 등이 생길 수 있다"고 말했다. 포경수술을 통해 음경암이 줄어든다는 사실도 학계의 지지를 받고 있다. 하 원장은 "현재처럼 천편일률적인 포경수술은 문제가 있지만 포경수술로 인한 이점도 있는 만큼 무조건 반대하는 것은 옳지 않다"고 주장했다.

(출처: 중앙일보)

참 고

1. 가계도(genogram): 세대간에 반복되는 패턴 알아보기

1) 가 계 도

삼세대 이상에 걸친 한 가족의 가족관계와 가족성원에 대한 정보를 도표화하는 방법이다. 가계도에서는 가족의 패턴이 어떻게 반복되는지, 죽음, 병, 큰 성공, 큰 사건, 큰 비밀 이민 등이 현재의 가족패턴에 어떤 영향을 주는지를 한 눈에 알아볼 수 있다.

또한 다음과 같은 내용도 첨가한다.

① 우리 가족은 어떻게 돌아가고 있는가?

② 나는 누구와 특히 정서적 밀착을 하고 있는가?

③ 각 가족의 성격유형, 정서처리방식을 기록한다.

2) 기 호

□ =남자 ○ =여자

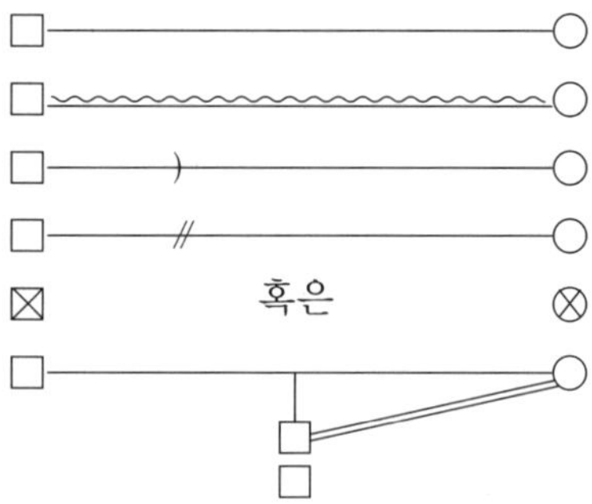

=정상적인 관계

=심각한 갈등관계

=정서적 아니면 신체적 단절

=이혼

=사망한 사람

=복선은 특별한 관계, 동맹관계 혹은 특별히 선호하는 관계

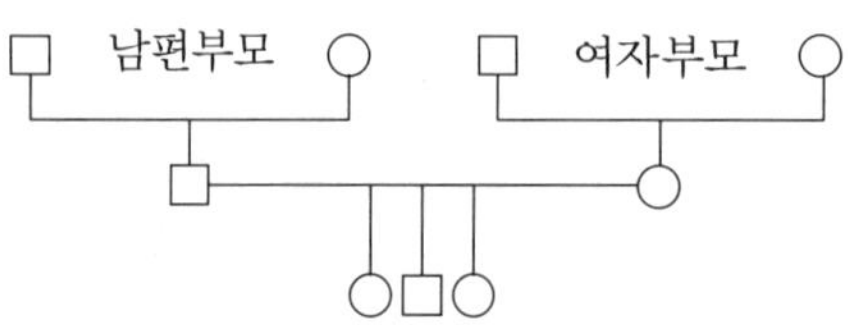

=기본적인 삼세대 도표

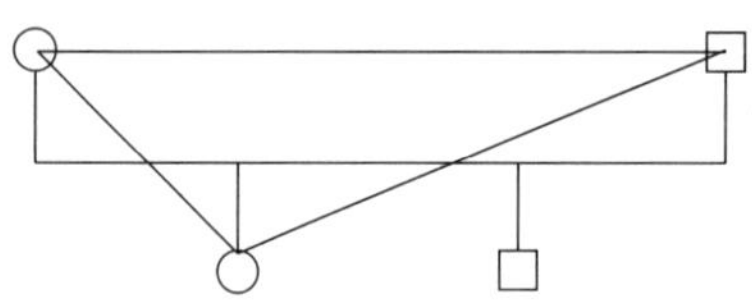

=두 사람간의 관계가 정상적이지 못하여 불안감이 높을 때 이 불안감을 감소시키기 위해서 제 3자가 끼어들게 되는데 이를 삼각관계라 함

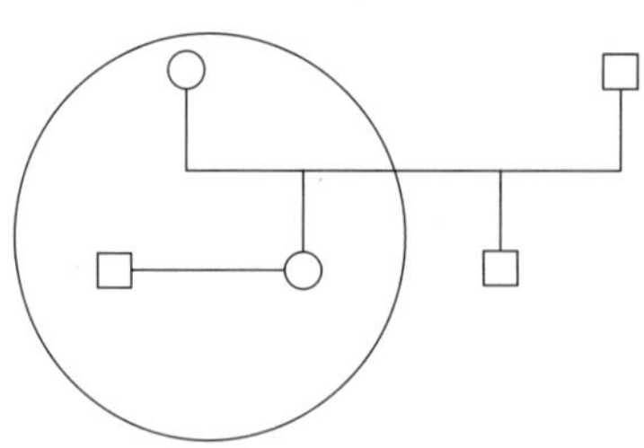

=둥그런 원 안의 가족은 동맹 혹은 공모관계

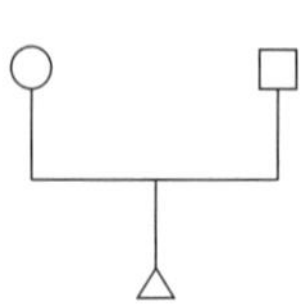

=임신중의 태아

=유산 혹은 사산

2. 초기기억

계속적인 기억이 있기 이전에 일어나는 것으로 부정확하거나 허구일 수 있다. 일련의 사건들로 나타나면 초기기억을 통해 '개인의 기본적인 오류'의 기원이 밝혀진다.

사람들은 자신에게 특별한 의미가 있고 현재 삶에도 영향을 미치고 있는 상황이나 사건만을 선택하여 기억하게 된다. 이 기억들은 어떻게 설명하는 가에 따라 개인의 성격적 특성과 삶의 양식, 삶의 목표 등을 파악할 수 있다. 즉 개인의 삶의 주요신념, 인생에 대한 태도, 선호하는 감각양식 등이 초기회상을 통하여 드러나게 된다.

절 차

① 기억할 수 있는 한 가장 어렸을 때 일어났던 사건, 상황은 무엇인가?

② 기억할 수 있는 것들 중에서 가장 생생하게 떠오른 것은 무엇인가, 그 당시를 생각하는 자료의 기분은 어떤가?

(출처: 김영애)

3. 가족신화

신화는 인간에게 객관적 현실, 즉 이 세상을 설명해 주고, 이 세상에서의 존재양식을 제공한다. 개인신화는 개인의 주관적 산물이지만, 개인의 존재양식으로서 삶과 행동에 영향을 끼친다. 이 신화가 개인의 삶을 비효과적으로 인도하는 경우에도 한번 형성된 신화는 마치 바꿀 수 없는 진리와 같은 권위를 지니게 된다.

가족들도 그 가족만의 신화를 창조하고 그 신화에 걸맞게 행동한다. 가족의 신화를 살펴보면 그들의 삶을 추측할 수 있고, 미래를 예측할 수 있다. 만일에 한 가족이 "우리는 경제적으로 풍요하지 못한 가족이며 '제도의 희생물'이다"라는 신화를 형성하였다면, 이 가족은 지나치게 절약을 하고 사회적 제도를 불신한다고 볼 수 있다. 이 가족은 아무리 사회, 경제적 지위를 획득하여도 자신들을 '소외된 저층계급'이라는 모습에서 벗어나려 하지 않을 것이다.

제11장

발 달

인간의 발달은 임신이 되어 생명이 시작되는 시기부터 죽음에 이르기까지 계속되는 과정이다. 인간은 모든 포유동물 가운데 가장 미성숙한 상태로 태어나지만 신생아들은 환경에 적응하도록 모든 기관들을 잘 갖추고 있다. 정상적인 신생아들은 출생 순간부터 환경의 자극에 민감하다. 움직이는 대상을 눈으로 추적하여 볼 수 있고, 어머니의 젖냄새와 다른 사람의 젖냄새를 구별할 수 있고, 들을 수도 있다. 신생아는 1년이 지나면 완전한 형태의 유아로 변화하고 생후 6년이 지나면 신체, 기능, 정서, 도덕성 등에 있어서 개인차가 뚜렷해진다. 이 때까지 형성된 개인의 행동과 사고양식은 대개 성인기까지 지속된다. 인간은 연령이 높아짐에 따라 신체적·심리적·사회적 발달이 상승적으로 이루어지다가 성인기 이후에는 하강하기 시작한다.

발달연구에서는 연령에 따른 사람들의 신체적 성장을 측정하고, 정서적 경험과 언어발달의 시기 등 심리적 성숙에 대한 자료수집을 하여 발달유형을 구분하였다. 또한 수집된 광범위한 자료를 기준으로 발달규준을 만들었다. 발달규준은 정상적으로 성장한 사람들의 평균치로서 개인의 발달수준을 진단·평가·예언하는 데 도움을 준다. 그리고 발달수준에 따른 적절한 학습시기와 학습내용을 밝히는 데에도 유용하게 쓰인다.

이 장에서는 발달의 개념, 연구방법, 신체발달, 인지발달, 사회성 발달, 도덕성 발달 등에 관하여 살펴보자.

1. 발달의 의의

Ⅰ. 발달의 개념

발달은 인간이 출생해서 성장·노쇠의 과정을 거쳐 죽음에 이르기까지 전생애를 통해서 체계적·계속적으로 일어나는 일련의 변화를 말한다. 이러한 변화는 신체, 체중, 운동능력, 인지능력, 정서, 도덕성 등에서 나타난다. 변화는 양적인 면과 질적인 면에서 고찰할 수 있다. 양적 변화란 특별한 외부환경의 자극 없이도 연령의 증가에 따라 나타나는 신장, 체중, 근육의 힘 등의 양적 증가를 말한다. 양적 변화를 일반적으로 성장이라 한다. 질적 변화란 외부환경의 자극이나 학습경험 등을 통한 변화로서 지능, 창조성, 도덕성, 언어숙달, 정서 등의 변화를 말하며 성숙이라고도 한다.

발달은 성장과 성숙을 포함하나 일반적으로 세 용어는 같은 개념으로 또는 혼돈해서 사용되고 있다.

Ⅱ. 발달의 원리

인간발달의 양상 및 순서는 규칙성과 보편성이 있으므로 발달현상을 설명하고 예언하는 일반적 원리를 세울 수 있다.

첫째, 발달은 유전인자와 환경간의 끊임없는 상호작용에 의해 결정된다. 즉 개체의 성숙과 학습의 결과로서 발달이 이루어진다.

임신 순간의 수정란의 유전적 구조에 따라 개인적 특질이 상당히 결정된다. 그러나 수정된 유전인자는 모체의 환경 가운데에서 발육하므로, 유전인자와 환경 가운데 어느 것이 더욱 인간발달의 과정을 결정짓느냐에 관한 질문은 의미가 없다.

임신중에 어머니가 비타민을 충분히 섭취하지 못했거나, 수면제나 술 또는 담배를 복용했다면 기형아들이 태어날 확률이 높다. 담배 1개비에 태아의 체중이 11g 줄고, 지능이 저하된다는 실험결과가 있다. 출생 후에도 영양부족, 학습경험부족, 애정부족 등을 경험하면 왜소하고, 지능이 떨어지고, 사회성이 부족한 사람으로 성장할 것이다. 또한 훌륭한 부모 밑에서 태어난 자식이라도 계속 바람직한 환경을 제공하지 않으면 그 훌륭한 유전인자는 소멸될 것이다.

일반적으로 체격, 얼굴, 모양, 키, 눈과 피부의 색깔 등은 유전적 요소에 의해 영향을 많이 받으나 영양이나 생활조건 등과 같은 환경요소에 의해서도 변화될 수도 있다. 한편 적성, 정서, 성격 등은 일반적으로 환경의 영향을 많이 받는다.

둘째, 발달은 분화와 통합의 과정이다.

인간의 행동은 전체적이고 미분화된 신체기관의 운동에서 부분적이고 구체적인 행동으로 분화된다. 분화된 기능은 전체적으로 종합되어 하나의 체제로 통합되는 과정을 밟아 나간다. 즉 발달은 분화된 통합의 과정이 반복됨으로써 고차적이 된다.

인간은 유아기에는 주로 대근육을 사용하다가 성장과 더불어 차츰 소근육을 사용하게 된다. 이러한 분화는 신경계의 발달에 따라 형성되는 것으로 분화정도를 보면 개인의 신체성숙 정도를 알 수 있다. 또한 유아가 처음에는 공을 쳐다보지만 조금 있으면 공을 잡으러 간다. 점차로 공을 던지고 받는 행동을 하게 된다. 처음에는 제기차기를 못하지만 나중에 자라면 제기차기를 능숙하게 한다. 이러한 행동은 분화된 행동이 통합된 행동으로 발달하게 된 예이다.

언어발달에 있어서의 예를 하나 들어보자. 1세 내지 2세 사이의 유아는 '바바', '다다' 등의 말을 사용한다. '바바'라든가 '다다'는 명사이기도 하며, 형용사이기도 하며, 욕망이나 정서의 표현이기도 하다. 즉 사람을 보았을 때나, 놀랐을 때나, 어두울 때나, 젖을 먹고 싶을 때라도 '다다'라고 하는 것인데, 이 말은 미분화상태에 놓여 있는 것이다. 이러한 미분화상태에서 '사람', '개', '달린다', '어둡다', '배고프다' 등의 말이 분화되어 나온다. 이렇게 되면 아동들은 이것

〈그림 11-1〉 연령에 따른 신체발달의 곡선

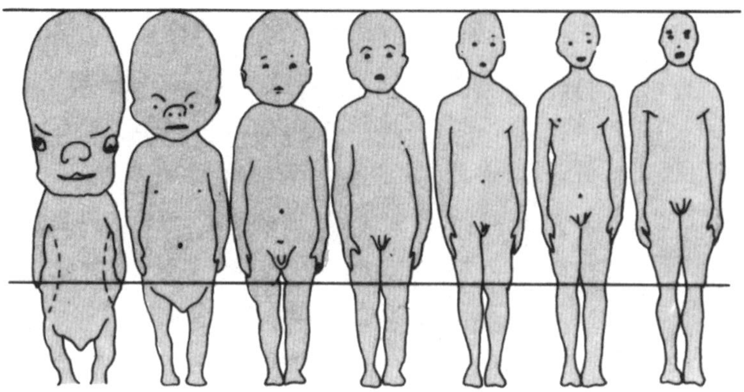

들을 종합하여 자기의 의사를 표현하거나, 사실을 설명하거나, 작문을 지을 수 있는 새로운 하나의 통합적 능력을 가지게 된다.

이와 같이 인간은 신체적 방면에 있어서나, 심적 방면에 있어서나 분화→통합→분화→통합 … 의 과정을 통하여 고차적으로 발달해 나간다. 즉 발달이 이루어짐에 따라 미분화의 상태로부터 보다 분화되고 정교화되며 위계적인 통합의 단계로 진전한다.

셋째, 발달은 계속적이고 점진적인 과정이나 발달의 속도는 일정하지 않다.

인간의 체중, 신장, 정서, 지식 등의 발달국면은 연속적이고 점진적이나 신체의 주요 부분의 발달속도는 〈그림 11-1〉과 같이 각각 다르다. 유아기와 사춘기에 신체가 급격히 발달하고, 사춘기에 생식기관이 갑자기 발달하고, 유아기에는 언어발달이 급격히 상승되는 결정적 시기가 있으나 모든 발달은 연속적 과정을 유지한다. 그러므로 어느 시기에 발달의 계속성을 상실하면, 특히 결정적 시기에 어떤 사건이나 결핍으로 인해 발달장애가 일어나면 개인은 치명적으로 상처와 결손을 입게 된다.

넷째, 발달에는 일정한 방향이 있다.

신체적 구조나 기능의 발달을 보면, 먼저 두부의 여러 기관이 발달하고 점차로 미부로 향하여 여러 기관이 발달해 나간다(두부·미부의 방향=cephalo-caudal direction). 또는 신체의 중심부에 가까운 부분이 먼저 발달하고, 순서적으로 말초부가 발달되어 간다(중심·주변의 방향=proxino-distal direction)(〈그림 11-2〉 참조). 언어발달에 있어서는 남어기, 일어기, 다어기의 과정을 순서적으로, 운동능력의 발달에 있어서는 포복, 보행, 주행의 과정을 순서적으로 발달시켜 나간다. 지능이나 정서의 발달에 있어서도 이와 같은 현상을 볼 수 있다.

〈그림 11-2〉 발달방향

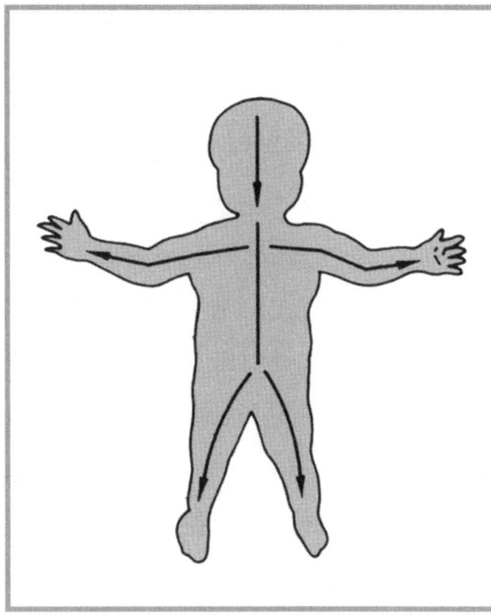

다섯째, 발달에는 결정적 시기가 있다.

유기체가 환경과의 상호작용 경험을 통해 영향력을 가장 많이 받는 시기를 결정적 시기라 한다. 인간의 발달에 있어서 결정적 시기는 태내기와 인생 초기이다.

실제로 오리새끼의 실험에서 새끼오리가 부화된 직후 몇 시간 동안 움직이는 물체를 보면 그것이 진짜 어미인 줄 알고 졸졸 따라다닌다. 옆에서 진짜 어미오리가 불러도 따라오지 않는다. 오리는 처음 태어나서 몇 시간 동안 본 움직이는 물체와 먹이를 주는 물체에 강한 사회적 애착을 가지고 있다. 이러한 현상을 각인이라 한다. 인간도 어린 시기에 어머니의 직장생활이나 이별 등으로 어머니에게 애착을 형성하지 못하면 후에 지적 발달과 사회성 발달에 현저한 결함을 가지게 된다.

최근에 와서는 결정적 시기라는 용어 대신에 민감기라는 용어가 많이 쓰이고 있다. 그 이유는 인간은 동물과 같이 결정적 시기에 겪은 경험이 절대적으로 각인되지 않고 어느 정도 기간이 지난 다음, 어떤 경험, 상담, 외부적인 지원에 의해 가역적으로 그 경험에서 벗어날 수 있다는 것이다.

여섯째, 발달에는 개인차가 있다.

〈그림 11-3〉 Lorenz를 따라다니고 있는 각인된 오리들

지금까지 말한 발달의 제 원리는 일반적으로 말해서 공통적인 것이라고 볼 수 있다. 그러나 개인의 발달의 속도나, 정도나, 질은 서로 동일하지 않다. 이러한 사실은 교육에 있어서 개별지도의 중요성을 강조하게 한다.

신체적 발달에 있어서 남녀의 차이가 있다. 동성끼리도 체중, 신장, 운동능력, 남자의 변성기, 여자의 초경기 등에서는 개인에 따라 상당한 차이가 있는 것이다. 어떤 사람은 아동기에 신장의 발달 속도가 느리더라도, 청년기에는 다른 사람들보다 훨씬 빠른 속도로 성장하기도 한다. 신체적 발달속도는 빠르지만 정신적 발달속도가 느리거나, 지적 발달속도는 빠르지만 사회적 발달속도가 느린 사람도 있다. 또한 생활연령에 비하여 신체적 발달 내지 지적·정서적·사회적 발달속도가 현저히 빠를 사람도 있고 이와 반대의 경우도 있다.

2. 신체 및 운동능력의 발달

신체발달이 중요한 의미를 갖는 이유는 그것이 개인의 성장에 기초가 될 뿐만 아니라 다른 분야의 발달에 영향을 미치기 때문이다. 다시 말하면 신체발달의 순조로움과 건강성은 개체의 생명유지에만 한정되지 않고 정서발달, 지능발달, 사회성 발달, 도덕성 발달 등에 기초가 된다.

Ⅰ. 신체발달

신생아기, 유아기, 아동기의 신체적 발달은 임신 후부터 시작되어 일정한 순서에 따라 자동적으로 이루어진다.

출생시 정상 남아의 평균 체중은 3.4kg, 키는 51.4cm이다. 남아들이 일반적으로 여아보다 체중이 더 무겁다. 생후 3개월이 되면 남아는 체중 7kg, 신장 63cm가 된다. 생후 6개월이 되면 남아는 체중 8.5kg, 신장 69cm가, 여아는 체중 7.8kg, 신장 67cm가 된다. 이와 같은 급속한 성장결과 출생 후 1년이 되면 체중은 약 3배, 신장은 1.5배 정도 성장하게 된다. 생후 2년까지 급격하게 성장하다가 그 후 서서히 성장한다.

그 후 사춘기에 다시 급격하게 성장하므로 사춘기를 제2의 성장기라고 한다. 이 시기에 성장호르몬의 분비가 많아지므로 체중이 급격하게 성장한다. 여자가 남자보다 사춘기가 2년 빨리 시작된다. 여자는 12세경에, 남자는 14세경에 체중과 신장이 가장 급속히 발달한다.

Ⅱ. 운동기능의 발달

운동기능의 발달에는 순서와 방향이 있다. 첫째, 두미방향이다. 머리부분이 먼저 발달하고, 그 다음에 신체 하부가 발달한다. 다리나 발의 근육은 최후에 발달한다. 둘째, 중심-말초방향이다. 처음에는 가슴과 배를 바닥에 대고 기어다닌다. 그런 사이에 일어서고 손과 발의 움직임을 자유롭게 조절한다. 셋째, 전체-특수방향이다. 대근육에서 소근육으로 움직이는 것이다.

아이의 운동기능이 발달함에 따라 환경과의 접촉을 많이 경험하게 되어 사회적·지적 능력이 확대된다. 아이가 앉고, 기며, 걷는 것과 같은 운동기능은 사회환경의 탐색, 부모와의 애착관계 등을 위한 도구이다.

신체발달과 성별에 따른 운동기능의 발달을 살펴보자.

대근육군을 주로 사용하는 전신운동에서는 이미 유아기에 남녀의 능력차가 존재한다. 그러나 유아기에 소근육군을 많이 사용하는 운동의 남녀 차이는 명확하게 나타나지 않는다.

중·고교 및 대학생의 운동능력 발달검사의 결과 남자는 고교 3년까지는 순조롭게 향상하지만, 그 이후는 별로 발달하지 않는다. 모든 종목에서 향상이 현저한 것은 중학교 시절이다. 그러나 여자의 발달은 중학교 3학년경에 거의 절정에 도달한다. 발달량도 초등학교 고학년에서 중학교 1, 2학년이 최고이고, 남녀 모두 체위의 발달과 평행된 경향을 나타낸다. 그리고 일반적으로 초등학교 시절에 근육 · 신경계의 협응능력이 현저하게 발달하고, 기타의 기능은 중학교 시절에 그 발달이 현저함을 볼 수 있다.

3. 인지발달

인지란 정보를 획득하고, 저장하고 활용하는 고등 정신과정을 말한다. 인지의 개념 속에는 지적 과정, 지각, 기억, 지능, 학습, 상상력, 문제해결 능력, 추리능력 등 눈으로 볼 수도 없고, 손으로 만질 수도 없는 일련의 정신과정들이 포함된다. 일반적으로 인지과정은 단계적으로 배열되어 있으며, 단계가 진행됨에 따라 구체적 사고양식에서 추상적 사고양식으로 나아간다. 개인의 인지는 개인의 성숙수준과 사회적 경험과의 상호작용으로 발달하며 개인의 능동적인 정보처리능력에 따라 각각 질적으로 다르다.

인지발달을 보는 관점에는 세 가지가 있다.

성숙론적 관점은 인간의 지적 발달은 전적으로 생리적 발달에 달려 있어 때가 되면 자동적으로 이루어진다고 보는 것이다.

환경론적 관점은 한 개인이 겪는 경험과 학습에 의하여 인지발달이 이루어진다고 본다. 환경론자들은 아동에게 적절한 학습경험을 준다면 어떤 수준의 인지발달도 가능하다고 본다.

대부분의 인지발달이론은 이러한 극단적인 두 견해를 반대하고 중간적인 입장을 취한다. 즉 유기체의 타고난 기질이 환경과의 상호작용을 거침으로써 인지구조는 재조직되고 이 재조직은 새롭게 분화된다고 본다.

개인의 인지발달에 영향을 미치는 요인은 수없이 많으나 지각발달과 언어발달, 그리고 Piaget의 인지발달이론만을 다루기로 한다.

Ⅰ. 지각발달

지각이란 감각기관을 통해 들어온 우리의 주변세계의 정보를 조직하고 해석하는 정신적 과정을 말한다. 외부자극을 지각하려면 우선 감각기관이 발달되어야 한다. 감각기관을 통해 들어온 정보는 의미 있는 형태로 선택적으로 구성되어 지각된다. 신생아들도 외부환경을 지각한다. 그러나 유아기의 지각능력은 아직 분화되지 않으므로 유아들은 계속 환경과 상호작용을 경험하여야 한다. 환경 속의 다양한 자극에 대한 지각능력을 능동적으로 발달시키지 않으면 유아들은 환경을 다루는 방법을 모르고, 또한 적응할 수 없다.

지각능력은 타고나는 것이지만 적절한 자극, 경험, 학습을 통하여도 발달된다. Blackemore는 생후 2주일 지난 새끼고양이를 흑·백의 수직선 혹은 수평선이 그려진 원통형의 방에서 하루 5시간씩 지내게 하였다. 고양이의 목둘레에 높은 깃을 세워 자신의 몸을 보지 못하게 하였다. 5개월 후 두 집단의 고양이들은 모두 영구적인 시각장애를 나타냈다. 수직선의 우리에서 자란 고양이들은 수평무늬의 물체를, 수평선의 우리에서 자란 고양이들은 수직무늬의 물체를 보지 못했다. 이 실험으로 고양이의 시각발달에는 결정적 시기가 있음을 증명하였다. 인간에게 이러한 지각발달이 언제, 어떻게 이루어지는가가 관심과제이다. 여기서는 감각기관별 지각의 종류를 알아보자.

(1) 시 지 각

신생아는 성인만큼 보지 못한다. 그러나 시각은 대단히 빠르게 발달하여 생후 4개월이 되면 성인수준에 도달한다. 4개월경이 되면 색채지각능력이 발달하고 형태지각과 시각의 예민성도 발달한다. 영아들은 연령이 증가함에 따라 움직이는 복잡한 자극을 더 선호하며, 밝은 색을 더 좋아한다.

유아기와 아동기는 자기 발로 걸어다니는 시기이므로 지각과정은 기억과 심상변별 능력의 영향으로 발달된다. 그러나 이 시기의 지각능력은 제한되어 있으므로 성인수준에 도달하려면 계속적인 경험과 학습이 필요하다.

(2) 깊이지각

Gibson과 Walks(1960)는 깊이지각에 대한 실험연구를 위하여

〈그림 11-4〉 시각적 절벽

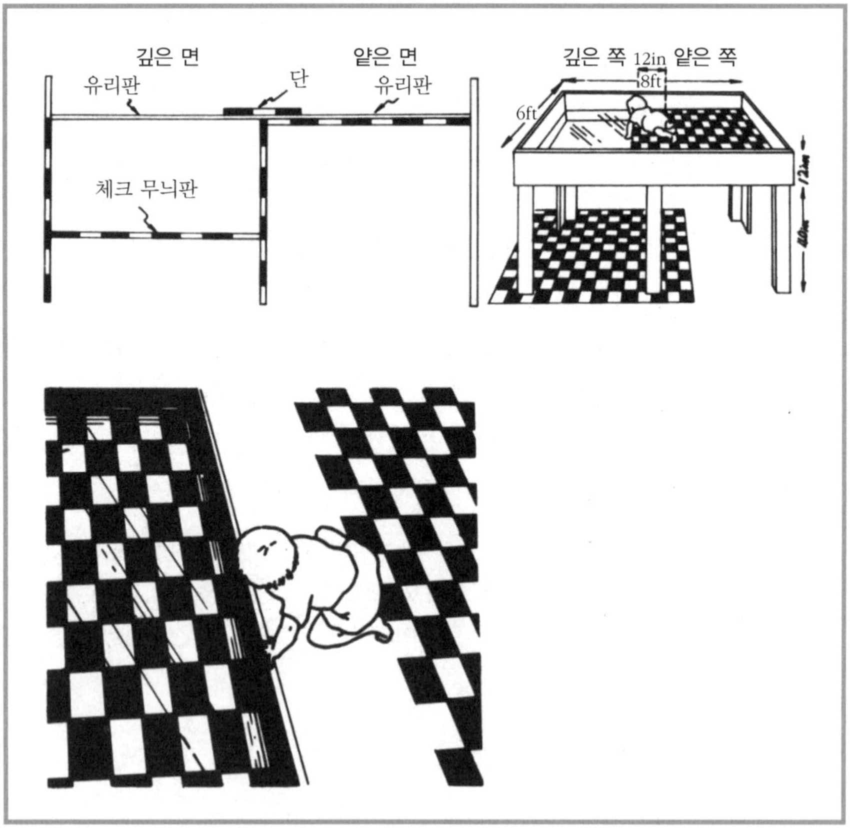

시각절벽을 설치하고 그 위에 6~14개월된 아기들을 올려놓았다. 시각절벽 장치를 만들기 위해 〈그림 11-4〉와 같이 큰 테이블을 놓고 그 위에 유리를 깔았다. 유리판 가운데에 깊은 부분과 얕은 부분을 분리하는 단을 장치하였다. 얕은 부분은 체크무늬판 바로 위에 유리가 깔려 있고, 깊은 부분은 유리판 약간 아래에 체크무늬판을 놓음으로써 마치 시각적으로 절벽처럼 보이게 만들었다.

생후 6개월된 영아들은 시각적 절벽의 깊은 부분으로 기어가려고 하지 않았다. 어머니가 불러도 가지 않고 울거나 되돌아갔다. 36명을 대상으로 한 실험에서 단지 3명만이 낭떠러지로 건너왔다. 건너온 영아들을 어루만져주고 다시 건너가게 했으나 영아들은 이를 거절했다.

이러한 연구결과로 인간은 6개월이 되면 깊이지각을 할 수 있다고 결론지을 수 있다. 그러나 피험자가 생후 6개월이므로 실험결과가 선천적인 요인에 의한 때문인지 학습의 결과인지는 알 수 없다.

(3) 대상물지각

대상물 지각능력은 Piaget의 감각운동기에서 밝혀진 대상영속성 개념이 발달된 것이다. 만일 6개월된 아이가 딸랑이를 가지고 놀다가 딸랑이를 놓치면 그 물건을 찾으려고 노력한다. 이러한 행동은 대상영속성 개념이 획득된 결과이다.

Bower(1971)의 실험에 의하면 18주가 된 영아는 대상영속성 감각이 발달한다. 그 후 생후 16주와 22주인 영아들을 대상으로 장막을 펴놓고 기차가 오른쪽에서 들어가서 장막 왼쪽으로 나오는 실험을 하였다. 만약 실험자가 오른쪽으로 들어간 기차를 내려놓고 장막을 치우면 모든 영아들은 기차가 없음을 알고 놀란다. 이는 대상영속성 개념이 형성되어 있음을 보여 준 것이다. 그러나 두 번째 실험에서 기차를 오른쪽 방향에서 들어가게 한 뒤 실험자는 기차를 공으로 바꿨다. 장막을 치우자 생후 16주인 영아는 바뀌친 것을 눈치채지 못하고 계속 기차를 찾으려고 노력하지 않았으며 어떤 물건이든 존재하는 것에 만족하는 느낌이었다. 그러나 22주인 영아들은 계속 기차를 찾기 위하여 노력하였다. 이는 특정 물건에 대한 대상 영속성 개념이 형성된 결과로 볼 수 있다.

(4) 기타의 지각

신생아, 영아, 유아들은 시각뿐만 아니라 청각, 미각, 후각, 촉각으로 온 세상을 지각한다. 사람은 생후 1년이면 청각이 예민하게 발달하여 여러 가지 소리의 고저, 인간의 목소리, 소리에 의한 거리 지각, 음소의 구별도 하게 된다. 미각, 후각, 촉각은 출생 초기에 대부분 완전하게 발달한다. 신생아들은 단맛, 쓴맛, 우유, 설탕에 대해 구별할 수 있으며, 핀에 찔리면 울어댄다.

Ⅱ. Piaget의 인지발달이론

Piaget에 의하면 지적 능력은 주어진 환경에 효과적으로 적응할 수 있는 능력이며, 지적 능력은 환경과의 상호작용을 통해 단계에 따라 일정한 순서로 발달한다. 인간은 환경에 적응할 때 생물체가 환경에 순응하기 위해 신체구조를 변화하듯이, 환경 내의 여러 자극들을 단순히 수동적으로 받아들이는 것이 아니다. 능동적인 활동을 통해 끊임없이 자신의 인지구조를 재구성하는 것이다. 유아기 때의 단순한 반사행동이 환경과의 상호작용으로 점차 논리적 · 추상적인 사고과정으로 변화한다.

이 때 환경과의 능동적인 상호작용으로 새로운 지식을 획득하는 방식으로 두 가지 상호보완적인 과정을 도입한다. 즉 동화와 조절의 과정이다.

동화란 새로운 정보가 들어왔을 때 현재의 인지구조에 맞추어 잘 융합시키는 과정이다. 조절은 새로운 정보가 들어왔으나 현재의 인지구조로는 충분히 받아들이고 설명할 수 없을 때 현재의 인지구조를 수정하는 것이다. 개인은 조절을 통하여 외부세계에 대처하는 방법을 효율적이고 조직적으로 구성해 나간다.

동화와 조절은 서로 상보적이며 동시에 일어난다. 즉 새로운 문제에 직면했을 때 이미 알고 있는 지식을 적용시키는 동화의 과정과 새로운 문제를 인지구조에 수정하여 받아들이는 조절의 과정이 우리의 머릿속에서 동시에 일어난다. 이러한 과정은 평생 동안 계속된다. Piaget는 적응이란 동화와 조절간의 평형상태라고 정의한다. 조절할 수 없는 새로운 정보가 들어왔을 때 사람들은 평형을 잃어버리게 되고, 노력하여 다시 평형을 찾을 때 새로운 인지구조가 생기는 것이다.

Piaget는 인지발달의 기능적 측면뿐만 아니라 구조적 측면도 설명하고 있다. 그는 환경과의 반복적인 경험적 활동에 의해 후천적으로 조직된 인지구조를 도식이라 한다. 유아기의 도식은 빨기도식, 잡기도식 등 몇 가지에 지나지 않는다. 그러나 반복되는 행동을 통하여 도식들은 분화되고 확대된다. Piaget는 인간의 인지발달을 생득적 요인인 성숙과 환경적 요인인 물리적 경험, 사회적 요인의 영향을 받는다고 보았으며 인간의 성장발달을 통하여 나타나는 인지구조의 변화를 연령별로 개념화하여 4단계로 설명하고 있다. 아동에 따라 각 단계를 거쳐 가는 속도는 차이가 있으며, 한 단계라도 건너뛰는 일은 없다.

(1) 감각운동기(0～2세)

출생부터 2세까지를 말한다. 이 기간에 영아는 감각과 운동을 통해 자신의 주변세계를 탐색하고 이해하려고 노력한다. Piaget는 감각운동기를 연령에 따라 6개의 하위단계로 구분하였다.

1) 1단계: 반사기(출생～1개월)

신생아기에는 거의 하루 종일 잠을 자고 깨어 있을 때에는 빨기반사, 파악반사, 울음반사, 미소반사 등의 몇 가지 반사활동만 한다. 이외에 보기, 때리기, 치기와 같은 행동도 보여 준다. 이러한 반사적 행동은 환경과의 경험으로 조절되며 지능의 기초가 된다.

2) 2단계: 1차 순환반응기(1～4개월)

순환반응은 영아가 우연히 어떤 행동을 하다가 흥미 있는 경험을 하면 흥미를 얻기 위하여 반복하는 행동이다. 예를 들면 손가락 빨기를 계속하다가 장난감 빨기 등도 습관적으로 이루어진다.

3) 3단계: 2차 순환반응기(4~8개월)

영아가 외부에서 흥미로운 사건들을 발견하고 다시 반복하려는 것으로 인과관계의 법칙을 발견하기 시작한다. 딸랑이를 흔들면 소리가 난다는 사실을 알게 된다. 또한 물체를 따라 시선을 움직인다. 그러나 물체가 움직이지 않으면 그 물건을 찾지 않는다.

4) 4단계: 2차 도식의 협응(8~12개월)

어떤 목적을 성취하기 위해 영아의 행동이 의도적이고, 목적이 되며, 협응하는 능력도 발달된다. 또한 가장 중요한 행동으로서 대상영속성 개념이 형성된다. 이전에는 눈에 보이지 않으면 물건을 찾지 않았으나 이 때는 현재 물체가 보이지 않아도 물체가 존재한다는 개념을 획득하기 때문에 열심히 찾는다. 이 시기의 영아들은 어머니가 보이지 않아도 어디엔가 있다는 것을 알고 찾는다.

5) 5단계: 순환반응의 성립(12~18개월)

이 단계에 이르면 어떤 목적에 도달하기 위해 전략을 수정한다. 상자 위에 올라가 자신이 원하는 목표물을 얻으려고 노력하며, 문제해결적 행동과 시행착오적 행동을 많이 한다. 항상 가지고 놀던 장난감을 다른 방법으로 사용하기 시작하며, 조직행동과 남의 흉내를 내는 모방행동도 한다.

6) 6단계: 사고의 시작(18~24개월)

행동하기 전에 사고를 하기 시작하는 시기이며, 지연된 모방행동을 한다. 2세된 아동이 부모가 없을 때 어머니 신을 신거나 아버지 모자를 쓰는 것이 지연된 모방행동이다. 거울 앞에서 자신을 정확히 알아보는 능력도 발달한다. 1년 전에는 직접운동을 통하여 환경과 상호작용을 할 수 있었으나 이 시기에는 실제로 행동을 하기 전에 이전의 경험들을 표상함으로써 머릿속에서 미리 결과를 예측할 수 있다.

(2) 전조작기(2~7세)

Piaget는 7세까지는 사고하는 인지과정이 아직 발달하지 못하였으므로 전조작기라 하였다. 조작이란 내면으로 가역성을 띤 정신활동을 말한다. 즉 사고가 융통성이 있고 논리적인 것을 말한다. 전조작기의 아동의 사고는 기본적으로 비체계적이고, 비논리적이다. Piaget는 전조작기를 전개념적 사고기와 직관적 사고기로 구분하였다.

1) 전개념적 사고기(2~4세)

이 시기의 유아들은 언어를 사용하고 다양한 신체활동에 참여한다. 그리고 영아기에 발달되었던 도식이 내적으로 표상되는 표상적 사고가 발달된다.

이 시기의 유아들은 상징놀이를 한다. 부모와 동물의 행동을 모방하여 심상형성의 표시로서 상징놀이를 하거나 놀이활동을 통하여 상징놀이를 한다. 막대기를 가지고 총싸움, 칼싸움, 병정놀이, 소방서놀이 등을 한다. 상징놀이를 통하여 유아들의 사회성이 발달하고 신체와 지능도 발달한다. 또한 상상력도 발달한다.

2) 직관적 사고기(4~7세)

이 시기의 아동들은 사물에 대하여 많은 호기심과 의문을 나타낸다. 논리적·이성적인 사고보다는 직관적인 사고에 기초하여 사물을 인식한다. 이 시기의 몇 가지 특징적 사고는 다음과 같다.

① 자아중심성 사고를 한다.

자신의 조망에 의해서 사물을 지각하므로 타인의 관점에서 사물을 이해할 수 없다.

② 물활론적 사고를 한다.

생명이 없는 대상에게 생명과 감정을 부여하는 사고가 물활론적 사고이다. 4~6세 아동은 활동하는 것, 6~8세는 움직이는 것, 8세가 지나면 스스로 움직이는 것을 생물과 무생물을 구별하는 기준으로 삼는다. 6세 아동은 태양은 스스로 빛을 발하기에 살아 있다고 생각하고 꽃, 산, 책상은 움직이지 않으므로 죽었다고 생각한다. 자전거, 돌멩이, 연필, 자동차, 구름은 움직이므로 살아 있다고 대답한다.

③ 불완전한 분류능력을 나타낸다.

전형적인 Piaget의 분류실험에서 20개의 나무 구슬 가운데 18개는 갈색 구슬이고, 2개는 흰색 구슬이다. 모두 나무로 만들어졌음을 이해시킨 다음 갈색 구슬이 많은지 나무 구슬이 많은지를 묻는다. 아동들은 상위분류 개념과 하위분류 개념을 뚜렷하게 구별하지 못하므로 갈색 구슬이 더 많다고 대답한다.

④ 도덕판단이 타율적이며 행위결과에 의해서 판단한다.

이 시기의 아동들은 규범이 어떤 권위, 즉 부모, 선생님, 국가, 신 등에 의해 부여된 것으로 생각하므로 맹목적으로 복종하여야 한다고 본다. 그리고 행동의 동기가 어떠하든 나타난 결과만으로 개인을 평가한다.

⑤ 꿈을 실제 있는 것으로 생각한다.

자신들이 꾸는 꿈은 외부에서 들어오며 다른 사람들에게도 보이는 것으로 생각한다. 차츰 나이가 들면 꿈이 실제가 아니라는 것을 깨닫게 된다.

⑥ 보존개념을 이해하기 시작한다.

보존이란 물체의 질량이 담는 그릇의 크기, 모양이나 배열하는 간격, 부분으로 나누는 것 등에 의하여 변하지 않는 것을 의미한다. 즉 질량불변의 법칙을 말한다. Piaget의 보조실험 가운데 가장 유명한 실험이 양의 보존에 관한 실험이다. 〈그림 4-9〉와 같이 똑같은 모양의 두 컵에 같은 양의 물을 붓고 두 컵의 물이 같다는 것을 확인시킨다. 한 컵의 물을 지름이 더 넓고 컵의 높이가 낮은 컵에 옮겨 담는다. 그 다음 처음의 컵의 물과 옮겨 담은 컵의 물 가운데 어느 것이 더 많으냐고 묻는다. 3~4세인 아동은 상황의 어느 한 차원에만 주의를 기울이고 다른 중요한 차원은 무시하는 경향을 가지고 있다. 이 시기의 아동은 컵의 높이만 볼 줄 알았지 컵의 넓이를 동시에 볼 수 있는 보상성의 개념을 가지고 있지 않았다. 그러나 5~

7세의 아동들은 어렴풋이 알기 시작한다. 보존성의 개념은 가역적인 정신활동을 이해해야 가능하다.

(3) 구체적 조작기(7~11세)

앞 단계에서 어렴풋이 알았던 보존개념이 이 시기에 확실해진다. 수, 부피, 무게, 길이에 대한 보존개념에 숙달되면서 구체적인 조작사고와 논리적 사고가 가능해진다. 그러나 아직도 정신적 조작은 불완전하여 추상적인 가설설정은 불가능하다.

이 시기의 몇 가지 특징은 다음과 같다.

① 보존개념을 확실히 획득한다.

동일성, 보상성, 가역성의 개념을 충분히 이해하여 많은 물리적 차원에 대한 보존개념을 획득한다.

② 분류기술을 획득한다.

대상과 대상과의 공통점, 차이점 및 관련성을 이해하여 물체를 분류하고 통합하는 능력을 획득한다. 그리하여 자기주변의 사물들을 분류하고, 서열화한다. 예를 들면 친구관계에서 가장 좋은 친구, 두 번째 좋은 친구 등으로 순서를 정한다.

③ 조합적 기술이 발달한다.

덧셈, 뺄셈, 곱셈, 나눗셈으로 수를 조작하는 능력을 획득하여 다른 대상과 상황에서도 적용하고 문제를 해결한다.

〈그림 11-5〉 양의 보존문제

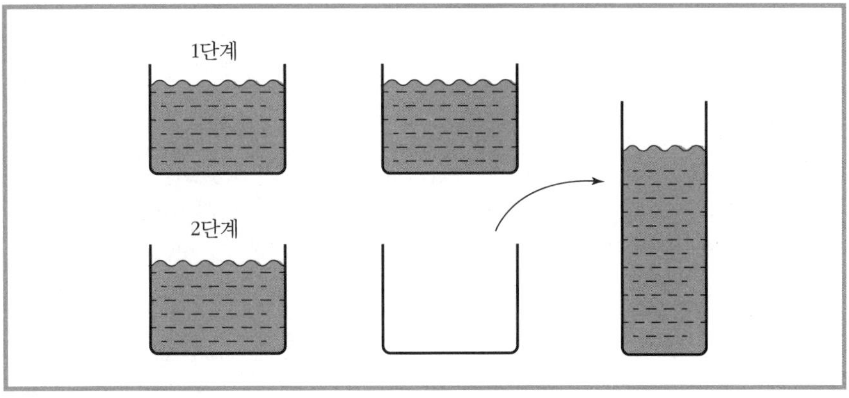

④ 타인중심적 사고를 한다.

사회적인 상호작용을 통하여 타인의 관점에서도 생각하는 능력이 생긴다. 즉 사회적 사고와 과학적 사고를 한다.

⑤ 자율적 도덕성을 지닌다.

또래끼리 동등한 입장에서 상호작용하면서 규칙을 상호합의된 약속이라고 생각한다. 규칙을 고정된 것이나 절대적인 것으로 여기지 않는다. 모든 사람들이 동의하면 규칙은 변경될 수 있다고 생각한다.

(4) 형식적 조작기(11세~성인기)

11세경의 사춘기에서 성인기가 시작되기 전의 주로 청소년기를 형식적 조작기라고 한다. 이 시기의 가장 중요한 특징은 문제해결에 사용할 수 있는 법칙을 선정하고, 추상적이고, 가설적이며, 논리적이라는 것이다. 형식적 조작능력은 갑자기 이루어지는 것이 아니고 구체적 사고능력에서 진전되는 것이다. 형식적 조작기의 특징은 다음과 같다.

① 추상적 사고를 한다.

Piaget의 한 실험에서 아동들에게 무색의 액체를 담은 4개의 플래스크와 무색의 액체를 담은 다른 작은 플래스크를 주었다. 이 액체들을 섞어 노란색을 만들어 내는 실험이었다. 전조작기의 아동들은 아무렇게나 섞는 혼란된 행동을 하여 해답을 찾으려 하였다. 구체적 조작기의 아동들은 보존개념을 가지고 두 가지 차원을 동시에 고려하는 체계적인 행동을 시도했으나 가능성은 제한되었다. 형식적 조작기의 청소년들은 여러 가지 가능한 조합들을 고려하고, 가설설정과 연역적인 추리를 한 후 실험을 시작하였다.

② 논리-수학적 사고를 한다.

형식적 조작사고 가운데 논리-수학적 사고를 알아보는 모형은 Piaget가 고안한 유명한 추의 진동에 관한 물리실험이다. 추의 길이, 무게, 힘 등의 모든 관련된 변인을 고려해야 답을 구할 수 있다. 이 실험에서 논리-수학적 사고가 가능한 사람은 효과적인 실험

설계와 타당한 결론을 도출할 수 있다. 그러나 모든 청소년과 성인들이 이러한 형식적 조작능력을 획득할 수 있는 것은 아니고, 모든 문제에 일관성 있는 형식적 조작능력을 보이지도 않는다.

③ 사회인지능력이 발달한다.

현실세계에만 관심을 두는 구체적 사고기와는 달리 자신들의 미래와 자신이 속한 사회에 관한 관심이 높아진다. 사회인지과정을 통해 청소년들은 이상적인 사회를 지향한다. 그러나 청소년들의 지나친 자아중심성은 사회인지능력의 발달을 저해한다. 청소년들이 자신의 감정과 욕구는 타인과는 매우 다르다고 지각하고, 자신이 상상의 청중 앞에 있다고 생각하여 지나치게 관중을 의식하고, 자신의 경험을 미화시키는 등 자신의 사고를 현실검증해 보려는 노력을 게을리하면 사회인지능력의 발달은 저해된다.

4. 사회성 발달

인간은 사회 속에서 출생하여 성장한다. 사회성이란 개인이 사회의 규범, 가치관, 지식 등을 내재화하여 어떤 집단이나 사회 속에서 다른 사람과 효율적인 인간관계를 맺으며 살아갈 수 있는 능력을 말한다.

일반적으로 사회성이 없다는 사람들의 행동경향을 예를 들어보자. 유치원이나 학교에서 친구들과 어울리지 않는 비사회적인 아동들 또는 사회규범에 어긋난 행동을 하는 반사회적 비행소년들 또한 사회의 일원으로서 훌륭하게 사회생활에 참여하고 양식적으로 행동은 하지만 항상 소극적이고 과묵한 비사교적인 사람들을 우리는 흔히 사회성이 없다고 말한다.

인간은 미성숙한 존재로 태어나 주로 부모의 보살핌에 의해 사회성이 발달된다. 그러나 연령이 점점 높아짐에 따라 가정을 떠나서 또래집단, 학교, 사회 속에서 생활하며 사회성을 발달시켜 나간다.

개인의 사회성 발달에 영향을 미치는 요인들을 구체적으로 고찰하여 보자.

Ⅰ. 애 착

인간의 사회화에 커다란 영향을 미치는 존재는 부모이다. 인간은 신생아기부터 부모의 따뜻한 보살핌과 피부접촉 등을 통하여 인간의 모습을 알게 된다. 1~2개월이 되면 사람의 소리를 알아들으며, 2~3개월이면 자기를 돌보아 주는 어머니에 대해 특별한 정서반응을 한다. 지각이 특히 발달하는 생후 6개월이 되면 아기는 적극적으로 어머니를 따르려 하며 낯선 사람을 기피한다. 어머니와의 기본적인 애착은 보통 생후 6~7개월경에 형성되며 2세까지 확대된다. 2세 이후의 애착형성은 거의 어렵다고 한다. 이와 같이 아기가 어떤 특정한 사람과 함께 있으려 하며, 함께 있으면 정서적으로 강한 안정감과 사랑을 느끼는 것을 애착이라 한다 애착은 사회성 발달에 가장 중요한 기반이다.

(1) 애착형성과 발달

애착행동은 자신을 돌보는 사람과 따뜻한 피부접촉을 주는 사람을 대상으로 이루어지며 애착행동이 형성되는 결정적인 시기가 있다. 애착형성은 생후 몇 달 동안에는 빨기, 젖 찾기, 파악반사 등 어머니와의 따뜻한 피부접촉을 통하여 이루어진다. 6개월경에는 어머니에 대한 분명한 애착이 형성되며 다른 사람들에 대한 선택적인 반응도 나타난다. 이 시기에 어머니나 양육하는 성인이 자주 바뀌면 영아들의 애착형성에 장애가 온다. 아동기 이후에도 그 장애는 뒤따른다고 한다.

대개 9개월부터 유아는 혼자 방에 있으면 격리불안을 느낀다. 어머니가 항상 곁에서 키운 유아는 어머니와 떨어져 본 경험이 많은 유아보다 격리불안을 덜 느낀다. 격리불안은 영아로 하여금 더욱 세상을 의식하게 해 준다고 한다. 격리불안은 6~9개월경에 나타나서 13~15개월경에 가장 뚜렷이 나타나며 생후 2년 그 이후에는 사라진다. 영아가 장기간 부모와 격리되면 처음에는 울음으로 격리불안을 표시한다. 그 다음에는 무감동, 냉담함, 회피, 우울증을 나타낸다. 떨어져 있던 부모들이 돌아왔을 때 영아는 부모를 멀리하고 거부행동을 나타낸다. 출생 직후에 산모와 신생아가 격리되었을 때는 산모와 신생아가 함께 있는 경우보다 밤낮으로 신생아가 산만하게 울었으며 장기간 격리되었을 때는 애착장애를 일으킨다(Klaus, 1972).

안정된 애착을 형성한 영아들은 환경을 능동적으로 탐색하고 자신의 독립심과 능력에 대해 신뢰를 한다. 혼자 남았을 때도 큰 슬픔을 나타내지 않는다. 아동기에는 모든 일에 대해 높은 호기심을 나타내고 다른 아동과 쉽게 사귀고, 학습활동에도 열성적이다. 성인이 되면 원만한 대인관계를 형성하고, 모든 일에 솔선수범하여, 사회적으로 지도자적인 입장에 서게 된다. 한편 스트레스를 받을 때 아이들이 어머니에게 달려가듯이 이들은 성인이 되어서 스트레스를 받아 견디기 힘들 때 자신의 고향, 부모님, 돌아가신 부모님 산소, 친지, 친구, 산 등 애착을 주는 대상을 찾아가 감정적 지지를 받고 다시 자신의 생활로 돌아오는 경우가 많다.

특히 유아들은 계속해서 돌보는 사람에게 강한 애착을 보인다. 유아가 무서운 상황을 만날 때, 싫증이 날 때, 놀랄 때는 더욱 애착형성을 나타낸다.

한편 Bowlby는 선천적 공포는 생존을 위해 긴요하다고 한다. 공포가 없는 연약한 동물은 약탈동물에 희생될 가능성이 높다. 또한 그는 어머니의 부재로 인한 공포를 자유유동불안이라고 하였으며 어머니가 없는 아동은 무서운 대상이 무엇인지도 모른 채 무서워한다고 하였다. 부모에게 심한 매를 맞고 자란 아동은 매맞기 전보다 심하게 부모에게 의존하여 공포와 불안을 제거하려 한다. 이와 같이 애착과 자율성 사이에는 상관이 있다. 아울러 공포와 불안도 강한 의존성 및 애착과 관련이 있다.

(2) 애착형성의 중요성

애착이 바람직하게 형성된 유아들은 어머니와 안정된 관계를 형성하므로 마음 속에 어머니가 존재하고 있어 안정감을 갖고 자기 스스로 모든 일에 열중할 수가 있다. 일반적으로 유아에 대해 강하고 긍정적인 애착을 형성한 어머니는 유아의 욕구에 대해 예민하게 반응해 주고, 함께 있는 시간이 많으며, 질적인 시간을 보내고, 사회적 자극을 풍부하게 제공하며, 항상 격려와 지지를 보내고, 따뜻한 피부접촉을 자주 갖는다.

어머니와 불안하고 약한 애착을 형성한 유아들은 새로운 장난감이 있어도 능동적으로 접근하지 못하고 냉담하게 웅크리고 있으며, 호기심을 가지고 탐색활동을 하지 않는다. 어머니에게 거절당한 경험이 있기에 어머니가 외출했다가 돌아와도 냉담한 표정을 지으며, 잠을 잘 때는 애착의 대상으로 수건, 담요, 베개, 인형 등을 껴안고 자며, 이러한 애착물이 없거나 다른 집에서 가끔 잠을 잘 경우에는 불안하여 잠을 못자는 경우가 많다. 그리고 쉽게 화를 내고, 문제해결을 빨리 포기하며 아동기에도 사회적으로 위축되어 있어 친구관계를 원만하게 하지 못한다. 따라서 성인이 되어도 자신감이 없고, 대인관계도 원만하지 못하다. 유아와 불안하고 약한 애착을 형성한 어머니는 유아의 욕구에 일관성 있게 반응하지 않고, 같이 있는 시간이 적고, 젖을 먹일 때도 책을 보는 등 유아에게 무관심한 반응을 나타내고 아이에게 시간을 쓰는 것을 아깝게 생각한다. 이러한 어머니들은 일찍 어머니를 잃어버렸거나, 자신의 어머니에 대한 분노가 많아 아직도 싸우고 있는 경우가 많다.

유아기의 애착은 인간의 사회성 발달에 중요하다. 실제로 유아기를 고아원이나 탁아소 같은 시설에서 보낸 아동들은 비록 충분한 영양과 신체적 보살핌은 받았을지라도 어른들과의 신체접촉, 정서적 유대, 사회적 자극 등의 경험부족으로 신체발달, 언어발달, 인지발달, 정서발달, 사회성 발달에 심각한 지장이 초래되었다. 이들의 행동은 Harlow의 원숭이 실험의 격리된 원숭이의 행동과 비슷하였다(Dennis and Sayegh). 이러한 유아들의 행동은 Harlow의 원숭이 실험에서와 같이 좋은 시설로 옮겨 주고 개별적인 자극과 따뜻한 피부접촉을 주면 많은 치료효과가 있었으며, 성인기에는 평균수준을 능가하는 직업적 수준에 이르렀다(Skeels).

이와 같이 부모와 자식간의 애착은 신체적인 보호와 배고픔의 충족처럼 개인의 생존과 사회성 발달에 필수적이다.

<Harry Harlow의 원숭이 애착실험>

1959년 심리학자 Harry Harlow는 아기원숭이가 어미를 따르는 이유가 어미가 먹이를 먹여 주기 때문인지 혹은 따뜻한 피부접촉인지를 확인하기 위해 아기원숭이를 어미원숭이와 격리시켜 양육했다. 적절한 음식의 제공에도 불구하고 일부 원숭이는 죽었다. 생존한 원숭이 가운데 장기간 격리된 원숭이는 공격적이고 내성적인 성격을 나타냈으며, 심각한 변태적 행동을 나타냈다. 그리고 또래들끼리 어울려 노는 행동은 나타내지 않았다. 이러한 부적응된 행동은 청년기와 성인기까지 지속되었으며 성행동과 부모행동도 부적절하였다. 격리되어 자란 원숭이가 어미원숭이가 되었을 때 자기의 아기원숭이들에게 모성애를 보여 주지 않았고, 아기원숭이들을 내팽개치거나 심지어 죽이는 경우도 있었다. 그 후에도 이러한 원숭이들은 무감각하고, 비활동적이며 마치 정신분열증 환자와 같은 행동을 보여 주었다. 이런 결과를 사람에게 일반화하기는 어렵겠지만 생애 초기에 어머니로부터 장기간 격리되면 성인이 되었을 때 사회적·정서적 행동발달이 심각하게 손상됨을 유추할 수 있다. 원숭이의 경우 애착이 일어나는 결정적 시기는 3~9개월 사이라고 한다.

격리된 원숭이가 어미와 재결합되면 정상상태로 되돌아오는 경우가 있다. 한편 부적응을 보이는 원숭이와 3개월 정도 나이가 어린 정상적인 원숭이를 함께 살도록 하였다. 정상적인 원숭이가 부적응된 원숭이에게 끈질기게 매달리고 관심을 보였다. 6개월 쯤 지나자 부적응된 원숭이가 정상 원숭이에게 강한 애착을 보여 완전히 치료가 되었다. 이 방법은 1년 이상 고립되었던 사회적 적응불능자들을 회복시키는 데 사용할 수 있다(Novak and Harlow, 1975). 또한 유아기 초기에 학대나 부모의 죽음 등으로 마음의 상처를 입은 사람을 어떤 사람이 사랑으로 따뜻하게 돌보면 그 상처는 치유될 수 있을 것이다.

최근의 신경학적 연구결과에서 고립상태에서 자란 원숭이의 대뇌기관과 변연계가 비정상적임을 밝혀 냈다. 이것은 초기에 피부접촉과 흔들어 주는 것의 결핍으로 생길 가능성이 높다고 한다(Prescott,

1979).

한편 Harlow의 실험에서 어미원숭이에게서 분리시킨 아기원숭이들을 철사로 만든 대리모와 부드러운 헝겊으로 만든 어미원숭이가 들어 있는 우리 안에서 키웠다. 철사대리모에 우유가 달려 있는 데도 불구하고 아기원숭이들은 부드럽고 생명이 없는 헝겊대리모에게 매달려 많은 시간을 보냈다. 낯설고 무서운 상황을 만날 때도 헝겊원숭이에게로 갔다. 1년이 지난 후에도 헝겊원숭이에게 달려갔다. 이와 같은 실험결과를 볼 때 신체적인 피부접촉이 애착을 형성하게 한다고 결론지을 수 있다.

〈그림 11-6〉 Harlow 실험, 천 대리모 애착

Ⅱ. 부모의 양육방식

형제수, 출생순위, 거주지의 특성, 부모의 양육방식 등이 자녀의 사회성 발달에 영향을 미친다. 이 가운데에서 부모의 양육방식이 자녀의 사회성 발달에 가장 중요하다. 부모의 양육방식은 〈그림 11-7〉과 같이 수용적 대 거부적인 차원과 제한적 대 허용적으로 구분할 수 있다. 이 두 차원이 교차하여 민주적·방임적·권위적·과잉보호적 양육방식을 구성한다. 네 가지 양육방식의 특징은 다음과 같다.

첫째, 부모가 민주적 태도로 자녀를 양육하면 자녀들은 자기통제적이고, 책임감 있고, 활달하며, 높은 자존심을 가진다. 민주적 태도를 지닌 부모들은 자녀의 욕구와 소망을 민감하게 알아차리며 일정한 기준을 설정하여 수용한다. 또한 자녀들과 허심탄회하게 대화를 하며, 자녀와 함께 즐기는 시간을 많이 갖는다. 민주적 가정에서

〈그림 11-7〉 부모의 양육방식

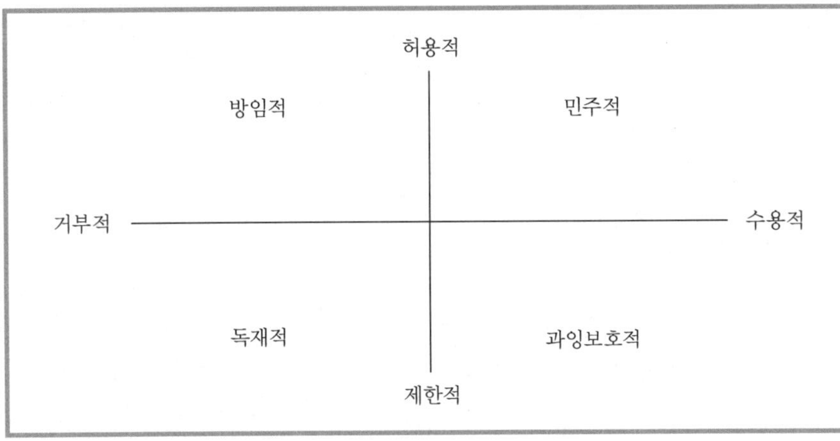

는 가족간에 의사소통이 잘 되어 온정과 우정적 분위기를 가져다 주고 개인차를 너그럽게 이해해 준다.

둘째, 권위적인 부모들은 복종을 미덕으로 알고, 자녀의 욕구표현을 제한하고, 신체적 처벌을 가한다. 독재적인 부모 밑에서 성장한 자녀들은 사회적 능력, 자발성, 의사표현능력이 부족하고 자아정체감 발달이 낮다. 또한 권위적인 부모들은 자녀들에게 창피를 주기에 자녀들은 위축되고 자율성이 없어져 자기관리나 통제가 어렵게 된다. 옛날부터 “매맞고 잘된 사람이 없다,” “폭력은 폭력을 낳는다”는 말이 있듯이 자녀들에게 권위를 휘두르는 것은 부정적인 결과를 가져온다. 힘 있는 자는 힘 없는 자를 때려도 괜찮다는 무언의 암시가 대화보다는 사람을 때려서 문제해결하려는 습관을 갖게 한다.

셋째, 과잉보호적인 부모들은 자녀의 행동을 지나치게 간섭하고, 보호하고, 항상 걱정하는 행동을 한다. 이러한 부모 밑에서 자란 자녀들은 충동적이고, 공격적이며, 유치하고, 책임감과 독창성이 부족하다. 또한 이러한 자녀들은 융통성이 부족하여 집단생활에 적응하지 못하며, 신경질적이다.

넷째, 방임적 부모들은 자녀를 대하는 태도가 일관성이 없으며, 모순적이다. 예를 들면 부모가 기분 좋을 때는 자녀의 행동에 대해 칭찬하다가 기분이 좋지 않으면 야단을 친다. 이러한 부모의 자녀는 정서적으로 불안정하며, 경계심이 많고, 공격적이고, 침착성이 부족하다. 심한 증세를 나타낼 때는 반사회적 행동과 정신신체장애를 수반한다.

Ⅲ. 또래집단

유아기가 끝날 무렵이면 아동은 신체적으로 성숙하여 또래집단과 상호작용하는 시간이 늘어난다. 또래들과의 놀이활동은 아동의 공격성, 협동성, 도덕성, 성역할, 우정을 학습하게 한다. 3세 이후부터는 동성의 친구와 자주 어울리며 또래와의 놀이활동이 증대된다. 또래들과 상호작용을 갖지 않은 아동은 성인이 되면 대인관계에 어려움을 많이 겪는다. 또래와의 놀이는 아동으로 하여금 주위환경을 탐색하게 하고, 성역할과 사회적 역할을 배우게 하며, 신체적 능력과 상상력도 증대시킨다. 또래와의 성공적인 관계는 인기를 얻는, 또한 자신의 능력을 개발하는 계기가 된다.

구체적·현실적인 것에서 가치를 발견하는 아동기에 들어서면 교우활동도 한층 활발해져서 사회집단 안에 적극적으로 참가하고, 그것에 적응하는 것에 즐거움을 느끼고, 또 그것을 위해서 노력을 경주하게 된다. 아동 중기경부터는 소위 도당시대(gang age)라 칭하는 집단행동도 시작되며, 리더와 종속자의 관계 등도 명백히 분화하기 시작한다. 연령이 더해감에 따라서 리더의 조건도 보다 지적·사회적·도덕적인 것이 요구되므로, 여기서도 아동의 사회성 발달을 볼 수 있게 된다. 또 집단간의 경쟁 등도 나타나며, 리더를 중심으로 하여 각 성원이 각각의 역할을 분담하여 행동하는 고차적인 집단행동도 나타난다.

Ⅳ. 학교교육

아동이 만 6세가 되면 학교에 입학하여 교육을 받는다. 학교교육은 부모에 의한 교육의 연장으로서 개인에게 도덕성, 시간관념, 근면성, 정보, 기술, 대인관계, 사회관계 등을 가르친다. 학교에서는 교사의 영향력이 막대하다. 교사의 자질, 성격, 연령, 성별, 교수방법, 실력, 종교 등은 아동과 청소년들의 사회성 발달에 영향을 미친다.

학교에서 행하는 운동경기, 자치회, 집단활동 등을 통하여 아동은 운동정신, 협동정신, 공공정신 등을 배우며 아울러 부정직성, 경쟁심 등도 배우게 된다. 학교성적도 아동들의 자존심과 자아개념 형성에 영향을 미친다. 학교성적이 뒤떨어지는 아동들은 대개 자아개념이 부정적이다.

Ⅴ. 기타의 요인

텔레비전, 라디오, 신문, 책, 오락물 등도 개인의 사회성 발달에 영향을 미친다. 이러한 것들은 그 내용에 따라 좋은 영향을 미치기도 하고 나쁜 영향을 미치기도 한다. 깽이나 범죄에 관한 이야기와 성적인 자극을 주는 프로그램은 아동과 청소년들에게 나쁜 영향을 준다. 특히 텔레비전의 시청은 아동의 독서능력과 지적 능력을 떨어뜨리는 경향이 있으며 아동으로 하여금 그릇된 행동을 모방하게 하여 공격성을 증대시킨다. 광고의 영향으로 상품구매에 대한 과다한 의욕이 생겨 소비욕구가 증대된다. 또한 많은 시청시간은 아동들의 사회성 발달을 저해하나 긍정적인 역할을 할 때도 있다. 즉 주위환경에 대해 자극을 주어 흥미를 유발하고 언어발달, 사회성 발달, 인지발달을 촉진할 때도 있다.

제12장

학　　습

인간은 태어날 때 아무런 능력도 가지지 못한 채 태어나므로 주위에서 보살피지 않는 한 살아남을 사람은 하나도 없다. 그러나 동물은 태어날 때부터 많은 장치를 지니므로 태어나자마자 독자적으로 살아갈 수 있거나 인간보다는 훨씬 빨리 자립할 수 있다.

가장 무력하게 태어난 인간이 만물의 영장이 되는 것은 학습의 결과이다. 인간은 행동의 대부분을 학습을 통하여 배운다. 학습이 인간의 전유물만은 아니다. 동물도 학습을 한다. 동물이 행동모방, 시행착오, 조건반사에 의해 새로운 행동을 배우는 것 등도 학습이다. 그러나 인간과 동물의 학습은 그 질과 양에 있어서 커다란 차이가 있다. 따라서 인간이 적절한 학습을 받을 때 인간답다고 하는 것이다.

인간행동을 이해하기 위해서는 학습의 원리인 행동변화의 기본원리를 이해해야 한다. 심리학의 기본이론 및 법칙은 학습의 원리에 그 기초를 두고 있다.

이 장에서는 학습의 주요 이론과 그 실제적 적용을 고찰하자.

1. 학습의 정의

학습이란 이전의 경험결과나 연습의 결과로 발생되는 비교적 영속적인 행동의 변화를 말한다(Kimble, 1961). 질병, 피로, 약품 등에 의해 신체상태에서 일어나는 일시적인 행동변화는 제외한다.

〈그림 12-1〉과 같이 어떤 객관적인 환경 속에는 여러 가지 자극이 존재한다. 경험은 개인과 환경 속의 여러 자극들이 서로 상호작용을 한 결과 개인의 내부세계에서 일어나는 정신과정이다. 경험의 결과 새로운 행동이 나타나거나 이미 있었던 행동양식에 변화가 생기는 것을 학습이라 한다.

학습이란 결과를 낳기 위한 작용이므로 새로운 지식, 기능, 행동방식을 획득하는 과정이 중요하다. 그러므로 어려운 내용을 학습하였으나 겉으로 드러난 행동변화는 없다 할지라도 어려운 학습을 시도한 의도와 노력한 과정 등은 중요시된다.

학습의 결과는 다른 상황에 전이가 된다. 전이는 반드시 긍정적인 결과만 가져오는 것이 아니다. 때로는 부정적인 결과를 낳을 수도 있다.

인간이나 동물 모두 학습할 능력이 있는 자에게만 생존의 기회가 주어진다. 사회에서 올바르고 행복하게 살아갈 능력양성과 자기실현이 인간학습의 목표이다.

〈그림 12-1〉 학습의 정의

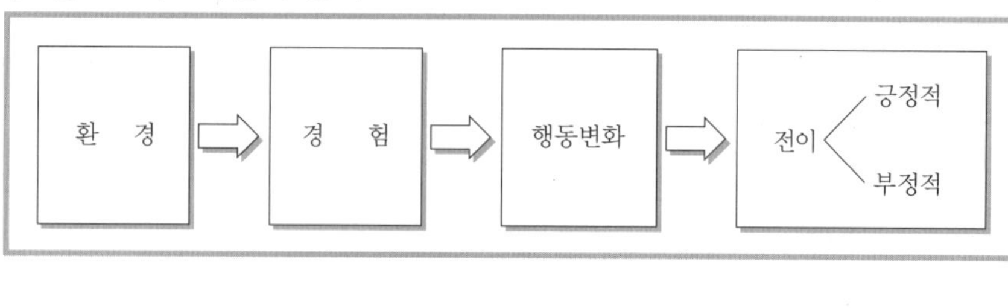

2. 조건형성과 학습원리

실험심리학의 공헌으로 조건형성실험이 시작되었다. 대표적인 학자들은 Pavlov(1849~1949), Thorndike(1874~1949), Skinner(1904~1990) 등이다. 이들은 모두 자극반응이론에 기초를 두고 있으며 동물을 대상으로 실험하였다. 특히 행동주의에서의 실험은 주로 어떤 조건을 형성하고 이에 대한 반응을 주의깊게 조사하는 것이다. 조건형성에는 고전적 조건화와 조작적 조건화의 두 가지 유형이 있다.

Ⅰ. 고전적 조건형성

(1) 동물학습 실험의 원리

조건형성 학습은 동물을 대상으로 실험하므로 동물을 학습하는 실험의 원리를 알아 둘 필요가 있다. 첫째, 습관화를 형성시킨다. 습관화는 반복 때문에 자극에 대한 선천적 반응이 감소하는 것이다. 즉 습관화는 자극일반화를 의미한다. 둘째, 민감화를 형성시킨다. 민감화 또는 감각화는 감각기관에 강한 자극을 반복할 때 반응의 크기가 증가하는 효과이다.

(2) Pavlov식 조건형성

고전적인 조건형성은 소화기관에 관한 초기 생리학 연구로 노벨상을 수상한 러시아의 Ivan P. Pavlov에 의해 처음으로 시도되었다. 그는 종소리와 개의 먹이인 고기가루, 침을 흘리는 양을 측정하여 조건형성 실험을 하였다. 개는 먹이를 보면 침을 흘렸을 뿐만 아니라 실험자의 발자국 소리만 들어도 침을 흘렸다. 먹이를 제시하지 않을 때에는 개들이 어떻게 하여 침을 흘리는가를 알기 위하여 먹이를 주기 전에 종소리를 울리는 실험을 하였다. 처음에는 종소리에 침을 흘리지 않았지만 곧 종소리가 울리면 먹이를 준

〈그림 12-2〉 Pavlov의 고전적 조건형성 장치

실험자는 일방향투시경의 뒷편에 앉아서 조건자극(종소리)와 무조건자극(먹이)의 제시를 통제한다. 침샘에 연결된 관을 통해서 침이 컵 속에 모아지면 움직이는 원통에 기록됨으로써 개의 반응강도를 측정한다.

다는 것을 학습하였다(〈그림 12-2〉 참조). Pavlov식 조건형성의 구성요소는 다음과 같다.

① **무조건자극**(unconditional stimulus: UCS) 이전의 훈련없이도 반응을 유발하는 것으로 Pavlov 실험에서의 고기가루를 말하며 강화물로 쓰인다.

② **무조건반응**(unconditioned response: UCR) 자극에 의해 무조건 일어나는 반응이다. 예를 들면 수액분비, 눈깜박거림, 무릎반사 등이다.

③ **조건자극**(conditional stimulus: CS) 무조건자극과 함께 시간적으로 적절히 반응을 유발하는 자극이다. Pavlov 실험에서의 종소리를 말한다.

④ **조건반응**(conditioned response: CR) 조건자극이 무조건자극과 함께 짝지어졌을 때 생기는 학습된 반사이다. Pavlov의 실험에서 흘리는 침의 양이다. 조건반응을 생성하기 위해서는 조건자극과 무조건자극이 여러 번 짝지어져야 한다. 지금까지 설명한 CS, UCS, CR 및 UCR의 관계를 다음과 같이 요약할 수 있다.

i) 흥분의 법칙 흥분이란 동물이 적극적으로 반응하려는 경향성이며 조건자극은 흥분적인 속성을 갖는다. 즉 조건반응을 일으키는 속성을 갖는다.

ii) 내부억제의 법칙 조건자극이 제시된 후 무조건자극이 계속되지 않으면 조건반응이 소거된다. 학습자의 환경에 갑작스런 변화가 생기면 조건반응을 차단시킬 수 있다. Pavlov 실험실에 이상한 사람이 나타나면 소거가 일어난다. 하나의 반응이 소거된 후 다시 동물을 실험상자에 넣으면 반응이 재차 나타난다.

iii) 조건자극과 무조건자극의 시간상 짝짓기 조건자극이 무조건자극보다 5초 전에 올 때 조건화가 가장 잘 된다.

iv) 실험적 소거 조건반응은 무조건자극에 의존한다. 무조건자극이 없으면 조건자극은 절대로 조건반응을 유발하지 못한다. 조건반응이 발달된 다음에 무조건자극이 주어지지 않고 조건자극만을 계속적으로 제시하면 조건반응은 점차로 사라진다. Pavlov의 실험에서 개가 종소리를 들었는 데도 먹이를 계속 먹지 못했다면 개의 침분비는 차차 감소하고 종소리에 더 이상 침이 분비되지 않는 것이다.

v) 자발전 회복(자동조형) 소거에 따른 지연이 있은 후에 유기체에게 조건자극을 제시하면 조건반응이 유발된다.

vi) 고차적 조건화 조건자극과 무조건자극을 여러 번 짝지운 다음 이전의 학습을 기초로 하여 무조건자극과 아주 비슷한 제 2의 자극을 조건화시킨다. 예를 들면 종소리에 조건형성된 개에게 종소리에 앞서 빛을 비추는 과정을 여러 번 반복하면 나중에는 빛만으로도 침을 흘린다. 빛은 종소리에 대한 신호역할을 하며, 종소리는 고기가루에 대한 신호역할을 한다. 그러나 제 3차적 조건화는 불가능하지는 않지만 대단히 어렵고 조건형성의 강도도 약화된다.

vii) 일 반 화 독특한 자극에 하나의 조건반응이 잘 연합된 경우에는 그 조건자극과 어느 정도 비슷한 다른 자극들에 대해서도 반응하는 경향을 보인다. 이러한 현상을 자극의 일반화라 한다.

viii) 변 별 이전에 학습한 반응을 일반화시키지 못하고 특정한 대상이나 사상에 대해서만 반응하도록 훈련하는 것을 변별이라 한다. 다시 말하면 변별은 일반화의 반대로서 어떤 한정된 범위의 자극에만 반응하는 경향을 말한다.

Pavlov의 조건형성 실험은 다음과 같은 원리를 기반으로 한다.

① **시간의 원리**　조건자극은 무조건자극보다 먼저 제시하는 것이 가장 효과적이며 동시에 제시하는 것은 효과가 낮다. 무조건자극을 먼저 제시하고 조건자극을 제시하면 학습은 거의 일어나지 않는다. 조건자극과 무조건자극의 간격이 너무 길거나 짧으면 학습에 방해된다. 적정 간격은 실험대상 동물과 조건화 내용에 따라 다르나 일반적으로 수 초 간격이 효과적이다.

② **일관성의 원리**　조건자극인 종소리를 다른 형태의 자극으로 변경하지 않는다. 또한 고기가루를 주지 않을 때는 종소리를 들려 주지 않는다.

③ **계속성의 원리**　조건자극은 조건반응이 일어날 때까지 충분히, 그리고 계속 제공되어야 한다. 처음에는 반응강도가 급속히 증가하나 그 속도는 차차 완만하게 된다.

④ **강도의 원리**　조건자극은 쉽게 지각될 수 있을 정도로 충분하고 강력하게 제공한다. 또한 조건자극이 특징적일수록 효과가 높다.

(3) 조건형성의 예

조건형성에 관한 이해를 돕기 위해 몇 가지 실험들을 살펴보자.

① Watson(1920)의 유명한 Albert 실험이다. 생후 11개월인 Albert는 흰 쥐를 처음 보자 공포심을 갖지 않고 흰 쥐에 다가갔다. 이 때 Albert의 머리 뒤에서 큰 쇠망치를 쳤다. 큰 소리에 놀란 Albert는 앞으로 넘어지면서 머리를 파묻었다. 잠시 후 Albert가 흰 쥐를 잡으려 하자 또 막대로 쳤다. 이번에는 Albert가 울면서 앞으로 넘어졌다. 일주일 동안 Albert는 쥐를 보지 않았다. 일주일 후 쥐 근처에 갔을 때 그는 손을 움츠렸다. 그 날 쥐와 몇 번 더 대면시켰다. 그 때마다 Albert는 울면서 쥐를 피해 달아났다. 그 후 그는 쥐를 닮은 대상뿐만 아니라, 털 달린 인형, 산타클로스 수염, 모피 옷에도 공포증을 나타냈다. 실험자는 역조건 형성을 통해 Albert의 공포를 제거하려 하였으나 불행히도 못하였다.

〈그림 12-3〉 공포반응의 조건화와 일반화

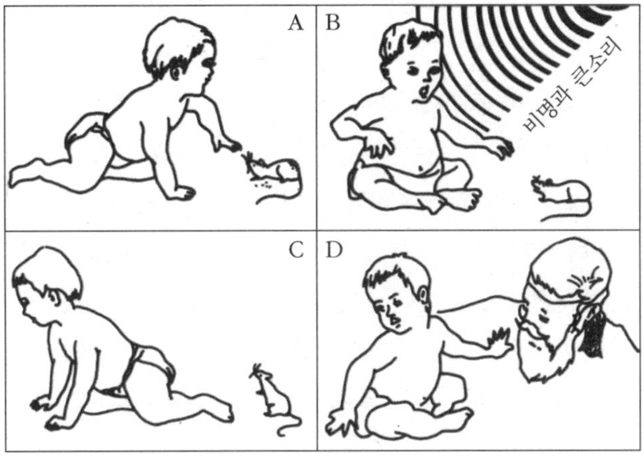

(A) Albert는 두려움 없이 쥐에게 다가가려고 한다.
(B) Albert가 순간 비명과 큰소리를 나게 한다.
(C) 이후에는 Albert는 쥐를 멀리서 보아도 무서워한다.
(D) 그 이후에는 쥐뿐만 아니라 산타클로스 할아버지 수염도 무서워한다.

이 실험결과 유아기의 충격적 경험이 미래의 정서발달에 영향을 줄 수 있다는 점이 밝혀졌다.

② 토끼와 털을 무서워하는 어린이를 대상으로 즐거움을 주는 음식과 토끼를 연결시킨다. 어린이가 음식을 먹는 동안에 우리 안의 토끼를 멀리서 보게 한다. 다음 날은 음식을 먹는 동안 토끼를 더 가까이 접근시킨다. 계속하여 점점 더 가까이서 토끼를 보게 한다. 결국 이 어린이는 토끼를 무서워하지 않고, 토끼가 손가락을 물어도 두려워하지 않을 정도가 되었다. 즉 조건형성의 불행한 산물인 신체적 증상이나 불합리한 공포를 역조건화를 통해 없애는 것이다.

③ 다량의 인슐린 주사를 맞은 쥐들은 인슐린 쇼크를 보이면서 혼수상태가 되었다. 인슐린 주사를 맞기 전에 빛을 비추었다. 빛, 주사바늘, 혼수상태의 연합으로 일종의 조건형성이 된 것이다. 같은 종류의 빛이 비춰지고 일종의 식염수 주사를 맞았을 때도 인슐린 주사시와 같이 혼수상태가 되었다.

④ Pavlov는 개를 대상으로 원을 제시하면 먹이를 주고, 타원을 제시하면 먹이를 주지 않는 변별학습을 하였다. 처음에는 가로와 세로의 중심선 길이의 비율이 2:1인 타원을 보여 주었다. 그 후 타원이 원과 가로, 세로가 거의 비슷한 9:8의 비율이 될 때까지 실험은 계속되었다. 약 3주에 걸쳐 어려운 변별화를 훈련하였다. 많은 개들은 어려운 변별화를 학습했으나 정신병리학적 상황에 빠지기 쉬운 신경조직을 가진 개들은 흥분과 억제가 충돌하여 급성신경증 조건에서나 볼 수 있는 증세들이 나타났다. Pavlov는 이러한 증상을 실험신경증이라 하였다. 실험신경증은 어떻게 반응해야 할지 모르는 애매모호한 자극으로 인한 스트레스 때문에 생긴 것이다.

⑤ 출현빈도가 낮은 행동을 촉진시키기 위해 출현빈도가 높은 행동을 강화인자로 사용한다. 이를 Premack의 원리라고 한다. 예를 들면 수학을 싫어하는 어린이에게 수학공부를 1시간 시킨 후 그 어린이가 가장 좋아하는 운동을 20~30분 정도 시킨다. 이를 반복하면 이 어린이는 수학을 좋아하게 된다.

Ⅱ. 조작적 조건형성

(1) 도구적 조건형성

소련의 Pavlov가 고전적 조건형성에 관한 실험을 하기 10년 전부터 미국에서는 Thorndike(1874~1949)가 병아리, 고양이, 개, 원숭이를 대상으로 다양한 조작적 실험을 하고 있었다. Thorndike는 Darwin의 영향으로 행동의 기능적 측면을 강조하였으며, 그의 가장 잘 알려진 실험은 "Thorndike의 문제상자"이다. 문제상자는 〈그림 12-4〉와 같은 조그만 우리이다.

고양이가 안에서 줄을 잡아당기거나 막대기를 밀면 우리 밖으로 도망갈 수 있다. 상자 밖에는 냄새를 맡을 수 있는 고기가 있다. 처음에는 고양이가 구속에서 벗어나려고 본능적으로 애썼으며, 특히 투쟁적인 고양이는 상자를 마구 할퀴었다. 이 때 우연이 문

〈그림 12-4〉 Thorndike의 문제상자

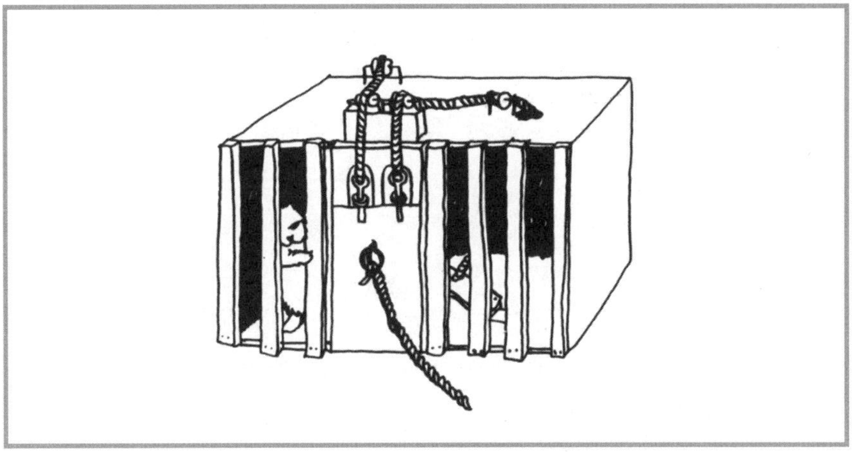

이 열렸다. 대부분의 고양이는 탈출하여 고기를 먹었다. 그러나 어떤 고양이는 전혀 도망갈 생각을 안했다. 이런 고양이들은 강제로 끄집어내어 고기를 먹게 하고 다시 집어넣었다. 이렇게 밖으로 나오는 것과 고기를 먹는 것이 결합된 탈출경험을 여러 번 가질수록 고양이들의 머뭇거리는 행동은 사라지고 탈출시간이 점점 빨라졌다. Thorndike는 연습과 시행착오를 거듭함에 따라 탈출시간이 줄어드는 것에 연구의 중점을 두었다.

Thorndike는 위의 실험결과를 토대로 다음과 같은 학습원리를 제시하였다.

① **연습의 법칙** 이 법칙은 빈도의 법칙 또는 사용의 법칙으로도 불리운다. 연습이나 사용횟수가 많을수록 학습은 강화된다는 것이다. 반대로 연습이나 사용횟수가 적으면 학습이 일어나지 않고 망각과 기능상실이 일어난다. 나중에 Thorndike는 연습의 법칙을 수정하였다. 즉 단순한 반복연습이 학습을 증대시키는 것이 아니라 보상과 같은 효과요인이 제공되면 연습횟수가 줄어들더라도 학습은 훨씬 증대된다.

② **효과의 법칙** 반응의 결과 만족스런 경험, 즉 보상을 받으면 결합의 강도는 증가되고 처벌을 받으면 약화된다.

Thorndike는 이 법칙도 수정하였다. 실제로 인간행동이 만족감과 쾌락에 의해 학습되는 것만은 아니다. 처벌이나 비판 등의 불만족 요소에 의해서도 학습이 강화된다.

③ **준비성의 법칙**　학습할 준비, 목표지향적인 행동을 할 준비가 되어 있을 때 학습이 만족스럽게 이루어진다고 보는 것이 준비성의 법칙이다.

Thorndike의 학습이론은 학습을 시행과 착오과정을 통한 결합으로 간주하므로 시행착오설이라 한다. 또는 보상을 얻기 위한 도구적 행동으로 간주하므로 도구적 조건형성이라고도 한다. 그는 모방, 사고, 추리, 통찰에 의한 학습은 고려하지 않았다.

(2) 조작적 조건형성

Skinner는 Thorndike의 법칙을 확대, 발전시켜 조작적 조건형성을 확립하였다. Thorndike의 도구적 조건형성 실험을 보면 한 조각의 고기를 얻기 위해 고양이의 탈출행동이 결정되었다. 이와 마찬가지로 우리는 일상생활에서 어떤 행동의 결과가 긍정적이냐 혹은 부정적이냐에 따라 후속행동이 결정되는 것을 흔히 볼 수 있다. 인간의 대부분의 행동은 실제로 어떤 행동에 뒤따르는 후속자극의 영향을 받는다. 후속자극을 체계적으로 잘 조절하면 그 행동이 미래에 다시 발생할 확률을 증가시킬 수도 있고 감소시킬 수도 있다.

예를 들면 심부름을 잘했더니 맛있는 과자나 칭찬을 받았고, 그 결과 심부름 잘하는 습관이 생겼다. 열심히 공부하니 학교에 입학도 하고 장학금도 받으므로 열심히 공부하는 습관이 생겼다. 나에게 만족을 주고, 나를 인정해 주는 친구는 자주 만나게 되고 그렇지 못한 친구는 피하게 된다. 이와 같이 보상받은 행동은 반복되는 경향이 있고 보상받지 못하는 행동은 소멸되는 경향이 있다.

Skinner가 말하는 조작적 행동이란 학습자가 외부의 자극 없이 자신의 환경에 능동적으로 대처하고 특정한 행동결과를 일으키는 것이다. 조작적 조건형성의 이해를 돕기 위해 고전적 조건형성과 조작적 조건형성의 차이점을 살펴볼 필요가 있다. 기본적으로

〈그림 12-5〉 Skinner 상자

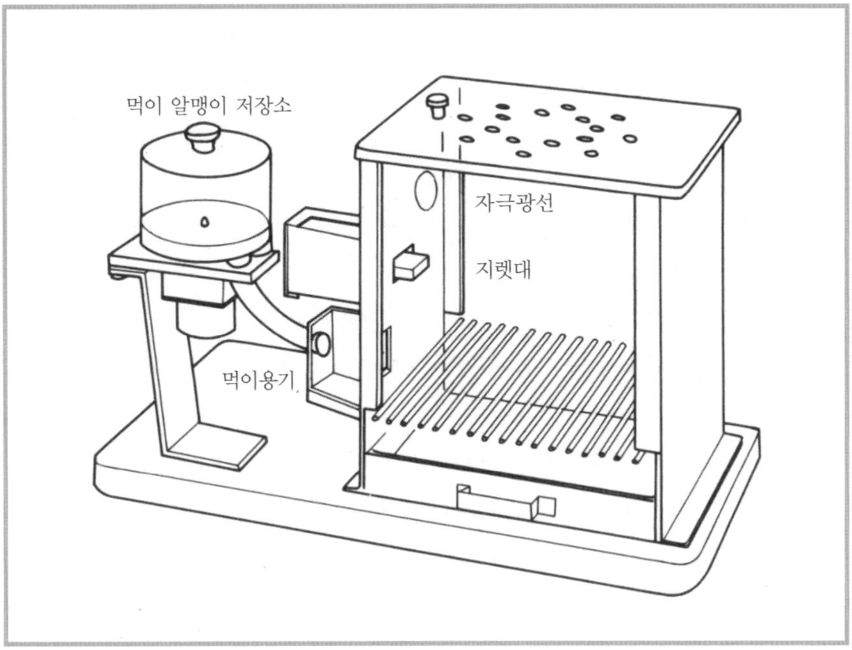

고전적 조건형성에서는 반응행동을 강조한다. 반응행동이란 특정한 자극에 대한 자동적인 반응이다. 예를 들면 고기나 레몬을 먹을 때 침이 분비되는 것이나, 무릎을 치면 무릎반사가 일어나는 것과 같은 무조건자극에 대한 반사적 행동을 말한다. 그러나 조작적 조건형성에서 유기체의 의사에 따른 자발적인 행동을 강조한다. 행동결과가 보상을 받느냐 처벌을 받느냐에 따라 그 행동이 반복 또는 억제된다.

한편 어떤 행동결과에 대한 반응은 사람마다 다르다. 예를 들면 어떤 사람은 운동결과에 만족하는가 하면 다른 사람은 힘들게 움직여야 하는 운동을 처벌로 생각한다.

자극이 먼저 제시되고 그에 따라 반응이 나타나는 Pavlov의 조건반사를 S형 조건반사(S type conditioned reflex)라 한다. 이에 대해 먼저 반응이 나타나고 그 결과로 변별자극인 보상과 처벌이 주어지는 Skinner의 조작적 행동은 R형 조건반사라고 한다. S형 조건반사는 S-R로, 조작적 조건형성은 R-S로 표시한다.

1) Skinner 상자 실험

Skinner와 Thorndike의 학습실험을 살펴보면 Thorndike는 자극에 대한 반응이 나타나는 시간에 주로 관심을 기울였다. 반면 Skinner는 유기체의 자발적인 반응이 변별자극에 의해 어떻게 선택되고 강화되는가에 중점을 두었다.

Skinner 상자 또는 조작상자란 일종의 조종장치로서 쥐나 다른 동물들로 하여금 먹이를 얻기 위해 지렛대를 누르도록 훈련시키는 장치이다. 이 상자는 방음장치가 되어 있다. 또한 철망마루, 빛, 지렛대, 먹이컵을 갖추고 있어 동물이 지렛대를 누르면 배식기계가 작동한다. 먹이는 자동적으로 컵에 담겨진다. 지렛대에는 누가기록장치와 전동식으로 작동되는 먹이통이 연결되어 있다.

Skinner 상자에 24시간 굶긴 쥐를 넣으면 처음에는 새로운 환경을 탐색하기 위해 이러저리 돌아다니면서 여러 가지 행동을 한다. 그러다가 우연히 지렛대를 누르면 먹이가 나옴을 발견한다. 그 후 쥐는 배가 고프면 지렛대 밟는 행동 이외의 쓸데없는 행동은 하지 않는다. 지렛대 밟는 행동은 점진적으로 습관화된다. 한편 지렛대를 아무리 밟아도 먹이가 나오지 않으면 쥐가 지렛대 밟는 횟수가 차츰 줄어들고 나중에는 아무리 배가 고파도 지렛대를 전혀 밟지 않는다. 지렛대에 전기쇼크나 핀을 장치하면 쥐는 아무리 배가 고파도 지렛대를 밟지 않는다. 그러나 어느 정도 시간이 지나면 자발적인 회복현상이 일어난다. 또한 전구에 불이 켜져 있을 때에 지렛대를 누르면 먹이가 나오고 불이 꺼지면 먹이가 나오지 않게 변별조건을 제시하면 쥐는 불이 켜져 있을 때에만 지렛대를 누름으로써 변별자극에 대한 조작적 반응을 나타낸다.

2) 강 화

지렛대를 누르는 반응이 형성된 후 이 반응을 계속 유지시키려면 먹이와 같은 어떤 보상이 계속 제공되어야 한다. 이와 같이 정확한 반응을 보상하여 행동반복을 증가시키는 것을 강화라고 한다. 강화는 원하는 반응을 지속화·습관화 및 자동화시킬 가능성이 높다.

강화의 효과는 자동적이다. 학습자에게 강화자극을 왜 주는 것인지 알려 주지 않아도 강화자극은 바로 전에 발생한 행동에 영향을 미친다. 유기체의 행동을 학습시키려면 강화요인이 무엇인가를 알아내고 강화를 받을 만한 행동이 유기체에서 스스로 나타날 때까지 기다려야 한다. 강화물의 유형에 따라 강화는 정적 강화와 부적 강화로 구분된다. 여기서 강화물이란 반응확률을 증가시켜 주는 자극을 말한다.

정적 강화는 반응의 재현확률, 즉 행동의 발생빈도를 증가시키기 위해 강화물이 제공되는 것을 말한다. 배고픈 쥐가 지렛대를 누르면 먹이를 얻거나, 쓰레기를 주우면 칭찬을 받는 경우를 말한다.

부적 강화는 어떤 장면으로부터 불쾌한 자극이 제거되었을 때나 또는 그것을 피할 수 있도록 할 때 그 반응의 재현확률이 증가되는 것을 말한다. 지나친 추위나 소음을 제거하면 공부에 능률이 오르는 경우, 전기충격장치를 제거하면 쥐가 지렛대를 열심히 누르는 경우를 말한다.

부적 강화와 처벌은 혐오스런 자극과 관계가 있으므로 흔히 혼동을 한다. 부적 강화의 경우 강화물을 제거하면 반응빈도가 증가한다. 처벌은 부적 강화물을 제공하여 언제든지 반응빈도를 억제 및 감소시키는 것이다. 어린이들이 떠들거나 싸울 때마다 혼이 난다면 이러한 행동은 억제 및 감소될 가능성이 크다.

강화물은 물질적 강화와 사회적 강화, 1차적 강화물과 2차적 강화물로 구분된다. 물질적 강화란 볼 수 있고 들을 수 있고 만질 수 있고 먹을 수 있고 가지고 놀 수 있는 것으로 생리적 만족을 줄 수 있다. 과자, 우유 등 먹고 마실 수 있는 것과 인형, 장난감, 거울, 호르라기 등 가지고 놀 수 있는 것들은 아동의 행동을 강화할 수 있는 좋은 보상이 된다. '착하다', '잘한다' 등의 언어적 칭찬, 미소, 포옹, 머리 쓰다듬기 등과 같은 애정표시만으로도 아동의 행동을 강화할 수 있게 된다. 이러한 것을 사회적 강화라 한다. 1차적 강화물이란 특별한 훈련이나 학습이 없어도 학습자의 행동을 자연적으로 강화시키는 보상물을 말한다. 생존과 관련되어 있는 것으로 음식, 물, 성 등을 말한다.

2차적 강화물은 원래는 중립적 자극물이었는데, 1차적 정적 강화와의 결합을 통하여 가치를 학습한 자극물을 말한다. 돈, 명예, 학점, 칭찬, 토큰 같은 것은 2차적 강화물에 속한다.

강화는 강화물의 크기에 따라서도 달라진다. 강화물이 많을수록 학습이 신속하게 이루어진다. 그리고 행동이 일어나는 시간과 강화를 주는 시간 사이에는 지연이 있다. 이 지연시간의 길이는 조작적 조건형성에 중요하다. Skinner의 실험에서 쥐가 지렛대를 누르자마자 먹이를 줄 때와 5초, 30초가 지난 후 먹이를 줄 때를 비교하면 지연시간이 길수록 조작적 반응은 일어나지 않았다. 동물의 경우 대개 2~3초 이내의 즉시 강화가 효과적이며 5초 이후의 강화는 거의 조작적 반응을 일으키지 못한다. 표적행동에 뒤따라 즉시 강화를 주는 것이 효과적이라고 할 수 있다. 그러나 인간의 경우 오랜 시간 후에 강화를 주어도 학습효과는 크게 감소하지 않는다. 왜냐하면 인간은 강화가 지연되어도 훗날 강화받을 수 있는 상상능력이 있기 때문이다.

3) 강화계획

조작적 조건형성에서 강화받은 조작적 행동은 계속 나타난다. 강화받지 못한 조작적 행동은 사라진다. 그러나 우리의 일상생활에서 바람직한 행동을 할 때마다 계속 보상을 받는 일은 거의 드물며 대개는 개인이 정확하게 반응한 행동의 일부만이 강화를 받는다. 이것을 부분강화라고 한다.

이와 같이 반응 후에 강화를 주는 정도에 따라 계속강화와 부분강화로 구분한다. 계속강화는 반응을 정확히 할 때마다 100% 보상을 주는 것이다. 계속강화는 특정한 행동이 습관화될 때까지 계속 강화하는 것으로서 유기체의 최초의 훈련방법으로 적당하다. 그러나 계속강화는 소거가 쉽게 일어나므로 학습이 지속되지 못한다. 착한 일을 할 때마다 칭찬을 받은 아이는 칭찬이 끊기면 머지 않아 착한 행동이 소멸된다.

어떤 반응이 계속강화보다 부분강화로 학습되었다면 소거시키기가 더욱 어려우며 아울러 행동의 강도와 지속성을 높여 준다. 학습한 행동을 유지시키기 위해서는 간헐강화가 효과적이다. 간헐강화란 한번에 큰 강화자극을 주는 것이 아니라 작은 강화를 여러 번 주는 것이다. 부분강화를 위한 계획은 반응과 반응 사이에 경과한 시간을 기초로 다양하게 구성할 수 있다.

① **고정간격계획**(fixed interval schedule) 고정간격계획이란 〈그림 12-6〉과 같이 보상 후 일정한 시간이 지나야 다시 보상하는 강화계획을 말한다. 예를 들면 Skinner실험에서 5초 간격으로 한번씩 보상하거나, 정해진 날짜에 월급을 주는 것과 같은 것이다. 고정간격계획에서는 보상 후에 일정기간을 기다리는 것을 학습하여야 한다. 고정간격에 의한 강화계획에서는 강화 직후의 수행수준이 저하되고, 강화시간이 임박하면 수행수준이 증가하는 경향을 보인다. 강화간격 사이에 몇 번이나 바람직한 행동을 하든, 행동실적의 양이 크든 간에 일정시간이 지나면 보상이 자동으로 주어지므로 행동변화는 가장 낮게 나타난다.

② **고정비율계획**(fixed ratio schedule) 〈그림 12-7〉과 같이 일정수의 반응을 할 때마다 보상을 받도록 계획하는 것이다. 쥐가 지렛대를 10번 누를 때마다 한 번씩 먹이가 주어지는 경우, 경작면적의 비율에 따라 경작자에게 노임을 지불하는 경우 등이다. 고정비율강화에서는 고정간격 강화와 같이 보상을 받으면 반응비율이 떨어지며 휴식을 취하나 고정간격 강화보다 행동반응률을 높여준다. 왜냐하면 더 많은 행동반응은 더 많은 보상으로 직접적으로 나타나기 때문이다.

③ **변동간격계획**(variable interval schedule) 〈그림 12-8〉과 같이 강화를 주는 평균기간 간격은 일정하나 실제 강화가 주어지는 시간간격은 다른 것을 말한다. 강화를 받고 바로 즉시 강화를 받을 수도 있고 오랜 시간이 지난 후에 받을 수도 있다. 변동간격계획은 보상을 받을 시간을 예측하기 어렵기 때문에 고정간격계획보다

〈그림 12-6〉 고정간격강화

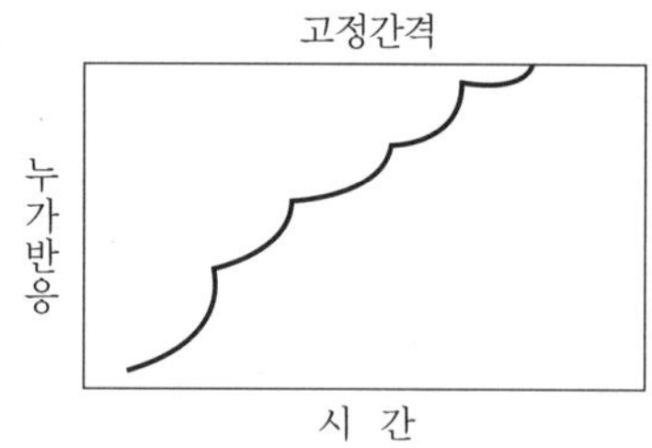

〈그림 12-7〉 고정비율강화계획

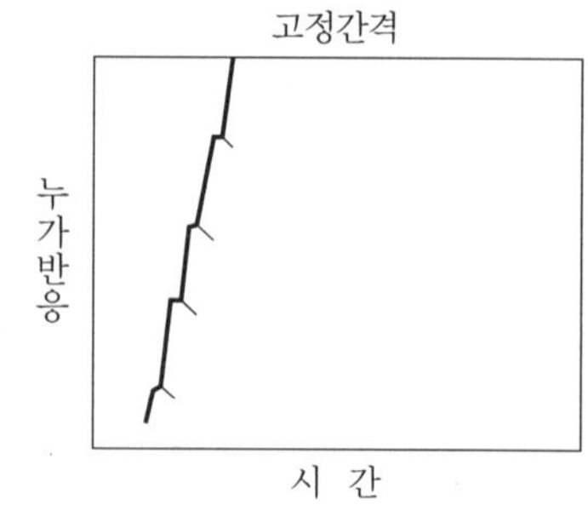

〈그림 12-8〉 변동간격강화계획

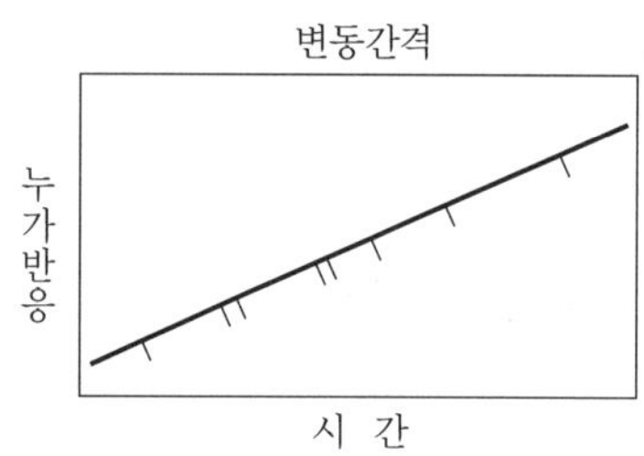

〈그림 12-9〉 변동비율강화계획

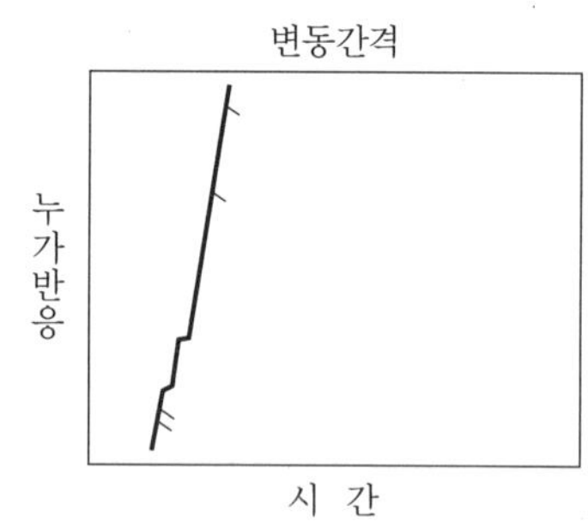

더 높은 반응빈도를 가져온다.

④ **변동비율계획**(variable ratio schedule) 〈그림 12-9〉와 같이 강화를 주는 평균비율은 일정하나 실제 강화가 주어지는 비율은 다른 것이다. 예를 들면 어느 때는 연달아 보상을 주기도 하고, 10번에 한 번 보상을 주기도 한다. 그러나 평균 5회에 한 번씩 보상을 주는 것이다. 변동비율계획은 소거에 아주 강한 저항력을 갖고

있어 학습효과는 매우 강하다. 일반적으로 변동비율계획에서는 강화를 받은 다음에도 휴식을 취하지 아니하므로 장기간 높은 반응률이 나타난다. 자동도박기계, 주택복권, 낚시, 판매활동 등이 주는 매력, 미신적 행동은 변동비율강화의 예들이다.

네 개의 강화계획 가운데 변동비율강화가 가장 높은 행동반응을 지속시킨다. 그 다음은 고정비율강화, 변동간격강화, 고정간격강화의 순으로 행동반응을 지속시킨다.

4) 조작적 조건형성의 주요원리

어떤 행동을 조작적 조건형성의 과정을 거쳐 학습하기 위해선 그 행동은 외형적으로 나타나야 하고 즉각적으로 정적 강화가 주어져야 한다. 복잡한 반응을 작은 단위의 반응으로 세분하여 가장 낮은 수준의 반응으로부터 선택적으로 차별강화를 주어 점점 복잡한, 원하는 수준의 행동을 유발하는 것을 조형이라 한다. 조형으로 목표행동을 형성하기 위해선 출발점 행동과 도달점 행동을 설정해야 한다. 출발점 행동은 학습자를 어디서부터 가르쳐야 하는지를 알려 주며 학습자의 현재수준을 파악하는 데 필요하다. 도달점 행동은 학습자가 일정한 치료 또는 훈련을 거쳐 무엇을 할 수 있을 것인지에 관한, 즉 관찰과 측정이 명백한 성취된 행동을 말한다. 조형은 연습을 통해 한 단계씩 습득해야 하는 기술이다.

조형은 동물들의 훈련에 많이 쓰인다. 돌고래의 쇼, 코끼리댄스, 원숭이의 미니열차 운전, 두 마리 비둘기의 탁구훈련, 공장에서의 비둘기의 품질검사자의 역할 등은 조형을 통해 습득된 것이다.

조형은 인간의 행동수정을 위한 기초로서도 이용된다. 프로그램 학습, 교수기기의 사용, 자폐증의 치료, 인간의 태도와 신념을 바뀌게 하는 것 등이 바로 그 예들이다.

고전적 조건형성에서 조건형성된 반사행동이 소거되듯이 조작적으로 조건형성된 행동도 더 이상의 강화가 없으면 점차 반응이 줄어들다가 결국 소거된다. 고전적 조건형성에서와 같이 조작적 조건형성에서도 자발적 회복이 일어난다. 누르기 반응이 소거된 쥐를 Skinner 상자에 넣으면 지렛대 누르기 행동이 다시 재발된다.

일반화와 변별도 비슷하게 일어난다. Skinner 상자를 변형시켜 만든 새장에서 비둘기로 하여금 노란 단추만 쪼게 하여 먹이를 얻도록 학습시켰다. 이렇게 학습한 비둘기는 자극일반화가 일어나 빨간색이나 녹색 단추도 쪼아댔다. 그런 다음 노란 단추만 선별적으로 일정하게 강화를 주고 다른 색의 단추에는 강화를 주지 않으면 자극의 변별이 일어난다. 실제로 여러 가지 색깔 중 변별자극인 노란색에만 반응하도록 학습된 비둘기와 단순히 노란색만 쪼도록 학습된 비둘기들을 대상으로 한 비교연구에서 변별훈련을 받은 비둘기가 훨씬 노란색에 많은 반응을 보였다.

5) 처 벌

강화뿐만 아니라 처벌도 행동통제를 한다. 처벌은 부적 강화와는 다르다. 처벌이란 정적 강화물을 빼앗거나 부적 강화물을 주는 것이다. 정적 강화이든 부적 강화이든 강화는 행동빈도를 증가시켜 주나 처벌은 반응확률을 감소시키는 효과를 갖는다. 가장 좋은 처벌은 어떤 특권이나 이득을 박탈하는 것이다. 떠들 때마다 선생님에게 매를 맞거나, 교통법규를 위반할 때마다 벌금을 물리거나, 강도질을 할 때마다 감옥살이를 하는 것 등이 처벌의 예이다.

처벌은 이상행동의 억제에는 다소 효과적이지만 학습수단으로서는 근본적인 한계가 있다. 처벌의 특성과 처벌시의 주의사항은 다음과 같다.

첫째, 처벌은 제거하려고 하는 행동을 일시적으로 억제하는 경향이 있을 뿐 행동의 지속적인 변화에는 영향을 미치지 못한다. 처벌받은 행동은 처벌자가 그 자리에 없거나 학습자의 동기가 강할 때는 다시 나타나는 경향이 있다. 우리의 일상생활에서 처벌을 받아도 계속 비행행동을 하는 아동의 경우, 벌금을 물면서도 계속 난폭운전을 하는 운전사의 경우에서 처벌의 일시적 효과의 예를 볼 수 있다.

둘째, 제거하고 싶은 행동을 했을 때 즉시 처벌하는 것이 가장 효과적이다. 만일 처벌이 늦어지면 무엇 때문에 처벌을 받는지 이해하지 못한다.

셋째, 처벌은 긍정적 보상과 함께 사용될 때 효과가 있다. 아이들이 서로 싸움을 할 때는 처벌을 주나 협동하여 같이 놀 때는 긍정적 보상을 주면 효과가 높다.

넷째, 처벌은 잔인할 필요는 없지만 충분해야 한다. 아이들이 깨진 유리조각을 만질 때, 친구들과 심한 싸움을 할 때 말로 경고를 주는 것보다는 처벌을 주는 것이 효과가 있다. 그러나 지나치게 엄격할 때는 감정적 장애가 생긴다.

다섯째, 처벌은 일관성이 있어야 한다. 사전에 일정한 기준이 없이 처벌자의 감정에 따라 변덕적으로 처벌을 가하면 피처벌자는 불안한 정서를 갖게 된다.

여섯째, 처벌을 줄 때 정보제공을 하면 효과적이다. 이것은 피처벌자에게 행동의 한계를 검증하는 데, 행동의 방향을 정하는 데 효과적이다. 예를 들면 교통법규를 위반했을 때 벌금에 관한 정보제공을 하고, 전자제품을 만지다가 전기충격을 경험한 아이에게 전기선의 배열을 학습시키고, 선생님께서 학생의 과제물 검사시 틀린 것을 수정하여 주면 학습효과가 높아진다.

한편 처벌은 여러 가지 단점이 있다. 첫째, 처벌은 공격적 행동을 유발할 수 있다. 처벌받은 사람은 다른 사람에게 공격적이기 쉽다. 그리고 처벌기관이나 처벌을 주는 사람에 대해 부정적 감정을 갖게 된다. 또한 처벌은 남에게 고통주는 것을 정당화시킨다. 옛날부터 벌받고 잘된 사람은 없다는 말이 있다.

둘째, 처벌은 학습과정을 혼란하게 한다. 아동이 사투리 섞인 어조로 책을 읽을 때 빠르게 읽으라고 벌을 주거나 산수문제를 잘못 풀었다고 벌을 주면 아동은 두려운 감정에 쌓여 그 다음에는 아무 것도 학습을 할 수 없게 된다. 대인공포증도 책읽기를 할 때 선생님게게 벌을 받았거나 주위 아이들이 비웃었을 때 발생하는 예가 흔하다.

셋째, 이전에 처벌받았던 행동이 현재는 처벌받지 않아도 되는 행동장면에 놓이게 되면 회피할 이유가 없음에도 불구하고 여전히 회피행동이 지속되는 경우가 있다. 우물에 대한 공포를 가질 필요가 없는 어른이 어린 시절에 우물을 들여다 보면 처벌을 받았던 기억 때문에 우물에 대해 공포를 가지는 경우가 그 예이다.

넷째, 처벌은 하지 말아야 할 행동을 지시할 뿐, 해야 할 행동 대안을 지시해 주지 아니한다.

6) 조작적 조건형성의 응용

Skinner의 조작적 조건형성의 원리는 동물과 인간행동의 학습에 많이 이용된다. 그 예를 구체적으로 고찰하여 보자.

① **행동수정과 토큰경제** 행동수정의 원리는 바람직한 행동은 강화를 주고 바람직하지 못한 행동은 무시해 버리는 것이다. 이러한 행동수정의 원리는 성적이 뒤떨어지는 비행학생, 말더듬는 어린이, 수줍음을 타는 어린이, 자폐증 아동의 치료에 사용된다.

행동수정의 한 방법으로 토큰경제가 있다. 토큰은 벌어서 모아두었다가 원하는 어떤 것과 교환할 수 있는 가치를 지닌 것이다. 토큰경제는 바람직한 행동을 토큰을 주어 강화하는 방법이다. 이 방법은 정신병원에서 환자들의 행동치료, 교육장면에서 학업부진아, 정서장애아의 지도에 활용된다.

학교교육에서는 학업부진아가 좋은 성적을 받았을 때나 착한 일을 했을 때 학용품과 교환할 수 있는 토큰을 준다. 이 방법은 상당한 정도로 효과를 보고 있다.

② **생체송환(biofeedback)과 자기통제** 신체 내에서 일어나고 있는 신체 및 생리적 활동을 현대의 전자기술로 순간순간 측정하고 개인에게 그 정보를 알려줌으로써 개인의 신체 및 생리적 활동올 통제하려는 방법이 신체송환이다.

오늘날은 위장장애, 두통, 고혈압, 간질, 이 가는 것, 야뇨증, 당뇨병, 정신 신체질환, 심장병, 천식 등의 치료에 생체송환 방법이 응용되고 있다. 이 방법은 부작용이 있는 약물치료보다 후유증이 없으므로 바람직하다.

③ **프로그램 학습** 프로그램 학습은 Skinner가 행동조성의 원리를 적용하여 만든 것이다. 프로그램 학습은 교과과정의 내용을 우선 몇 개의 단계로 구분하고, 이 구분된 내용을 다시 하위의 소단계로 구분하여 이것을 연속적으로 구성한 것이다. 학습자는 각 단위마다의 질문에 정답을 제시하여야 다음 단계의 문제로 넘어가게 된다. 만약 정답을 맞추지 못하 그 다음 단계의 질문이 나오지 않는다. 이렇게 하여 학생의 능력에 따른 학습진도가 결정된다. 정답을 맞추지 못한 문제는 반복하게 된다.

프로그램 학습의 특징은 모든 반응에 대해 즉시 피드백(feedback)을 주는 것과 정답반응에 대해 정적 강화를 주는 것이다. 최근 프로그램 학습은 대개 컴퓨터로 이루어진다. 컴퓨터에 의한 프로그램 학습은 많은 학생을 일시적으로 학습시키기에 편리하다. 그러나 인간적인 상호작용, 경쟁 등 교실집단이 주는 교육적 의의를 제공할 수 없다.

3. 인지학습

인지주의 학습이론은 자극에 대한 반응과 조건형성을 통한 강화를 강조하는 행동주의 학습이론을 반대한다. 인지주의 심리학자들은 학습을 단지 물리적 자극에 대한 반응에 의한 것이나 시행착오에 의한 것으로 보는 것이 아니라 학습자가 갖는 내적 과정인 기대, 지각, 기억, 해석, 사고과정, 적극적인 동기, 학습태도, 목적성, 탐구능력, 종(種) 특유의 행동 등에 의해 학습이 이루어진다는 관점을 갖는다. 인지주의 학습에서는 자극과 반응 사이에 유기체의 기대, 사고과정, 통찰 등의 인지과정이 개입된다. 또한 보상과 처벌 없이도 학습이 이루어진다는 최근의 연구결과들을 토대로 행동주의 학습이론의 일부도 인지주의 학습이론에 포함시킨다.

예를 들면 고전적 조건형성에서는 먹이라는 반응이 종소리라는 자극을 알아보게 학습시킨다는 관점을 취하지만 인지학습이론에서는 종소리는 먹이를 기대하게 만드는 요인이므로 학습된다는 관점을 취한다. Skinner 상자의 실험에서 조건형성된 쥐와 비둘기가 지렛대를 누르거나 쪼는 행동도 음식에 대한 기대감을 학습하였기 때문으로 해석한다.

오늘날 인지학습적 접근이 심리학의 다른 분야에도 크게 영향을 미치고 있다. 인지학습의 종류에는 통찰학습, 잠재학습, 관찰학습 등이 있다.

Ⅰ. 통찰학습

인지학습에 관한 최초의 실험은 Wolfgang Köhler(1887~1968)의 통찰실험이다. Köhler의 실험(1925)에서 침팬지를 우리 안에 들어가게 한 다음 침팬지의 손이 닿지 않은 곳에 바나나를 둔다. 이 바나나를 〈그림 12-10〉과 같이 천정에 매달아 두거나 손이 닿지 않는 우리 밖의 바닥에 놓아 둔다. 침팬지가 이 바나나를 얻으려면 근처에 있는 도구를 사용해야만 한다. 이 때 침팬지는 주어진 상황에 관한 관계성을 통찰하여 문제해결을 한다. 즉 침팬지는 도구를 사용하기도 하고 새로운 도구를 제작하여 시행착오적인 연습 없이 오랫동안 궁리하다가 순간적인 직관력에 의해 바나나를 얻게 된다. 이것은 침팬지의 문제상황에 대한 새로운 인지가 형성되어 행동이 변화된 것으로 볼 수 있다.

Epstein(1981)의 비둘기 실험은 거리가 미치지 않는 높은 곳에 바나나를 매달고 비둘기로 하여금 먹게 하는 것이다. 미리 상자를 바나나 밑으로 옮기고, 비둘기로 하여금 상자 위에 올라가 바나나를 먹도록 훈련시킨다. 그런 다음 바나나를 비둘기의 입이 안 닿는 곳에 높게 매달고 상자를 다른 구석에 놓는다. 비둘기는 잠시 머뭇거리다가 상자를 바나나 밑으로 옮기고 그 상자 위에 올라가서 바나나를 먹었다. 비둘기는 새로운 상황에 대한 문제해결의 열쇠가 되는 어떤 관계를 지각하여 행동한 것이다.

이 연구들은 새로운 상황에 필요한 요소행동을 사전에 훈련시

〈그림 12-10〉 침팬지의 통찰학습

키면 복잡한 통찰적 행동이 자발적으로 나타난다는 것을 보여 주고 있다. 즉 통찰학습이란 문제해결의 열쇠가 되는 관계를 갑자기 발견하여 문제해결이 이루어지는 것이라 할 수 있다. 통찰학습은 개인의 요구, 목적성, 능동성, 창조성, 지각, 지적 능력 등에 따라 다르다. 통찰학습은 무질서하고 부분적인 요소들을 유의미한 전체성으로 관련지우는 능력과 창조적으로 문제를 해결하는 능력에 따라서도 다르다. 또한 문제상황이 있는 생활공간의 배열이나 위치에 따라서도 다르다. 통찰능력은 전이되며, 다양한 상황에서도 반복적으로 적용될 수 있다.

Ⅱ. 잠재학습

잠재학습이란 새로운 행동을 학습하였지만 적절한 보상이 없으므로 아직 새로운 행동이 밖으로 표출되지 않는 것을 말한다.

잠재학습에 관한 초기실험은 Tolman과 Honzik(1930)에 의하여 이루어졌다. 그는 세 집단의 쥐들을 대상으로 〈그림 12-11〉과 같은 미로학습을 시켰다. 집단 1은 미로학습의 끝에 도달하면 음식을 제공하였다. 그 결과 시행수가 많아질수록 오류수가 점차 줄어들었다. 집단 2는 미로의 끝에 도달했더라도 보상을 주지 않고

〈그림 12-11〉 쥐의 잠재학습에 사용된 미로

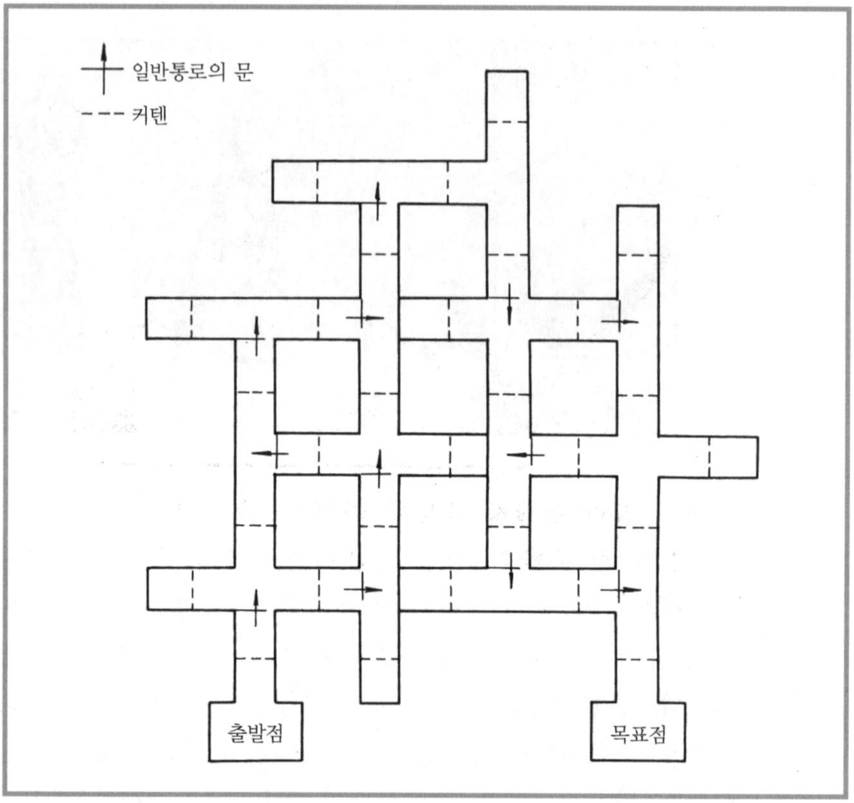

꺼내 버렸다. 그 결과 시행수가 많아짐에 따라 오류가 다소 줄어들긴 했으나 목적 없이 미로를 헤매는 것 같았으며 거의 학습이 이루어지지 않았다. 집단 3은 집단 2와 같이 처음 10일 동안은 보상을 주지 않다가 11일째 이후부터 7일간 보상을 주었다. 그 결과 강화를 받지 않은 10일간 미로를 헤매였음에도 불구하고 12일부터 집단 1과 같은 수준으로 빨리 미로를 학습하다가 나중에는 집단 1보다 더 빨리 학습하였다. 이 실험결과로 집단 2와 집단 3의 쥐들도 보상이 없었더라도 보상을 받았던 집단 1의 쥐들과 마찬가지로 분명히 미로학습을 하였음을 알 수 있다. 즉 조상과 관계없이 모든 쥐들은 미로의 공간관계에 대한 인지적 지도를 형성하고 있었다. 그러나 보상이 없으면 학습효과가 표출되지 않고 잠재된다. 이와 같은 학습을 잠재학습이라 한다.

Ⅲ. 관찰학습

인지학습 가운데 가장 보편적인 형태가 관찰학습이다. 관찰학습은 타인의 행동을 모방 및 관찰함으로써 새로운 행동을 학습하는 것이다. 우리가 직접경험을 하지 않아도 많은 정보를 얻고 경험과 감정을 배울 수 있는 것은 관찰, 모방, 대리학습의 덕택이다.

관찰학습은 인간뿐만 아니라 하등동물에게도 일어난다. 예를 들면 인간과 함께 살아온 세 살난 침팬지가 세 살난 어린이와 똑같이 행동하는 경우가 있다(Hayes and Hayes, 1952).

관찰학습에 관한 대표적인 이론은 Albert Bandura의 사회적 학습이론이다. Bandura는 성인들이 망치로 큰 인형을 때리는 영화를 아동들에게 보여 주었다. 후에 아동들에게 인형을 주고 놀게 했을 때 이들은 공격적인 성인모델과 비슷한 행동을 하였다.

일상생활 속의 우리의 행동도 위의 실험과 같이 강화 없이 빠르고 쉽게 모방된 것이 많다. 그러나 타인의 행동을 아무 생각 없이 자동적으로 모방하는 것은 아니다. 우리 자신의 능동적이고 적극적인 선택 및 판단과정에 의하여 학습이 이루어지는 것이다. Bandura는 관찰학습과정을 〈그림 12-12〉와 같이 4개의 과정으로 설명하고 있다.

첫째, 모델의 행동에 주의집중하여야 한다. 둘째, 모델이 한 행동을 장기기억 속에 저장하여야 한다. 셋째, 새로 획득한 행동을 실제행동으로 재현하여 본다. 넷째, 관찰에 의해 학습된 행동이 강화를 받으면 다시 반복되나 처벌을 받으면 사라지는 동기화 과정

〈그림 12-12〉 관찰학습의 과정

이다. 또한 그는 사회학습은 개인의 내적인 인지 및 자기규제에 의하여 통제되며, 자신의 행동에 스스로 자기강화 및 자기비판하는 특징을 가지고 있다고 하였다.

제13장
사회행동

인간은 사회적 동물이다. 인간은 혼자서는 살 수 없으며 다른 사람 또는 집단과 부단히 상호작용을 하며, 또한 서로 영향을 미치며 살고 있다. 이와 같은 상호작용을 사회적 행동이라 하며 사회심리학은 사회적 행동을 체계적으로 연구하는 학문이다. 보다 구체적으로 말하면, 우리는 타인들의 행동과 동기를 어떻게 지각하고 해석하는가, 우리의 태도는 어떻게 형성되고 변화되는가의 연구에서부터 사회심리학은 출발한다. 더 나아가서 우리가 어떤 사람을 좋아하고 싫어하는 것을 결정짓는 것은 무엇인가, 우리는 왜 타인에 대해 동조하거나 공격을 하는가 등을 탐구한다. 사회심리학은 또한 사람들이 집단 속에서 어떻게 행동하며 집단과 그 구성원들에게 어떻게 영향을 주는가를 다룬다.

사회심리학을 흔히 일반심리학에서 밝혀진 원리를 사회현상의 설명에 응용하는 응용심리학으로 생각하기 쉬우나, 개인의 사회적 행동을 과학적으로 탐구하는 순수한 학문이다.

현대의 사회심리학은 실험심리학이 그 주류를 이루고 있다. 다시 말하면 사회적 행동의 인과관계를 분명히 하기에 적절한 실험방법을 많이 사용하고 있다. 그렇다고 현대의 사회심리학에서 다른 연구방법이 사용되지 않는 것은 아니다. 실험 못지 않게 체계적 관찰법(systematic observation)과 사회조사법(social survey)을 자주 적용하여 사회적 행동을 규명하거나 서술하고 있다.

1. 귀 인

(1) 귀인의 개념

어떤 일이 일어날 때 누구나 그 일어난 일에다가 어떤 원인을 귀속시키려는 경향을 갖고 있다. 구체적으로 말하면, 사람이 어떤 행동을 하면 보는 사람들은 무엇이 그러한 행동을 유발시켰나를 추리(inference)하게 된다. 이러한 원인의 추리를 귀인(attribution) 또는 원인귀속이라 한다.

개인의 행동에 대한 원인을 정확히 알려면 우리는 겉으로 주어진 정보에서 한발짝 더 파고 들어야 한다. 귀인이론에서는 사람이 관찰된 행동의 원인을 유추할 때 어떤 방법을 사용하는가를 다룬다.

(2) 귀인의 방향

어떤 사람이 행동을 보고 이를 귀인할 때 크게 두 가지 방향으로 원인을 귀속시키게 된다. 하나는 행동을 한 당사자의 내적 요소, 예를 들면 그의 능력, 성격, 동기 등에 돌리는 것이다. 이를 내부귀인 또는 기질적 귀인(internal or dispositional attribution)이라 한다. 한편 대상인물의 외적 요소, 즉 환경, 상황적인 압력, 타인, 우연 등의 탓으로 돌리는 것을 외부귀인 또는 상황적 귀인(external or situational attribution)이라 한다.

이 두 가지 귀인 중에서 내부귀인을 하게 되면 상대방의 성격, 능력 등에 대한 판단을 할 수 있지만 외부귀인을 할 때에는 그렇지 못하다. Weiner(1974)는 성취동기에 관한 귀인의 예를 안정성의 차원에서 〈표 13-1〉과 같이 제시하였다.

〈표 13-1〉과 같이 각 방향으로 귀인을 할 때 안정성 있는 원인에 귀인을 할 수도 있고 불안정한 원인에 귀인할 수도 있다.

〈표 13-1〉 귀인유형

방 향 / 안정성	내부귀인	외부귀인
안 정	능 력	과제난이도
불안정	노 력	운

(3) 귀인편향

귀인은 외적인 행동을 관찰하여 그 원인을 추론하는 과정이다. 그러나 귀인과정이 항상 논리적으로 이루어지는 것이 아니며 이를 귀인편향이라고 한다.

귀인편향을 구체적으로 살펴보면 첫째, 사람들은 다른 사람들이 실수를 했을 경우에 보통 다른 사람의 행동에 대해서는 내부귀인을 하고 자기자신의 행동에 대해서는 외부귀인을 하는 경향이 있다. Ross(1977)는 타인의 실수한 행동에 관해 외부귀인보다는 내부적인 쪽으로 치우치는 것을 기본적 귀인오류(fundamental attribution error)라고 하였다.

둘째, 사람들은 자기의 자존심을 높이려는 방향으로 귀인을 하는 경향이 있는데 이를 방어적 귀인(defensive attribution) 또는 동기적 편향(motivational bias)이라 한다. 예를 들면 자기의 성공에 대해서는 자기의 능력이나 노력으로 돌리고, 실패에 대해서는 불운과 나쁜 외부조건으로 귀인하는 경향이 있다.

(4) 귀인원리

1) 절감원리

어떤 행동에 내부귀인을 할 수도 있고 외부귀인을 할 수도 있는 조건에서는 내부귀인을 하는 경향이 줄어들고 외부귀인을 하는 경향이 늘어난다. 이를 절감원리(discounting principle)라 한다. 예를 들어 어떤 훌륭한 축구 선수가 TV에서 운동화를 선전한다고 하자. 우리는 그가 운동화에 관한 한 전문가이며 그 상품이 좋다고 판단하고 선전을 한다고 생각할 수도 있다. 그러나 우리는 그의 선전행위를 막대한 광고료에 돌림으로써 광고효과를 절감시킬 수도 있다. 이처럼 특정의 행위가 특정의 원인에 의해서 이루어진 것으로 돌리면 깍아내려지게 된다(Kelley, 1972).

외부의 압력이 심한 상황에서의 행동, 강요된 행동, 어떤 이익을 추구하려는 행동 등 상황적 조건들이 명료하게 부각될수록 절감원리의 효과는 더 커진다.

2) 공변원리

절감원리는 다른 사람의 행동을 단 한번만 관찰했을 때 작용하는 귀인원리이고, 여러 번 관찰해서 귀인할 경우에는 공변원리라고 한다.

공변원리(covariance principle)는 과학자들이 사용하고 있는 과학적인 방법을 유사하게 적용하여 어떤 특정의 효과와 특정의 원인 사이의 연결을 탐색하는 것이다. 공변원리는 특이성(distinctiveness), 일관성(consistency), 동의성(consensus)을 준거로 삼는다.

예를 들어 한 학생이 어느 중국식당의 음식을 칭찬했다고 하자. 그 학생은 그 음식이 실제로 훌륭해서 칭찬할 수도 있고, 그 음식을 먹은 날이 생일이므로 인상 깊었기 때문에 칭찬할 수도 있다. 이 때 우리는 특이성, 일관성, 동의성의 세 가지 준거로 평가한다. 만일에 그 학생이 그 식당을 제외하고는 칭찬하는 식당이 없고(특이성), 그가 그 곳에서 식사할 때마다 칭찬한다면(일관성), 그리고 모든 사람들이 그와 같이 칭찬한다면(동의성) 그 식당의 음식은 훌륭함에 틀림이 없을 것이다.

(5) 귀인의 중요성

귀인이 중요한 이유는 첫째, 주변의 사회적 세계에 대한 이해를 증진시키고 둘째, 행위자가 앞으로 반복할 가능성이 있는 행동에 대한 예측력을 증진시키는 것이다. 예를 들어 어떤 행동을 환경요인으로 귀인한다면 지각자는 동일한 환경조건에서는 앞으로도 동일한 반응이 나타날 것으로 예측할 것이다. 또한 특정행동을 행위자의 인적 성향에 귀인한다면 앞으로도 그와 유사한 행동이 상황변인과 무관하게 일어날 것으로 생각할 것이다. 이와 같이 귀인 방향에 따라 어떤 행동에 대한 예측방향이 달라진다.

2. 친교와 공격

우리는 많은 사람들과 접촉하는 가운데 어떤 사람에게는 매력을 느끼고 친교를 맺는다. 그러나 어떤 사람에게는 적대감을 보이고 공격적인 행동을 하기도 한다. 무엇이 우리로 하여금 타인에 대하여 매력을 느끼게 하고 그와는 반대로 공격성을 드러내게 하는가?

사람들끼리 서로 친하게 되는 조건으로 근접성, 개인적 특성, 유사성, 보상성 등이 있다.

(1) 근 접 성

근접성(proximity)은 두 사람이 앞으로 친구가 될 수 있는가를 결정하는 가장 중요한 요인 가운데 하나이다. 일반적으로 모든 조건이 동일하다면 가까이 사는 사람을 멀리 사는 사람보다 더 좋아한다. 가까운 거리에 있으면 서로가 알기가 쉬우며, 일단 알고 나면 서로 좋아하게 된다.

근접성이 호감을 일으키는 주요 이유 가운데 하나는 그것이 친숙성(familiarity)을 증가시키기 때문이다. Zajonc(1968)은 단순노출효과(mere exposure effect)란 실험을 통해 이러한 사실을 증명하였다. 그는 대학생들에게 어떤 사람의 사진을 보여 주었다. 이 때 보여 주는 횟수를 1회, 2회, 5회, 10회, 25회 등으로 변화시키고 그들이 이 사진 속의 인물을 얼마나 좋아하는지를 알아보았다. 그랬더니 대학생들은 그 사진을 많이 보았을수록 그를 더욱 좋아하고 있었다. 그러므로 가까이 있어 자주 접촉하게 되면 친숙성이 높아져서 더욱더 호감을 갖게 된다.

(2) 개인적 특성

우리는 자주 만나는 사람을 무조건 다 좋아하지는 않는다. 우리가 그를 얼마나 좋아하게 되느냐는 그가 가진 개인적 특성에 달려 있다.

1) 성 격

일반적으로 우리는 대인관계에서 정직하고 긍정적인 성격을 가진 사람을 좋아한다. 또한 성실하고, 이해심이 풍부하고, 친절한 사람에게 더욱 호감을 갖고 친밀한 관계를 갖고자 한다. 난로가 따뜻할 때 사람이 모이듯이 성격이 따뜻할 때 사람이 모인다.

2) 능 력

모두 다른 조건이 동일하다면 우리는 능력이 있는 사람을 더욱 좋아하게 된다. 이는 아마도 우리가 정당하게 되려는 욕구가 있기 때문이다. 즉 우리가 유능하고 재간 있는 사람과 어울리게 되면 우리 스스로 올바르게 될 가능성이 높아지기 때문이다. 특히 여자들은 결혼조건으로 남자의 능력을 우선시한다.

그러나 너무 유능한 사람은 초인간적으로 보일 수 있기 때문에 우리가 접근하기 어렵고 친숙감을 느끼기 어렵다.

Aronson과 그의 동료들(1966)은 대학생들에게 i) 능력은 우수하나 실수를 저지른 사람, ii) 능력도 우수하고 실수도 저지르지 않는 사람, iii) 보통의 능력을 가지고 실수를 저지른 사람, iv) 보통의 능력을 가지고 실수를 저지르지 않는 사람을 보여 주고, 이들 각 사람을 평가하게 하였다. 대학생들은 i), ii), iii), iv)의 순서대로 호감을 느끼고 있었다. 이 실험은 비록 능력이 많을수록 그를 매력적으로 본다 할지라도 결점이 있다는 것이 그의 매력을 더욱 증가시킬 수도 있다는 사실을 보여 주고 있다. 이를 실수효과(pratfall effect)라 한다.

3) 신체적 매력

성격이나 능력과는 달리 신체적 매력은 우리가 통제할 수 없는 요인이다. 그러나 우리는 의식적이든 무의식적이든 신체적인 매력을 가진 사람을 더욱 좋아한다. 특히 남자들은 여자들과 데이트할 때 신체적으로 매력적인 사람을 좋아한다.

왜 우리는 신체적인 매력이 있다고 더욱 친밀감을 느낄까? 이는 사람들이 신체적인 매력이 있는 사람들에 대해서 어떤 고정관념이나 도식을 지니고 있어서 그가 또 다른 바람직한 특성을 갖고 있다고 믿는 것이다. 즉 후광효과 때문이라고 설명할 수 있다. 또한 매력이 있는 사람과 그렇지 않은 사람이 어릴 때부터 받은 차별대우가 자기완성적 예언(self-fulfilling prophecy)의 씨앗이 될 수도 있다.

그러나 아름다운 여자가 신체적인 매력을 이용하여 범죄를 저질렀을 경우에는 그렇지 않은 단순범죄일 경우보다 더 높은 형벌을 받게 된다(Sigall & Ostrove, 1975).

(3) 유 사 성

'유유상종'이란 말과 같이 사람들은 서로 비슷한 사람끼리 친밀감을 느끼고 잘 어울린다. 특히 태도, 가치관, 성격, 취미 등이 비슷한 사람끼리는 더 좋아한다. 이를 유사성(similarity)의 원리라 한다. 왜 우리는 유사한 사람을 더 좋아할까?

첫째, 취미가 같은 사람일수록 같이 하는 일이 더 많아지고, 따라서 같이 지내는 시간이 더 길어지고 서로를 더 잘 이해하게 된다.

둘째, 태도나 의견이 같은 사람과 같이 있으면 편안해진다. 친구의 동의는 자신감을 높여 주고 자존심을 강화시킨다. 우리는 같은 가치관을 가진 사람을 높이 평가하는 경향이 있다.

셋째, 나와 유사한 상대에 대해서는 그가 나를 좋아할 것이라고 기대하고, 따라서 그 관계가 보상적이 되리라고 예상한다.

넷째, 유사하면 사귀는 데 심리적인 부담이 줄어든다.

(4) 보 상 성

사람은 자기에게 친절히 대해 주고 칭찬해 주며, 도와 주고, 이득을 주는 사람을 좋아한다. 정신적 보상뿐만 아니라 물질적 보상을 주는 사람을 좋아한다. 어려서부터 보상을 주는 사람은 자신의 욕구를 충족시켜 주는 좋은 사람이라고 배워왔기 때문이다.

그러나 우리는 칭찬하고 호의를 베푸는 사람을 언제나 좋아하는 것은 아니다. 남이 베푸는 호의나 칭찬에 어떤 끄나풀이 달려있는 경우에는 그들을 좋아하지 않는다. 그런 끄나풀은 호의를 받는 사람의 자유를 위협하기 때문이다.

3. 동 조

(1) 동조의 개념과 성격

동조(conformity)란 타인 또는 집단으로부터 드러나지 않은 압력을 받아 자신의 행동이나 의견을 바꾸는 것이라 정의할 수 있다. 다시 말하면 모든 다른 사람들이 어떤 행위를 하면 개인적인 기호나 신념을 양보하고 그 행위를 따라서 하는 것을 말한다. 그러므로 동조는 개인의 생각이나 의견과 집단의 기대 사이에서 발생하는 갈등을 의미한다.

우리는 동조자라고 하면 일반적으로 줏대없이 자기의 의견을 굽히는 사람을 연상하기 쉽다. 그러나 동조자를 집단의 규범을 잘 지키고 매사에 팀 플레이를 잘하는 사람(team player)이라고 하면 동조자에 대한 인상이 달라지기 쉽다.

비동조자는 주위사람의 의견에 상관없이 자기의견을 굳게 지키는 선구자나 독립적인 사람으로 볼 수도 있다. 그러나 비동조자에 학교에 안 가고 유흥가를 배회하는 불량학생이나 군대에서 탈영한 사병과 같은 일탈자를 포함시키면 동조자와 비동조자에 대한 우리의 인식은 혼동에 빠지기 쉽다.

〈그림 13-1〉 Asch의 동조실험에 사용된 자극동형

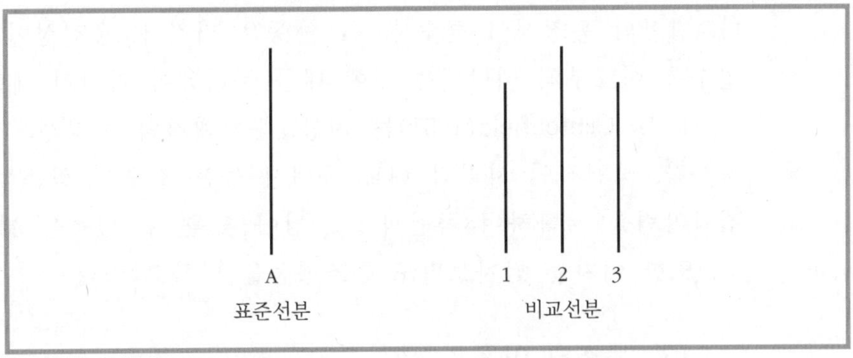

사람들이 집단압력에 굴복해서 얼마나 동조하기 쉬운가를 Solomon Asch(1951)의 실험에서 살펴보자. 그의 실험에서 한 명의 피험자와 다른 4명의 피험자(실제로는 실험조수)들이 지각판단이란 실험을 받기 위해 실험실에서 만난다. 실험자는 피험자에게 한 직선 A를 보여 주고 동시에 길이가 다른 세 직선 1, 2, 3을 제시한다. 이 문제의 해답은 누구나 분명히 알 수 있다. 그러나 4명의 실험조수들이 동일한 오답에 반응하면 피험자들의 평균 35%의 반응이 Asch의 조수가 말한 틀린 답에 동조하였다.

Asch는 동조는 부정확하고 애매한 상황에서 일어나며, 만일 상황이 분명하다면 거의 또는 전혀 동조가 없을 것이란 가정 아래 실험을 하였다. 그러나 그는 많은 사람들이 너무도 분명한 사실에도 불구하고 타인의 의견에 동조함을 발견하였다.

(2) 동조의 증감에 관련된 변인들

동조행동을 증가시키기 위해서는 집단의 만장일치가 중요하다. Asch의 실험에서 단 한 명이라도 다른 답을 내면 동조는 약 1/4의 수준으로 떨어진다.

만장일치만 이루어진다면 집단의 크기는 세 사람이면 충분하다. 즉 사람이 그 이상으로 많아도 동조율은 증가하지 않는다(〈그림 13-2〉 참조).

특히 집단이 전문가들로 이루어져 있을수록 동조행동이 커진

다. 전문가 집단은 중요한 정보를 많이 갖고 있다고 믿기 때문이다. 집단의 응집성이 클수록 동조행동은 커진다. 응집성이 큰 집단일수록 이로부터 이탈되는 것에 대한 두려움이 커지기 때문이다.

R. S. Crutchfield(1955)는 지능, 문제해결의 독창성, 자아강도, 자신감, 낙천적인 사회적 태도 등에서 높은 점수를 얻은 사람들이 집단압력을 극복하여 독립적으로 남아 있을 수 있음을 밝히고 있다. 또한 여자는 남자보다도 동조행동을 더하고 있다.

(3) 동조의 이유

사람들은 두 가지 중요한 이유 때문에 동조한다.

첫째, 타인들의 행동은 유용한 정보를 제공해 준다. 예를 들면 우리가 낯선 곳에 가서 생활할 때 그 곳 사람들의 일상적인 생활관습이나 예의범절 등을 면밀히 관찰하고 그에 따라서 행동하면 실수를 크게 줄일 수 있다.

둘째, 사회적인 불인정을 피하기 위해 동조한다. 법을 지키고 한 조직이나 집단의 구성원으로서 규칙을 잘 지킨 것은 타인들로부터 긍정적인 인식을 받고자 함이다. 다시 말하면 일탈자가 되는 데 대한 두려움 때문에 집단압력에 굴복하고 동조하게 된다.

4. 순종과 복종

(1) 순종과 복종의 정의

동조행동은 구체적이고 직접적인 압력이 없음에도 불구하고 타인의 행동을 모방하는 것이다. 반면 순종(compliance)은 명령, 지시, 요청 등 외부의 구체적인 압력에 따르는 행위를 말한다. 복종은 집단이나 사회에서 지위가 낮은 사람이 높은 사람의 명령이나 요구에 순종하는 행동을 말한다. 복종은 사회에서 가장 흔히 보는 순종의 예이다.

복종이 없이는 사회가 제대로 기능을 수행하거나 질서를 유지하기 어렵다. 따라서 상급자, 연장자에 대한 복종을 사회적인 미덕으로 여기기도 한다. 그러나 명령을 할 위치에 있는 사람이 부당한 일로 복종을 요구하면 복종해야 할 집단구성원이나 집단 외부의 타인들에게는 불행한 일이 아닐 수 없다.

(2) Milgram의 복종실험

Stanley Milgram(1963)은 인간이 권위에 얼마나 복종하는가를 알아보기 위한 실험을 설계하였다. 그는 피험자가 찾아올 때마다 다른 피험자로 위장한 실험조수와 짝을 짓게 하고 제비를 뽑아 한 사람은 '선생'이 되고 다른 사람이 '학생'이 되게 만들었다. 이 때 제비를 조작하여 진짜 피험자는 언제나 선생이 되게 하였다. 선생이 할 일은 옆 방에 앉아 있는 학생들에게 단어의 짝짓기를 가르치는 것이었다.

선생이 마주 앉은 책상 위에는 전기충격 장치가 있는데 아래쪽에는 30개의 스위치가 가로 한 줄로 배열되어 있었다. 각 스위치마다 전압이 표시되어 있는데 가장 낮은 전압이 15V이고 가장 높은 것은 450V나 되었다. 전압을 나타내는 숫자들 위에는 '약간의 충격', '강한 충격', '위험이나 극심한 충격' 등 충격의 크기를 나타내는 표시가 있었다. 실험자는 두 사람이 실험실에 들어오자마자 제비를 뽑고 '선생'이 보는 앞에서 '학생'을 옆 방으로 데리고 가서 의자에 앉히고 그의 팔을 끈으로 의자에 묶었으며 팔에 전극을 붙여 놓았다. '선생'에게는 과제를 설명한 후 실험에 적용할 전기 충격이 어떤 성질의 것인가를 파악하게끔 표본충격을 주었다. 실제로 상당히 아팠으나 '선생'에게는 약한 충격이라고 설명해 주었다. 실험자는 '선생'에게 '학생'이 오답을 낼 때마다 스위치를 눌러 '학생'에게 전기충격을 가하도록 지시하였다. 실제로 '학생'에게 전기충격이 온 것은 아니고 '전기충격'을 받을 때마다 고통스런 시늉을 하였다.

단어 짝짓기가 진행됨에 따라 점점 오답이 증가하였고 전기충격의 강도도 높아졌다. 따라서 전기충격을 받는 '학생'의 반응도

〈그림 13-2〉 권위에의 복종 실험장면

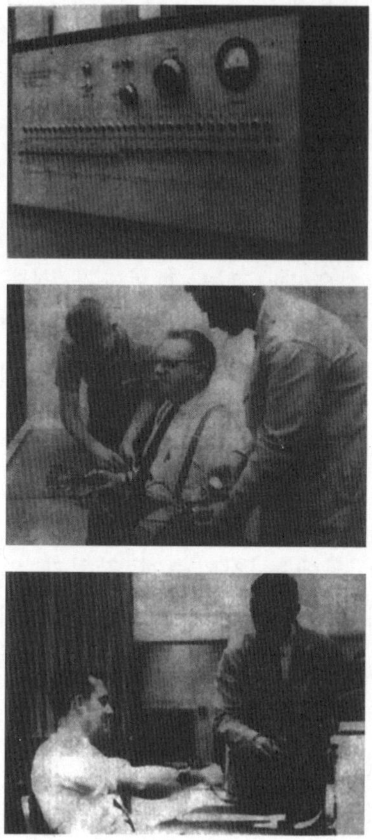

① 전기쇼크를 주는 장치
② '학생'이 전기쇼크를 손에 맞도록 묶인다.
③ '선생'이 전기쇼크를 경험한다.

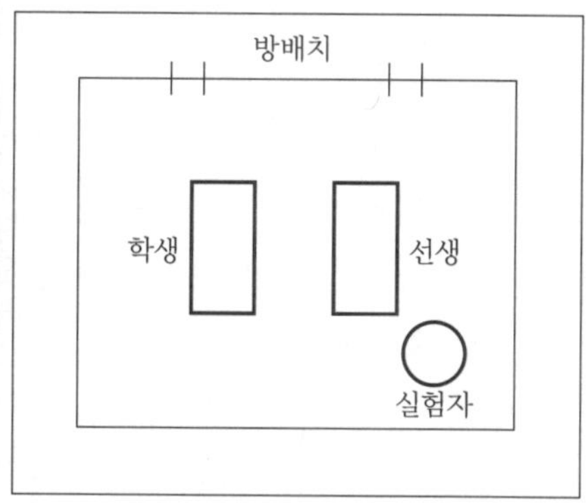

(출처 : 한규석 저, 2001)

더욱 극적으로 되었다. '선생'인 피실험자는 때때로 지시한 대로충격을 높이려 들지 않았으나 실험자는 계속할 것을 독촉하였다.

실험자가 지시를 하고 독촉을 한 결과 40명의 피험자들의 65%에 해당되는 26명이 전기충격의 최고강도인 450V까지 강도를 높였다. 이 실험결과는 인간이 권위 앞에 얼마나 허약하며 복종적인가를 나타내는 것으로서 당시에 커다란 사회적인 충격과 관심을 불러일으켰다.

(3) 순종의 요인

사람들은 아무 상황에서나, 누구에게나 순종하지는 않을 것이다. 이 절에서는 순종에 영향을 미치는 요인들을 구체적으로 살펴보자.

첫째, 사람들은 합법적인 권위를 지닌 사람들에게 순종하기 쉽다. 그 이유는 이러한 사람들에게 복종하면 반대급부를 더 많이 얻을 수 있다는 기대를 가질 수 있고, 또한 인간은 권위에 순종하도록 교육을 받아왔기 때문에 권위 그 자체에 무조건 순종하는 면도 있다.

둘째, 보수, 처벌 또는 위협 등은 순종을 일으키는 압력으로 크게 작용한다. 순종하는 사람에게 이익이 있을수록 그리고 돌아가는 손해가 적을수록 순종행동은 더 잘 일어난다.

셋째, 사람들은 다른 사람들의 행동을 모방하는 경향이 있다. 타인의 순종행동이 나의 순종행동을 증가시키기도 한다.

넷째, 다른 사람에게 진정으로 관심을 가지고 있으며, 또한 특별대우를 받는 것처럼 느끼게 하면 순종행동이 증가된다. 이를 호손효과(Haw-thorne effect)라고 한다.

다섯째, 점차적으로 개입(commitment)을 증가시켜 순종을 더 크게 일으키는 방법도 있다. 처음에 작은 부탁을 들어주면 큰 부탁도 들어주게 되는 것을 이용하는 방법으로 "문간에 발 들여놓기"(foot-in-the-door)방법이라고 한다.

여섯째, 죄책감에 빠져 있는 사람이 그렇지 않은 사람보다 더 잘 순종한다.

일곱째, 지나친 외부의 압력과 과잉정당화(overjustification)는 순종을 해친다. 특히 압력이 개인적인 자유를 위협할 정도가 되면, 이에 반발하여 순종을 하지 않게 된다.

여덟째, 권위에 복종하여 타인에게 해를 입힐 때, 그리고 그에 대한 개인적 책임감을 많이 느낄수록 권위에의 순종은 줄어들 것이다.

5. 집단행동의 심리적 이해

Ⅰ. 집단의 특성

(1) 집단의 정의

우리는 대부분의 시간을 여러 사람들과 대하면서 살고 있다. 이 가운데 일부 사람들은 우리와 상호작용을 한다. 집단이란 2명 이상의 사람이 상호작용을 하는 개인들의 집합체를 말한다. 아무리 사람들이 많이, 그리고 자주 모여도 서로 상호간에 영향을 미치려고 작용하지 않을 때에는 집단이라고 부르지 않는다. 학교, 정당, 군대 등과 같은 공식적인 조직과는 달리 집단은 비교적 구성원의 규모가 작아 대면적인 상호작용(face-to-face-interaction)이 가능하다.

(2) 집단의 성격

집단은 그 구성적인 면이나 사회적 역할, 응집력 등에서 다음과 같은 성격을 지닌다.

첫째, 대부분의 집단은 가입의사가 있어야 같이 활동할 수 있으나 가족집단이나 동족집단과 같이 가입의사와 관계없이 소속되는 집단도 있다. 가족집단, 동족집단 또는 또래집단(peer group)과 같이 오래 지속되는 집단도 있으나 며칠 동안 특수한 목적을 위해 함께 일하다가 해산되는 집단도 있다. 또한 집단의 목표와 활동범위는 집단마다 서로 다르다.

둘째, 몇 명의 사람들이 집단을 형성하면 그 구성원들은 과제와 역할을 분담한다. 구성원들은 각각의 직책에 관련된 사회적 역할(social role)을 충실히 수행할 것이 기대된다.

셋째, 집단이 집단으로서의 기능을 유지하려면 구성원들이 소속감을 느껴야 한다. 응집력(cohesiveness)이란 구성원들로 하여금 소속감을 느끼게 하는 힘이다. 집단구성원들이 서로 대인매력을 느낄 때 응집력이 높다. 집단의 활동내용과 목표도 응집력을 높이는 요인의 하나이다.

Ⅱ. 집단의 경쟁과 협동

(1) 경쟁과 협동의 양상

어떤 집단에서 사람들은 협동한다. 그들은 상호이익을 위하여 서로 돕고, 서로 정보를 교환하며 함께 일한다. 다른 집단에서는 사람들이 서로 경쟁한다.

경쟁을 선호하는 경향은 개인간의 갈등상황보다 집단간의 갈등상황에서 두드러지게 나타난다. Sherif 등(1961)은 어린이 캠프에 참가한 어린이들을 무선적으로 두 집단으로 배정하였다. 각 집단 속에서 어린이들은 서로 협조하도록 가르쳤다. 각 집단 내에서 협조를 통해 서로 단결력이 형성된 후 두 집단간에 갈등을 일으키도록 조작하였다. 야구, 축구, 줄다리기 등 경쟁적인 경기를 하도록 하고 이긴 집단에게는 상품까지 주었다. 더 나아가 선착순에 의해 한 집단에게는 훌륭한 음식을 먹게 하고 다른 집단은 나머지 맛없는 음식을 먹게 하였다. 그 결과 경쟁관계에 있던 집단간의 갈등이 극단적인 공격행동으로 발전되었다. 즉 한 집단에만 보상이 독점되는 경쟁을 하였을 때는 상대집단에 대한 적대감이 행동으로 나타났다. 또 한 가지 놀라운 사실은 두 집단은 서로에 대한 편견을 가지게 되었다는 점이다. 집단구성원들은 자기집단은 용감하고 다정하다고 표현한 반면 상대집단은 비열하고 형편없다고 표현하였다.

(2) 협동과 경쟁의 결정요인

사람들은 언제나 협동보다 경쟁을 선호하는가? 꼭 그런 것만은 아닐 것이다. 그렇다면 사람들의 협동행동과 경쟁행동을 결정짓는 요인들은 무엇인지 살펴보자.

첫째, 국민성, 지역사회의 특성, 사회적 환경 등에 따라 협동성에는 차이가 있다. 서구의 공업사회의 아동들은 개발도상국의 아동들보다 더 경쟁적이다(Madsen, 1971). 한 나라 안에서도 도시지역의 아동들은 농촌지역의 아동들보다, 중류계층의 아동들은 하류계층의 아동들보다 더 경쟁적이다.

둘째, 개인의 성격차이에서 보면, 경쟁적인 성격을 지닌 사람일수록 상대방도 경쟁적이라고 지적하는 경향이 크다. 마찬가지로 협동적 성격의 소유자들은 상대방이 협동적이라 보고 협동적 전략을 선택하는 경향이 있다.

셋째, 일반적으로 의사소통의 기회가 많을수록 협동이 증가한다.

넷째, 집단의 크기가 클수록 협동이 감소한다. 그 이유는 집단이 클수록 구성원들의 책임감이 분산되기 때문이다.

다섯째, 상호간의 신뢰감의 정도가 협동과 경쟁을 결정한다. 상대방에 대한 신뢰감이 크면 협동행동이 고무되고, 불신하면 경쟁을 하려는 충동을 느낀다.

(3) 경쟁으로 인한 집단간 갈등의 해소

인간사회는 개인간·집단간의 경쟁과 갈등 더 나아가서는 국가간의 경쟁과 갈등으로 만연되어 있다. 인간이 행복한 삶을 영위하기 위해서는 지나친 경쟁과 갈등을 해소하여야만 한다. 이를 위한 몇 가지 방법은 다음과 같다.

첫째, 경쟁적이거나 적대적인 두 집단이 함께 추구할 공동목표를 설정하면 갈등이 경감된다(Sherif, 1953). 나아가서 두 집단을 상호의존 관계로 발전시키면 더욱 협동적이 된다. 다시 말하면, 공동의 목표를 달성하기 위해 서로를 필요로 한다는 점을 인지시키면 갈등이 해소된다.

둘째, 상호 양보를 하게 한다. 한쪽에서 양보를 한 다음 상대방으로부터 이와 유사한 수준의 양보를 받게 되면 협동이 증가된다. 그러나 한쪽의 양보가 너무 크면 굴복하는 행동으로 보일 수 있다. 양보는 점진적이고 연쇄적인 것이 바람직하다.

셋째, 갈등관계에 있는 집단간의 의사소통을 증진시키면 상호

이해를 하게 되고, 따라서 합리적인 문제해결을 모색할 수 있다.

넷째, 갈등관계에 있는 집단들과는 이해관계가 없는 강력한 제 3 자가 협상에 개입하여 공정한 판단과 이해를 도움으로써 경쟁으로 인한 갈등을 해소시킬 수 있다.

Ⅲ. 집단의 과제수행

(1) 사회적 촉진

사람들은 혼자 있을 때보다는 다른 사람들과 함께 있는 상황에서 과제를 수행하면 때때로 더 잘한다. 이것을 사회적 촉진(social facilitation)이라 한다. 그러나 사회적 촉진현상이 보편적인 것은 아니다. 때때로 타인들의 존재는 과제수행을 저해한다.

Zajonc(1965)의 연구결과를 보면 타인들의 존재가 개인의 충동이나 동기를 증가시킨다. 증가된 충동이 과제의 수행을 촉진하는지 또는 저해하는지는 과제의 성질에 달려 있다. 과제가 단순할 때나 익숙할 때는 사회적 촉진이 나타난다. 반대로 과제가 어렵거나 익숙하지 않아 고도의 주의집중이 필요할 때는 타인의 존재가 과제수행을 저해한다.

(2) 집단의 의사결정

우리는 흔히 어떤 일에 관해 혼자서 내린 의사결정보다는 한 집단에서 구성원들의 지식과 경험을 모아 내린 의사결정이 보다 합리적이고 사려깊은 것으로 생각한다. 그러나 집단으로 의사결정을 하면 혼자서 의사결정을 할 때 보다 위험부담이 더 큰 방향으로 선택한다. 이러한 현상을 모험이행(risky shift)이라 한다.

그러나 항상 모험이행현상이 나타나는 것은 아니다. 실제로 어떤 집단들은 더욱 보수적인 의사결정을 하였다. 집단구성원들의 시초의 의견이 보수적일 때는 집단은 더욱 극단적인 보수주의 쪽으로 의사결정을 하게 된다. 이와 같이 집단토의가 극단적인 의사결정을 일으키는 현상을 집단극화(group polarization)이라 한다.

집단극화에 관해서는 몇 가지 설명이 가능하다. 첫째, 집단구성원들은 다른 구성원들로부터 호감을 받고 인정을 받기를 원하며 이를 위해 집단 의견에 동조하게 된다. 집단구성원들은 다른 구성원들의 의견에 관심을 두고 있으며, 다른 구성원들의 의사결정 내용을 알기만 해도 선택이행이 나타난다.

둘째, 집단토의는 더욱 새롭고 설득적인 주장이 나타나기 시작함에 따라 더 극단적인 입장이 가장 설득적인 주장으로 이끌리는 경향이 있다. 때때로 가장 극단적인 주장이 가장 설득력 있게 보인다.

셋째, 집단의 의사결정은 집단구성원들 책임감을 분산시키므로 극단적인 의사결정을 가능하게 한다.

(3) 집단사고

현명한 사람들이 불합리한 결정을 내리는 경우가 있다. 불합리한 의사결정은 대체로 집단구성원들이 외부정보로부터 단절되고, 지도자에게 맹목적으로 충성하는 데 동의함으로써 발생된다. 집단 내의 동조압력에 의해 초래된 판단력의 약화현상을 집단사고(group think)라고 한다. 집단사고의 상황적 특징은 다음과 같다.

① 집단구성원들은 매사를 낙관적으로 생각하고 극단적인 모험적 선택을 한다.

② 집단구성원들은 의사결정시 아무런 의문을 제기해서는 안 되며, 의사결정이 만장일치로 이루어졌다고 생각한다.

③ 집단구성원들은 의사결정 내용과 상반되는 증거들에 대해 스스로를 방어한다.

④ 집단사고는 매우 강력하고 역동적인 지도자를 갖고 있는 응집력이 높은 집단에서 흔히 일어난다.

집단사고는 소수의 우수한 집단이 현실적인 상황에 대한 정보와 반대집단에서 격리된 채, 강력한 지도자 밑에서 중요한 일을 계획할 때 언제나 일어날 수 있다. 집단사고는 극화현상의 하나일 뿐이다.

Ⅳ. 지도력과 지도자

(1) 지도력의 형성

기존의 지도력이 지도자－구성원관계에서 지도자 중심이었는데 최근에는 구성원과 구성원의 역할을 중요시하는 관점으로, 즉 쌍방향으로 변해가고 있다.

집단이 형성되면 지도자와 추종자가 생기고 집단구성원은 각자가 맡을 역할을 분담한다. 따라서 집단형성과 지도력(leadership)은 서로 밀접한 상호관계를 이룬다.

지도력은 사람을 움직이는 힘, 즉 영향력이라 정의할 수 있다. 집단구성원은 각자 다른 구성원들에게 나름대로 영향력을 가지고 있다. 그러나 구성원 각자의 영향력은 그 질과 양에 있어서 서로 다르다. 가장 영향력이 많은 사람이 지도자가 된다. 영향력은 주로 상호교신하는 가운데 생긴다. 실험관찰 결과(Bavalas, 1965)에 의하면 집단구성원의 수가 많고 적음에 관계없이 한 사람이 전체 발언의 40% 이상을 차지하고 그 다음 사람이 약 20%를 발언하여 두 사람이 60% 이상의 교신을 한다. 이 때 발언을 많이 한 두 사람의 지도력을 나머지 사람들은 인정하였다. 또한 중요한 정보를 많이 소유하고 다른 구성원들과 상호교신을 하는 사람이 지도력을 갖춘 지도자로 떠오른다. 즉 지도력의 주요요인은 집단에서의 발언량이 결정한다.

(2) 지도자의 유형

어느 집단이든지 지도자가 있다. 집단의 구조, 과제, 구성원과의 관계 등에 따라 지도자의 유형을 공식적 지도자와 비공식적 지도자, 과업지도자와 사회적 지도자, 임명된 지도자와 선출된 지도자 등으로 나눌 수 있다.

1) 공식적 지도자와 비공식적 지도자

공식적 지도자란 집단의 규범에 따라 뽑힌 지도자로 집단을 대표하고 집단을 이끌어 나가는 지도자를 말한다. 비공식적 지도자란 집단의 규범에 의해 뽑힌 지도자는 아니지만 집단의 가장 강력한 영향력을 행사하는 구성원을 말한다. 공식적 지도자가 없는 소규모 집단에도 비공식적 지도자는 존재하기 마련이다. 공식적 지도자들이 있는 집단에는 흔히 공식구조와는 매우 다를 수 있는 비공식적 지도자가 있을 수 있다. 공식적 지도자에게 영향을 미치는 비공식적 지도자를 잠재력 지도자(latent leader)라고 하며 실제로 의사결정에 가장 큰 영향력을 미치기도 한다.

2) 과업지도자와 사회적 지도자

과업지도자(task leader)는 일 지향적인 지도자로 집단을 위해 과업을 제안하고 이에 관한 정보를 제공한다. 그는 그 과업을 추진함에 있어서 집단을 통제하고, 지시하고, 조직화한다.

사회적 지도자(social leader)는 사람 지향적인 지도자로 집단의 응집력을 높여 집단을 원활하게 운영하기 위해 구성원들을 고무하고, 칭찬하고, 좋은 분위기를 유지하도록 유도한다. 사회적 지도자는 친절하고, 상냥하고, 개방적인 성품을 지닌 사람이어야 한다. 과업지도자는 유능하고 특정과업에 관한 지식이 풍부하여야 한다.

과업지도자는 과업이 바뀜에 따라 달라질 수 있으나 사회적 지도자는 한 사람이 계속 맡는 경향이 있다. 한 사람이 과업지도자와 사회적 지도자의 기능을 겸하는 수도 있다.

3) 임명된 지도자와 선출된 지도자

어느 집단의 지도자는 임명되고, 다른 집단의 지도자는 선출된다. 지도자로 임명되면 그는 집단구성원들에게 영향을 미치는 지도력을 가질 수 있다. 이 때 임명된 지도자가 합법적인가가 문제가 된다. 합법성이란 임명된 지도자가 지도력에 적절한 자력을 갖춘 것을 의미한다.

선출된 지도자가 임명된 지도자보다 훨씬 커다란 영향력이 있다. 집단구성원이 지도자로서의 능력과 자질을 신임하고 선출하였을 때 합법적이고 강력한 지도력을 갖춘 지도자가 될 수 있다.

일반적으로 임명된 지도자보다는 선출된 지도자를 좋아하지만 공포상황에서는 임명된 강력한 지도자가 더 선호된다. 이는 방어적 귀인과 관련이 있는 것으로 보인다.

4) 권위적 지도자와 민주적 지도자

권위적 지도자는 상황을 불안하게 만들고 업적 위주로 나아간다. 집단구성원 수준이 낮을 때는 권위적인 지도자가 더 잘 어울린다.

민주적 지도자는 인간관계 위주로, 상황을 평안하게 하는 데 노력한다. 구성원 수준이 높을 때 지도력을 발휘할 수 있다.

두 지도자 유형 중에서 권위적 지도자는 반드시 나쁘고 민주적 지도자는 좋은 것이 아니다. 구성원의 의식수준과 상황에 따라 다르다.

(3) 지도자의 특성

지도자의 능력과 성품에 따라 집단의 과제수행이나 응집력 등은 크게 다르다. 따라서 우리는 어떤 사람이 소속한 집단의 지도자가 되느냐에 크게 관심을 갖는다. 우리는 지도자가 되는 능력이 어디에서 나오는 것인지는 알지 못한다. 그러나 지도자가 될 가능성을 높여 주는 몇 가지 특성은 알고 있다. 이를 외적 특성과 내적 특성으로 나누어 살펴보자.

1) 외적 특성

① 지도자가 되게 하는 개인의 행동특성 가운데 가장 주목되는 것은 발언량이다. 집단에서 발언할 기회가 많을수록 지도자로 선발되는 확률이 높다. 발언량과 관련하여 발언의 질도 중요하다. 발언내용이 일정한 질적 수준을 유지할 때 발언량이 지도자로서의 선출을 좌우한다.

② 사회적 지위가 높은 지도자가 되기 쉽다. 사회적 지위가 중요한 것은 서로 모르는 사람들이 모인 집단에서 갈등을 최소화

하면서 한 사람의 지도자에 합의할 수 있는 근거가 되기 때문이다.

③ 집단구성원들의 의사소통망(communication network)에서 정보가 집중되는 위치에 있는 사람이 지도자로 선출될 확률이 높다. 이는 발언량과도 관련이 있다. 의사소통망의 중심에 위치하면 가장 많은 사람과 가장 자주 말을 해야 한다.

2) 내적 특성

① 도전적이며 지도력을 가지고 있어야 한다. 지도자는 미지의 세계에 도전하는 정신을 가지고 있다. 자신의 성공을 운명이나 행운으로 여기지 않고 적극적으로 도전한다. 그리고 지도력을 가지고 있어야 한다.

② 창의력, 포용력, 통솔력, 결단력이 있다. 남의 잘못을 허용하고 감싸주는 포용력과 구성원들을 이끌고 나가는 통솔력과 행동을 실천할 수 있는 추진력과 의사결정을 지혜롭게 내리는 결단력이 있다. 그리하여 구성원 모두 각자의 능력을 발휘하도록 한다.

③ 미래에 대한 희망과 용기를 심어주어야 한다. 조직구성원들과 함께 이룩하려는 목표, 희망을 세우고 함께 꿈을 향하여 노력해야 한다.

④ 공과 사를 구분하고 물러날 때는 물러나는 것을 알아야 한다.

⑤ 직무수행과 관련된 전문적 능력, 기술과 인간관계기술을 갖추어야 한다.

⑥ 조직능력과 우수한 학습능력, 시간관리능력을 지녀야 한다. 변해가는 사회에서 빠른 정보를 흡수해 실력을 쌓아야 한다.

⑦ 집단전체의 목적과 개인의 욕구 사이에 오는 갈등을 해결해야 하며, 난관을 뚫고 나갈 수 있도록 지도자 자신의 철학을 정립해야 한다.

⑧ 보호자 정신이 있어야 한다.

V. 군중행동

예비군훈련에 가보면 평소에 점잖고 사회적 지위도 높은 사람들이 듣기 거북한 욕설도 자주 하고 주변을 지나는 젊은 여성에게 농담하는 장면을 때때로 목격한다. 또한 평소에 온순하고, 성실한 근로자들이 노동쟁의 때 경영자에게 험담을 하거나 기물을 파괴하는 것도 가끔 볼 수 있다. 이처럼 사람들이 집단에 휩쓸려서 혼자 있을 때는 생각조차 못할 극단적이고도 비이성적인 행동을 저지르는 경우가 있다. 이러한 행동을 군중행동(mob behavior)이라고 한다.

군중행동의 심리적 특성을 처음으로 연구한 사람은 Le Bon (1895)이다. 그는 사람들이 군중을 형성하면 이성을 잃게 되어 한 사람의 정서가 집단으로 퍼지기 때문에 동일하게 느끼고 행동하는 경향이 있다고 하였다. 그는 이러한 현상을 사회적 전염(social contagion)이라 하였다.

군중행동은 몰개성화(deindividuation)란 개념으로 설명된다. 몰개성화란 사람들이 군중을 이루면 자신의 개인적 정체(identity)를 상실하고 익명의 상태로 집단 속에 융합되는 것이다. 몰개성화의 주요한 특징은 개인적 책임감의 상실과 처벌 가능성의 감소를 인지하는 것이다. 개인이 주체성과 책임감을 상실하고, 또한 처벌에 대한 위협도 감소하면 불법적인 폭도행동을 일으킬 수 있으며 충동적 행동도 억제하기 어렵게 된다.

군중행동을 몰개성화만 가지고 설명하기 어려운 부분도 있다. 군중행동은 설득력이 강한 사람의 설득에 의해서 일어날 수 있다.

군중행동이 사회적으로 역기능만 하는 것이 아니라 순기능을 하는 측면도 간과할 수 없다. 집단의 영향을 받게 되면 사회적으로 가치 있고 바람직한 행동을 촉진할 수 있다.

6. 환경심리학

Ⅰ. 환경심리학의 성격

환경이라 하면 소음, 빛과 같은 물리적 자극(physical stimuli)을 생각할 수도 있고, 지리적 및 기후적 조건을 생각할 수도 있다. 또한 인간 및 사회적 자극으로 생각할 수도 있다. 이 가운데 물리적 자극이 우리에게 어떤 영향을 주는가를 연구하는 분야가 환경심리학이다.

인간-물리적 환경관계에서 인간은 물리적 환경에 그대로 적응하는 것이 아니라 인간의 경험, 학습, 기대, 문화 등을 토대로 환경에 적응하고 환경을 사용한다. 따라서 환경심리학의 기본적인 접근방법은 어떠한 물리적 자극이 어떻게 현상세계로 인지되는가를 밝히는 것이다.

Ⅱ. 인간과 공간활동

(1) 개인공간

동물은 생존을 위하여 자기공간을 확보하고 다른 개체가 그 속에 들어오는 것을 방어한다. 이를 개체거리(personal distance)라고 한다.

Sommer(1969)에 의하면 사람들은 자기 바로 주위의 물리적 공간을 마치 자신의 일부인 것처럼 취급하며 이 영역을 개인공간(personal space)이라 한다.

(2) 개인공간의 사회적 적용

Hall(1959)은 대인적 상호작용을 위한 네 개의 기본구역을 설정하였다. 친밀한 거리(intimate distance)는 0~45cm이다. 개인적 거리(personal distance)는 45~120cm로서 친밀한 대화를 위한 거리이다. 사교상의 거리(social distance)는 1.2~2.1m로서 공식적인 사업상의 만남을 위한 거리이다. 공적 거리(public distance)는 3.6~7.5m로서 큰 목소리로 강의하고 있는 사람과 청중과의 거리이다.

우리는 일반적으로 친밀한 사람과 더 가까이 접근한다. 즉 당신과 다른 사람과의 거리는 두 사람간의 관심이나 호감을 나타낸다. 반대로 우리는 개인공간에 들어오는 것을 침범으로 간주하는 경향이 있다. 그러나 낯선 사람이 다른 방법이 전혀 없어서 우리와 가까이 있을 때 우리는 개인공간에의 침입을 용인한다. 예를 들면 출퇴근시 만원버스나 전철에서는 낯선 사람의 밀착에도 불쾌감을 덜 느낀다.

Ⅲ. 과밀의 영향

인구증가와 도시화에 따른 도시지역의 인구과밀은 중요한 사회문제로 대두되고 있으며, 과밀의 결과 파생되는 물리적·심리적·사회적 악영향에 관한 관심이 높아지고 있다.

과밀과 관련하여 두 개의 개념인 밀도(density)와 과밀(crowding)이 혼동되기 쉽다. 밀도란 물리적 개념으로 일정한 단위공간에 대한 사람의 수로 정의되고, 과밀이란 주관적으로 경험되는 심리적 상태로 정의된다. 밀도는 단순한 물리적·객관적인 개념인데 반하여 과밀은 심리적·주관적 개념으로 어의상 부정적인 느낌을 준다.

과밀환경의 영향에 관한 연구는 동물연구에서 출발하였다. Calhoun(1962)은 과밀환경에서는 쥐들이 예전에 없었던 이상한 특성을 나타낸다는 것을 발견하였다. 즉 모성행동이 혼란되었고, 서로 잡아먹고, 동성애를 나타냈다. Freedman(1965)도 과밀환경이 동물들의 공격행동, 이상행동, 신체질환, 새끼에 대한 무관심 및 사망률을 증가시킨다는 것을 확인하였다.

인간은 일정한 밀도 이상인 과밀환경에서는 과도한 자극(stimulus overload)을 받아 스트레스를 느낀다(Baum, 1978). 일반적으로 인구과밀지역인 도시는 생활의 편의를 도모하는 물리적 시설과 사회적 자극을 제공하는 반면 불쾌감, 프라이버시 침해, 스트레스를 유발하기도 한다. 일반적으로 남성이 여성보다 과밀한 환경에서 더 많은 스트레스를 겪는다.

Ⅳ. 소음의 영향

현대의 산업화된 생활은 많은 소음을 내포하고 있고, 특히 도시는 소음이 크기 때문에 소음의 영향에 특별한 관심을 갖고 있다. 소음은 생리적인 흥분과 정신적인 혼란을 일으켜 우리로 하여금 정상적인 생활을 못하게 한다.

소음은 복잡한 과제의 수행에 영향을 준다. 또한 소음 속에서 두 가지 과제들을 동시에 하기는 어렵다(Finkelman과 Glass, 1970).

만일 우리가 소음을 예측할 수 있다면 소음에 대한 반응도 달라진다. 실제로 예측가능한 소음을 들었던 피험자들이 예측불가능한 소음을 들었던 피험자들보다 과제를 더 잘 수행하였다. 또한 예측불가능한 약한 소음은 예측가능한 큰 소음보다 더 많은 착오를 일으켰다(Glass와 Singer, 1972).

소음에 오랫동안 접하게 되면 나쁜 영향을 받게 된다. 소음환경은 인간의 지적 수행을 방해한다. 사람들은 단기간의 소음에 적응할 수는 있지만 장기간 계속되는 소음에는 적응하기 어렵다. 실제로 공항이나 큰 소음을 내는 공장 근처의 지역에서는 여러 가지의 정신적·신체적 질환을 앓는 사람들이 많이 나타난다. 소음은 인간의 공격성을 증가시키기도 한다(Geen과 O'Neal, 1969).

제14장

정서와 동기

1. 정　　서

정서는 내외적 자극에 의하여 유발된 주관적인 심리적 상태라고 정의할 수 있다. 자극이 없어지면 그에 따른 정서는 없어지고 새로운 자극에 따른 새 정서가 유발된다. 이 때의 정서를 상태정서라 한다. 자극이 없더라도 개인이 항상 지니는 특질정서가 있다. 즉 개인이 정서적으로 안정 혹은 불안정하다는 것을 뜻하는 경우이다. 어떤 상황에서 어떤 정서를 갖느냐 하는 것은 개인의 지각과정, 개인이 경험하는 심리과정, 문화적 관습, 신체적 조건에 따라 다르다. 똑같은 자극을 받고 무서워서 도망가는 불안정서를 경험하는 사람이 있는가 하면 오히려 적극적으로 대처하는 사람도 있다. 화나는 감정을 조절하지 못해 자살을 하는 사람이 있는가 하면 화나는 감정을 자신의 발전에 쓰거나 상상으로 날려 보내는 사람도 있다. 즉 개인은 정서에 따라 자극에 대한 반응이 다르다고 할 수 있으며 개인의 정서는 보이지 않게 그 사람을 움직이는 힘이다. 따라서 정서는 모든 행동을 일으키고 동기화하는 근원적 역할을 하며 더 나아가서는 자신의 생활을 풍부하고 건강하게 하고 훌륭한 인간성을 갖게 하기도 하며, 정서적으로 미성숙하고 매사를 머리로 계산하는 사람은 메마르고, 차갑고 단조로우며 감정을 적절히 처리하지 못하여 자신을 힘든 상황에 집어넣는다.

Ⅰ. 정서의 특징

정서는 신체 외부 혹은 내부의 자극에 대한 주관적 반응으로서 신체적·생리적 반응을 동반하는 데 비해 감정은 신체적·생리적 반응을 수반하지 않는 단순한 느낌이다. 그러나 이러한 용어의 구분은 애매모호하다. 가장 단순한 감정이라도 어느 정도는 신체적·생리적 변화를 가져오기 때문이다. 그러므로 이 장에서는 감정과 정서를 구분하지 않고 포괄적인 의미에서 정서로 통일하여 사용하고자 한다. 정서의 특성을 구체적으로 제시하면 다음과 같다.

(1) 정서는 개인마다 차이가 난다

정서는 개인의 감각경험, 지각양식, 인지양식, 신체적 특성, 학습경험, 성숙정도, 문화양식 등에 따라 차이가 난다.

(2) 정서는 신체변화를 가져온다

정서는 독특한 신체적·자율적 반응을 가져온다는 의미에서 보면 개인의 신체 움직임, 건강상태, 체격 등을 통해 개인의 정서상태를 알 수 있다.

정서는 희, 노, 애, 락과 같은 감정을 경험하고 신체적 및 자율신경계통의 변화를 가져오는 것을 그 특성으로 한다. 개인의 정서상태는 선천적·신체적인 기질에 따라 다양하게 변화되며 다음과 같은 다양한 신체반응을 나타낸다.

1) 안면근육의 변화

혐오자극을 받을 때 얼굴표정이 굳어진다거나, 경련이 일어나거나 어떤 물체가 움직이는 것같이 느끼기도 한다. 그러나 얼굴표정만 가지고서 그 사람의 정서를 진단할 수 없을 때도 있다. 어떤 사회의 문화에서는 강한 정서를 외부로 나타내지 못하도록 학습시키기도 하기 때문이다.

2) 눈동자의 크기

화가 나거나 공격표현을 하고자 할 때는 눈을 날카롭게 뜨거나 흘겨 보며, 기쁠 때는 눈동자의 크기가 커진다. 갑자기 놀란 일을 당할 때 눈동자가 커지는 것은 어느 문화나 인종에서도 볼 수 있는 현상이다. 대화시 상대방 눈동자의 시선변화는 정서판단에 도움이 될 수 있다.

3) 개인의 신체행동 거리유지

싫어하는 사람과는 멀리 떨어진 거리를 유지하게 되고 자기가 좋아하는 사람과는 가까운 거리를 유지하려고 한다.

4) 혈액순환의 변화

공포와 같은 강한 정서를 느낄 때 심장고동은 매분당 180까지 올라가며, 내장의 혈관이 수축하고, 얼굴과 운동근육으로 혈액이 옮겨가 얼굴이 빨개지고, 신체적 흥분이 심해진다. 혈관수축으로 혈압이 올라가면 호흡은 가빠진다.

5) 내장운동의 변화

강한 정서를 느낄 때 내장의 혈관이 수축하여 혈액공급이 중단된다. 특히 위는 염산을 많이 분비하여 위점막이 붉게 충혈되고 위점막이 손상되어 위궤양이 될 확률이 높다.

6) 자율신경의 변화

자율신경계통은 교감신경계와 부교감신경계로 구분된다. 각 내장기관에는 두 신경계통이 연결되어 있어 길항적으로 작용한다. 정서변화에 따른 신체적 변화는 자율신경에서 통제한다. 예를 들면 교감신경은 내장기관을 빠르게 움직이고, 부교감신경은 느리게 움직이며 에너지를 비축한다.

인간의 신체반응, 즉 자율신경계통인 혈압, 맥박, 호흡의 변화와 근육활동, 피부전류저항 등을 측정하여 진실과 거짓을 측정하는 거짓말 탐지기는 인간의 정서가 자율신경의 변화를 가져오는 원리를 이용한 것이다.

7) 내분비선의 호르몬변화

정서적 자극을 받으면 내분비선에서 호르몬이 분비되어 직접 혈액 속으로 흘러들어가 여러 가지 정서반응에 영향을 미친다. 정서경험에 관계되는 내분비선과 호르몬은 부신수질에서 분비되는 노어에프네프린·에프네프린, 뇌하수체-부신피질 계통에서 분비되는 혈액이나 소변 속에 있는 in-hydroxycorticosteroids이다.

8) 중추신경과 정서

중추신경계통은 뇌와 척수로 되어 있다. 뇌는 전뇌, 중뇌, 후뇌로 되어 있다. 뇌손상시의 정서변화를 고찰하면 첫째, 신피질은 강한 정서억제반응을 한다. 신피질이 제거된 개를 어루만졌을 때 사납게 으르렁거렸다. 둘째, 측두엽 손상은 유순한 감정을 가져온다. 측두엽에 종양이 생겼을 때 난폭하고 마구 먹어댔으나 측두엽의 종양을 제거했을 때 정상적 정서로 되돌아왔다. 셋째, 시상하부, 유두체, 전측시상, 변연계 등의 신경회로는 공격정서와 상관이 있다.

(3) 정서에는 강도가 있다

내외적 자극의 종류와 강도와 따라 유발되는 정서는 서로 강도가 다르다. 정서의 강도에 따라 신체적 각성이 다르고 과제수행능력도 달라진다. 정서의 강도와 과제수행도의 상호작용에 관한 법칙을 여크스-다드슨법칙(Yerkes-Dodson Law)이라고 한다(〈그림 14-1〉 참조). 너무 지나치게 높은 각성은 과제수행을 떨어뜨리고, 너무 낮은 각성도 정신적 과제수행을 떨어뜨린다. 과제가 쉬울 때는 높은 각성수준에서도 과제수행이 잘 이루어지지만 과제가 어려우면 높은 수준의 각성은 원활한 과제수행을 저해한다.

처음의 정서적 자극은 최고의 강도로 정서적 반응을 일으키나 어느 정도 시간이 지난 후 빠르게 정서적 자극이 사라지면 반대과

〈그림 14-1〉 Yerkes-Dodson 법칙

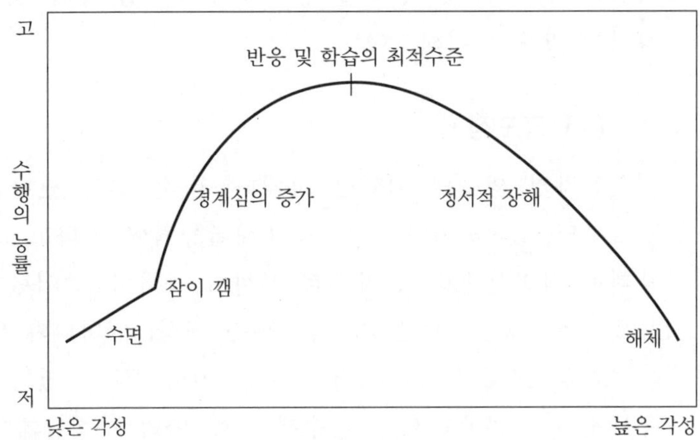

정으로 정서가 서서히 변화된다. 사랑하는 친구를 만날 때 최초의 정서반응은 황홀감과 기대감이 크나 자주 만나다 보면 처음의 정서 경험보다는 강도가 차츰 낮아진다.

Ⅱ. 정서의 종류

인간은 태어날 때 쾌-불쾌의 가장 간단한 정서를 소유하지만, 성장함에 따라 개인의 학습경험, 언어자극, 그가 살고 있는 사회의 가치관 등에 따라 다양한 정서경험을 한다. 우리의 일상생활에서 주요한 정서를 고찰하자.

(1) 쾌 정 서

행복, 쾌락, 기쁨, 희열과 같은 쾌정서는 일반적으로 본능이나 자신이 추구하는 목표가 달성되었을 때 부산물로서 느끼는 정서이다. 아리스토텔레스는 행복이란 자기만족이라고 하였다. 있는 그대로의 자신을 깊이 있게, 조용하게 받아들여 기쁨을 만들어 나가는 생활이라고 할 수 있다. 어렸을 때는 주로 배가 고플 때 어머니가 젖을 준다거나 어루만져 주면 아이들은 쾌정서를 느낀다. 나이가 많아짐에 따라 정신적으로 추구하는 것이 이루어졌을 때 쾌정서를 느낀다. 술, 성, 도박, 약물 등의 자극추구를 하는 것은 일시적인 쾌정서를 맛보기 위해서다.

(2) 공포정서

갑자기 외부의 위험한 사태나 천재지변을 만났을 때, 그 대상으로부터 도피하거나 혹은 문제해결능력이 없다고 느낄 때 생기는 불쾌한 심리상태로서, 기본적 정서의 하나이다. 어렸을 때에는 무서움을 주는 동물, 아픈 자극을 주는 대상, 어머니와 떨어져 혼자 있는 것 등 구체적으로 직접 만져 보거나 볼 수 있는 자극에 의하여 공포정서가 유발되지만, 성숙해 감에 따라 사회관계에서 오는 질투, 경쟁 혹은 자기 스스로 상상해 낸 자극, 즉 죽음, 질병, 실패 등에 의하여 공포정서를 경험한다.

(3) 불안정서

불안은 공포정서에다 분노, 고민, 죄의식, 홍미, 수치, 우울 등이 혼합된 정서이며 공포보다 오래 지속되는 정서이다. 공포는 강렬하고 일시적이며, 신체적 변화를 가져오는 데 반하여 불안은 공포보다 정서강도가 약하고, 막연하고, 만성적이며, 미래을 불안하게 생각하므로 생활을 심란하게 하여 건전한 적응을 방해할 때도 있다.

불안은 스트레스의 기본요소이다. 사실상 대부분의 불안은 일상생활에서 타인들이 자신을 어떻게 생각할까에 대한 조바심으로 생겨난다. 대부분의 사람들은 불안한 순간을 자주 경험하나 그 자극요인이 제거되면 불안이 곧 사라진다. 그러나 계속적으로 지나치게 불안해 하는 사람이 있다. 이런 사람들을 불안반응성 성격이라 한다.

(4) 분노정서

하고자 하는 행동이 방해받을 때 혹은 너무 지배하여 자유를 구속할 때 나타나는 정서가 분노이다. 즉 우리의 희망, 계획, 기대

등이 방해받았을 때, 피로했을 때, 수면이 부족할 때는 사소한 일에도 분노가 솟는 것을 경험한다. 또한 주위의 사람들이 일관성 없이 규칙을 정할 때도 분노가 솟는다. 분노를 지나치게 행동으로 나타내거나 너무 억제하는 것은 정서발달에 좋지 않다. 너무 억압하면 심장병, 고혈압, 변비증 등이 생기기 쉽다.

그리고 사람들은 세상을 살아나가면서 크든 작든지 거절, 분노의 감정을 느낀다. 화가 났을 때 옛날처럼 참지 않고 적절하게 자기 마음을 표현하는 것이 좋다. 또한 때와 대상과 장소에 따라 분노를 조정하는 능력이 있어야 한다.

흔히 분노하는 것은 나쁘다고 보고 "화를 내서는 절대 안 된다. 화내는 사람은 나쁘다"는 등의 흑백논리식의 사고법은 사람을 융통성 없게 만들기 쉽다. 사실 감정은 옳고 그르다는 윤리적 차원보다는 현실적 및 합리적 측면에서 적절성이 더욱 중요하다. 분노의 감정을 자신의 발전의 원동력으로 삼거나, 자신과의 내적인 대화를 통하여 수용하는 등의 긍정적인 효과도 있다. 아이가 어릴 때는 신체적으로 분노를 표시하나 성숙함에 따라 비꼬거나 무시하는 등 언어로 분노를 표시한다.

한편 사람들은 자기자신에게 호의적으로 보상을 주는 사람, 힘을 지니고 있는 사람에게는 분노표시를 더 하기 쉽다. 이러한 예로서 관대한 고용주가 노동자로부터 더 많은 분노표시를 받거나 막강한 원조국의 국민들이 가난한 수혜국의 국민들로부터 적대의식과 분노를 받거나 혹은 권위적인 부모로부터 많은 보상을 받은 자식이 부모를 원망하거나 깎아내리는 행동 등을 들 수 있다.

(5) 사 랑

사랑은 기쁨, 흥미, 수용 등이 혼합된 정서이다. 인간의 정서 중에서 가장 중요한 정서이다. 참된 사랑이란 대상의 성장과 독립을 바라는 마음에서 우러나온다. 사랑의 기초는 어머니의 사랑에서부터 시작된다. 어머니가 자녀의 요구에 섬세하게 반응하면서 보살피듯이 사랑은 상대방을 부드럽고 아기자기한 사람으로 만든다. 어머니의 사랑을 충분히 받고 자란 사람은 항상 자신감을 갖고 어떠한 일에도 굽히지 않고 진취적이다. 아버지의 자식에 대한 사랑은 조건적 사랑이고, 어머니의 사랑은 무조건적이라 한다.

인간은 사랑을 받으면 힘이 솟아난다. 우리 주위에서 흔히 부모, 특히 어머니의 사랑으로 자식이 훌륭한 사람이 되거나, 평강공주의 사랑으로 바보 온달이 훌륭한 장군이 되는 것과 같은 예는 흔히 찾아볼 수 있다.

동물을 대상으로 한 연구를 보면, 어렸을 때 모성실조에 걸린 동물들이 어미가 되었을 때에 자신의 새끼를 학대하는 경향이 있었다. 인간에게까지 일반화하는 데는 오류가 있을 수도 있으나 근본원리는 마찬가지다. 사랑을 받아 본 사람만이 남을 사랑할 수 있는 것 같다. 문제아는 없고 다만 문제부모만이 있다는 말은 부모의 사랑이 부족하여 자식이 자기자신에 대하여 책임감이 없고, 자신의 실존에 가치를 부여하지 않는 것이다.

부모가 된다는 것은 신성한 역할이며, 단순한 인간 이상의 훌륭한 인간이 되어야 자식을 키워낼 수 있다. 그러기 위해서는 꾸준한 인내, 노력, 홀로서기 등이 요구되며 부모도 교육을 받는 것이 바람직하다. 사랑의 요소에 수용, 기쁨, 흥미가 혼합되듯이 부모는 첫째, 적극적으로 자식을 수용해야 한다. 자식을 있는 그대로 수용할 때 자식은 거기에서 창조적으로 성장할 능력을 키워나갈 수 있다. 둘째, 부모에게는 자식의 존재 그 자체가 기쁨덩어리이다. 자식이 하는 일은 위대하든 그렇지 않든 부모에게 기쁨을 준다. 셋째, 부모가 사회적으로 지대한 권위를 가지고 있지 않더라도 부모가 하는 일이 가치 있고 자식에게 흥미를 부여하면 된다. 자식은 신과 같은 부모를 원하는 것이 아니라 친구와 같은 부모를 원한다.

Erich Fromm은 사랑은 기술이라고 한다. 기술이기에 상당한 훈련, 연습, 정신집중, 인내, 홀로서기가 필요하다. 그리하여 상대방에 대하여 책임을 갖고 무한히 성장시키는 것이다. 사랑이 없는 사람은 병든 사람이다. 요즈음에는 여러 가지로 계산하여 만나도 이혼율이 지난날보다 무척 높다. 그 원인은 사랑은 기술인 것처럼 엄청나게 노력하여 행복을 만들어야 하는데 참을 만큼 참지 않고, 상대방에게 양보하지 않고, 상대방에게 져 주는 아량이 없는 데서 오는 것 같다. 사랑은 거짓과 나약함, 도피에서 생기는 것이 아니라 정직과 힘 속에서 싹트며 폭풍우를 견디어 내는 데서 꽃피울 수 있다.

2. 동 기

똑같은 어려운 환경에 처해 있는 두 학생 가운데 한 학생은 열심히 공부하여 1등을 놓쳐 본 적이 없고 항상 장학금을 타는 반면, 다른 학생은 환경이 주는 고통만큼 열등감정을 가지고 환경의 압력에 굴하여 하루하루를 현실도피적으로 지내고 있다.

나치의 수용소에서 대부분의 수감자들이 원시적 본능인 먹는 것과 잠자는 것에만 관심을 두었다. 그러나 소수의 수감자들은 환경의 압력에 굴하지 않고 고운 말을 하고, 한 조각의 빵을 나누어 주고, 책을 완성하기 위하여 노력하고, 딸을 기다리는 마음으로 용기를 갖고 살았다. 이들은 자신의 힘으로 어려운 고통을 극복했던 것이다.

위의 예들은 우리 자신에게서나, 주위의 일상생활에서 흔히 볼 수 있는 일이다. 위와 같은 서로 다른 행동을 하게 하는 기본이 동기이다.

동기는 행동의 원인이 내부로부터 활성화되어 행동에 에너지와 목표를 부여하는 과정으로 정의된다. 인간이 어떤 상황에서는 열심히 반응하나 다른 상황에서는 무시해 버리는 행동의 선택성과 방향성과 강도를 결정해 주는 것이 동기의 기능이다. 어려운 환경에 대항하고, 적응하고, 자신의 의지를 심어 자신의 생활을 형성하는 것은 동기가 하는 일이다. 또한 동기는 개인이 살아온 배경, 사고방식, 사회의 분위기에 따라 차이가 있다. 같은 형제라도 다른 사람 앞에 나서는 것을 좋아하는 형제가 있는가 하면, 수줍어하거나 혼자 있는 것을 더 좋아하는 형제도 있다. 성직자나 성실한 신앙인들이 남을 도와 주는 것에서 기쁨을 찾는가 하면, 부동산 투기를 하는 부인들은 더 많이 소유하는 데에 자기생활의 에너지를 쏟는다.

인간의 동기에는 배고픔, 목마름, 성적동기 등과 같은 생리적 동기와 성취동기, 유친동기 같이 학습된 동기가 있다.

Ⅰ. 생리적 동기

인간을 포함한 모든 유기체가 신체생리적으로 필요한 대상을 얻고자 목표지향적으로 행동하는 동기가 생리적 동기이다. 생리적 동기는 신체 내부에서 음식, 물, 수면 등의 결핍이 생겼을 경우와 동기의 대상이 되는 자극물들이 유인했을 경우에 생긴다. 생리적 동기는 주로 일차적 동기로서 학습되지 않은 것이나 때로는 학습을 통하여 생성될 수도 있다.

생리적 동기에는 기동기, 갈동기, 성동기, 모성동기, 수면동기, 자극동기 등이 포함된다.

(1) 기 동 기

우리는 배가 고프면 음식을 찾는다. 배고플 때 사람은 흥분하기 쉽고, 신경과민하여 어떤 일에 집중할 수 없고, 심지어 먹는 생각과 먹는 꿈만 꾸게 된다. Freud는 성격이 다른 사람들을 똑같이 굶겨 놓으면 개인차는 없어지고 본능에 대한 획일적 표현만 찾아볼 수 있다고 말한다. 포로 수용소의 죄수에게서 이런 기동기만 우세한 현상을 볼 수 있다.

특수 기동기는 신체에 결핍된 영양소가 들어 있는 음식을 일시적으로 섭취하려는 동기이다. 임산부의 특정 음식물에 대한 기호가 증가하는 경우, 부신피질이 손상된 Addison씨 병을 가진 환자가 염분을 몸 속에 저장할 수 없어 소금섭취가 늘어나는 경우, 어린이가 특정의 영양분이 들어 있는 음식물을 섭취하는 경우 등이다.

(2) 갈 동 기

인간은 음식을 먹지 않고 몇 주일은 살 수 있지만 물을 마시지 않으면 며칠을 견딜 수 없다. 기동기는 며칠이 지나면 점점 느끼지 못하나 갈동기는 이보다 훨씬 더 강렬하다. 물의 섭취량이 배출량보다 적으면 동질정체가 깨져 우리는 목이 마르고, 신장에서는 소변으로 배출하기 전에 재흡수하도록 뇌하수체에서 바세프레신이나 항이뇨 호르몬이 분비되어 체내수분을 보존한다. 이 동질정체의 기제는 신체의 수분균형을 어느 정도까지만 유지시킬 수 있다. 수분 결핍이 너무 크면 인간이 물을 찾는 동기가 강하게 된다.

(3) 성 동 기

성이란 일종의 창조적이고 양육적인 생의 충동으로서 정정당당하게 받아들여지고 존중되어져야 할 하나의 힘이다. 성동기는 인간의 생존에 필수적은 아니지만 종 전체의 생존을 위해 필요하며 삶의 다양성을 제공해 준다. 성동기는 인간의 생물학적인 요인과 환경적 요인에 의해 영향을 받는다.

1) 생물학적 요인

성동기는 성호르몬의 영향을 강하게 받는다. 성적인 성숙기인 사춘기에 도달하면 여성의 경우 뇌하수체 호르몬이 난소를 자극하여 에스트로겐과 프로게스트론이란 두 종류의 호르몬이 분비된다. 남성은 뇌하체 호르몬들이 고환을 자극하여 안드로겐과 테스토스테론이 분비된다. 인간의 성동기는 개인의 경험과 사회적 조건에 따라 다르다. 성동기를 조절하는 신체기관으로는 뇌하수체 이외에도 신경기제인 척수와 두뇌의 시상하부 등이 있다.

2) 심리적 요인

부모의 불화스러운 관계; 종교적 · 도덕적 혹은 사회적으로 엄격한 기준하에서의 양육; 강간, 근친상간, 성적 충격사건들의 불행한 희생; 그리고 성직자, 의사, 심리학자, 친구들의 선의적이지만 잘못된 충고들은 인간의 건전한 성동기를 저해한다. 어릴 때부터 학대받고 자란 아동이 청년기에 이성과 친근한 관계를 맺으려 할 때 위협을 느끼거나, 남성이 자신의 능력에 자신감이 없기에 자신을 확인하기 위하여 아무 여자나 닥치는 대로 여성을 정복하고 성행동하는 것이나, 허전한 마음을 달래기 위하여 여성에게 집착하는 것 등은 성에 대한 건강한 태도라고 볼 수는 없다. 또한 성 자체의 쾌락에 목적을 두거나 성을 불신하는 태도는 사람을 정상적으로 발전시키지 못한다. 성적으로 미숙하게 행동하는 사람은 모든 일에서 미숙하며, 인격발전도 기대할 수가 없는 것이다. 그러므로 성동기는 인격적 성숙과 참된 사랑인 결혼의 바탕 위에서 이루어져야 한다. 따라서 남녀가 성의 순결을 지키는 데에서 개인의 발전이 오며 건전한 사회가 이루어진다. 개인을 파괴하는 씨앗은 타인의 손에 있는 것이 아니고 자신의 성동기에 있다. 특히 사랑을 동경하는 젊은 청년들의 성동기는 심리적 요인에 의한 것이라기보다는 신체적 발달에 따른 내분비선의 변화에 따른 것이므로 적절히 절제하여야 한다.

(4) 모성동기

인간이든 동물이든 자식을 낳은 어미는 자기의 자식을 돌보기 위하여 강한 모성동기를 가지고 있다. 모성동기는 다른 생리적 동기보다 더 강력한 동기이다. 흔히 주위에서 보는 일로서 개가 강아지를 낳으면 갑자기 사나워지고, 새끼를 남이 보거나 만지려면 필사적으로 덤빈다. 암탉은 병아리를 보호하고 돌본다. 이런 모성동기는 환경조건과 호르몬에 의해 유발된다. 그러나 인간의 모성동기는 동물과는 달리 호르몬의 영향보다는 경험과 학습양식에 크게 지배된다. 어렸을 때부터 부모의 사랑을 받지 못하고 격리되어 자란 사람들은 어머니가 되어도 모성동기가 약해 자식에게 많은 사랑을 주지 못하는 경우도 있다. 어떤 경우에는 어머니가 자식들을 학대하거나 죽이는 예까지 있다. 따라서 모성동기는 천성적인 본능이라기보다는 어머니 자신의 끊임없는 노력에 의하여 길러진다고 할 수 있다. 어머니는 사랑을 바탕으로 자식의 육체만 키우는 것이 아니

〈그림 14-2〉

어미없이 격리된 원숭이들이 상자의 구석에 웅크리고 있다.

〈그림 14-3〉

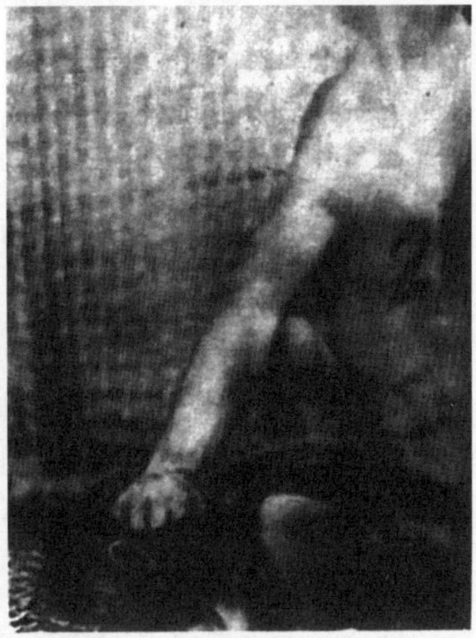

어미없이 자란 원숭이가 어미가 되었을 때 새끼를 학대한다.

라 정신적으로 균형 있는 자식을 키워야 한다. 육체만 키우고 무조건적으로 자식을 감싸주고 희생하는 것만이 모성애라고는 할 수 없다. 자식이 어렸을 때는 모든 면에서 정신적 안내자가 되어야 하고 사춘기나 성인이 되면 상담자 또는 친구처럼 훌륭한 대화를 나누어야 한다. 그러려면 어머니들은 자신감과 책임감을 갖고 자신의 내적 충실을 도모하여야 하며, 인격수양을 위하여 노력하여야 한다. 부모는 사람을 만드는 신성한 책임을 가진 창조자이다.

(5) 수면동기

인간은 인생의 1/3을 잠으로 보낸다. 잠은 미각성 상태라기보다는 하나의 생리적인 과정이다. 인간은 잠자는 동안에도 활동을 한다. 수면시간이 부족하면, 환각증세, 이상행동, 정신분열증과 비슷한 증세를 나타낸다. 수면은 인간에게 안정감을 주며 에너지를 보존시킨다. 또한 지친 신체를 회복시키고 정보처리를 도와 준다.

수면동기는 인간의 기본적인 생리적 동기이나 개인차가 있다.

성격이 우유부단하거나 걱정이 많은 사람들은 더 많은 수면시간을 필요로 한다. 뇌가 미성숙한 사람도 많은 수면시간을 요구한다.

(6) 자극동기

자극동기는 생리적 동기라고는 할 수 없지만 인간과 동물의 생득적인 동기이다. 자극동기에는 활동하려는 동기, 탐색과 호기심 동기, 조작동기, 접촉동기 등이 있다.

우리는 외부의 자극을 통하여 우리의 의식과 지식을 새롭게 하여 발전한다. 어린 시절에는 단순한 놀이를 좋아하나 지능발달에 따라 더 높은 자극을 필요로 한다. 위험을 무릅쓰고 항해를 하거나 에베레스트 산에 등산하려는 동기 등은 자극을 추구하는 동기라 할 수 있다. 인간은 타고난 호기심과 자극추구동기가 있다고 할 수 있다. 박물관의 "만지지 마시오"라는 푯말이 보여 주듯이 사람들은 호기심을 끄는 것을 만지려는 접촉동기도 있다.

이 밖에도 인간의 기본적 동기로는 고통회피의 동기, 체온조절동기, 배설동기 등이 있다.

Ⅱ. 학습된 동기

학습된 동기는 생리적 동기처럼 인간의 생존에 절대필요한 공급물이 결핍되어서 생기는 동기가 아니고 다른 사람들과의 상호관계를 통하여 학습되는 것이다. 학습된 동기는 자신이 속한 사회의 문화에 따라 영향을 받으며 학습이론이 동기를 학습할 때도 다방면에서 적용된다. 학습된 동기의 이해를 위해 우선 Maslow의 동기단계설을 고찰하고 성취동기, 유친동기, 권력동기, 공격동기 등에 대하여 알아보자.

(1) Maslow의 동기위계

Maslow는 인본주의 심리학의 대표자로서 인간의 동기의 단계를 〈그림 14-4〉와 같이 설정하고 낮은 수준의 동기가 충족되면 상

〈그림 14-4〉 Maslow의 동기단계

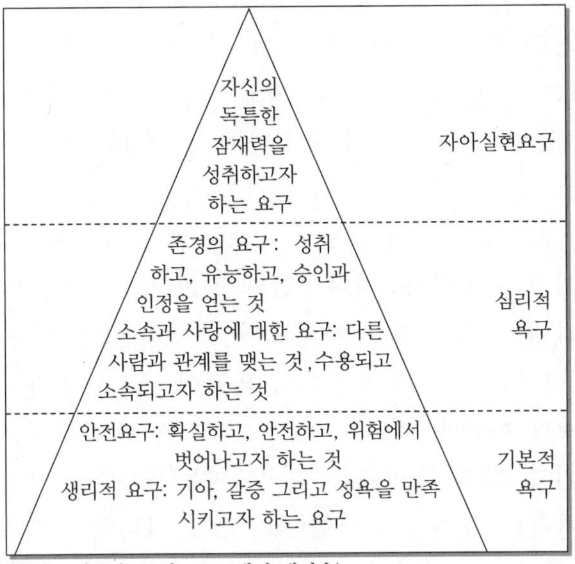

이 피라미드형 도표는 Masolw의 요구의 위계를 나타낸다. Maslow에 따르면, 어떤 사람이 심리적 요구로 자유롭게 나아가기 위해서는 먼저 생리적 욕구가 충족되어야 하고 자아-실현요구로 나아가기 전에 먼저 심리적 요구가 충족되어야 한다. 좀더 최근에 Maslow(1970)는 자아-실현요구보다 더 높은 초월(transcendence)의 요구를 덧붙였다 (Maslow 사후, 1971).

(출처 : 이종숙 공역, 2000에서 재인용)

위의 동기가 발생된다고 한다. 예를 들면 가난해서 굶주린 사람이 열심히 돈을 벌어 굶주림을 해결하면 즉시 더 높은 동기가 발생한다. 그러면 Maslow의 동기단계들을 간단히 고찰해 보자.

생리적 동기는 음식, 물, 공기, 성 등과 같이 생존에 필요한 동기이며 가장 강력한 동기이다. 생리적 동기가 충족되면 안전, 편안함, 보호, 질서, 불안과 공포로부터의 해방에 관한 동기가 생기게 된다. 그리하여 사람들은 저축을 하여 집을 사고, 불확실성을 줄이기 위해 최선의 노력을 한다.

안전과 안정의 동기가 어느 정도 충족되었다고 느끼면 소속감과 사랑의 동기가 발생한다. 사람들은 직장, 학교, 가정 등에 소속되기를 원하며 이웃과 사랑의 관계를 맺기를 원한다. 젊은 청소년들이 또래집단과 어울리지 못하거나 대학입학시험에 떨어져 친구들과 어울리지 못하면 신경증에 걸리기 쉽다.

사랑과 소속감의 동기가 어느 정도 충족되면 자존심의 동기가 발생한다. 자존심의 동기는 타인이 나를 인정할 때 생기는 일차적 자존심과 스스로 자기자신을 높이 생각하는 자존심이 있다. 외부적으로 얻어지는 자존심은 자신의 업적, 사회적 성공, 지위 등에 기초하여 생기거나 또는 사랑을 받을 때 생긴다. 사람들이 나를 받아들여 주면 나는 가치 있는 사람이 되고 남들이 받아들여 주지 않으면 나는 가치 있는 사람이 되지 못한다고 규정하는 것은 바람직한 일은 아니다.

이러한 세 가지 동기가 충족되었을 때 최고 수준에 있는 자아실현의 동기가 발생한다. 자아실현의 동기란 자신의 잠재능력을 충분히 발휘하여 주위의 세계를 알고 이해하려는 동기이다. 자아실현의 동기는 성장동기 혹은 초동기에 의하여 움직여진다.

Maslow의 이론에 따르면 인간의 동기는 위계화되어 있고, 어떤 하나의 동기가 계속 개인에게 지속되지는 않는다. 어렸을 때에 배고픔을 없애려는 동기가 우세했다고 해도 어른이 되어 부유하게 살면 옛날의 동기는 나타나지 않는다.

(2) 성취동기

성취동기는 도전할 만한 일을 이룩하려는 동기이다. 성취동기가 높은 사람의 특성을 박용현(1988) 교수는 다음과 같이 제시한다.

첫째, 과업지향적인 행동을 한다. 일의 대가로 얻은 보상이나 지위에 관심을 두기보다는 자신의 정력과 노력을 쏟을 수 있는 일에 더 관심을 둔다. 성취동기가 낮은 사람은 쉬운 일은 더 잘 하나, 성취동기가 높은 사람은 자기능력에 비해 적절히 어려운 일, 도전할 가치가 있는 일을 성취함으로써 보람을 느낀다.

둘째, 적절한 모험심이 있다. 성취인은 과업이 자신의 능력에 비해 너무 어렵거나 모험적일 때 혹은 너무 쉬울 때는 흥미를 갖지 않는다.

셋째, 자신감이 있다. 성취인은 자신의 추측을 정당화할 수 있는 사실적 근거가 뚜렷하지 않은 경우에도 자신감을 더욱 높이 갖게 된다.

넷째, 정력적이며 혁신적 활동성을 가지고 있다. 성취인은 단순히 보잘 것 없는 일에 정력을 쏟아 넣은 사람이 아니라 창조하는 사람이며 사태를 언제나 개선하고 새롭게 하는 사람이다.

다섯째, 자기 책임감을 가지고 있다. 성취인은 과업이 실패했을 때나 성공했을 때나 자기책임으로 여기며 책임을 남에게나 환경여건의 탓으로 돌리지 않는다.

여섯째, 결과에 대한 지식을 추구한다. 성취인은 그가 수행하는 일의 종류를 불문하고 예상되는 결과가 어떠한 것인가에 관하여 구체적이고 객관적인 정보를 계속 추구하여 판단을 한다.

일곱째, 미래지향적이다. 성취인은 과거지향적 · 현재지향적도 아니고 언제나 새로운 일을 이룩하기 위하여 장기적인 계획을 세운다. 따라서 미래를 향하여 오늘의 희생을 감수하는 행동특성이 성취인의 행동특성이라 할 수 있다.

이외에도 성취동기가 높은 사람은 성공을 자기 자신의 노력과 능력으로 보고 실패한 때도 마찬가지로 자신의 능력부족으로 돌린다(Weiner, 1972).

성취동기는 교육과 훈련에 의하여 육성될 수 있다. 부모의 독립적인 양육방식, 부모의 가치관, 교육수준, 아동기 때의 경험, 종교 등에 성취동기는 영향을 받는다. 성취동기는 이와 같은 요인들을 고려한 잘 고안된 프로그램을 통하여 육성될 수 있다.

(3) 유친동기

다른 사람들과 함께 있으려는 욕구를 유친동기라 한다. 태어나서 아동기 때까지는 주로 부모와 강하게 유대관계를 맺고 지낸다. 성장함에 따라 친구나 선생님 등 타인들과 친한 관계를 맺고 지낸다. 물론 사람은 때때로 혼자 조용히 사색에 잠기고 싶을 때도 있지만 대부분은 어느 정도 유친동기를 갖고 있다. 사람들이 불안하고 공포감에 쌓이면 나와 비슷한 처지에 있는 사람과 친하려고 하는 동기가 있다. 또한 사람이 불행에 빠졌을 때도 유친동기가 강해진다. 또한 앞을 예측할 수 없는 상황에서 자기 자신과 타인을 비교할 때도 유친동기가 발생한다.

(4) 권력동기

권력동기는 다른 사람들로부터 인정을 받고, 다른 사람들에게 명령을 내리고, 통제하고, 우두머리가 되고자 하는 동기이다. 언뜻 보기에는 성취동기와 비슷하지만, 성취동기는 도전적이고 어려운 일을 이루어 보겠다는 동기이므로 다른 점이 있다. 권력동기가 높은 사람들은 권력지위를 선호하는 경향이 있다. 이들은 정치가, 학생회 간부, 신문사, 방송국 등의 직업을 좋아하며, 새로운 유행에 민감하고 과시하는 물건들을 많이 가지고 다닌다. 결혼관계나 이성관계에서 어느 한 쪽이 지나치게 강한 권력동기를 가졌을 때 상대방은 불만족하는 경향이 일반적으로 높다.

모든 사람이 권력지향적은 아니다. 조용한 성격의 소유자, 권력과 권위로부터 자신의 독립성을 지키고자 하는 사람들 또는 귀엽게 자란 막내들은 흔히 권력을 기피한다.

(5) 공격동기

공격동기는 타인에게 의도적으로 신체적 또는 심리적 피해를 입히는 동기라 할 수 있다. 공격은 흔히 부정적 의미로 이해되지만 긍정적 의미로 수용될 수 있다. 독재정권 타도를 외치며 데모행렬에 참가하는 것, 도둑이 침입하여 사랑하는 가족에게 상처를 주려고 할 때 도둑을 공격하는 것, 안중근 의사가 이토오 히로부미를 살해한 것 등이 그 예이다.

Freud에 의하면 인간은 죽음의 본능이 있기에 남을 공격하고, 전쟁을 하며, 심지어는 자신을 자살로 몰아넣을 정도로 공격본능을 지니고 있다. 그러므로 인간의 공격본능을 운동, 예술, 토론 및 여러 가지 경쟁 등과 같은 사회적으로 수용할 수 있는 통로를 통해 승화하도록 노력하여야 한다고 주장하였다. 또한 분노의 감정, 좌절, 특히 상대방의 의도적인 좌절경험, 괴롭힘, 신체적 공격을 받으면 공격동기가 생긴다. 그러나 모든 사람들이 이런 경험과 느낌을 가질 때 공격동기가 생성되는 것은 아니다.

인간의 공격동기는 학습된다고 한다. Bandura 등의 이론에 따르면 공격은 관찰과 모방을 통해서 학습될 수 있으며 강화에 의하여 더욱 많은 공격적 행동을 하게 된다. 그러나 공격행동을 할 때마다 처벌이나 보상을 해 주지 않으면 공격성이 감소되는 경우도 있다. 따라서 분노와 좌절경험이 공격행동을 유발하는 것이 아니라 과거에 그러한 사건을 어떻게 학습했느냐에 따라서 달라진다고 할 수 있다. 그러므로 공격행동을 반복하여 표출하는 사람이 공격행동을 스스로 인내하는 사람보다 더욱 공격적 성격이 되기 쉽다.

인간의 공격성은 인간의 생리적 기제에 기초를 둔다.

첫째, 공격성의 생리적 기초는 측두엽이다. 대부분의 범죄자들은 측두엽 장애가 많은 경향이 있으며, 수술로 측두엽의 일부를 제거하면 인간의 공격성이 줄어들었다.

둘째, 성염색체이다. XXY 염색체를 지닌 사람들이 흔하지는 않지만 정상인들에 비해 범죄를 많이 저지른다.

셋째, 남성 호르몬이 공격성과 상관이 있다. 동물의 경우 대부분 수컷이 더욱 공격적이었으며 범죄자도 남성들이 더 많다. 사춘기의 남자 청소년들이 androgen과 testostertone 호르몬이 많이 분비되어 공격성이 증가하는 예를 볼 수 있다.

넷째, 변연계이다. 뇌의 변연계를 자극시키면 공격성이 증가한다.

제15장

심리검사와 지능

1. 심리검사

모든 사람들의 정신능력과 성격특성, 신체적 특성이 개인차가 있기에 사람은 각자 개성 있는 생활을 하는 반면, 개인차로 인하여 가정불화, 대인관계의 어려움, 시험에서의 실패 등 불행한 일도 일어날 수 있다.

이러한 개인적 특성을 진단, 지도 및 예측하기 위해서는 심리검사가 필요하다. 심리검사란 어떤 실제적인 상황에서 필요한 행동특성을 표집화하여 양적으로 측정하는 객관적이고 표준화된 도구이다. 그러나 심리검사 결과를 가지고 한 개인을 완전히 이해할 수는 없다. 심리검사 결과에 너무 의존하기보다는 하나의 유용한 정보로서 활용하는 것이 바람직하다.

검사법에는 실제로 자극상황을 인위적으로 만들어 제시하고, 그 속에서 피험자의 반응을 관찰하여 검사하는 상황검사와 여러 자극문항을 기술한 문장을 제시하고 그 문항에 대한 반응결과를 조사하는 문항검사가 있다. 대부분의 심리검사는 문항검사 방법에 의존한다. 이 방법은 개인의 점수를 비교할 수 있는 표준점수나, 규준, 그리고 채점방식 등이 객관화되어 있어 편리하다.

또한 검사법에는 혼자서 실시하는 개별검사와 집단으로 실시하는 집단검사가 있다. 개별검사는 비용이 많이 드나 피검사자의 개별 특성을 잘 파악할 수 있다. 집단검사는 비용이 저렴하고 피검사자가 검사자의 영향을 덜 받는다.

I. 정신능력의 측정

개인의 정신능력은 신체적 능력처럼 표면적으로 나타나지 않지만 인간존재의 핵심적인 위치에 있는 능력이다. 개인차라는 말은 이러한 정신능력의 차이를 말하며 주로 기능, 창조성, 적성 및 성적 등에서의 능력의 차이를 뜻한다.

가장 타당한 정신능력 측정도구의 효시는 1905년 프랑스의 심리학자 Alfred Binet에 의한 지능검사이다. 이것은 그 후에 만들어진 모든 정신능력검사의 기초가 되었다.

정신능력검사는 성격검사와는 달리 최고실행검사이므로 능력이 많은 사람은 높은 점수를 내고 능력이 낮은 사람은 낮은 점수를 낸다. 지능검사, 창의성검사, 적성검사는 정답 수에 의하여 능력을 예언하는 검사이고 성격검사는 현재의 능력이 어느 정도인가를 알아보는 검사이다.

(1) 지능검사

1) Binet 검사

정신능력을 측정하는 검사 가운데 가장 널리 사용되는 검사가 지능검사이다. 현대적인 지능측정방법을 개발한 Alfred Binet(1857~1911)는 공동연구자인 Theodore Simon과 함께 지각과 운동기술보다 추리력과 문제해결능력 등 고등정신능력을 측정하는 30개 문항을 난이도의 수준에 따라 상향식으로 배열한 검사를 개발하였다. 검사에는 머리와 눈으로 촛불을 따라가기, 그림을 보고 그리기, 동전을 알고 거스름돈 세기, 추상적인 단어 정의하기 등 다양한 문제가 포함되었다. 이 검사에서 아동의 학교성적 및 교사의 아동의 지능에 대한 평정과 상관관계가 높다는 것이 발견되었다. 즉 이 검사는 학교공부를 해낼 수 있는 잠재적 능력을 측정하기 위한 검사였다.

1908년에 Binet와 Simon은 원래의 척도보다 더 많은 문항으로 개정하였으며, 검사문항들을 연령에 따라 3～13세 어린이용으로 분류하였다. 그리고 각 연령의 규준으로 만들었다. 이 검사에서 처음으로 정신연령(mental age)이라는 개념을 사용하였다.

Binet검사는 각국어로 번역되어 보급되기 시작했으며 그 중 미국은 지능검사가 널리 보급되기 좋은 조건을 가지고 있었다. Stanford대학의 Lewis Terman 교수(1977～1956)는 1916년 Binet검사를 미국판으로 개정하였다. 이 검사를 Standford-Binet검사라 한다.

Terman은 독일의 William Stern이 개발한 지능지수인 IQ라는 용어를 이 검사에 도입하였다. 지능지수는 정신연령을 생활연령으로 나누고 거기에 100을 곱하는 것으로 공식화된다. 만일 생활연령이 6년 8개월된 어린이가 8세 연령의 모든 문제를 풀었다면 $IQ = \frac{96}{80} \times 100$로서 지능지수는 120이 된다. 그러나 이 공식으로는 정신연령 16세까지만 측정할 수 있다는 것이 단점이다. 지능지수는 지능이 항상적인 발달을 한다는 가정 아래 산출하나 실제로는 연령과 함께 지능이 발달하지 않는다. 16세경이면 지능은 더 이상 발달하지 않고 안정된다.

현재 쓰이고 있는 Standford-Binet검사는 신뢰도 계수가 .90 이상이며 성인보다 어린이 검사결과가 신뢰성이 더 높다. 이 검사는 언어능력검사에 너무 치중하고, 조사대상의 표집에 있어서 소수집단을 제외시켰다는 점이 단점으로 지적된다. 우리 나라에서는 1971년에 Stanford-Binet검사가 번안되어 현재 사용되고 있다.

2) Wechsler 검사

Binet검사는 주로 아동을 대상으로 언어능력을 측정하는 데 중점을 두었으나 Wechsler는 여러 연령집단을 대상으로 언어성 요인 이외에 동작성 요인을 측정하는 지능검사를 만들었다. 현재 사용되고 있는 Wechsler 지능검사에는 4～5·6세 아동을 대상으로 하는

〈그림 15-1〉 한국판 Wechsler 지능검사인 KWIS 결과통지서의 예

검사	소점	평균치	평균에서의 이탈도
상식문제	19	12	O
이해문제	22	14	+
산수문제	17	14	+
공통성문제	17	13	O
숫자문제	7	6	--
어휘문제	29	11	O
언어성검사		70	
바꿔쓰기	54	13	O
빠진곳 찾기	15	12	O
토막짜기	47	14	+
차례맞추기	34	15	++
모양맞추기	23	8	--
동작성검사		62	
전체검사		132	
언어성검사		IQ 108	
동작성검사		IQ 113	
전체검사		IQ 111	

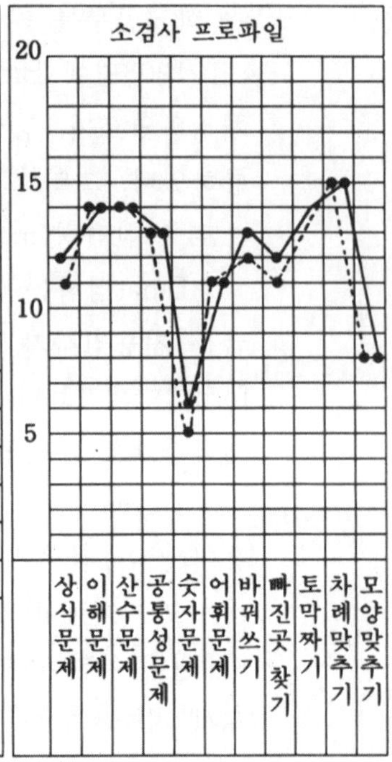

WPPSI(Wechsler Preschool Primary Scale of Intelligence), 7∼16세 아동을 대상으로 하는 WISC(Wechsler Intelligence Scale for Children), 성인을 대상으로 하는 WAIS(Wechsler Adult Intelligence Scale)의 세 가지가 있다.

WAIS는 11개의 하위검사로 구성되어 있다. 6개는 언어성검사이고 5개는 동작성검사이다. 언어성검사는 검사지시 및 응답을 언어로 하게 되어 있으며 일반지식, 일반이해, 수리력, 수기억, 유사성, 어휘능력을 측정하는 문항들로 구성되어 있다. 동작성검사는 지시는 언어로 하지만 대답은 작업의 속도와 정확성에 의존하는 것으로 그림 완성하기, 그림 맞추기, 물건 맞추기, 나무토막 조립하기, 숫자를 상징부호로 대치하기 등이다.

Wechsler는 성인기에는 정신능력이 고정된다는 Terman의 생각을 비판하고 성인 초기에는 정신능력이 상승하고 후기에 하강한다

는 것을 실증하였다(황정규, 1987). 우리 나라에서도 이 검사가 번안, 표준화되었다. 한국판 Wechsler 지능검사(Korean Wechsler Intelligence Scale for Children: KWISC)가 있다.

(2) 적성검사

적성이란 어떤 특수한 분야에서 잘할 수 있는 개인의 능력을 말한다. 현재 갖고 있는 능력을 말하는 것이 아니라 앞으로 훈련하면 그 분야에서 잘할 수 있는 잠재능력을 뜻한다. 그러므로 적성검사는 현재 갖고 있는 능력을 측정하는 것이 아니라 훈련을 받고 동기가 충분할 경우 앞으로 필요한 능력을 얼마나 함양할 수 있는가를 측정하는 것이다. 어떤 관점에서 보면 지능검사도 일종의 적성검사이다. 지능검사는 개인이 새로운 기술을 배울 능력과 학교성적을 예언하는 적성검사라 할 수 있다. 지능이 높은 사람이 노력을 안 하면 학교성적이 뒤떨어지는 것처럼 특정분야에 아무리 적성이 높다 할지라도 노력을 하지 않으면 그러한 능력을 발휘할 수는 없다.

적성검사 도구를 제작할 때는 우선 특정한 적성 분야에 대한 정의가 선행되어야 한다. 우선 직무분석을 통하여 그 작업에 필요한 능력을 세부적으로 나열해 놓고 그 세부능력을 피험자들이 현재 얼마만큼 갖고 있는가를 측정하는 것이다.

적성검사에는 기계 적성검사, 음악 적성검사, 미술 적성검사 등과 같은 특수능력을 측정하는 검사와 학업 적성검사 등이 있다. 이러한 것들을 한데 묶어 놓은 종합 적성검사도 있다. 이러한 적성검사들은 산업체에서는 특수한 직종에 적합한 사람을 선발하는 데 쓰이고, 군대에서는 군인의 병과를 분류하고 직무를 부여하는 데 쓰이고, 학교에서는 개인의 진로설정에 쓰인다.

지능이 높다고 모든 분야에 적성이 높은 것은 아니며, 오히려 특정능력이 결핍된 경우도 있다. 정신박약아라도 그림 그리기, 손의 기민성, 만들기 등의 적성이 아주 뛰어난 사람이 있다. 즉 사람마다 능력이 서로 다르다고 할 수 있다.

〈그림 15-2〉 Horn 예술적성검사의 예

왼쪽에 있는 선을 이용해서 두 사람이 그린 그림

(3) 성격검사

개인이 주어진 상황에서 어떻게 독특하게 행동하는가가 더 중요한 관심거리가 된다. 사람마다 서로 다른 성격과 행동특성을 이해하기 위해서는 성격검사가 필요하다.

성격검사는 정신병 진단, 진로지도, 개인의 특정행동과 감정, 그리고 태도의 분석, 심리치료 및 인간심리의 연구에 필요하다. 따라서 성격검사 도구를 제작하기 위해 심리학자들이 상당한 시간과 노력과 창의성 등을 투자하였으나 아직까지 완전한 검사도구도 만들지 못하였다. 행동주의자들은 행동주의적 입장에 따라 면접, 직접적 관찰, 문제행동과 문제행동이 일어난 상황을 기록한 자기 관찰보고를 통하여 성격평가를 할 것이다. 정신분석적 심리학자들은 성격검사를 할 때 자신의 이론적 입장에서 개인의 무의식적 갈등이 표출될 수 있도록 자유연상법이나 로르샤하 검사와 같은 투사적 방법을 사용할 것이다. 성격을 안정된 특질군이라고 보는 학자들은 성격검사에 성격항목표를 사용할 것이다. 성격검사방법에는 성격질문지법, 투사법, 관찰법, 상황적 검사 등이 있다.

1) 성격질문지법

심리학자들이 고안한 성격평가법 가운데 가장 먼저 쓰이는 것은 성격질문지 혹은 자기보고 목록(self-report inventory)이다. 이 방법은 검사자의 의견이나 편견이 검사에 별로 영향을 미치지 않는다. 이 방법은 객관적 검사로 표준화된 절차에 따라 실시한다. 따라서 누가 실시하는 채점 및 결과는 통일하다.

성격질문지방법에는 다면적 인성검사(MMPI), 캘리포니아 성격검사(CPI), 16개 성격요인 질문지(Sixteen Personality Factor Questionnaire), Eysenk 성격항목표(Eysenk Personality Inventory: EPI) 등이 있다.

① **미네소타 다면적 성격검사**(Minnesota multi-phasic personality inventory: MMPI) MMPI는 1940년 Hathaway와 Mckinley에 의해 처음 등장하여 현재까지 사용되고 있다. 이 검사는 다른 검사와는 달리 다양한 성격 특성을 진단하므로 다면적 성격검사라 한다.

MMPI문항구성은 보통 14개의 기본척도로 이루어진다. 4개는 타당성 척도, 10개는 임상척도이다. 타당성 척도는 수검태도를 측정하는 것으로 ?, L, F, K 등이다. ?은 '모르겠다'에 반응한 항목의 수로 무반응점수이다. 무반응점수가 크면 다른 점수들은 무효가 된다. L은 거짓말 척도로서 자신을 좋게 보이기 위해서 허위조작하는 반응을 밝혀 내는 덫의 역할을 하는 척도이다. F는 대부분의 사람들이 거의 선택하지 않는 문항을 어느 정도 자주 선택하는가를 보는 희귀성 척도 혹은 유별성 척도이다. 이 척도의 높은 점수는 신뢰성이 낮고 부주의하게 대답한다는 것과 또한 이탈적으로 보이려 한다는 것을 나타낸다. K는 교정척도라고도 하며 검사항목에 대한 반응의 솔직성과 자아노출을 안 하려는 방어적 성향을 측정하는 척도이다. 이 척도의 높은 점수는 검사태도가 조심스러움을 시사한다.

10개의 임상척도는 8개의 정신과적 척도와 2개의 사회적 척도이다. 정신과적 척도는 우울증(Depression: D), 히스테리(Hysteria: Hy), 정신병질적 이탈(Psychopathic Deviate: Pd), 편집증(Paranoia: Pa), 정신쇠약증(Psychasthenia: Pt), 정신분열증(Schizophrenia: Sc), 경조증(Hypomania: Ma) 등이다. 사회적 척도는 사회적 태도, 흥미, 사교성에 대한 척도로서 남성성-여성성(Masculinity-Femininity: MF)과 내향성(Social Introversion: SI)으로 구성되어 있다.

〈표 15-1〉 MMPI의 기본척도

척 도 명	심리적 의미	문항과 반응의 예
	타당성척도	
?(말할 수 없다) 척도	통상적 의미에서 척도가 아니다. 10개 이상의 문항에 말할 수 없다고 반응하면 의미가 있다고 본다.	
L(허구성)척도	약간의 공격성, 유혹, 통제의 결핍과 같은 대부분의 사람이 가지고 있는 작은 결점을 나타내는 15문항으로 구성되어 있다. 높은 L은 '좋은' 방향으로의 위장반응을 의미한다.	나는 때때로 오늘 해야 할 일을 내일까지 연기한다(아니다).
F(타당성)척도	정상적인 피험자라면 척도화된 방향으로 좀처럼 반응하지 않는 64문항으로 구성되어 있다. 높은 F는 답하는 데 부주의하거나 고의적인 태만으로 인하여 검사결과의 타당성이 낮음을 의미한다.	모든 법률을 폐기한다면 세상은 더 좋아질 것이다(그렇다).
K(교정)척도	수검태도의 측정, 높은 K는 개인적 방어성을 나타낸다. 낮은 K는 지나치게 개인적 결함을 나타냄으로써 '나쁘게 보이려는' 의도를 나타낸다.	가끔 내 정신은 보통 때보다 더 느리게 작용하는 듯하다(아니다).
	임상척도	
HS(심기증) 척도	주로 신체적 불평에 대한 척도	나는 일주일에 몇 번씩 위산과다로 괴로움을 당한다(그렇다).
D(우울증)척도	절망감, 무가치감, 자존심 결여, 염세주의적 생활관을 반영한다.	나는 평소에 인생이 가치 있다고 느낀다(아니다).
Hy(히스테리아) 척도	정신신체적 불편과 어떤 종류의 어려움도 부정하는 것을 강조한다.	나는 나쁜 일을 하는 사람들과도 친할 수 있다(그렇다).
Pd(정신병질) 척도	대인관계의 정서적 천박성, 사회적 행위 규칙에 대한 무시, 그리고 과거경험에 의해 교훈을 얻는 능력의 결여를 측정한다.	내가 일을 하는 방식을 다른 사람에 의해 오해받기 쉽다(그렇다).
Mf(남향성-여향성)척도	남자의 높은 Mf는 문화적 및 미적 관심과 수동성 그리고 정서성을 의미하며, 여자의 높은 Mf는 용감하고, 적극적이며, 남성적인 경향성을 의미한다.	만약 내가 예술가라면, 꽃을 그리고 싶다(그렇다).
Pa(편집증) 척도	망상 정신병적 내용을 포함한다. 높은 Pa는 대인관계에서 극단적인 의심과 과도한 민감성을 의미한다.	나는 실제로 나를 해치고자 한 적은 없다(아니다).
Pt(신경쇠약증) 척도	공포증 및 강박적 관심을 나타내도록 의도된 척도, 높은 점수는 우유부단, 반복적 행동, 의식화된 관심, 도덕성 강조, 존중감 결여를 시사한다.	나는 사소한 일조차도 행동하기 전에, 통상 중단하고 생각을 해야 한다(그렇다).
Sc(정신분열증) 척도	기괴하고 이상한 사고를 나타내는 척도. 높은 점수는 망상, 환각, 철회와 함께 무정향성을 나타낸다.	나는 종종 사물이 실재하지 않는 것처럼 느낀다(그렇다).
Ma(조증)척도	과잉활동, 고조된 기분, 생각의 비약, 정서적 흥분을 나타낸다.	나는 따분할 때, 흥분을 자극하고 싶다(그렇다).
Si(사회적 내향성)척도	높은 점수는 내향성을 나타내고, 낮은 점수는 외향성을 나타낸다.	파티에서 나는 여럿이 함께 있는 것보다 혼자 혹은 단 한 사람과 앉고 싶다(그렇다).

MMPI는 본래 정신질환에 걸린 집단을 준거로 한 경험적 구성방법에 따라 제작된 검사이므로 정신병의 확인 및 진단에 유용하다. 정상인을 대상으로 한 성격평가와 채용시험에는 그다지 유용하지 않다. 정상성격의 소유자라도 정신질환자가 갖는 속성을 가지고 있으므로 MMPI에 나타난 결과만 가지고 병명을 붙이는 것은 오류의 가능성이 있다.

② 성격질문지법을 이용할 때의 주의사항 모든 성격검사 문항은 최선의 답이 아주 명백해서 모든 사람들은 자신을 잘 보이려고 애쓰는 경향이 있다. 성격검사를 실시할 때에 주의해야 할 사항은 첫째, 사회적으로 바람직한 방향, 즉 사회적 소망(social disirability)에 따라 대답하려는 경향이 있으므로 개인의 성격 특성을 알아내기가 힘들다. 둘째, 검사결과에 따라 치료계획이 수립될 경우 도움이 필요한 방향으로 자신을 나타내려고 반응한다. 셋째, 특정한 검사문항의 내용과 관계가 없이 사람들은 성격변수에 따라 무조건 '네'라는 긍정적인 방향으로 응답하는 경향이 있다. 혹은 어떤 사람들은 검사문항의 내용과 관계없이 반대방식으로 응답한다. 넷째, 자기비밀 노출을 안 하려는 경향이 있다. 그러나 성이나 종교 같은 사생활 영역에 관하여 자신의 생각을 표현하지 않을 권리도 있다. 다섯째, 특정질문지에 의해 검사된 성격검사 결과는 표집된 성격특성임으로 이 결과를 가지고 개인의 전체적인 성격형태를 알 수 없다. 모든 가능한 자료를 수집하여야만 최종해석이 가능하다. 여섯째, 사용목적에 따라 성격검사 도구를 선택하여야 한다. 일곱째, 사용하는 성격검사 도구의 장단점과 채점기준을 알아야 한다. 유능한 전문가들의 검사를 관찰하고 그들의 자문을 구하는 것이 좋다. 여덟째, 연습의 효과를 통제하여야 한다. 검사에 의존하지 않고는 개인에 관한 정보를 얻을 수 없을 때에 성격검사를 실시한다. 아홉째, 성격검사를 실시하는 도중에 자신의 경험과 비슷한 문항이 나오면 일시적으로 정신병 증세를 보일 때가 있으므로 검사자가 항상 동반되어야 한다. 열째, 검사결과는 비밀을 유지하고 부모, 선생님, 친구들 및 타인들에게 알려 줄 때에도 본인의 사전허락을 받아야만 한다. 또한

검사결과는 보관되어야 한다. 열한째, 성격검사뿐만 아니라 모든 심리검사는 피험자가 검사의 목적을 충분히 알고 그것이 어떻게 도움이 되는지를 이해하고 검사받는 것이 이상적이다.

2) 투사법(Projective Techniques)

투사법은 질문지법이 갖는 제한점을 탈피하여 자신이 원하는 대로 자신의 상상을 동원하여 반응하게 하는 방법이다. 이 방법은 주로 Freud의 무의식의 개념과 방어기제인 투사에서 영향을 받은 것이다. 투사법은 애매한 자극에 대한 자신의 성격을 투사시켜 성격의 심층적 측면을 꿰뚫어 보는 것이다. 투사법에는 진단용으로 널리 쓰이는 Rorschach검사, 주제통각검사, 문장의 주어와 동사만을 제시하고 문장을 만들게 하는 문장완성검사, 단어연상검사 등이 있다.

① **Rorschach검사** Rorschach검사는 1920년에 스위스의 정신과 의사인 Hermann Rorschach에 의해 개발되었다. 5개는 전체 또는 일부가 유채색으로, 나머지 5개는 검정색의 무채색으로 되어 있는 10개의 카드로 이 검사도구는 구성되어 있다. 애매하고 비구성적인 그림카드 10매를 피험자에게 한 장씩 제시하여 그 잉크얼룩이 무엇과 같이 보이느냐, 무엇을 의미하는가를 묻는다. 10개의 카드에 대한 자유연상단계가 끝나면 카드를 다시 처음부터 보여 주고 카드의 어느 부분을 보고 그렇게 지각하게 되었는지를 질문한다. Rorschach 카드에 대한 응답에는 정답과 오답이 있을 수 없다. 각 피험자는 잉크반점을 보고 자신의 무의식적인 내면세계, 감정, 갈등의식, 방어요구, 경험 등을 표현하게 된다.

Rorschach 잉크반점 반응을 채점하고 해석하는 일은 비교적 어렵고 복잡하나 일반적으로 다음과 같은 세 가지 요인이 적용된다. 첫째는 각 반응 크기와 위치영역이다. 반점의 전경을 보고 반응하였는가 혹은 흰 배경을 보고 반응하였는가를 보고 채점한다. 둘째는 결정요인이다. 잉크반점을 보고 각 반응을 결정지은 요인이 무엇이냐에 따라 채점이 달라진다. 셋째는 내용이다. 반점이 무엇과

〈그림 15-3〉 Rorschach 잉크반점

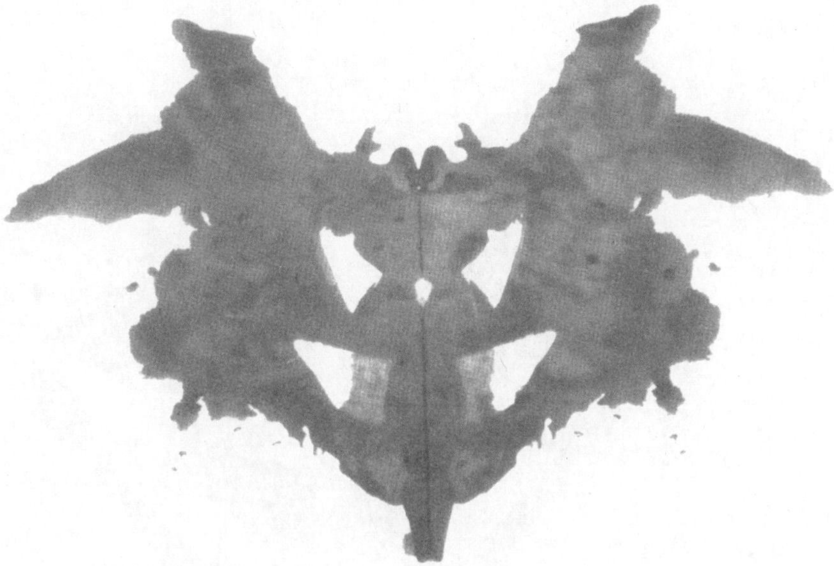

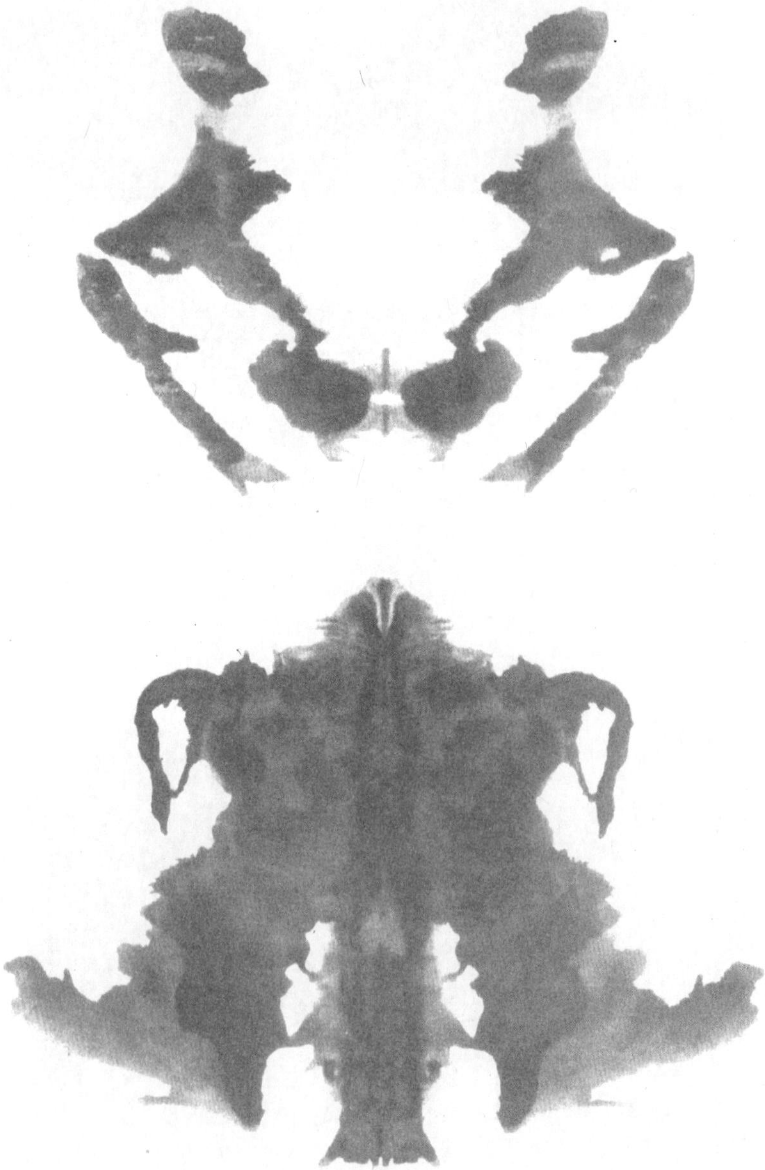

같은가에 대한 반응에 따라 채점이 달라진다.

채점방법에 따른 개개의 반응들은 합산되어 심리도를 구성한다. 그러나 위의 세 가지 방법을 토대로 한 채점방식은 공식적이고 예측적인 것이 아니다. 반응시간, 카드를 다루는 모습, 두서없이 하는 말, 감탄사 등도 채점과 검사에 필히 고려되어야 한다. 그리고 검사자 개인의 기술, 경험, 분위기, 훈련수준 등에 따라 채점과 해석은 달라질 수도 있다. 이와 같이 투사적 방법은 채점방식이 주관적이라는 점, 다시 말하면 객관성이 결여되어 있다는 점이 단점이다. 따라서 고도로 숙련된 검사자가 필요하다.

Rorschach검사는 환자에 대한 심리적 장애의 진단, 성격평가에 널리 사용되고 있다.

② **주제통각검사**(thematic apperception test: TAT) 주제통각검사는 일종의 투사법검사로서 1935년 Henry Murray에 의해 개발되었다. 검사도구는 30장의 그림과 1장의 공백카드로 구성되어 있다. 각 카드에는 대부분 한두 사람이 그려져 있다. 그러나 인물들의 행동이 분명히 나타나지 않은 애매한 그림이다. 피험자는 나이와 성별에 따라 선택된 20장의 카드, 즉 19장의 그림카드와 1장의 공백카드를 보게 된다. 피험자는 각 카드에 대한 이야기를 만들어 보도록 지시를 받는다. 그림 속에 있는 사람들이 누구이며, 무슨 일이 발생했고, 어떻게 해서 그 장면까지 왔고, 앞으로 어떻게 될 것인가를 조리 있게 이야기하도록 요구받는다(〈그림 15-4〉 참조). 20장의 카드에서 만들어진 이야기를 내용 분석하여 여러 가지 심리적 역동관계를 분석, 진단, 해석한다. 모호한 그림에 대한 이야기를 구성하는 과정에서 자기자신의 무의식적 충동, 욕구, 환경적 압력, 갈등, 관심, 상상, 과거의 경험 등이 투사된다. 투사된 내용을 분석하여 일관성 있게 반복한 주제가 무엇인가를 분석한다. 그리하여 피험자의 전체적인 성격특성, 즉 개인의 환경에 대한 태도나 요구, 그리고 환경으로부터 받는 압력에 대한 태도를 해석하고 설명한다. 검사는 1일 간격으로 2회 실시하는 것이 좋다. 검사자와 피검사자 사이에 충분한 래포가 이루어져야 한다.

〈그림 15-4〉 TAT 카드

TAT는 성격연구, 부적응자의 임상적 연구, 심리요법, 학생생활 지도와 상담활동 및 성취동기 측정에 이용된다. 군대, 학교, 회사에서는 슬라이드로 TAT카드를 투영시키거나 반응기록용지에 각 카드를 축소시켜 제시하여 피험자로 하여금 자신의 반응을 직접 기록하게 한다.

TAT도 로르샤하검사와 마찬가지로 신뢰도와 타당도에 있어서 많은 비평을 받고 있다. 검사결과를 해석할 때는 검사결과와 아울러 피험자의 수검태도, 반응시간, 신체적 및 정서적 조건, 검사자의 태도 등을 고려하여야 한다.

③ **문자완성검사** 제 1 차 세계대전 이후 투사법에 대한 관심이 고조되어 검사가 활발하였으나, 오늘날에는 그 때의 열기가 줄어들어 Rorchach검사와 TAT 외의 몇 개의 투사적 기법만이 사용되고 있다. 그 중 하나가 문자완성검사이다. 이것은 몇 개의 미완성된 문장을 주면 피검자가 머리 속에 처음 떠오르는 생각들로 자유롭게 문장을 완성하는 방법이다. 이 방법은 한 개인을 이해하기 위해 그를 둘러싼 가족관계, 기대, 성적 생활, 어머니와의 관계 등과 같은 중요한 영역들에 대한 동기와 활동, 그리고 태도 등을 밝히기 위한 것이다. 문장완성검사의 예는 다음과 같다.

① 나는 때때로 기분 ··············· 하다.
② 나 혼자 ··············· 하고 있을 때는
③ 내가 어렸을 때에는 ···············
④ 나는 때때로 ···························· 느낀다.
⑤ 나를 어머니는 ···············
⑥ 다른 사람들과 비교할 때, 나는 ···············
⑦ 대부분의 사람들은 ···············
⑧ 나는 자주 ··············· 을 원한다.
⑨ 그들이 ··············· 을 할 때 나는 화가 났다.
⑩ 여자란 ···············

④ **단어연상검사** 이 검사는 우리가 잘 아는 단어 100개를 피험자에게 제시하고 가장 먼저 머리에 떠오르는 첫 단어를 반응하게

하는 방법이다. 이 방법은 Carl G. Jung(1875~1961)에 의해 고안된 것으로 인간의 깊은 무의식을 분석하기 위한 것이었다.

검사자는 단어를 부르고 피검사자의 반응시간을 스톱워치(stop-watch)로 재어 기록한다. 검사자가 100개의 자극단어를 모두 불러 준 후 다시 처음부터 자극단어를 불러 준다. 피검사자는 앞에서 응답한 것을 다시 말하여야 한다. 이 부분에서 여러 번 불확실하거나 틀린다. 이 검사방법에서 중요한 것은 자극단어에 대한 반응시간의 지연, 재생실험에서 왜곡되거나 틀리는 것, 지시를 어겨 두 단어 이상으로 반응하는 것, 얼굴표정, 웃음이나 기침 또는 말더듬 등의 행동을 하며 반응하는 것, 비슷한 답을 습관적으로 반응하는 것, 외국어를 사용하는 것, 반응이 완전히 없는 것 등이다. 이 검사에서 자극단어들은 실제로 압축된 행동, 상황, 사물, 장면, 감정 등을 나타낸다. 실제로 자극단어들에 대한 많은 지체된 반응시간이나 왜곡반응은 현실생활에서 불완전하게 적응하고 있으며 열등감을 갖고 있는 것을 나타난다. 예를 들면 돈 콤플렉스를 가진 사람들은 '돈', '부자', '값비싼'이란 단어를 말할 때 마음이 움직인다. 범죄자들은 범죄와 직접 관련 있는 장소, 날짜, 전화번호 등의 단어를 제시한 마음이 동요되어 반응시간이 지연되고 재생실험에서도 왜곡된다.

⑤ 투사법을 이용할 때의 주의사항 투사법은 검사자의 주관적 해석에 따라 평가가 달라지므로 신뢰도가 낮다. 표준화된 도구가 아니므로 객관성, 신뢰성, 타당성이 성격질문지법에 비하여 떨어진다. 그러나 투사법은 자극이 애매하고 검사재료가 덜 구조화되어 자유스럽게 반응할 수 있다. 또한 사회적 선망도와 묵인하는 반응에 따른 오류가 없으며 성격 전반에 대하여 이해를 하는 데 큰 도움을 준다.

투사적 기법은 2차대전 이후 광범위하게 사용되어 왔으나 현재 이에 대한 비판적 견해가 점차 늘어나고 있다. 투사법을 실시할 때의 주의사항은 첫째, 검사목적, 검사상황, 검사자의 경험수준 등을 고려하여 적정한 기법을 선택하여야 한다. 둘째, 검사자와 피검사자 사이에 충분한 래포가 형성되어야 한다.

2. 지　　능

오늘날 지능이란 단어는 누구나 보편적으로 사용하고 관심을 갖는 말이다. 그러나 지능이 무엇이냐는 질문에 대해 우리는 합의된 대답을 얻지 못한다.

과연 지능이 한 인간을 대표하는 능력인가? 지능지수가 높은 사람은 낮은 사람보다 학교공부를 더 잘하고 사회에서도 더 성공할 것인가? 지능은 어느 정도가 타고난 특성이며, 어느 정도가 환경에 의하여 형성되는가? 인간발달의 어느 시기에 지능은 가장 많이 발달하는가? 지능지수가 110이라면 이것은 무엇을 의미하는가? 이외에도 지능은 많은 호기심과 관심을 모으고 있다.

이 장에서는 지능에 관한 이해를 돕기 위하여 지능의 정의, 지능의 구성요인, 지능형성요인, 지능과 연령변화와의 관계, 지능과 창의성과의 관계, 지능검사의 문제점 등을 고찰한다.

Ⅰ. 지능의 정의

심리학자들은 지능의 과학적 정의에 대해 많은 연구를 하였지만 아직까지 명확한 결론에 도달하지 못하였다. 오늘날 가장 널리 사용되고 있는 지능검사 도구를 개발한 Wechsler는 지능을 목적적으로 행동하고, 합리적으로 사고하고, 환경을 효과적으로 처리하는 총합적인 또는 전체적인 가능성으로 정의하였다. Binet는 지능이란 개체가 목표를 지향하고 의도한 행위에 적응하며 도달한 목표를 아는 능력이라고 하였고, Stern은 사고를 작용시켜 새로운 요구에 의식적으로 적응하는 일반적 능력이라하였다. Terman은 추상적 사고를 하는 능력이라고 정의하였다.

위의 정의들을 종합하면 지능이란 학습하고, 추리하고, 추상적 사고를 할 수 있고, 새로운 상황에 적응할 수 있고, 과거의 경험을 바탕으로 현재의 문제를 해결할 수 있고, 전체환경에 적응할 수 있는 한 개인의 종합적인 정신능력이다.

전문가뿐만 아니라 일반인들도 지능에 많은 관심을 가지고 있다. 일반인들은 일상생활에서 지적인 사람과 비지적인 사람을 관찰하여 스스로 지능을 평가하고 있다. Sternberg(1982)는 지능연구를 전공으로 하는 심리학 전문가와 일반인들이 지능을 어떻게 정의하는가를 비교·연구하였다. 전문가들과 일반인들은 지능이 문제해결능력, 언어능력 및 사회적 유능성으로 구성된 것으로 보는 데는 의견의 일치가 있었다. 그러나 일반인들은 사회적 유용성을, 전문가들은 노력과 동기를 더욱 중요시하였다.

Ⅱ. 지능의 구성요인설

(1) Spearman의 2요인설

Charles Spearman(1863~1945)은 1940년에 지능은 일반요인(general factor)과 약간의 특수요인(special factor)으로 구성되어 있다고 하는 2요인설을 발표하였다.

일반요인은 모든 상황에서 항상 지적으로 행동하고 능력을 발휘하게 하는 지적 능력 특성으로 개인차가 있다. 이것은 지능검사에서 높은 점수를 얻는 데 영향을 미치는 결정인자이다. 특수요인이란 개인에 따라 다른 독특한 지적 능력을 말한다. 사람에 따라 어떤 과제는 잘하는 반면 다른 과제는 못하는 경우가 많다. Spearman은 한 개인의 지능을 일반지능과 특수지능의 합으로 설명한다.

일반요인과 특수요인의 관계를 그림으로 나타내면 〈그림 11-5〉와 같다. 중앙의 부분이 일반요인이며 사선의 부분은 일반요인을 소유하고 있는 정도를 나타낸다. 원 외의 부분은 특수요인이다.

후에 Spearman은 몇 개의 특수요인들 사이에도 공통적으로 존재하는 요인이 있다는 사실을 발견하고 그러한 요인들을 군요인(group factor)이라 하였다. 군요인에는 언어요인, 수요인, 정신적 속도요인, 주의요인, 상상요인 등이 있다. 일반요인, 특수요인, 군요인 간의 관계는 〈그림 15-6〉과 같다.

〈그림 15-5〉 g와 s의 모델

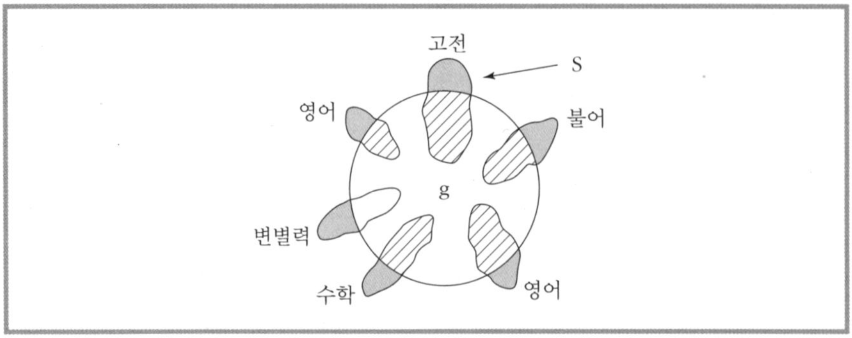

〈그림 15-6〉 일반요인 · 군요인 · 특수요인의 관계

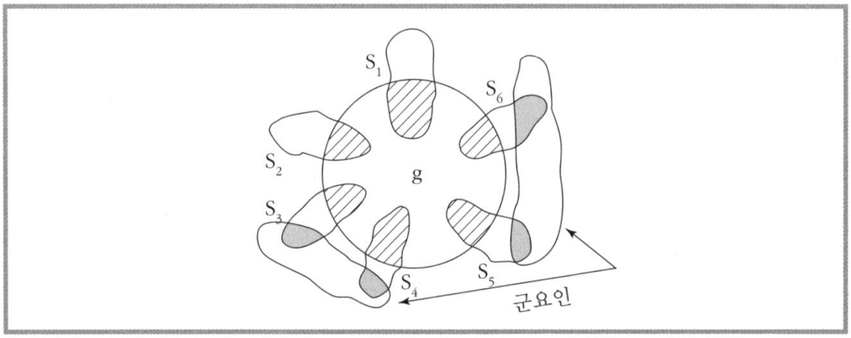

(2) Thorndike의 다요인설

Thorndike는 Spearman의 2요인설에 대하여 비판을 가함과 동시에, g라는 보편적 특성의 존재를 문제시하였다. 그는 g라는 것은 존재하지 않는 것으로 보았으며, 다만 생득적인 소질적 능력으로서의 다수의 인자가 있다고 하였다.

Thorndike는 지능의 영역을, i) 기계적 지능(손이나 손가락의 기계적 조작의 기민성), ii) 사회적 지능(주위의 사람들에게 대처하는 능력), iii) 추상적 지능(언어 및 추상적 관념에 관한 능력)으로 나누고, 추상적 지능을 검사하는 것으로서 CAVD 척도를 발표하였다.

① C.(sentence completion: 문장완성력)

② A.(arithmatic reasoning: 산수적 추리력)

③ V.(vocabulary: 어휘력)

④ D.(direction: 지시를 이해하고 따를 수 있는 능력)

(3) Thurstone의 다요인설

L.L. Thurstone은 1938년에 240명의 자원피험자를 대상으로 57개의 지능검사를 실시하고, 다요인분석법으로 분석한 결과, 7개의 독립된 요인을 언어이해능력, 어휘력, 수리능력, 공간능력, 연상적 기억능력, 지각속도, 추리능력으로 추출하였다. 그는 이것을 인간의 기본 정신능력(primary mental abilities)으로 지칭하였다.

Thurstone은 7개의 기본 정신능력은 상호독립적이라고 믿었으나, 다요인분석 결과에 의하면 7개의 정신능력은 각각 독립적이지 못하고 상호관계가 있음이 발견되었다. 그는 7개의 기본 정신능력 간에는 공통적인 요소가 있음을 확인하고 7개의 기본 정신능력에다 공통적인 지적 요소를 더하여 지능이라고 결론지었다.

Thurstone의 기본 정신능력은 Spearman의 일반요인설을 완전히 벗어났다고 보기는 어렵다. 또한 검사문항의 성격에 따라 기본 정신능력의 수가 7~120개로 분석되므로 아직까지 Thurstone의 다요인설이 절대적인 지지를 받지 못하고 있다.

그러나 Thurstone의 다요인분석에 의한 지능검사는 공헌도가 많다. 첫째, 지능은 단일요인이라기보다는 여러 가지 집단요인이 섞인 능력이라는 것이다. 둘째, 인간의 기본 정신능력에는 변별적 차이가 있어 어떤 사람은 언어이해력이 높으면서 공간능력은 낮을 수도 있고 그 반대 경우도 있을 수 있다.

(4) Guilford의 지능구조설

J.P. Guilford(1967)는 Spearman의 지능모델과 Thurstone의 지능모델을 확대시켜 지능을 내용, 조작, 결과의 3차원 공간모델로 발전시켰다. 즉 3차원이란 우리가 사고할 때 사용하는 상징이나 단어 같은 내용의 차원, 그 요인에서 요구하는 사고활동의 조작적 차원, 그리고 이러한 정신작용으로 나타난 결과의 차원이다. 그는 이러한 세 가지 차원들의 상호작용으로 지능구조가 결정된다고 보았다.

〈그림 15-7〉 Guilford의 지능구조모형

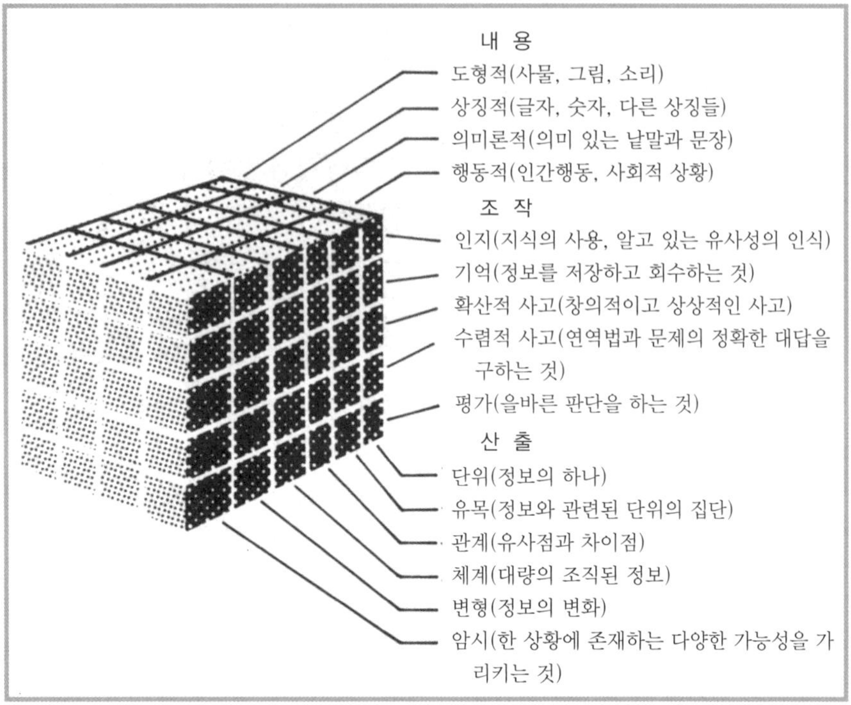

세 가지 차원의 내용은 〈그림 15-7〉과 같다. 내용차원은 도형적 · 상징적 · 의미론적 · 행동적인 것으로 분류된다. 조작차원은 인지, 기억, 확산적 사고, 수렴적 사고, 평가로 분류된다. 결과차원은 단위, 유목, 관계, 체계, 변형, 암시의 여섯 개로 분류된다.

지능구조는 3개 차원의 구성요인들의 조합, 즉 4개의 내용×5개의 조작×6개의 결과=120개의 지능요인으로 이루어졌다고 본다. 따라서 개인의 지능은 120개의 기본 정신능력으로 구성되어 있다고 볼 수 있으며 현재까지 98개의 요인을 확인하였다.

Guilford의 지능구조모형은 개인의 능력과 적성의 차이를 변별하는 데에 유용한 도구가 된다. 또한 사고능력, 학습, 문제해결력, 창의력과 같은 복잡한 인지활동을 설명할 수 있는 틀을 제공했다는 점에서 평가된다. 특히 기존의 지능검사와는 달리 확산적 사고를 조작과정에 포함시켜 창조성 요인을 추출할 수 있는 점도 공헌도라 할 수 있다.

Ⅲ. 지능의 양극단

지능검사는 일반적으로 100점을 평균이라 한다. 그러나 정상적인 지능 범위는 상당히 넓어 85점에서 115점 사이를 말한다. 대개는 인구의 68%가 정상범위의 점수에 있고 인구의 95% 정도는 70~130점 사이에 있다. 인구의 6% 정도는 정상지능과 편차가 심한 양극단의 지능을 갖는다. 정상지능과 편차가 심한 집단에는 정신지체 집단과 천재집단이 있다.

(1) 정신지체

정신지체로 규정하는 경우는 다음과 같다.

① 개인의 일반적인 지적 기능이 정상보다 매우 낮으며 대개 IQ가 70 이하에 속하는 경우

② 개인에게 부여된 사회적 책임을 완수하지 못하고 환경에의 적응행동에 결함이 있을 경우

③ 18세 이전에 이러한 결함이 나타나 또래집단보다 지적 및 사회적 행동이 낮을 경우, 그러나 후반기에 뇌손상, 질병으로 인하여 정신적으로 무능해진 경우는 제외된다.

일반적으로 정신지체의 수준은 IQ 검사의 점수와 관련이 있으며 다섯 가지로 분류한다. 일반적으로 경계선은 지능지수 68~83점이다. 심한 중증의 지체는 35~20점, 그리고 극심한 지체는 19 이하인 점수로 구분된다. 그러나 지능점수만으로 정신지체를 구분하는 것은 무리가 있으며 적응행동과 운동발달도 고려하여야 한다. 예를 들면 어떤 아동이 심한 지적 지체를 나타내지만 약간의 의사소통과 자기 몸관리와 같은 적응능력을 보인다면 중간정도의 지체로 보는 것이 적절할 것이다.

정신지체가들의 성격특성은 불안, 과잉의존, 민감한 외부지향성, 적대감, 의심과 활동성 등이다.

정신지체의 원인은 대부분 유전적·생리적인 것과 환경적인 것으로 구분된다. 유전적 요인에 의한 정신지체가 전체의 25%를 차

지하고 있다. 환경적 요인에 의한 정신지체가 전체의 75%를 차지하며 대부분 가벼운 정신지체자이다. 환경적 지체의 원인은 낮은 사회경제적 요인, 영양실조, 거주지의 열악한 환경 등이다.

대표적인 정신지체 장애를 살펴보면 다음과 같다.

1) 다운씨증후군(Down's syndrome)

이 질병은 약 700명에 1명 정도 나타나며, 어머니의 연령이 40대 이후에 출생했을 때 그 발생률이 높다. 이 장애는 어머니의 나이가 많아짐에 따라 생긴 염색체 이상으로 발생한 것이다.

이 장애자들의 눈이 몽고인을 닮았다고 하여 몽고리즘, 몽고증 환자라고도 부른다. 이들은 신체적으로는 연령에 비해 손, 손가락, 다리, 발가락 등이 짧고 선천적 심장질환으로 일찍 죽는 경우가 많다. 이 장애는 중간 이상의 심한 지체수준에 속한다.

다운씨증후군은 태내기에 양수검사로 밝혀낼 수 있다. 태어날 때 불분명하고 지체가 심하지 않더라도 생후 몇 년 이내에 증상이 나타난다.

2) 크레틴병

이 병은 심한 정신지체에 속하며 갑상선이 티록신 호르몬을 합성하지 못할 때 발생한다. 임신중에 또는 출생 후에 요드가 부족하면 이 병에 걸리는 수가 있다. 이 병을 앓고 있는 사람들은 몸은 난장이처럼 작고, 배는 공처럼 튀어나와 있고, 짧고 억센 사지를 갖고 있다.

3) 페닐케톤요증(phenylketonuria: PKU)

PKU라고 알려진 이 질병에 걸리면 초기 뇌발달에 필수적인 특정효소를 간에서 생산하지 못한다. 대부분 한 쌍의 열성유전자를 통해서 유전되며 인구 25,000명당 한 명꼴로 발생한다.

(2) 천 재

일반적으로 IQ가 높은 사람들을 천재라고 하지만 IQ 140 이상인 사람들 모두를 천재라고는 하지 않는다. 천재는 지능이 높은 이외에도 인내심이 있고, 과제에 대한 집착력이 강하며, 탁월한 업적을 나타내야 한다. 천재는 지적 능력과 창의성뿐만 아니라 지도능력, 예체능계능력 등이 뛰어나고 동기도 높다. 천재는 풍부한 경험 및 엄청난 노력의 결과로 생기는 것이지 저절로 태어나는 것은 아니다.

천재의 원인은 잘 알려져 있지 않으나 Lewis Terman(1923)의 천재에 관한 장기간의 추적연구에서 중요한 시사점을 얻을 수 있다.

① 천재들의 사망률이 일반인보다 훨씬 낮았다. 이러한 사실은 총명한 아이는 병약하다는 낡은 생각을 일소하였다.

② 천재들의 정신병에 걸리는 비율과 자살률은 일반인들에 비하여 낮았다. 이러한 사실은 “천재는 단명한다”는 낡은 생각을 깨뜨렸다.

③ 천재들의 이혼율은 California주의 전체적 이혼율보다 낮았다.

④ 천재 그들은 90%가 대학에 들어갔고 이들 중의 93%가 대학을 졸업했다. 그들의 대부분은 학업에 있어서나 학생활동에 있어서 다른 일반학생들보다 우수하였다.

⑤ 학업을 마친 후의 천재들의 평균 경제적 수입은 같은 연령의 일반인들의 그것보다 훨씬 많았다. 경제공황기에 구제대상이 된 천재는 하나도 없었다.

⑥ 천재 그들은 일반인들에 비하여 인류구원 및 창조적 활동을 많이 하였다.

⑦ 천재들은 자극적인 지적 환경에서 부모 및 주변의 많은 사람들로부터 깊은 관심을 받고 성장해 왔다.

⑧ 천재들은 평범한 사람들에게 필요불가결한 것으로 보이는 의식주 등의 쾌락에는 별로 의미를 두지 않았다.

Ⅳ. 지능발달에 영향을 미치는 요인

인간의 지능발달에 영향을 미치는 요인이 유전요인과 환경요인의 상호작용이라는 사실은 널리 받아들여지고 있다. 즉 개인이 태어날 때 부모에게서 물려받은 선천적인 유전적 기질이 개인이 경험하는 환경에 의해 어느 정도 변화될 수 있듯이 지능도 유전과 환경의 산물이라 할 수 있다. 개인의 잠재능력이 높은 경우에 좋은 환경에서 자란 사람은 그의 잠재능력을 어느 정도 개발할 수 있다. 그러나 잠재능력이 아무리 높아도 열악한 환경에서는 개인의 정신능력, 지능, 잠재능력 등은 지체된다.

지능에 영향을 미치는 유전적 요인과 환경적 요인을 보다 구체적으로 살펴보자.

(1) 유 전

심리학 분야에서 가장 논쟁적인 문제의 하나는 지능의 유전에 관한 것이다. 만일 유전이 지능발달에 크게 영향을 미친다면 공통된 유전인자를 많이 가진 사람일수록 지능의 유사성은 높을 것이다. 이러한 지능의 유사성을 밝히려는 연구결과는 가계조사 연구, 쌍동이나 형제 사이의 상관적 연구, 민족이나 인종 사이의 상관적 연구의 세 가지로 구분된다.

첫째, 지능의 가계조사 연구이다.

유전결정론의 관점에서 지능연구를 처음으로 시도한 사람은 F. Galton이다. 그는 천재라고 하는 사람들, 예를 들면 법률가, 과학자, 시인, 정치가, 캠브리지대학교 장학생 등 400명의 가계를 조사분석한 결과 대부분 6~10대 사이에도 천재들이 많음을 발견하였다. 이 연구결과로 천재는 가계의 유전형질을 바탕으로 형성되며 신체적 특징 및 능력과 마찬가지로 개인의 지적 능력도 유전형질에 의해 결정된다고 보았다.

둘째, 쌍생아와 친족관계에 관한 연구이다.

일란성 쌍생아들은 부모로부터 똑같은 유전인자를 물려받으므로 그들의 지능은 같을 것이다. 만약에 상관계수가 1.0보다 적으면 그만큼 환경에 영향을 받은 것이라고 할 수 있다. 많은 연구에 의하면 일란성 쌍생아들(서로 동일한 소질을 타고남)에 있어서의 IQ의 상관계수는 0.9, 이란성 쌍생아들에 있어서의 그것은 0.50 내지 0.70을 보여 주고 있다.

셋째, 인종간의 비교연구이다.

인종간의 지능비교에 관한 대표적인 연구는 Arthur Jensen (1969)의 흑인과 백인의 지능비교연구이다. 그는 흑인의 지능이 백인보다 평균 11～15점 낮으며, 여기에는 유전적 요인이 크게 관련되어 있을 수 있다고 주장하였다.

Jensen은 흑인이 태어날 때부터 백인보다 지능이 낮다고 본 것은 아니며 또한 어떠한 학교교육도 흑인의 지능에 영향을 미칠 수 없다고 한 것은 아니었으나 그는 모든 학자들과 매스컴들로부터 비난을 받았으며, 더 나아가 사회적 · 정치적인 문제로까지 비화되었다.

(2) 환　　경

유전은 개인지능의 반응범위(reaction range)를 결정하여 주지만 지능발달의 정도는 환경조건에 따라 높아지거나 혹은 낮아질 수도 있다. 즉 결핍된 환경, 평범한 환경, 그리고 풍요한 환경에서 자란 사람들의 지능범위는 각각 다르며 풍요한 환경일수록 지능점수의 향상을 가져옴을 알 수 있다.

식물의 씨앗을 비옥한 흙과 메마른 흙에 뿌려 성장하게 한 다음 각 식물의 크기를 측정한다. 분명히 비옥한 흙에서 성장한 식물이 메마른 흙에서 성장한 식물보다 평균적으로 훨씬 더 클 것이다. 이러한 집단간의 차이는 환경에서 그 원인을 찾아야 할 것이다. 그러나 키가 큰 식물집단에서도 키가 작은 식물들이 있을 것이다. 이러한 집단 내의 차이는 유전적 원인 때문일 것이다.

서로 떨어져 양육된 일란성 쌍생아들의 경우 함께 양육된 일란성 쌍생아보다 IQ 상관계수가 낮은 것이나, 입양된 아동과 양부모와의 높은 IQ 상관계수는 환경의 영향 때문임을 우리는 분명히 알 수 있다. 그러면 지능발달에 영향을 미치는 환경적 요인을 구체적으로 고찰하여 보자.

첫째, 태내기의 상태이다. 태내기의 영양실조, 정서적 긴장, 산모의 질병 등은 조산과 난산의 가능성을 높이며 출생 후에도 지능에 관련된 정신적 질병에 걸리기 쉽다.

둘째, 환경과의 적극적인 상호작용이다.

지능발달은 6세 이전에 가장 왕성하게 이루어지므로 이때 풍부하고 다양한 자극을 제공하면 우수한 지능을 형성할 수 있다. 저소득층의 자녀들이 일반적으로 지적 자극을 적게 받고 새로운 정보 및 시설을 경험할 기회가 적어 어휘력, 인지발달, 지능 등이 저조하다. 아동 초기의 지적 손상은 나중에도 일관성 있게 영향을 미치므로 정상수준의 지적 발달을 가져올 수 없다.

미국에서 빈곤가정 아동의 지능발달에 도움이 된 Head Start 프로그램은 조기교육으로 우수한 지능을 갖춘 사람을 양성하는 것을 목표로 하였다. 특수교사가 2~5세의 유아가 있는 빈곤한 가정을 일주일에 몇 차례 방문하여 부유한 가정의 유아가 하는 교육적인 놀이를 시켰다. 이 놀이는 나무토막 쌓기, 그림 그리기 등 유아들에게 지적인 자극을 주는 교육내용이었다. 이 조기교육 프로그램은 상당히 효과적이었으며, 이 교육에 참가하지 않은 집단의 유아들보다 교육대상 아동들이 지능점수가 6~10점이나 높았다. 그리고 교육효과는 상당히 지속적이어서 몇 년 후에도 수학성적과 독서성적이 높았다.

셋째, 가족 크기, 출생 순위, 지적 자극 등이다.

가족 크기가 클수록, 형제수가 많을수록 지능은 떨어지는 경우가 많다. 출생 순위가 첫째인 사람들의 지능점수가 1~3점 정도 높으며, 출생순위가 낮을수록 지능점수는 떨어지기 쉽다. 외동 자녀들은 형제간의 상호접촉에서 오는 지적 자극을 받을 기회와 남을 가르칠 기회가 부족하므로 형제가 있는 가정의 아동보다 지능이 떨어진다고 한다.

부모와 자녀 사이에 이루어지는 지적 자극이 지능형성에 영향을 미친다. 부모가 권위적이며, 비판과 처벌의 자극만을 자녀에게 주는 것보다는 자녀에 대한 태도가 민주적이고, 칭찬과 격려, 대화가 풍부한 것이고 자녀의 지능형성에 큰 도움을 준다. 일반적으로 중류층의 어머니들은 하류층의 어머니들보다 자녀들과 함께 이야기하며, 함께 놀고, 자녀 스스로 문제를 풀도록 격려해 주는 등 지적 자극을 주기 위하여 보다 다양한 학습기회를 제공하므로 중류층 자녀들의 지능발달은 촉진된다.

(3) 연 령

환경의 변화가 지능의 변화를 초래하듯이 연령증가도 지능을 변화시킨다.

다양한 연령층을 대상으로 실시한 Binnet의 지능검사결과 16세의 평균 지능점수가 가장 높았다. Wechsler의 연구와 여러 종단적 연구를 종합하면 일반적으로 약 50세까지는 지적 능력이 성장한다. 17세의 지능을 기준으로 하면 출생 후 1세까지는 약 20%, 4세까지는 50%의 지능이 결정된다. 8세까지는 80%의 지능이 결정되고 나머지 20%는 17세까지 발달한다.

Schaie와 Strother(1968)의 연구에서는 언어의미를 이해할 수 있는 능력은 55세에 정점에 달하고, 추리능력은 40세에 정점에 달했다가 60세까지 계속 변화하지 않았다. Cattell(1966)은 언어이해력, 사고력, 어휘구사능력, 수리적인 능력, 평가능력 등의 결정성 지능은 연령의 증가와 더불어 발달한다고 하였다. 이러한 능력들은 경험축적에 따라 계속 발달하다가 연령이 매우 높아지면 감소한다.

유동성 지능은 기억력, 공간적인 심상 및 시각적인 심상, 귀납추리력, 시각적인 세부항목에 주의를 기울이는 능력 등을 말하며 18~20세 이후에는 하강하기 시작한다. 운동성 지능은 학교교육과 경험의 수준에 영향을 덜 받는다.

위와 같은 연구결과를 요약하면 지능은 20세 전후까지는 급속히 발달하고 그 후에도 계속해서 조금씩 발달한다.

(4) 성 차

성별에 따른 지능의 차이는 없다는 것이 일반적인 정설이다. 다만 여자들은 언어적인 능력이 우수하고, 남자들은 시간적-공간적 능력과 수리능력이 더 우수한 것으로 나타났다(Eleanor Maccoby와 Carlol Jacklin, 1974). 그러나 여자가 시간적-공간적 기술과 수학적 능력이 요구되는 직업에서 두각을 나타낼 때도 있고, 남자가 고도의 언어적 능력이 요구되는 직업에서 여자보다 두각을 나타내는 경우도 많이 있다.

실제로 남녀간의 지능 차이는 사회적인 분위기에서 연유되기 쉽다. 즉 여자는 집안 일이나 스스로의 자기다짐말로써 학습할 기회를 놓치기 때문일 것이다.

Ⅴ. 창 조 성

창조성이란 주어진 상황에서 새로운 방식으로 문제를 해결하기 위한 독창성과 사회적인 유용성을 띤 인지활동을 말한다. 지난 날에는 과학자, 발명가, 예술가 등에만 창조성이 한정되어 사용되었으나 오늘날에는 문학, 기술, 산업계뿐만 아니라 일상생활에서도 이 말이 널리 사용된다. 오늘날 지능에 관한 이론, 천재에 관한 관심만큼이나 창조성에 대한 관심도 커지고 있다.

(1) 창조성의 개념

창조성은 지능과 구별되는 개념으로 일반적으로 "문제사태의 해결을 위한 사회적 유능성 및 독창성을 띤 사고와 물건을 만들어 내는 인지능력"으로 정의된다.

창조성에 관해 처음으로 과학적인 접근방법을 시도한 사람은 Guilford이다. 그는 지능모형에서 생산적 사고력을 집중적 사고와 분석적 사고로 구분하고, 이 두 사고가 창조성과 관련된다고 생각하였다. Guilford는 창조성의 요인으로 유창성, 독창성, 융통성을 제시하였다.

1) 유창성(fluency)

유창성은 해결방법을 양적으로 많이 생산하는 능력을 말한다.

유창성은 언어, 연상, 표현, 관념으로 나눌 수 있다.

2) **독창성**(originality)

흔하지 않은 독특한 반응, 비범하면서도 적절성을 띤 반응을 독창성이라 한다. 독창성에는 비범성, 원격성, 교묘성의 요인이 포함된다.

3) **융통성**(flexibility)

융통성이란 변화하는 사태에 적응할 수 있도록 현상을 개변시킬 수 있는 능력을 의미한다. 이에는 자발적 유연성(spontaneous flexibility)과 적응적 유연성(adaptive flexibility)의 요인이 있다. 적응적 유연성은 자유롭게 여러 가지의 아이디어를 끄집어 내는 능력이다.

(2) 창조적인 사람의 특성

창조적인 사람의 특징을 연구하기 위해서는 창조적인 사람의 자서전이나 과거경험을 분석하거나(Roe, 1952), 창조적인 과학자, 예술가와 덜 창조적인 과학자, 예술가를 대상으로 성격검사를 실시하고 두 집단의 특성을 비교한다(Barron, 1968). 창조적인 사람들의 특성에 관한 여러 연구들을 종합하면 다음과 같다.

① 일에 대하여 정열적이다. 휴가 자체가 일일 정도로 자신의 일에 몰두한다.

② 자신감이 있으며 성취동기가 높다. 더욱 어려운 도전적인 일에 몰두하고 해결하려고 한다.

③ 단순하고 관습적인 과제보다는 복잡하고 비대칭적이고 생동적인 과제를 더욱 좋아한다.

④ 성공과 실패에 대해 걱정하지 않으며 타인에게 인정받으려고 노력하지 않는다.

⑤ 직관적인 형태의 사고를 하며 성격은 내향적이다.

⑥ 충동성, 억압에 의한 상상적 통제, 자아방어가 별로 없으며 자신의 갈등과 정서적 문제점을 쉽게 털어놓는다. 또한 내·외적 자극에 대한 개방성을 갖고 있다.

⑦ 사회지향적이라기보다는 개인지향적이다. 주위의 삶에 순응하기보다는 자신이 하고 싶은 일이 바보 같은 일이더라도 계속 노력한다.

⑧ 인내심이 강하고 노력형이다. 창조성은 기적처럼 나타나는 것이 아니라 오랜동안의 경험을 통해 형성된 것이다. 대개 창조적인 운동감독, 예술가, 요리사 등은 자기분야의 만 가지 이상의 기법을 알고 있으며, 대개 10년 이상의 경험을 가지고 있는 사람들이다.

⑨ 자아정체감과 자아수용감이 있으며 진리와 미의 가치에 대한 존경심이 높다.

(3) 지능과 창조성과의 관계

훌륭한 창조적인 작품을 남긴 사람들이 모두 지능점수가 높은 것은 아니며, 지능이 높다고 창조적인 작품을 많이 만드는 것도 아니다. 일부에서는 창조성이 지능의 한 측면이라고 강조하지만 대부분의 지능검사에서 창조성은 측정하지 않고 있다.

지능과 창조성과의 관계는 0.3 정도의 낮은 상관이 있다(Getzel과 Jackson, 1962; Guilford, 1967; Torrance, 1962). 즉 창조성 검사에서 높은 점수를 받은 사람이 지능검사에서도 높은 점수를 받을 가능성은 적고, 학업성적 및 학업적성이 높을 가능성도 적다. 창조성이 높은 예술가, 과학자, 발명가들의 지능지수가 120 이하인 경우는 드물었으나 지능점수가 120 이상인 경우에도 지능이 창조성 발휘에 큰 도움을 주지 못하는 경우가 대부분이다. 따라서 지능과 창조성은 거의 관계가 없는 별개의 능력으로 본다.

(4) 창조성 검사

창조성은 지능과 다르므로 표준지능검사인 Binet 지능검사나 Wechsler 지능검사로 창조성을 밝혀 내지는 못하며 창조성을 예언할 수도 없다. 창조적인 사람을 선별하고 그들의 재능을 키우기 위해서는 창조성 검사가 필요하다는 인식 아래 창조성 검사도구를 제작하고자 노력한 결과 Guilford는 집중적 사고와 확산적 사고가 창조성과 연관되어 있는 것을 보았다. 즉 창조성은 확산적인 사고와 집중적인 사고가 교대로 작용하는 것이다. 집중적 사고는 검사자가 정답을 정한 문제를 해결하는 수렴적 사고능력으로서 지능검사에 의해 검사가 이루어진다. 확산적 사고를 측정하기 위해서는 대답의 특징을 분석하는데 그 기준은 대답의 양, 독창성, 유용성 등이다.

Ⅵ. 지능검사의 문제점

인종과 지능검사 점수에 관한 Jensen의 논문이 발표된 후에 지능검사와 지능검사 점수의 사용에 대하여 많은 비판이 제기되었다. 지능검사의 일반적인 문제점은 다음과 같다.

① 지능검사는 실제로 매우 협소한 내용, 상식, 학업적성 등 제한된 능력인 수렴적 사고를 측정하는 데 치중하였으며, 무엇을 생각해 내고, 새로운 것을 생각해 내는 확산적 사고를 측정하는 데는 등한시하였다.

② 지능검사는 중류계층의 언어, 가치관, 문화를 반영하므로 빈민출신 아동의 지능측정은 불리하다. 즉 지능검사의 타당도가 낮게 평가된다. 그러므로 탈문화적인 지능검사를 개발할 필요성이 제기된다.

③ 지능검사 점수가 학교성적은 예언하여 주지만 직업과 사회생활에서의 성공을 예언하지는 못한다. 그리고 개인의 관심, 동기, 창조성 등을 측정할 수가 없다.

④ 지능검사 점수를 학급편성에 무분별하게 사용하면 아동의 정서와 동기가 저하되고 쓸데없이 자기자신을 명명화하기 쉽다.

⑤ 지능검사 수행시의 정서상태, 감독자의 상태 등 외부조건에 따라 지능검사 점수가 달라진다.

⑥ 검사를 실시하고 해석하는 검사자가 검사지시와 시간제한을 지키지 않고 무의식적으로 검사자를 도울 경우와 잘못 채점할 경우도 있다.

정서지능의 구성요인
1. 자신의 감정을 아는 능력: 자각 능력
2. 자신의 감정을 조절할 줄 아는 능력
3. 자신의 동기를 부추기는 능력
4. 다른 사람의 감정을 읽을 줄 아는 능력: 공감
5. 사회적 기술: 인간관계 기술

제16장

성　　격

사람들은 일상생활의 모든 일을 처리하는 데 서로 다르게 행동한다. 어떤 사람은 모든 사회적 상황에서 부끄러움을 타고, 아주 사소한 문제에도 혼돈과 고민으로 반응한다. 또 다른 사람은 항상 명랑한 얼굴로 사람을 대하며 최악의 경우일지라도 대담하게 반응한다. 일상생활에 어떤 방식으로 반응하느냐에 따라 개인의 성공과 실패가 결정된다. 우리의 거의 모든 일상생활은 타인과의 관계에서 이루어진다. 특히 성, 사랑, 공격, 의존, 야망 등에 대한 욕구들은 다른 사람과의 관계에서 충족이 되므로 우리가 일상생활을 잘 하기 위해서는 다른 사람과 잘 지내야 하고, 자신의 내부에서 솟아나는 본능도 잘 통제하여야 한다.

우리는 내가 혹은 타인이 왜 이런 사람이 되었는지를 알고 싶어 한다. 아버지, 어머니 나와 형제간의 유사성과 차이점을 알고 싶어 하며, 이러한 성격차이와 유사성이 어디에서 왔는지 알고 싶어 한다.

이 장에서는 성격에 관한 기본적인 이론들과 성격특성들이 어떻게 형성되며, 바람직한 행동특성을 키우는 방법은 무엇인가를 배우게 되며, 아울러 행동을 이해, 예언 및 통제하는 역량도 지니게 된다.

1. 성격의 정의

성격은 영어로 personality이고 라틴어로는 persona이다. 이 말은 희랍의 배우들이 쓰던 가면을 뜻한다. 성격이란 말은 사회적 역할을 수행할 때 한 개인이 행하는 피상적인 사회적 이미지를 나타내는 공적 성격을 뜻한다. 이런 관점에서 보면 성격이란 한 개인이 타인에게 보이는 전체적인 인상이라고 할 수 있다. 그러나 성격의 완전한 정의는 없다. 대체로 가장 널리 사용되는 성격의 정의는 "환경에 대한 적응이나 대인관계에서 비교적 일관성 있고 안정성 있는 독특한 정서적 사고양식과 행동양식"이다.

이 정의에서 보듯이 상황이 바뀌고 세월이 많이 흘렀음에도 불구하고 한 사람이 비슷한 행동을 보일 때 그것을 성격이라고 한다. 위의 성격정의에 포함된 내용은 다음과 같이 요약할 수 있다.

첫째, 환경과 대인관계의 적응능력을 말한다. 적응능력이 좋은 사람을 흔히 성격이 좋다고 한다. 건강한 적응능력의 소유자는 우호적인 대인관계를 유지하고, 세상을 열심히 살며, 뚜렷한 이유 없이 불안해 하거나 남을 비난하지 않는다. 건강치 못한 사람들은 적응능력이 뒤떨어진다.

둘째, 독특성이다. 장소, 시간에 따라 개인이 행동하는 양식은 다르며 개인차가 있다.

셋째, 안정성이다. 개인의 독특성이 일회적·일시적이 아니라 시간이 지나도 변하지 않고 나타난다.

넷째, 일관성이다. 독특성, 안정성이 상황이 바뀌어도 변하지 않고 나타나는 것이다. 강의실에 맨 앞자리에 앉기를 좋아하는 사람은 다른 외부 강의나 모임에서도 변하지 않고 일관성 있게 앞에 앉는 것을 말한다.

2. 성격의 형성요인

성격의 형성요인은 크게 유전적 요인과 환경으로 나눌 수 있다.

일반적으로 그 개인의 사회적 효능성과 매력을 말하는 좋은 성격특성들은 부모에게서 물려받은 유전적인 소질들이 발달하는 가운데 주위환경과의 상호작용에 의해 강화되거나 새롭게 변하여 이루어진다. 한편 성격이 빈약하다고 하면 태어날 때부터의 유전적 소질이 약하거나, 유전적 소질을 키울 수 있는 풍부한 환경조성이 안되어 있음을 나타낸다. 이와 같이 성격은 부모에게서 물려받은 유전적 요인들이 주위환경과 상호작용하는 가운데 형성된다.

(1) 유전적 요인

1) 유전적 소질

성격특성이 유전되는가에 대한 명확한 해답은 쌍동이들을 태어날 때부터 분리하여 다른 환경에 양육함으로써 구할 수 있다. 그러나 이러한 방법은 인본주의적 입장에서 금지되고, 환경을 완전히 통제하기가 어렵다. 성격형성의 유전적 요인에 관한 쌍동이들의 비교연구에서 일란성 쌍생아의 상관이 0.6 정도를 나타내고 이란성 쌍생아의 경우는 0.3 정도의 상관을 나타냈다. 이러한 연구에서 어느 정도 유전적 경향을 알아낼 수 있다.

2) 신체의 특성

체격, 얼굴 생김새, 건강 등이 성격특성을 직접적으로 결정짓지는 않는다. 이러한 신체의 특성들은 타인이 우리를 취급하는 양식, 타인과의 상호작용의 성질 및 그로부터 얻는 감정, 태도 등에 영향을 끼쳐 간접적으로 성격을 형성시킨다.

3) 중추신경계

중추신경계란 뇌와 척수에 있는 신경을 말한다. Eysenk는 신경증 환자와 정상인들의 신경계, 내향적 사람들과 외향적인 사람들의 신경계는 차이가 있다고 주장한다. 내향적 사람들은 외부로부터의 자극을 피하려고 하고, 외향적 사람들은 자극을 항상 추구하기에 대뇌각성 수준이 내향적 사람보다 낮으며 조건화가 더 느림을 발견하였다(Eysenk, 1967).

임상신경 연구의 뇌전위를 통한 뇌파장 검사에서 뇌파의 진폭이 큰 사람이 충동적인 성격을 나타냄을 볼 수 있었다.

4) 자율신경계

자율신경계는 교감신경계와 부교감신경계가 서로 평형을 유지하고 있다. 교감신경이 긴장하기 쉬운 사람은 성미가 급하고, 화를 잘 내며, 일에 열중하지만 쉽게 피로하며, 신경질적 성격이 되기 쉽다.

5) 내분비선

내분비선에 분비되는 분비물의 양은 신체발달과 성격에 영향을 미치고 있다. 내분비선 가운데 중요한 것은 갑상선, 부갑상선, 뇌하수체선, 부신선, 생식선 등이며 각 기능과 관련되어 성격형성에 영향을 미치고 있다.

(2) 환경적 요인

1) 부모의 자녀양육방식

가정은 신생아부터 성격의 기본적 경향을 길러 주는 곳이다. 인간은 다른 동물보다 무능하게 태어나므로 많은 보살핌이 필요하다. 부모의 행동, 특히 어머니의 보살핌은 유아의 성격발달에 커다란 영향을 미친다. Freud는 태어나서 만 1세까지의 어머니의 수유방식이 인간의 성격을 어느 정도 결정한다고 주장했다. 특히 모유를 통한 피부접촉은 따뜻한 성격, 건전한 성격을 형성하여 어떠한 어려운 일에 당면하더라도 이겨내는 정신력, 자신감을 갖게 한다고 하였다. 1959년 Harry Harlow의 원숭이 실험에서 아기원숭이를 어미로부터 격리시켜 적절한 음식을 제공하였는데도 몇몇 원숭이들은 죽었고, 생존한 원숭이들의 성격도 반사회적·내성적이 되는 등 성격이 까다로웠다. 즉 어머니로부터의 격리와 같은 아동기의 외상적 경험은 성인이 되어서도 이상적인 성격을 만든다. 1세에 엄마에게 안전한 애착을 한 아기가 후에도 다른 친구를 쉽게 사귀고, 새로운 과제에 탐색적이며, 열성적이고, 지속적이다(Main, 1973).

아동기에 이르러서는 아동의 행동에 대한 부모의 반응방식이 아동의 행동에 지속적인 영향을 미친다. 아동행동을 통제하고 전적인 순종을 요구하는 권위주의적 부모는 위축되고 자신이 없는 아동을 만든다. 반면에 아동에게 통제를 않는 방임형 부모는 의존적이고 자기통제를 할 수 없는 아동을 만든다. 가장 좋은 양육방식은 따뜻한 애정을 갖고 일관성 있는 태도로 아이의 의견을 존중하며, 엄격함을 지닌 방식이다. 가장 나쁜 양육방식은 자녀에 대한 애정부족과 무관심, 일관성이 없는 양육방식이다. 일관성이 없는 양육방식의 예를 들면 부모의 기분에 따라 똑같은 행동에 대해 어느 때는 칭찬하고, 또 어느 때는 야단을 치는 경우, 손을 안 씻고 식사할 때의 부모의 각기 다른 태도 또한 "나가서 놀아라, 그런데 숙제는 해 놓았니?"와 같은 이중속박적인 언어를 사용하는 경우 등이다.

2) 형 제 수

형제, 자매는 아동의 성격형성에 중요한 역할을 한다. 형제간의 또래역할, 모델역할, 경쟁역할 등을 통하여 아동의 정체감은 확립된다. 성경에 쓰여진 바와 같이 인류의 최초의 살인이 형제간의 살인인 것처럼 형제간은 아동기때 많은 싸움과 공격적 행위를 한다. 이러한 공격행위를 통하여 아동은 남의 입장을 헤아리게도 된다. 한편 외아들, 외딸들은 가정에서 군림하며, 또한 싸움이나 양보 등을 하지 않고 또래집단에 속하지 않아 사회성이 뒤떨어진다.

형제의 출산순위는 성격 특성에 영향을 미친다. 맏이는 다른 형제보다 성취지향적이고, 책임감이 강하고, 권위주의적이며, 동생들을 가르쳐 보아 리더십이 강하다. 둘째와 셋째 아이는 가족에 대하여 책임감이 없고, 더욱 사교적이며, 누구에게나 지기 싫어하는 야심적인 성격이 된다. 또한 딸이 많은 가정의 아들은 여성적 성격이 되고 쉽고, 아들만 있는 가정의 딸은 남성적 성격이 되기 쉽거나 반대로 아주 여성적 성격이 되기 쉽다.

3) 부모에의 동일시

동일시는 다른 사람과 같이 되고 싶다는 무의식적 욕망이다. 동일시에 의하여 아동은 미지의 것을 알고, 쾌감을 얻고, 이상하고 무서운 외계를 친밀한 것으로 만든다. 발달단계에 있는 아동들은 부모의 태도, 가치관, 권위, 도덕성 등에 의하여 많은 성격적 영향을 받으며, 한편 부모를 닮고자 노력한다. 아버지가 경제권 · 양심 · 권위 등이 없을 때, 부모가 생존하지 않을 때, 부모의 성적 악습이 있을 때, 부모의 태도가 독재적일 때, 부모가 서로 자주 다툴 때, 교육에 대하여 올바른 이해가 없을 때 등의 경우에는 부모의 상이 일그러져 있어 건전한 성격발달을 가져올 수 없다.

4) 문화적 배경

사람은 살고 있는 시대의 습관과 가치관 등을 무의식적으로 받아들이는 경향이 있다. 삼국시대와 현대의 여성의 가치관은 다르고 바람직한 성역할도 다르다. 이는 그 사회의 성역할에 맞는 적절한 행동을 내면화했기 때문이다. 사람들은 학교에 입학하면 또래들의 세계로 들어가며, 또래문화를 경험하게 된다. 또래의 인정을 받고, 또래와의 관계로 소속감을 강화하면 사회적 역할의 자신감을 개발하며, 자신의 능력판단이 정확하게 된다. 또한 사회의 대중매체, 가치관, 직업, 거주지 등이 성격형성에 영향을 미친다.

5) 독특한 경험

개인은 각각 특수한 방식으로 사회적 상황에 반응한다. 이러한 반응의 개인차는 사회인지양식, 생물학적 차이, 부모가 아동의 행동에 주는 보수와 처벌 및 부모가 제공하는 역할 모형의 유형에서 나올 수 있다. 이외에도 사람은 특수한 경험을 통해서 성격반응의 차이가 나타난다. 어렸을 때의 질병, 부모의 사망, 가정경제의 파탄, 사고, 이사, 친구와의 이별, 전학, 학교에서의 표창, 불합격 등 수많은 개인적 경험을 통하여 성격이 이루어지며, 또 이 때 겪는 성공감이나 열등감의 강도에 의해서 성격형성에 차이가 난다. 성공감을 경험하는 것도 성격형성에 중요하지만, 생명의 양식인 열등감을 보상하려고 노력할 때 성격형성에 더욱 박차를 가한다고 한다.

참 고 문 헌

강문희 외(1999), 「인간관계의 이해」, 서울: 학지사.

강철기(1983), "환경설계과정에의 공간행태 개념의 도입에 관한 연구," 서울대학교 환경대학원 석사학위논문.

거암편집실(1986), 「꿈의 해석」(Sigmund Freud 저), 서울: 거암출판사.

고영희 · 이지영 · 홍기원(1987), 「인간의 심리학적 이해」, 서울: 성원사.

곽금주 외(1993), 「아동심리」, 서울: 중앙적성출판사.

권석만(1997), 「인간관계심리학」, 서울: 학지사.

김경린 역(1986), 「인지심리학」(Michael G. Wessells 저), 서울: 중앙적성출판부.

김경린 · 김영환(1986), 「현대심리학원론」, 서울: 중앙적성출판사.

김경희(1986), 「아동심리학」, 서울: 박영사.

김경희(1987), 「아동정신병리학」, 서울: 학문사.

김계현(1995), 「카운슬링의 실제」, 서울: 학지사.

김관석 역(1987), 「종교심리학」(Paul E. Johnson 저), 대한기독교서회.

김광일 · 원호택 · 김이영 등(1983a), "고등학교 재학생의 정신건강 실태조사(Ⅰ): 개인 집중조사에 대한 소견," 「정신건강연구」, 1.

김광일 · 원호택 · 김이영 등(1983b), "고등학교 재학생의 정신건강 실태조사(Ⅱ): 집단 심리검사에 의한 조사," 「정신건강연구」, 1.

김기석 역(1984), 「성격발달과 정신병리학」(Norman Cameron 저), 서울: 중앙적성출판사.

김기석 역(1988), 「정신치료의 이론과 실제」(Paul A. Dewald 저), 고려대학교출판부.

김기정 역(1987), 「긍정적 자아개념의 형성」(Donald W. Felker 저), 서울: 문음사.

김남성(1985), 「인지적 행동수정」, 서울: 교육과학사.

김명훈 · 정영윤(1986), 「심리학개론」, 서울: 박영사.

김봉소 · 김민남 역(1985), 「도덕발달의 철학」(Lawrence Kohlberg 저), 서울: 교육과학사.

김성태(1985), 「발달심리학」, 서울: 법문사.

김성태 · 김봉숙(1962), "서울시내 여자 중고생들의 월경 개시기에 관한 연구," 「심리학 연구」, 창간호, 성균관대학교 심리학회.

김언주(1987), 「인지심리학」, 서울: 정민사.

김영애 역(1997), 「이상심리학」, 서울: 하나의학사.

김영애(2000), 「가족치료를 통한 치유와 성장」, 가족치료연구소.

김영채(1985), 「인간학습 및 기억」, 서울: 중앙적성출판사.

김영채 역(1981), 「행동주의」(B. F. Skinner 저), 서울: 교육과학사.

김영채 역(1985), 「기억의 이론과 적용」(Laird S. Cermak 저), 서울: 양영각.

김영환 역(1985), 「행동치료의 원리」(David C. Rimm & John C. Masters 저), 서울: 중앙적성출판사.

김용래(1987), 「교육심리학」, 서울: 문음사.

김용섭(1985), 「교육행동의 심리」, 서울: 재동문화사.

김유숙(2000), 「가족치료」, 서울: 학지사.

김유숙(2000), 「가족상담」, 서울: 학지사.

김유진 · 임성문 · 이봉건 역(1988), 「심리학개론」(Kagan & Havemann 저), 서울: 형설출판사.

김인자 역(1987), 「적응심리」(Eastwood Atwater 저), 서울: 정민사.

________(1988), 「인간관계와 자기표현」(Ronald B. Adler 저), 서울: 중앙적성출판사.

김재은(1986), 「그림에 의한 아동의 심리진단」, 서울: 교육과학사.

김재은(1986), 「아동의 심리치료」, 서울: 배영사.

김재은 역(1983), 「삐아제의 아동심리학」, 서울: 교육과학사.

김재은 · 소상진 역(1986), 「아동화의 심리분석」, 서울: 학연사.

김정휘(1987), 「현대청년심리학」, 서울: 학문사.

김정희 역(1988), 「스트레스에 대처하는 방법」(J. W. Mills 저), 서울: 성원사.

김제한(1988), 「발달심리학」, 서울: 학문사.

김종서 · 남정걸 · 정지웅 · 이용환(1982), 「평생 교육의 체제와 사회 교육의 실태」, 연구 논총 82-7, 한국정신문화연구원.

김종선 · 정청희 역(1982), 「스포츠 심리학이란 무엇인가?」(R. N. Singer 저), 서울: 동아학연사.

김종옥 · 김유숙 역(1988), 「구조적 가족치료의 실제」, 서울: 법문사.

김중술(1988),「다면적 인성검사」, 서울대학교출판부.

김중술 · 원호택 역(1988),「임상심리학」(Sol L. Garfield 저), 서울: 법문사.

김태현 · 장휘숙(1987),「발달심리학」, 서울: 박영사.

김행자 역(1988),「아동심리발달」(Paul Mussen 저), 서울: 성원사.

김홍재(1998),「사회생활과 인간관계」, 서울: 백산출판사.

노희관 외(1988),「교육심리학의 최근 동향」, 서울: 교육과학사.

문선모 역(1988),「인간기억 및 인지연구방법론」(Richard C. Puff 저), 서울: 성원사.

민경환(1985), "상이한 문화권에서의 Fishbein 행동의사모형의 타당성 검증,"「사회심리학연구」.

민병근 · 최상진 · 이길홍(1978),「오늘의 청소년: 한국 청소년의 의식구조와 행동양식」, 제 1 집, 중앙대학교 영신아카데미 한국청소년문제연구소.

민희식 역(1985),「정신분석입문」(Sigmund Freud 저), 서울: 거암출판사.

박상창(1987),「프로이드심리학」(Calvin S. Hall 저), 서울: 문예출판사.

박아청(1985),「현대발달심리학」, 서울: 형설출판사.

박아청(1987),「교육심리학의 접근방법」, 서울: 학문사.

박아청(1990),「아이덴티티의 세계」, 서울: 교육과학사, 서울대학교 사회심리학 연구실 편역(1996),「집단심리학」, 서울:학지사.

박재호 역(1982),「현대조직심리학」(Edgar H. Schein 저), 서울: 탐구당.

박종영(1986),「심리학개론」, 서울: 대왕사.

박종영 역(1987),「개성의 근원」(Linde K. Dixon and Ronald C. Johnson 저), 서울: 대왕사.

서배식(1986),「인간이란 무엇인가」, 서울: 정민사.

서봉연(1975), "자아정체감 형성에 관한 심리학적 일연구," 경북대학교 대학원 박사학위 청구논문.

서봉연 · 송명자 역(1986),「인지발달」(John H. Flavell 저), 서울: 중앙적성출판사.

서봉연 역(1983),「발달의 이론」(W. C. Cranin 저), 서울: 중앙적성출판부.

서봉연 외 7인(1984),「심리학개론」, 서울: 박영사.

서봉연 · 이관용 역(1984),「심리치료와 카운셀링기법의 연구」(W. S. Sahkian 저), 서울: 중앙적성출판부.

서봉연 · 이순형(1983), 「발달심리학」, 서울: 중앙적성출판부.

서봉연 · 전광문(1965), "순결교육을 위한 기초조사," 「중앙교육연구소 조사연구」, 제38집.

서영숙(1987), 「놀이를 통한 아동심리치료」, 서울: 학문사.

서울대학교 사회과학연구소(1985), 「청소년 의식구조 조사연구」.

서창원 · 장휘숙 · 김교헌(1988), 「심리학개론」, 서울: 정민사.

설기문 역(2000), 「NLP의 원리」, 서울: 학지사.

설기문(1997), 「인간관계와 정신건강」, 서울: 학지사.

송대현 역(1988), 「노년기의 임상심리학」(井上勝也 편저), 서울: 성원사.

송명자 · 이순형 역(1985), 「아동의 언어와 사고」(Jean Piaget 저), 서울: 중앙적성출판사.

송준만 역(1986), 「공격성에 대하여」(Konrad Lorenz 저), 이화여자대학교출판부.

송해룡(1984), "일부 자살 기도자에 대한 사회 정신의학적 조사연구," 고려대학교 석사학위논문.

신응섭 외(1994), 「리더십」, 서울: 학지사.

안신호(1983), "비애가 이타행동에 미치는 영향," 서울대학교 대학원 박사학위 청구논문.

오세철(1983), 「한국인의 사회심리」, 서울: 박영사.

오세철(1982), 「문화와 사회심리이론」, 서울: 박영사.

원호택 · 박현순(1999), 「인간관계와 적응」, 서울대학교출판부.

원호택 외 역(1996), 「우울증 인지치료」, 서울: 학지사.

윤순임 외(1995), 「현대상담 · 심리치료의 이론과 실제」, 서울: 중앙적성출판사.

윤영화 · 이배환 · 김현택 · 김기석(1985), "뇌자기자극에서 전류의 주파수가 행동에 미치는 효과," 김성태 교수 회갑기념 특집, 「행동과학연구」, 제 7 호, 고려대학교 행동과학연구소.

윤진(1982), "공간행동의 본질과 그 측정방법," 「사회심리학연구」, 제 1 권 제 1 호.

윤진(1985), 「성인 · 노인심리학」, 서울: 중앙적성출판부.

윤진 역(1986), 「현대 사회심리학 개설」(Elliot Aronson 저), 서울: 탐구당.

윤진 · 정양은(1971), "대리적 공격의 효과에 관한 한 연구," 「한국심리학회지」.

윤진 · 조긍호 역(1986), 「무기력의 심리」(Martin E. Seligman 저), 서울: 탐구당.

윤호균(1984), "통제불능 경험 후의 수행결손과 방략," 서울대학교 대학원 박사학위 청구논문.

이관용 · 김기중 역(1984), 「학습심리학」(James Deese, Stewart Hulse and Howard Egeth 저), 서울: 법문사.

이관용 · 김기중 역(1985), 「기초심리통계학」(Robert B. McCall 저), 서울: 법문사.

이관용 · 김기중 역(1986), 「생리심리학」(Charles F. Levinthal 저), 서울: 법문사.

이관용 · 김기중 · 박태진 역(1984), 「인간기억의 심리학」(Arthur Wingbield and Dennis L. Byrnes 저), 서울: 법문사.

이관용 역(1985), 「정신물리학」(George A. Gescheider 저), 서울: 양영각.

이관용 외 역(1984), 「인지심리학」(Gillian Cohen 저), 서울: 법문사.

이관용 외 역(1988), 「인간기억 및 인지연구법」(Richard C. Puff 저), 서울: 법문사.

이근후 · 이동원 역(1987), 「여성심리학」(Karen Honey 저), 이화여자대학교출판부.

이기춘 · 김성민 역(1984), 「융의 심리학과 기독교」(Wallace B. Clift 저), 대학기독교출판사.

이만영(1983), "색채 명명법에 의한 심리적 요소색 연구," 고려대학교 박사학위 청구논문.

이민규 · 김순화 · 금명자 역(1988), 「스트레스: 그 원인과 대책」(Daniel A. Gir-dano and George S. Everly, Jr. 저), 서울: 중앙적성출판사.

이봉건 역(1987), 「의식심리학」(Robert E. Ornstein 저), 서울: 성원사.

이봉건 역(1988), 「이상심리학」(Gerald C. Davision and John M. Neale 저), 서울: 성원사.

이부영 외 역(1995), 「인간과 무의식의 상징」, 서울: 집문당.

이부영(1998), 「분석심리학」, 서울: 일조각.

이부영(1999), 「우리 마음 속의 어두운 반려자 그림자」, 서울: 한길사.

이상로 · 변창진 · 김경린 역(1986), 「Rorschach 성격진단법」(Bluno Klopfer and Helen H. Daridson 저), 서울: 중앙적성출판사.

이상로 · 변창진 · 김경린 편저(1986), 「TAT 성격진단법」, 서울: 중앙적성출판사.

이상로 · 변창진 · 이희도 편(1986), 「BGT 성격진단법」, 서울: 중앙적성연구소.

이상로 · 이관용 역(1980), 「성격의 이론」(Hall and Lindzey 저), 서울: 중앙적성연구소.

이상빈 역(1986), 「산업심리학」(Ernest J. McCormick and Daniel Ilgen 저), 서울: 유풍출판사.

이수원(1976), "대인지각에서의 호오항등에 관한 연구," 서울대학교 문학박사학위 청구논문.

이수원 외(1987), 「심리학」, 서울: 정민사.

이시형(1985), 「대인공포증의 치료적 대화」, 서울: 집현전.

이영애 역(1988), 「인지심리학」(John R. Anderson 저), 서울: 을유문화사.

이장호(1986), 「상담심리학입문」, 서울: 박영사.

이장호(1988), 「상담면접의 기초」, 서울: 중앙적성출판사.

이장호 역(1987), 「심리학적 이상사회」(B. F. Skinner 저), 서울: 심지출판사.

이재상 외(1981), 「청소년문제 종합진단연구－자아 개념과 가치관을 중심으로－」, 연구보고 RR-145, 한국교육개발원.

이재상(1992), 「자기성장과 인간관계」, 서울: 한국가이런스.

이정균(1981), 「정신의학」, 서울: 일조각.

이종린 역(1983), 「인간 DK」(Thomas A. Harris 저), 서울: 언어문화사.

이창우 · 서봉연(1974), 「한국판-WISC」, 서울: 배영사.

이춘재(1979), "아동의 탈중심화 능력의 발달에 관한 일연구," 「한국심리학회지」 2.

이춘재 외(1988), 「청년심리학」, 서울: 중앙적성출판사.

이충원(1984), 「교육심리」, 서울: 학문사.

이현수(1985), 「이상행동의 심리학」, 서울: 대왕사.

이현수(1987), 「임상심리학」, 서울: 박영사.

이현수 역(1979), 「신경증」(H. J. Eysenck 저), 서울: 대왕사.

이현수 역(1985), 「정신세계의 병리와 해부」(Vicktor E. Frankl 저), 서울: 양영각.

이형득 외 역(1992), 「의사소통술의 실제」, 서울: 중앙적성출판부.

이형득 · 설기문 역(1994), 「조력기술훈련의 실패」, 서울: 형설출판사.
이혜성 역(1984), 「성장심리학」(Duane Schultz 저), 이화여자대학교출판부.
이혜성 역(1985), 「존재의 심리학」(Abraham H. Maslow 저), 이화여자대학교출판부.
이혜성 역(1987), 「문화의 신경증」(K. Horney 저), 서울: 문음사.
이호민 역(1988), 「신데렐라 콤플렉스」(Colette Dowling 저), 서울: 나라원.
이훈구 역(1986), 「현대심리학개론」(Rita L. Atkinson, Richard C. Atkinson an Earnest R. Hilgard 저), 서울: 정민사.
이훈구(1980), "한국 1971~1980: 그 가치관의 변화," 「행동과학연구보고」.
이훈구 역(1986), 「성격심리학」(L. A. Hjelle and D. J. Ziegler 저), 서울: 법문사.
이훈구 역(1987), 「학습심리학」(Douglas L. Hintzman 저), 서울: 탐구당.
임능빈 외 역(1986), 「심리학개론」(Henry Gleitman 저), 서울: 교육과학사.
임승권(1987), 「교육심리학」, 서울: 양서원.
임윤혁 · 이차숙(1987), 「발달심리학」, 서울: 집문당.
임인재(1986), 「심리측정의 원리」, 서울: 교육출판사.
장동환 외 역(1986), 「심리학입문」(Charles G. Morris 저), 서울: 박영사.
장병림(1983), 「정신분석」, 서울: 법문사.
장병림(1985), 「청년심리학」, 서울: 법문사.
장병림 역(1986), 「범죄심리학」, 서울: 박영사.
장연집 · 김중중 역(1995), 「성인화의 분석」, 서울: 학지사.
장현갑(1984), "격리성장과 행동장애: 생쥐를 대상으로 한 생리심리학적 연구," 영남대학교출판부.
장현갑 · 강성군 편저(1996), 「스트레스와 정신건강」, 서울: 학지사.
장현갑 역(1986), 「생리심리학」(Rorenzweig and Leiman 저), 서울: 교육과학사.
장휘숙(1984), "생리적 지표로 측정한 부모에 애착형성의 시기," 이화여자대학교 대학원 박사학위 청구논문.
전경숙 역(1996), 「새심리치료 개론」, 서울: 하나의학사.
전경숙(1998), 「인간이해심리치료」, 서울: 학지사.

전용신(1970),「고대-비네검사 실시요강」, 서울: 문천사.

전용신 · 서봉연 · 이창우(1963),「KWIS 실시요강」, 중앙교육연구소.

전용신 역(1987),「MMPI 검사해석편람」(Harold Gilberstadt and Jan Duker 저), 서울: 교육출판사.

전찬화(1960), "초경연령에 관한 조사,"「논총」, 제 2 권 제 1 호, 이화여자대학교 한국문화연구원.

정기숙 역(1987),「어린이의 발달심리」(하다노 이소꼬 저), 서울: 법경출판사.

정양은(1983), "사회화의 사회심리학적 고찰,"「사회심리학연구」.

정양은(1981),「심리학통론」, 서울: 법문사.

정양은(1985),「사회심리학」, 서울: 법문사.

정용우 외(1998),「아동생활지도와 상담」, 서울: 학지사.

정용재(1988),「찰스 다윈」, 대우학술총서 자연과학 53, 서울: 민음사.

정원식 · 강주태(1986),「교육심리학」, 서울: 재동문화사.

정인석(1988),「신청년심리학」, 서울: 대왕사.

정진경(1984), "사회적 영향에 관한 다차원적 고찰,"「사회심리학연구」, 제 2 권 제 1 호.

정한택(1984),「심리측정법」, 서울: 법경출판사.

정한택(1987),「최신심리학」, 서울: 법경출판사.

정한택(1989),「산업경영심리학」, 서울: 박영사.

조긍호(1979), "현대 한국청년의 정체의식,"「청년연구」 2, 유네스코 한국위원회.

조긍호(1982), "대인평가차원의 2원성에 관한 연구: 호오성과 화친성," 서울대학교 문학박사학위 청구논문.

조대경 역(1985),「정신분석학입문」(Charles Brenner 저), 서울: 법문사.

조명한(1979),「언어심리학」, 서울: 정음사.

조명한(1984),「한국아동의 언어획득 연구: 책략모형」, 서울대학교출판부.

조명한(1985),「언어심리학」, 대우학술총서, 인문사회과학 17, 서울: 민음사.

주정일(1983),「아동발달학」, 서울: 교문사.

최경숙(1985),「아동심리학」, 대우학술총서, 인문사회과학 16, 서울: 민음사.

최외선 편저(1987),「가족상담의 이론과 실제」, 서울: 성원사.

최정윤 외(2000), 「이상심리학」, 서울: 학지사.
최정훈(1982), 「지각심리학」, 서울: 을유문화사.
최정훈 외(1987), 「심리학」, 서울: 법문사.
최해림 역(1983), 「정신분석」(Leon J. Saul 저), 서울: 중앙적성출판사.
최해림 역(1989), 「심리치료와 명상」(J. Welwood 편저), 서울: 범양사출판부.
한기태 역(1985), 「상담과 심리요법의 이론과 실제」(Gerald Corey 저), 서울: 성광문화사.
한규석(1995), 「사회심리학의 이해」.
한덕웅(1984), "내적 동기이론의 연구경향과 과제," 「사회심리학연구」, 제 2 권 제 1 호.
한덕웅(1985), "우정의 형성과 발전에 관한 종단적 연구," 「사회심리학연구」, 제 2 권 제 2 호.
한덕웅(1985), 조직행동의 동기이론, 서울: 법문사.
한덕웅 · 정환기(1985), "선택이행에 관한 2요인설의 검증," 「행동과학연구」, 제 7 권, 고려대학교.
한종철(1986), 「교육심리학」, 서울: 양서원.
홍경자 역(1986), 「이성을 통한 자기완성」(Albert Ellis 저), 서울: 탐구당.
홍대식(1980), "타인과 대상의 호오강도가 삼자관계 지각에 미치는 영향," 서울대학교 문학박사학위 청구논문.
홍대식 역(1981), 「심리학개론」(Atkinson 외 저), 서울: 박영사.
홍대식 역(1984), 「사회심리학」(J. L. Freedman, D. O. Sears and J. M. Carls-mith. 저), 서울: 박영사.
홍대식 역(1988), 「심리학의 역사와 체계」(James F. Brennan 저), 서울: 박영사.
홍성화 역(1985), 「융심리학」(Jolande Jocobi 저), 서울: 교육과학사.
홍성화 역(1986), 「분석심리학」, 서울: 교육과학사.
홍승직 역(1984), 「사회심리학」(다모쓰 시부따니 저), 서울: 박영사.
홍성화 · 안향림 역(1987), 「정신치료입문」, 서울: 성원사.
황문수 역(1987), 「인간의 마음」(Erich Fromm 저), 서울: 문예출판사.
황정규(1987), 「인간의 지능」, 대우학술총서, 인문사회과학 4, 서울: 민음사.
홍숙기 역(1987), 「성격심리학」(Jerry E. Phares 저), 서울: 박영사.

Achenbach, T. M.(1978), *Research in Developmental Psychology: Concepts, Strategies, Methods,* New York: The Free Press.

Altman, I.(1975), *The Environmental and Social Behavior,* Monterey, CA.: Brooks Cole.

Altman, I. and Taylor, D. A.(1973). *Social Penetration: The Development of Interpersonal Relationships,* New York: Holt, Rinehart and Winston.

Amabile, T. M.(1983), *The Social Psychology of Creativity,* New York: Springer.

Arnold, M. B.(1960), *Emotion and Personality,* 2 vols., New York: Colombia University Press.

Aronfreed, J.(1976), "Moral Development from the Standpoint of a General Psychological Theory," in T. Likona(ed.), *Moral Development and Behavior,* New York: Holt, Rinehart and Winston.

Averill, J. R.(1983), "Studies on Anger and Aggression: Implications for Theo-ries of Emotion," *American Psychologist* 38.

Bandura, A.(1971), "Analysis of Modeling Processes," in A. Bandura (ed.), *Psychological Modeling,* Chicago: Aldine-Atherton.

Bandura, A.(1973), *Aggression: A Social Learning Analysis,* Englewood Cliffs, N.J.: Prentice-Hall.

Bandura, A.(1977), *Social Learning Theory,* Englewood Cliffs, N.J.: Prentice-Hall.

Bandura, A. and Walters, R. H.(1963), *Social Learning and Personality Development,* New York: Holt, Rinehart and Winston.

Bandura, A., Ross, D. and Ross, S. A.(1961), "Transmission of Aggression through Imitation of Aggressive Models," *Journal of Abnormal and Social Psychology* 63, 575~82.

Bandura, A., Ross, D. and Ross, S. A.(1963), "Imitation of Aggressive Models. Journal of Film Mediated Aggressive Models," *Journal of Abnormal and Social Psychology.*

Bandura, A., Adams, N. E. and Beyer, J.(1976), "Cognitive Processes Mediating Behavioral Change," *Journal of Personality and Social Psychology* 35.

Baron, R. S. and Roper, G.(1976), "Reaffirmation of Social Comparison Views of Choice Shifts: Averaging and Extremity Effects in an Autokinetic Situation," *Journal of Personality and Social Psychology* 33.

Bell, P. A., Fisher, J. D. and Baum, A.(1985), *Environmental Psychology*(2nd ed.), New York: Holt, Rinehart and Winston.

Bem, D. J.(1965), "An Experimental Analysis of Self-persuation," *Journal of Experimental Social Psychology* 1.

Berbaum, K. and Chung, C. S.(1981), "Perceptive Field Sizes and a New Version of the Herman grid," *Perception* 10, 85~89.

Berbaum, K., Bever, T. and Chung, C. S.(1984), "Extending the Perception of Shape from Known to Unknown Shaping," *Perception* 13, 479~88.

Bergin, A. E.(1971), "The Evaluation of Therapeutic Outcomes," *Handbook of Psychotherapy and Behavior Change,* New York: Wiley, 217~70.

Berkowitz, L.(March 1972), "The Case for Bottling up Rage," *Psychology Today* 42~46, 72.

Blakemore, C. and Cooper, G. F.(1970), "Development of the Brain Depends on the Visual Environment," *Nature* 228, 478.

Breitmeyer, B. G. and Ganz, L.(1976), "Implications of Sustained and Transient Channels for the Theories of Visual Pattern Masking, Saccadic Suppression, and Information Processing," *Psychological Review* 83, 1~36.

Bronfenbrenner, U.(1977), "Toward for Experimental Ecology of Human Development," *American Psychologist* 32(7), 513~31.

Brown, F. G.(1976), *Principles of Enducational and Psychological Testing,* New York: Holt, Rinehart and Winston.

Campbell, D. T.(1969), "Reforms as Experiments," *American Psychologist* 24.

Campbell, D. T. and Stanley, J. C.(1963), *Experimental and Quasi-experimental Designs for Research,* Chicago: Rand-Menally.

Campos, J. L., Langer A. and Krourity, A.(1970), "Cardiac Responses on the Visual Cliff in Prelocomotor Human Infants," *Science* 170, 196～197.

Chomsky, N.(1965), *Aspects of the Theory of Syntax,* Cambridge, Mass.: M.I.T. Press.

Cialdini, R. B. Darby, B. L. and Vincent, J. E.(1973), "Transgression and Altruism: A Case for Hedonism," *Journal of Experimental Social Psychology* 9, 502～16.

Coleman, J. C. and Hammen, C. L.(1974), *Contemporary Psychology and Effective Behavior,* Glenview, Ill.: Scott, Foresman.

Coren, S. and Porac and Ward, L. M.(1978), *Sensation and Perception,* New York: Academic Press.

Cottrell, N. B., Wack, D. L., Sekerak, G. J. and Rittle, R. H.(1968), "Social Facilitation of Dominant and Subordinate Responses by the Presence of an Audience and the Mere Presence of Others," *Journal of Personality and Social Psychology* 9.

Craik, F. I. M. and Lockhart, R. S.(1972), "Levels of Processing: A Framework for Memory Research," *Journal of Verbal Learning and Verbal Behavior* 11.

Cronbach, L. J.(1960), *Essentials of Psychological Testing*(2nd ed.), New York: Harper and Row.

Darley, John M. *et al.*(1984), *Psychology,* Englewood Cliffs, N.J.: Prentice-Hall, Inc.

Davitz, J. R.(1970), "A Dictionary and Grammar of Emotion," in M. B. Arnold (ed.), *Feelings and Emotions,* New York: Academic Press.

De Charm, R. and Muir, M. S.(1978), "Motivation: Social Approaches," *Annual Review of Psychology,* 91～113.

Deci, E. L.(1975), *Intrinsic Motivation,* New York: Prenum.

DeValois, R. L. and DeVealosis, K. K.(1975), "Neural Coding of Color," in E. C. Carterette and M. P. Friedman(eds.), *Handbook of Perception,* vol. V, New York: Academic Press, 117～66.

Delogado, J. M. R.(1969), *Physical Control of the Mind: Toward a Psychocivilized Society,* New York: Harper and Row.

Duval, S. and Wicklund, R. A.(1972), *A Theory of Objective Self-awarencess,* New York: Academic Press.

Eibi-Eibesfeldt, I.(1973), "The Expressive Behavior of the Deaf-and-blind-born," in M. Von Cranach and I. Vine(eds.), *Social Communication and Movement,* New York: Academic Press.

Ekstrand, B. R.(1972), "To Sleep, Perchance to Dream(about why we forget)," in C. P. Duncan, L. Sechvest and A. W. Milton(eds.), *Human Memory: Festchrift in Honor of Benton J. Underwood,* New York: Appleton-Century-Crofts.

Elkind and Weiner(1978), *Development of the Child,* John Wiley and Sons, Inc.

Ellis, A.(1962), *Reason and Emotion in Psychotherapy,* New York: Lyle Stuart.

Erikson, E. H.(1963), *Childhood and Society,* New York: Norton.

Esser, J. K. and Komorita, S. S.(1975), "Reciprocity and Concession Making in Bargaining," *Journal of Personality and Social Psychology* 31.

Fantz, R. L.(May 1961), "The Origin of Form Perception," *Sientific American,* 450~63.

Fantz, R. K.(1965), "Visual Perception from Birth as Shown by Pattern Selectivity," *Annual of the New York Academy of Sciences* 118, 793~814.

Festinger, L.(1957), *A Theory of Cognitive Dissonance,* Stanford, Calif.: Stanford Univ. Press.

Festinger, L. and Carlsmith, J. M.(1959), "Cognitive Consequences of Forced Compliance," *Journal of Abnormal and Social Psychology* 58.

Fiedler, F. E.(1967), *A Theory of Leadership Effectiveness,* New York: McGraw-Hill.

Fiedler, F. E.(1978), "The Contingency Model and the Dynamics of the Leadership Process," in L. Berkowitz(ed.), *Advances in Experimental Social Psychology,* vol. 11, New York: Academic Press.

Fishbein, M. and Ajzen, I.(1975), *Belief, Attitude, Intention, and Behavior: An Introduction to Theory and Research,* Reading, Mass.:

Addison-Wesley.

Freedman, J. L. *et al.*(1978), *Social Psychology,* Englewood Cliffs, N. J.: Prentice-Hall, Inc.

Gagne, R. M.(1970), *The Conditions of Learning*(2nd ed.), New York: Holt, Rinehart and Winston.

Gardner, H.(1982), *Developmental Psychology*(2nd ed.), Boston: Little, Brown and Company.

Catchel, R. and Baum, A.(1983), *An Introduction to Health Psychology,* Reading, Mass.: Addison-Wesley Co.

Gerard, H. B. and Hoyt, M. F.(1974), "Distinctiveness of Social Categorization and Attitude Toward in Group Members," *Journal of Personality and Social Psychology* 29.

Gelman, Rochel(1979), "Preschool though," *American psychologist* 34, 900～905.

Gleitman, H.(1983), *Psychology,* New York: Norton.

Gregory, R. L.(1970), *The Intelligent Eye,* New York: McGraw-Hill.

Hakes, D. T.(1972), "Does Verb Structure Affect Sentence Comprehension?" *Perception and Psychophysics* 10.

Haber, R. N.(1983), "The Impending Demise of the Icon: A Critique of the Concept of Iconic Storage in Visual Information Processing," *The Behaivoral and Brain Science* 6, 1～54.

Hard, R. D.(1970), *Psychopathy: Theory and Research,* New York: Wiley.

Havighurst, R. J.(1972), *Developmental Tasks and Education*(3rd ed.), New York: David Mckay.

Hebb, D. O.(1980), *Essay on Mind,* Hillsdale, N.J.: Erlbaum.

Hergenhahn, B. R.(1982), *An Introduction to Theories of Learning*(2nd ed.), Englwood Cliffs, N.J.: Prentice-Hall.

Herzberg, F.(1968), "On More Time: How Do You Motivate Employees?" *Harvard Business Review,* January-February.

Hilgard, E. R., Atkinson, R. and Atkinson R. C.(1979), *Introduction to Psychology*(7 ed.) Harcourt, Brace, Jovanovich.

Hilgard, E. R. and Bower, G. H.(1975), *Theories of Learning*(4th ed.),

Englewood Cliffs, N.J.: Prentice-Hall.

Hilgard, E. R. and Bower, G. H.(1981), *Theories of Learning*(5th ed.), Englewood Cliffs, N.J.: Prentice-Hall.

Hoffman, M. C.(1977), "Personality and Social Development," *Annual Review of Psychology* 28, 295～321.

Hong, L. K.(1978), Risky Shift and Cautions Shift: Some Direct Evidence on the Culture-value Theory, *Social Psychology* 41.

Horton, D. L. and Mills, C. B.(1984), "Human Learning and Memory," *Annual Review of Psychology* 35, 361～94.

Howard, D. V.(1983), *Cognitive Psychology,* New York: Macmillan Publishing Co., Inc.

Hurvich, L. M. and Jameson, D.(1974), "Opponent Processes as a Model of Neural Organization," *American Psychologist* 29, 88～102.

Hyde, T. S. and Jenkins, J. J.(1969), "Different Effects of the Incidental Tasks on the Organization of Recall of a List of Highly Associated Words," *Journal of Experimental Psychology* 82, 472～81.

Ince, L. P., Burcker, B. S. and Alba, A.(1978), "Reflex Conditioning in a Spinal Man," *Journal of Comparative and Physiological Psychology* 92.

Janis, I. L.(1982), "Counteracting the Adverse Effects of Concurrence-seeking in Policy-planning Groups: Theory and Research Perspectives," in H. Brandstatter, J. H. Davis and G. Stocker-Kreichgauer(eds.), *Group Decision Making,* New York: Academic Press.

Janis, I. L.(1972), *Victims of Groupthink,* Boston: Houghton Mifflin.

Janis, I. L. and Mann, L.(1977), *Decision-making: A Psychological Analysis of Conflictment,* New York: Free Press.

Jones, E. E. and Nisbett, R. E.(1971), *The Actor and the Observer: Divergent Perceptions of the Causes of Behavior. Attribution: Perceiving the Causes of Behavior,* Morristown, N.J.: Silver Burdett/General Learning Press.

Kagan, J.(1971), *Understanding Children, Behavior, Attribution: Per-*

ceiving Motives and Though, New York: Harcourt, Brace and Jovanovich.

Katz, D. and Kahn, R. L.(1978), *The Social Psychology of Organizations,* New York: John Wiley and Sons.

Kaufman, L.(1974), *Sight and Mind: An Introduction to Visual Perception,* New York: Oxford University Press.

Kelley, H. H.(1973), "The Processes of Causal Attribution," *American Psychologist* 28.

Kelley, S., JR. and Mirer, T. W.(1974), "The Simple Act of Voting," *American Political Science Reveiew* 68.

Kerlinger, F. N.(1973), *Foundations of Behavioral Researchs,* New York: Holt, Reinhart and Winston, Inc.

Kerlinger, F. N.(1979), *Behavioral Research: A Conceptual Approach,* New York: Holt, Reinhart and Winston, Inc.

Kimble, G. A., Garmezy, N. and Zigler, E.(1984), *Principles of General Psychology*(6th ed.), New York: John Wiley and Sons.

Klatzky, R. L.(1980), *Human Memory,* San Francisco: Freeman.

Kohlberg, R. L.(1963), "The Development of Children's Orientations Toward a Moral Lorde: I. Sequence in the Development of Moral Thoughts," *Vita Humana* 6, 11~33.

Kohlberg, L.(1967), "Moral and Religious Education and the Public Schools: A Developmental View," in T. Sizer(ed.), *Religion and Public Education,* Boston: Mifflin.

Krech, D., Crutchfield, R. S. and Livson, N.(1974), *Elements of Psychology*(3rd ed.), New York: Alfred A. Knopf, Inc.

Latane, B.(1981), "Psychology of Social Impact," *American Psychologist* 36.

Latane, B. and Rodin, J.(1969), "A Lady in Distress: Inhibiting Effects of Friends and Strangers on Bystander Intervention," *Journal of Experimental and Social Psychology* 5.

Lazarus, R. S.(1974), *The Riddle of Man,* Englewood Cliffs, N.J.: Prentice-Hall.

Levinger, G., Shnock, J. G.(1972), *Attraction in Relationships: A New*

Look at Interpersonal Attraction, Morristown, N.J.: General Learning Press.

Lewinsohn, P. H.(1974), "A Behavioral Approach to Depression," in R. J. Freedman and M. M. Katz(eds.), *The Psychology of Depression: Contemporary Theory and Research,* Washington, D.C.: Winston-Wiley.

Lieberman, M. A. *et al.*(1973), Encounter Groups, New York: Basic Books.

Loehlin, J. C. and Nichols, R. C.(1976), *Heredity, Environment, and personality: A Study of 805 Twin Sets,* Austin: Univ. of Texas press.

Lorenz, K.(1966). *On Aggression.* New York: Harcourt, Brace and World.

MacLeod, K. I. A.(1978), "Visual Sensitivity," *Annual Review of Psychology* 29.

Mahoney, M. J.(1976), *Scientist as Subject: The Psychological Imperative,* Cambridge, Mass.: Ballinger.

Marshall, G. D. and Zimbardo, P. G.(1979), "Affective Consequences of Inadequately Explained Physiological Arousa," *Journal of Personality and Social psychology* 37.

Martinez-Urrutia, A.(1975), "Anxiety and Pain in Surgical Patients," *Journal of Consulting and Clinical Psychology* 43.

Maslow, A. H.(1970), *Motivation and Personality,* New York: Harper and Row, Publishers.

Matarazzo, J. D.(1980), "Behavioral Health and Behavioral Medicine: Frontiers for a New Health Psychology," *American Psychologist* 35.

Mayer, R. E.(1981), *The Promise of Cognitive Psychology,* San Francisco: Freeman.

McClelland, D. C. *et al.*(1953), *The Achievement Motives,* New York: Appleton Century Crofts.

McClelland, D. C.(1958), "Methods of Measuring Human Motivation," in J. W. Atkinson(ed.), *Motives in Fantasy, Action and Society: A*

Method of Assessment and Study, New York: Van Nostrand.

McClelland, D. C. and Atkinson, J. W.(1948), "The Projective Expression of Needs: The Effect of Different Intensities of the Hunger Drive on Perception," *Journal of Psychology* 25, 205~22.

McGeer, P. L. and McGeer, E. G.(1980), "Chemistry of Mood and Emotion," *Annual Review of Psychology* 31.

McGuigan(1978), *Experimental Psychology: A Methatological Approach,* Englewood Cliffs, N.J.: Prentice-hall, Inc.

Medinnus, G. R. and Johnson, R. C.(1976), *Child and Adolescent Psychology* (2nd ed.), New York: John Wiley and Sons, Inc.

Meichenbaum, D.(1977), *Cognitive Behavior Modification: An Integrative Approach,* New York: Plenum Press.

Milgram, S.(1963), "Behavioral Study of Obedience," *Journal of Abnormal and Social Psychology* 67.

Milgram, S.(1974), *Obedience to Authority: An Experimental View,* New York: Harper and Row.

Miller, P.(1983), *Theories of Developmental Psychology,* San Francisco: W. H. Freeman and Company.

Mischel(1981), *Introduction to Personality,* New York: Holt, Rinehart and Winston. Moscovici, S. and Zavalloni, M.(1969), "The Group as a Polarizer of Attitude," *Journal of Personality and Social Psychology* 12.

Myers, D. G.(1982), "Polarizing Effects of Social Interaction," in H. Brand- statter, J. H. Davis and G. Stocker-kreichgauer(eds.), *Group Eecision Making,* New York: Academic Press.

Nauta, W. J. H. and Feirtag, M.(1979), "The Organization of the Brain," *Scientific American* 241(3).

Neisser, U.(1967), *Cognitive psychology,* New York: Appleton-Century-Crofts.

Nelson, K.(1974), "Concept, Word, and Sentence: Interrelations in Acquisition and Development," *Psychological Review* 81.

Nisbett, R. E., Caputo, C., Legant, P. and Maracek, J.(1973), "Behavior as Seen by the Observer," *Journal of Personality and Social*

Psychology 27.

Nisbett, R. E. and Ross, L.(1980), *Human Inference: Strategies and Short-comings of Social Judgement,* Englewood Cliffs, N.J.: Prentice-Hall.

Norman, D. A.(1976), *Memory and Attention: An Introduction to Human Information Processing*(2nd ed.), New York: Wiley.

Olton, D. S.(June 1977), "Spatial Memory," *Scientific American,* 82~98.

Piaget, J.(1932), *The Development of the Child,* New York: Harcout Brace.

Piaget, J.(1968), *Six Psychological Studies,* New York: Vintage Books.

Piliavin, I. A., Rodin, J. and Piliavin, J. A.(1969), "Good Samaritanism: An Underground Phenomenon?" *Journal of Personality and Social Psychology* 13.

Posner, M. I. and Keele, S. W.(1967), "Decay of Visual Information from a Single Letter," *Science* 158.

Premack, D.(1959), "Toward Empirical Behavior Laws: I. Positive Reinforcement," *Psychol. Rev.* 66.

Premack, D.(1962), "Reversibility of Reinforcement Relation," *Science* 136.

Rock, I.(1975), *An Introduction to Perception,* New York: Macmillan Publishing Co., Inc.

Rogers, C. R.(1970), *On Becoming a Person,* Boston: Houghton Mifflin.

Rokeach, M.(1968), *Beliefs, Attitudes, and Values,* San Francisco: Jossey-Bass.

Rokeach, M.(1973), *The Nature of Human Values,* New York: The Free Press.

Rosch, E.(1975), "Cognitive Representations of Semantic Categories," *Journal of Experimental Psychology, General* 104.

Rosenhan, D., Salovey, P. and Hargis, K.(1981), "The Joys of Helping: Focus of Attention Mediates the Impact of Positive Affect on Altruism," *Journal of Personality and Social Psychology* 40.

Ross, L.(1977), "The Intuitive Psychologist and His Shortcomings: Distortions in the Attribution Process," in Berkowitz, L.(ed.), *Advances in Experimental Social Psychology,* vol. 10, New York: Academic Press.

Ross, R., Bierbrauer, G. and Hoffman, S.(1976), "The Role of Attribution Processes in Conformity and Dissent: Revisiting the Arch Situation," *American Psychologist* 31.

Sakitt and Long, G. M.(1979), "Spare the Rod and Spoil the Icon," *Journal of Experimental Psychology: Human Perception and Performance* 5.

Scarr, S. and Weinberg, R. A.(1976), "IQ Test Performance of Black Children Adopted by White Females," *American Psychologist* 31.

Sears, D. O., Freedman, J. L. and Peplau, L. A.(1985), *Social Psychology*(5th ed.), Englewood Cliffs, N.J.: Prentice-Hall.

Seligman, M. E. P.(1975), *Helplessness,* San Francisco: Freeman.

Sherif, M. and Sherif, C. W.(1969), *Social psychology,* New York: Harper and Row.

Siegel, S.(1976), "Morphine Analgesic Tolerance: It's Situation Specificity Supports a Pavlovian Conditioning Model," *Science* 193.

Sigall, H. and Ostrove, N.(1975), Beautiful but Dangerous: Effects of Offender Attractiveness and Nature of the Crime on Juridic Judgement," *Journal of Personality and Social Psychology* 31.

Slobin, D. I.(1981), *Psycholinguistics*(2nd ed.), Glenview, Ill: Scott.

Solso, R. L.(1979), *Cognitive Psychology,* New York: Harcourt Brace Jovanovich, Inc.

Sorrentino, R. M. and Boutillier, R. G.(1975), "The Effect of Quantity and Quality of Verbal Interaction on Ratings of Leadership Ability," *Journal of Experimental Social Psychology* 11.

Sternberg, S.(1966), "High speed Scanning in Human Memory," *Sience* 153.

Sternberg, S.(1967), "Two Operations in Character Recongnition: Some Evidence from RT Measurements," *Perception and Psychophysics* 2.

Sternberg, S.(1969), "Memory Scanning: Mental Processes Revealed by Reaction Time Experiments," *American Scientist* 57.

Stogdill, R. M.(1974), *Handbook of Leadership,* New York.: Free Press.

Stokols, D.(1982), *Environmental Psychology: A Coming of Age,* in American Psychological Association(ed.), The G. Stanly Hall Lecture Series, Vol. 2, Washington, D.C.: American Psychological Association.

Stroner, H. and Nelson, K. E.(1974), "The Young Child's Development of Sentence Comprehension, Influence of Event Probability, Nonverbal Context, Syntactic form, and Strategies," *Child Development* 45.

Tajfel, H.(1970), "Experiments in Intergroup Descrimination," *Scientific American* 233(2).

Tajfel, H. and Billing, M.(1974), "Familiarity and Categorization in Intergroup Behavior," *Journal of Experimental Social Psychology* 10.

Tarpy, R. M.(1975), *Basic Principles of Learning,* Scott, Foresman and Co. Philippines.

Tulving, E.(1972), "Episodic and Semantic Memory," in E. Tulving and W. Donaldson(eds.), *Organization of Memory,* New York: Academic Press.

Tulving, E.(1974), "Cue-dependent Forgetting," *American Scientist* 62.

Turnbull, C. M.(1961), "Observations," *American Journal of Psychology* 1.

Vinokur, A. and Burnstein, E.(1974), "The Effects of Partially Shared Persuasive Arguments on Group-induced Shifts: A Group Problem Solving Approach," *Journal of Personality and Social Psychology* 29.

Weiner, B.(1974), *Achievement Motivation and Attribution Theory,* Morristown, N.J.: General Learning Press.

Wickens, D. D.(1972), "Characteristics of Word Encoding," in A. Melton and E. Martin(eds.), *Coding Processes in Human Memory,* Washington, D.C.: Winston.

Wilson, E. O.(1975), *Sociobiology: The New Synthesis,* Cambridge, Mass.: Har-vard University Press.

Winter, D. G.(1973), *The Power of Motive,* New York: Free Press, 45～49, 92.

Winter, D. G. and Stewart, A. J.(1978), "Power Motivation," in H. London and J. Exner(eds.), *Dimension of Personality,* New York: Wiley.

Wolpe, J.(1973), *Practice of Behavior Therapy*(2nd ed.), New York: Pergmon.

Wrightsman, L. S. and Sanford, F. H.(1975), *A Scientific Study of Human Behavior*(4th ed.), Blemont, California: Wadsworth Publishing Co., Inc.

Zuckerman, M.(1974), "The Sensation Seeking Motive," Progress in *Experimental, Personality Research* 3.

인 명 색 인

사항색인

共著者略歷

최승희(崔勝姬)

서울대학교 및 동대학원 졸업
서울대학교 교육학박사
서울대학교 강사
경희대학교 강사
홍익대학교 강사
수원심리상담교육센터 소장

김수욱(金洙郁)

서울대학교 및 동대학원 졸업
서울대학교 교육학박사
건국대학교 교수
건국대학교 (전)교육대학원장

수정판
인간관계를 위한 심리학

초판발행 2004년 2월 25일
수정판발행 2013년 3월 10일
중판발행 2015년 10월 1일

지은이 최승희 · 김수욱
펴낸이 안종만

편 집 우석진
기획/마케팅 박선진
표지디자인 최은정
제 작 우인도 · 고철민

펴낸곳 (주) 박영사
서울특별시 종로구 새문안로3길 36, 1601
등록 1959. 3. 11. 제300-1959-1호(倫)
전 화 02)733-6771
f a x 02)736-4818
e-mail pys@pybook.co.kr
homepage www.pybook.co.kr
ISBN 978-89-6454-389-4 93180

정 가 22,000원